TOMÁŠ SEDLÁČEK | OLIVER TANZER

Die Dämonen des Kapitals

GOLDMANN
Lesen erleben

Buch

Viele glauben, dass die Wirtschaft nach den Gesetzen der Logik und der Rationalität funktioniert. Doch das Gegenteil ist der Fall. Die Wirtschaft wird erschüttert von immer neuen Krisen. Ihre Akteure – Notenbanker, Manager, Politiker – sind oft getrieben von Wahnvorstellungen, Angstpsychosen und Persönlichkeitsstörungen. Die Durchdringung des Lebens mit dem Konkurrenzprinzip bringt manische und depressive Wirtschaftszyklen hervor, krankhafte Spielsucht auf den Finanzmärkten und kleptomanische Gewinnstrategien destabilisieren unsere Gesellschaft.
Wer Ökonomie wirklich verstehen will, muss sie durch die therapeutische Brille betrachten: Tomáš Sedláček und Oliver Tanzer legen unsere Wirtschaft kurzerhand auf die Couch und kommen zu überraschenden, aber auch verstörenden Befunden.

Autoren

Tomáš Sedláček, Jahrgang 1977, lehrt an der Prager Karls-Universität, ist Chefökonom der größten tschechischen Bank und Mitglied des Nationalen Wirtschaftsrats in Prag. Für seinen internationalen Bestseller »Die Ökonomie von Gut und Böse« (übersetzt in elf Sprachen) erhielt er den Deutschen Wirtschaftsbuchpreis 2012.

Oliver Tanzer, Jahrgang 1967, ist leitender Redakteur der Wochenzeitung *Die Furche*. Er war mehrere Jahre Korrespondent des ORF bei der Europäischen Union in Brüssel und arbeitete zuvor als Redakteur für Der Standard und profil.

Tomáš Sedláček
Oliver Tanzer

Die Dämonen des Kapitals

Die Ökonomie
auf Freuds Couch

GOLDMANN

FSC
www.fsc.org
MIX
Papier aus verantwortungsvollen Quellen
FSC® C014496

Verlagsgruppe Random House FSC® N001967

1. Auflage
Taschenbuchausgabe April 2017
Wilhelm Goldmann Verlag, München
in der Verlagsgruppe Random House GmbH
Neumarkter Str. 28, 81673 München

Titel der deutschen Erstausgabe:
Lilith und die Dämonen des Kapitals
Umschlaggestaltung: UNO Werbeagentur, München,
in Anlehnung an die Gestaltung der deutschen Erstausgabe
und unter Verwendung einer Vorlage von
Hauptmann & Kompanie Werbeagentur, Zürich
Lektorat: Martin Janik, Maria Koettnitz
Übersetzung der Einleitung: Thomas Pfeiffer
KF · Herstellung: kw
Druck und Einband: GGP Media GmbH, Pößneck
Printed in Germany
ISBN: 978-3-442-15914-7
www.goldmann-verlag.de

Besuchen Sie den Goldmann Verlag im Netz

INHALT

VORWORT

von Tomáš Sedláček

Ich weiß nicht mehr genau, wann ich zuerst von Lilith gehört habe, von dieser seltsamen, dunklen Figur, die ständig gebären und gleichzeitig vernichten muss. Aber ich erinnere mich, wie sehr sie meine Fantasie beschäftigte und immer wieder in meinen Gedanken auftauchte, in den verschiedensten Zusammenhängen und Bedeutungen. Aber mit solchen Geschichten, die einen auf eine geheimnisvolle Weise treffen, geht man nicht so einfach an die Öffentlichkeit. So teilte ich Lilith anfangs nur mit wenigen Menschen. Oliver Tanzer war einer von ihnen.

Zum ersten Mal trafen wir einander in einem dieser traditionsreichen Kaffeehäuser Wiens, dem »Bräunerhof«. Es sollte eigentlich ein Interview für die österreichische Wochenzeitung *Die Furche* sein. Und dann fingen wir an zu reden. Zum Interview kamen wir eigentlich nie, zumindest wurde mir das nicht bewusst, weil sich von Beginn an die Gedanken, die wir beide hatten, so erstaunlich ergänzten und wir – von neuen Ideen abgelenkt – in ein Reich von Symbolen, Vergangenheiten und Details abglitten, die niemals ein ordentliches Interview ergeben hätten. Aber was dabei herauskam, war neu, ungewöhnlich und spannend.

Danach verging eine lange Zeit. Monate, in denen ich reiste und in denen wir bloß den einen oder anderen Gedanken über Internet teilten und aussponnen. Oliver begann zu dieser Zeit, Sigmund Freuds Erkenntnisse intensiver in unsere Diskussion einzubringen und ich selbst beschäftige mich intensiv mit Carl Gustav Jung. Wir ahnten also schon einige Möglichkeiten, die Ökonomie als Ganzes auf psychologische Weise zu durchforsten. Aber zu Beginn war das mehr eine Spielerei. Dann aber trafen wir einander in Krems in Niederösterreich wieder, wo jedes Jahr ein Intellektuellenforum stattfindet, die »GlobArt-Academy«. Dort debattierten wir unsere psychologischen Ansätze über Mythen, Kunst und Ökonomie, diesmal vor Publikum. Das war die eigentliche Initialzündung.

Ich reiste danach zwar wieder durch die ökonomische Welt, von einem Kongress zum anderen, New York, Peking, Paris, London. Aber wir blieben in engem Kontakt – eigentlich wie in alten Tagen – über einen Dialog in schriftlicher Form. Nur, dass der Dialog diesmal nicht über Briefe stattfand, sondern über E-Mail (eine Form der Kommunikation, die nun selbst schon schwindet). Wie bei uns üblich, ergab ein Gedanke den anderen und bevor wir es bemerkten, waren soviele Ideen geboren, sie hätten mannigfach Konferenzen füllen können.

Aber erst als wir versuchten, das Geschriebene in eins zu fassen, wurde die Summe des Ganzen immer klarer: die psychopathologischen Erscheinungen der Ökonomie. Zunächst meinten wir, ein Dialog wäre vielleicht die beste Form der Darstellung dafür. Aber mit Fortschreiten der Arbeit fanden wir ein ganzes System von Störungen und Krankheiten und entschieden uns, ein umfassendes Buch zu machen. Ein Buch von zwei Autoren, die in Prag und Wien schreiben, in zwei Städten, die einst in einem Reich mehr oder weniger freiwillig vereint waren und zwischen denen – wie wir finden – sehr viel mehr kultureller und intellektueller Austauch möglich wäre, als das der Fall ist.

Da wir nicht vom psychologischen Fach sind, organisierten wir begleitend zu unserer Arbeit Expertenrunden und Seminare, um unsere Thesen bei Fachleuten abzutesten und korrigieren zu lassen. Das war ungeheuer befruchtend und wichtig, denn so gewannen wir Wissen und Vertrauen, ein Gebiet zu bearbeiten, das von der ökonomischen Zunft viel zu lange unbeachtet geblieben ist.

In der Zeit unserer Arbeit durchlief Europa wichtige Transformationen und Herausforderungen, wie ja auch heute. Wir waren beide eingeladen, im Projekt des damaligen EU-Kommissionspräsidenten José Manuel Barroso, einen »New Narrative for Europe« zu entwerfen. Und so konstruierten und de-konsturierten wir unter Tags Europa, auf Konferenzen in Mailand, Rom und Berlin. Sobald aber die Dämmerung hereinbrach diskutierten wir Litith, um schließlich unsere Ideen in Prag oder Wien zu Papier zu bringen. So schrieben wir und schrieben, und bevor wir es gewahr wurden, hatte das Buch mehr als 300 Seiten und brachte positiven Rückhall von jenen Psychologen und Wissenschaftlern aus den verschiedensten Bereichen, an die wir unsere Ergebnisse sandten.

So wurde *Lilith und die Dämonen des Kapitals* geboren – ein Buch, das einen ungewöhnlichen Titel für ein Wirtschaftsbuch trägt. Das tut es, weil es ungewöhnliche Dinge in einer ungewöhnlichen Zeit erklärt. Oder um es kurz zu fassen: Dies ist kein Märchenbuch. Dieses Buch lebt vielmehr davon, unser System gleichzeitig mit ökonomischer wie psychologischer Logik erfassen zu wollen. Das ist sein Auftrag und unsere Hoffnung ist, dass es den Lesern damit eine neue Wahrnehmung gesellschaftlicher Zusammenhänge ermöglicht.

Der Mythos von Lilith hat sich dabei in seiner ökonomischen Interpretation als mächtiger erwiesen, als wir zu Beginn glaubten – Sie werden das ja ohnehin lesen. Obwohl Lilith also niemals gelebt hat und niemals war – ist sie – wie Mythen es an sich haben – immer da, bei uns und in uns – und vor allem – in den Leiden des wachstumskapitalistischen Systems.

DIE ÖKONOMIE AUF FREUDS SOFA – EINE EINFÜHRUNG

Es muss eine interessante Erfahrung sein, jemanden, der sich selbst als rational, ernsthaft und erwachsen ansieht (und damit auch noch prahlt), einer Psychoanalyse zu unterziehen. Und wenn es legitim (und potenziell hilfreich) ist, diese Methode auf einen Menschen anzuwenden – der durch die ihn umgebenden Strukturen und Institutionen der Gesellschaft geprägt wurde –, warum sollte man nicht dasselbe mit dem System selbst tun können? Mich hat seit jeher die Neugier getrieben, eben dies mit meiner geliebten Disziplin zu unternehmen, der Ökonomie. Aber nicht nur aus Gründen der Neugier: Die ökonomische Weltsicht wird ein immer wichtigerer Teil unseres Denkens. Sie formt die Politik und die globale Gesellschaft. Und auch wenn heute unser materielles Überleben ökonomisch viel unabhängiger von den Wechselfällen des materiellen Zufalls erscheint als zu Zeiten unserer Vorväter (Ernten, Sicherheit, Gesundheit, Erziehung etc.), so ist doch unsere Art des Denkens viel mehr von ökonomischer Logik geprägt.

Wenn die Welt unserer Urahnen in ihrem Denken und ihren Abläufen von der verwirrenden Sprache der Mythen geprägt war; wenn die Griechen danach strebten, logisch zu denken, und die mittelalterlichen Gelehrten, theologisch; wenn Nationalstaaten die Fetische unserer Großväter waren – dann scheint der Fetisch unserer Zeit das Ökonomische zu sein (als ein gesellschaftlich hergestellter, hoch abhängig machender Bevollmächtigter für Glück und Freiheit).

Das klassische Bild der Psychoanalyse ist das eines Patienten, der auf der Couch liegt und erzählt. Der Psychoanalytiker hört zu, macht sich Notizen und reflektiert das Gesagte. Wir werden versuchen, etwas Vergleichbares auf der Ebene der Gesellschaft zu unternehmen. Die grundlegende Methode eines Teils dieses Buches ist es, die Ökonomie auf die Couch zu legen und ihr einfach zuzuhören. Was verbalisiert sie? Worauf hofft und wovon träumt sie? Wovor fürchtet sie sich? Was rationalisiert sie und wie tut sie das? Worüber spricht sie gerne und welche Themen werden mit tabuisierendem Schweigen belegt? Wie sieht sie sich selbst? Wie geht sie mit ihren Emotionen um? Wie steht es um ihre Beziehungen zu anderen? Zu wem schaut sie auf und auf wen blickt sie herab? Wie nimmt sie sich selbst wahr und ihre Rolle in der Welt? Wie verfährt sie mit ihren Werten? Werden diese Werte ausgedrückt, spricht sie über sie? Woran glaubt sie? Welche Mythen und vorgefassten Ideen bestimmen ihr (wissenschaftliches) Denken? Auf welchen Teil der Realität ist sie konzentriert, und wie sieht die Matrix aus, mit der sie all das interpretiert? Welche Dinge weigert sie sich zu sehen?

Natürlich präsentieren sich die Zustände der Wirtschaftswissenschaften in ihren milden Formen recht amüsant – ein Anflug von Narzissmus im Verein mit einem unbehandelten Messiaskomplex ist da zu erkennen.[1] Aber es gibt auch einige schwerwiegende Krankheiten des ökonomischen Gemüts: Es leidet offenkundig an einer bipolaren (manisch-depressiven) Störung und erzeugt in beiden Extremen Chaos. Philosophisch und ethisch gesehen glaubt es an die (omnipotente) Macht des Egoismus und predigt diesen »Gospel« (aus dem Altenglischen »gute Botschaft«), als wäre es die führende Kraft auf dem Globus. Das ökonomische Denken ist ein Abkömmling des individuellen Utilitarismus, der alle anderen Werte mit Zynismus straft.

Die Ökonomie ist auch insofern selbstzentriert, als sie sich immer dann, wenn es ein Problem gibt, sofort zum eigentlich verachteten Vater flüchtet (den Staat oder die Gesellschaft), wie man zuletzt gut in der Krise 2008 feststellen konnte.

Wenn die Ökonomie Beziehungen mit anderen Disziplinen ein-

---

1 Einige neoklassische Ökonomen sind ja offenbar wirklich überzeugt davon, die Menschheit erlösen zu können – und das auch noch mittels unsichtbarer (Geister-)Hand.

geht, tut sie das nicht, um zu lernen, sondern weil sie dominieren will (das ist der sogenannte ökonomische Imperialismus, auf den manche Ökonomen auch noch stolz sind). Wir haben es dabei ganz offenkundig mit dem Ödipuskomplex zu tun – dem berühmtesten aller Komplexe –, hier im Verhältnis zur Gesellschaft, aus der die Ökonomie hervorgegangen ist und von der sie sich erfolglos zu emanzipieren versucht. Folglich fühlt sich die Ökonomie[2] als Disziplin in der Nähe der Geisteswissenschaften merklich unwohl und sucht die Nähe zu den Naturwissenschaften.[3] Die Ökonomen lernen deshalb von der Physik und erwarten, dass der Rest der Sozialwissenschaften ihnen darin nacheifert.

Unnötig zu betonen, dass, wie es die Psychoanalyse lehrt, alles Unterdrückte sich mit verstärkter Kraft erneut Durchbruch verschafft. Aber das Unterdrückte verbirgt sich auch oft im Schatten und will nicht gefunden werden, ganz so, als hätte es eine ganz unabhängige Kraft oder Logik – oder eine Art Überlebensinstinkt. Für unsere Ahnen, die wenig oder nichts von Psychologie wussten, muss das Unbewusste wie eine dämonische, dunkle Gewalt gewirkt haben. Wir wissen das auch aus den ältesten Schriften der Menschheit. Von dieser Macht handelt dieses Buch.

Wir versuchen in diesem Buch zu fragen – so eine solche Frage zulässig ist –, ob und wenn ja welche psychologischen Störungen wir in der Ökonomie und in unserem Wirtschaftssystem als Ganzem diagnostizieren können. In welchem Maße manifestieren sich gesellschaftliche Störungen in der Ökonomie? Welche davon verstärkt sie und welche mildert sie ab?

Die Psychoanalyse konzentriert sich traditionell auf die Mikroebene, setzt sich auseinander mit Individuen und ihrem Leben, ihren Träumen, Hoffnungen, Ängsten, ihren Hass- und Liebesbeziehungen, Fetischen usw. In diesem Buch möchten wir versuchen, die Psychoanalyse auf den Makrobereich anzuwenden, sprich heraus-

2 ... oder was gemeinhin als neoliberale Ökonomie bezeichnet wird. Sowohl der Begriff als auch die Feststellung, welche Ökonomen »neoliberal« sind und welche nicht, ist umstritten. Der parallel geführte Begriff des »Laissez-faire-Liberalismus« mag an dieser Stelle zur genaueren Definition dienen.

3 Die Ökonomie hat ihre Wurzeln eindeutig in der Geisteswissenschaft. Die ersten ökonomischen Abhandlungen wurden von Moralphilosophen, Philosophen und Theologen verfasst: von Adam Smith und David Hume und wenn man noch weiter zurückgehen will, von Thomas von Aquin, Antonius von Florenz, Platon und Aristoteles.

zufinden, ob sich in unserer Gesellschaft kollektiv nicht jene Art pathologischer Verhaltensmuster findet, die wir auch bei Individuen konstatieren.

Die Methode, die wir dafür anwenden, lehnt sich nah an jene der Psychoanalyse an, und wie unser Vorbild arbeiten wir mit Mythen, die uns bei der Einordnung der Krankheitsbilder helfen. Mythen sind aktueller als angenommen. Nicht nur in der Psychologie. Was wir heute in wissenschaftlichen und mathematischen Modellen zu codieren suchen, haben unsere Vorfahren in Mythen zu codieren versucht. Und die Verwandtschaft zwischen beiden ist enger als angenommen. Im berühmtesten Briefwechsel zwischen der Physik und der Psychologie, zwischen Sigmund Freud und Albert Einstein, verweist Freud ganz konkret auf diese Ambiguität: »Vielleicht haben Sie den Eindruck, unsere Theorien seien eine Art von Mythologie, nicht einmal eine erfreuliche in diesem Fall. Aber läuft nicht jede Naturwissenschaft auf eine solche Art von Mythologie hinaus? Geht es Ihnen heute in der Physik anders?«[4]

Ein Vergleich der alten Mythen mit unserer Zeit zeigt aber auch, in welchem Maße die moderne Kritik am Marktkapitalismus in Wahrheit ein Abbild jener Kritik ist, die seit Urzeiten am menschlichen Dasein selbst geübt wird (und die wir streng voneinander trennen sollten).

Wenn wir unsere Aufgabe erfüllen, kann daraus eine Art Heilmittel für die Ökonomie[5] entstehen, ein Teil einer kollektiven Therapie, eine »Therapie der Zivilisation«, wie der Psychotherapeut Luigi Zoja es bezeichnet. Es wäre die Therapie einer etablierten Disziplin, in der viele sehr nette, bescheidene und wohlmeinende Leute tätig sind, die in ihrer Summe aber eine seltsame »Bestie« ergeben, frei

---

4 Originalzitat: »All this may give you the impression that our theories amount to species of mythology and a gloomy one at that! But does not every natural science lead ultimately to this - a sort of mythology? Is it otherwise today with your physical sciences?« »Why War?« Aus: *The Einstein-Freud Correspondence (1931-1932),* Arizona University: www.public.asu.edu/~jmlynch/273/documents/FreudEinstein.pdf.

5 Sigmund Freud hat in einem anderen Zusammenhang mit dem Begriff »Ökonomie« gearbeitet, indem er die Seele als Ort des Ausgleichs von Affekten betrachtet hat, als ein System, in dem die zuströmende Erregung in der Summe möglichst niedrig zu halten ist, beziehungsweise »zu Nichts zu machen« wäre. Ein solches Prinzip ist ja tatsächlich nach dem ökonomischen Tauschprinzip, an dessen Ende bei den Beteiligten im optimalen Fall ausgeglichene Zufriedenheit erzeugt werden soll. Vgl. Freud 1982c, S. 241 ff.

nach dem lateinischen Spruch: »*Senatores boni viri, senatus autem mala bestia*«, »Die Senatoren sind gute Männer, der Senat jedoch eine Bestie«.[6]

Körper, Seele und Geist der Ökonomie

Bildhaft gesprochen ist die Ökonomie schon unzählige Male in Bezug auf ihren »Körper« analysiert worden (die Realwirtschaft: das Materielle, das Funktionale, Zählbare, die Industrien, die Welt der Produktion und des Konsums). Was dagegen kaum unternommen worden ist, ist das Studium der »Seele« der Ökonomie (der Ökonomie als Wissenschaft: was wir wissen, was wir als System erfassen können, das Intellektuelle, Abstrakte), ganz zu schweigen von ihrem »Geist« (wonach wir uns sehnen, was uns anzieht, warum die Disziplin überhaupt existiert, der Telos, der – wenn dieses Wort erlaubt ist – göttliche Anteil in uns).

Auf dem Gebiet der »Seele« also, der Ökonomie als Wissenschaft (und nicht in der Realwirtschaft), sind unsere Glaubenssätze angesiedelt, unsere Ängste und Hoffnungen, unser politisches Handeln ebenso wie Vorstellungen von Freiheit oder Regulierung. Hier formt die Ökonomie ein Selbstbild, hier nimmt sie sich selbst wahr und hier wurzelt die Geschichte, die ihr eine höhere Bedeutung verleihen soll. Und hier haben häufig auch ihre psychologischen Störungen ihren Ursprung, obwohl sie sich erst am »Körper«, also in der Realwirtschaft wirklich zeigen. Es verhält sich damit so wie bei psychosomatischen Krankheiten, die von der Seele auf den Körper übertragen werden. Körper und Seele sind also sehr stark miteinander verbunden.

Ein Beispiel dazu: Ein mathematisches Modell ist wenig mehr (und nur wenig weniger) als ein rigoroser Glaubenssatz. Oder, noch exakter: ein Glaubenssatz, der »rigorisiert«, gehärtet worden ist. Modelle wurzeln in der »Seele« (der Wissenschaft) und beschrei-

6 Die Sentenz wird Cicero zugeschrieben, allerdings ohne literarischen Beleg. Aus: Morgenthau 1970, S. 189.

ben und ordnen die Funktion des Körpers (der Realwirtschaft). Diese Modelle werden in diesem System nicht krank, krank werden aber unsere Glaubenssätze und Wünsche.

In dem uns vorliegenden System von einem »Geist« zu sprechen, mag sonderbar klingen – insbesondere wenn das ein Ökonom tut. Der Ausdruck erinnert an religiöse Begrifflichkeiten, an Gespenster, an Geister, ja sogar an den Heiligen Geist. Aber wenn man es recht betrachtet, reden auch Ökonomen sehr oft über »Geister«. Was ist etwa mit Keynes' berühmten »Animal Spirits«[7] der Ökonomie? Jahrzehntelang wurde über den »Animal«-Teil, den Deskriptor des Begriffes debattiert und nachgedacht. Beinahe vollständig übersehen hat man aber, dass es doch eigentlich um den »Geist«, respektive die »Geister« geht oder gehen sollte.

Dieser Geist ist der Antrieb, der Ruf, der manchmal *über* uns erschallt, manchmal *vor* uns und manchmal *hinter* uns, und trotzdem stets aus uns selbst kommt. Es ist ein, wie Keynes es sagt, »plötzlicher Anstoß zur Tätigkeit statt zur Untätigkeit und nicht mehr auf den gewogenen Durchschnitt quantitativer Vorteile, multipliziert mit quantitativen Wahrscheinlichkeiten (bedacht, Anm.)«[8].

Es ist also das »Lebensgefühl«, vielleicht sogar das Leben selbst (das – biologisch gesehen – keinen Grund und keine Ursache seiner Existenz kennt, außer das Leben selbst und die Fortsetzung seiner selbst). Es ist eine Einflussnahme von anderswo her. Ein Künstler fühlt diese Kraft, wenn er etwas erschafft, ein Wissenschaftler, wenn er etwas findet oder erfindet. Ein Mensch, der in sich den Antrieb verspürt, zum Südpol zu gehen (um Keynes zu zitieren), oder jemand, der den Wunsch verspürt, ein Kind zu bekommen oder einer alten Frau über die Straße zu helfen.

---

7 In der deutschen Übersetzung wird für die »Animal Spirits« die Bezeichnung »animalische Instinkte« verwendet. Das ist irreführend. Denn Keynes sprach nicht von Libido oder niederen Trieben, sondern vielmehr von einem höheren Antrieb, der das Unternehmertum – und damit die Wirtschaft – aufrechterhalte. Hier das Originalzitat: »Auch ohne die Unbeständigkeit als Folge der Spekulation bleibt noch die Unbeständigkeit aus der Eigenheit der menschlichen Natur, die bewirkt, dass ein großer Teil unserer positiven Tätigkeiten mehr von spontanem Optimismus als von der mathematischen Erwartung, sei sie moralisch, hedonistisch oder persönlich, abhängt. Wahrscheinlich können die meisten unserer Entschlüsse, etwas Positives zu tun, dessen volle Wirkungen sich über viele Tage ausdehnen werden, nur auf ›animalische Instinkte‹ zurückgeführt werden – auf einen plötzlichen Anstoß zur Tätigkeit statt zur Untätigkeit und nicht mehr auf den gewogenen Durchschnitt quantitativer Vorteile, multipliziert mit quantitativen Wahrscheinlichkeiten« (Keynes 2009, S.137).

8 Keynes 2009 ebd.

Das alles sind Taten, die wir aus einem Imperativ heraus ausführen, der sich keinen Deut um das Ökonomische schert, um Lohn oder Nutzen. Das Bedürfnis, einem Fremden zu helfen oder sich für die Belange kommender Generationen einzusetzen; Aufträge, die der Weltgeist, die Geschichte, die Suche nach dem Sinn des Lebens an uns richten; der Ruf zum Abenteuer allein um des Abenteuers willen. Aber auch das Dunkle ruft uns, zerstörerische Spannungen außerhalb des keynesschen »Durchschnitts quantitativer Vorteile, multipliziert mit quantitativen Wahrscheinlichkeiten«. Dort stammen auch unsere Mythen und Erzählungen her. Doch davon später mehr.

Wenn sich unsere Unterscheidung in »Körper«, »Seele« und »Geist« der Ökonomie als tragfähig erweist, wäre es angebracht, auch nach der Trennlinie zwischen diesen Teilen zu suchen: Wo scheidet sich die Seele vom Körper, wo der Geist von der Seele? Befinden wir uns heute in der biblischen Situation, wo der Geist, unser »Spirit«, willig, aber das Fleisch der Realwirtschaft schwach ist? Oder ist das Fleisch, der Körper, stark und nur unser Geist verwirrt?

Körper, Geist und Seele – entlang dieser Einheiten haben sich auch die Autoren ihre Arbeit aufgeteilt. Tomáš Sedláček beschäftigte sich intensiv mit der Analyse des »Geistes« – also den Ursachen und Ausformungen unseres Wollens, Begehrens und Wünschens in unserem Inneren und in der Ökonomie. Es geht dabei um nichts weniger als die Entwicklung des ökonomischen Handelns in der Kulturgeschichte der Menschheit und der westlichen Zivilisation und damit um den Charakter der Ökonomie. Diesem Thema sind die ersten beiden Kapitel gewidmet. Oliver Tanzer hat einen Großteil jener Kapitel betreut, in denen es um die aktuelle Situation von »Körper und Seele«, also um die Realwirtschaft und die Ökonomie geht. In diesem Teil II hat Tomáš Sedláček eine umfassende Analyse von Manie und Depression in der Ökonomie übernommen.

Von Midas zum BIP

Um in die Tiefen der ökonomischen Psychoanalyse einzutauchen, nehmen wir also Mythen zu Hilfe. Sie stellen so etwas wie den Spiegel unserer Gesellschaft dar. Es ist ein sehr alter, matter, zum Teil gesprungener Spiegel – und eigentlich gar nicht unähnlich unserem Selbstbild. Mythen sind die Chiffren und Gedankenpole der Antike, die später von der Logik abgelöst wurden.[9] Sie waren der »Modus Operandi« ihrer Zeit: Leicht verständlich, fassbar und trotz ihres fantastischen Charakters ebenso glaubwürdig wie später die Religion oder die Physik und die Mathematik. Aber der Mythos hat noch eine Eigenschaft, die ihn vor allen anderen auszeichnet: Er ist zwiespältig. Einerseits scheint er unglaublich einfach, dann etwa, wenn Helden und Götter kämpfen, Schlachten geschlagen und Kinder gezeugt werden, Menschen sterben, ermordet, verstoßen, von Rachegeistern verfolgt werden. Wenn man diese einfachen Geschichten aber zu interpretieren versucht, werden sie seltsam aktuell, vielschichtig und universell.

Das Faszinierende an diesen Geschichten ist ihre vibrierende Weisheit, ihre exakte Erfassung menschlichen Verhaltens. Mythen erzählen auch viel von Ökonomie, von den Wechselbeziehungen zwischen dem Habenden und seinem Besitz, von dem, was er dafür geben muss, das Seine zu erhalten und zu verteidigen, von Eroberung, Raub und Verteidigung, von Macht und Verlust und davon, welche Kraft Reichtum und Schätze besitzen.

Manche dieser Geschichten sind sehr einfach zu verstehen: Etwa wenn sich König Midas alles von ihm Berührte in Gold verwandelt wünscht und deswegen beinahe verhungert. Anderes braucht hingegen einen zweiten und dritten Blick, wie die Geschichte des vom Glück verfolgten Tyrannen Polykrates, dessen Schicksal wir auf Boom und Crash, auf Investmentblasen und ihr Platzen übertragen können. Oder die Geschichte des hoffärtigen Prinzen Erysichthon, der für die Zerstörung der Natur mit unersättlichem Hunger geschlagen wird. Diese und Dutzende andere Geschichten werden uns hel-

9 Siehe auch Midgley 2011.

fen, die Wirtschaft zu erklären, wie sie nun einmal ist, wenn man sie des Mantels der faszinierenden Rationalität und Mathematik beraubt, in den wir sie gehüllt haben – gerade so, als bestünde sie bloß aus der wunderbarsten Logik, aus Rational-Choice-Verhalten und Black-Scholes-Berechenbarkeiten.[10]

Die Ökonomie, das ist unsere Behauptung, könnte eine der wunderbarsten Wissenschaften sein, wenn sie nicht nur auf einem, dem mathematischen, Bein stünde. Nicht umsonst haben weise Ökonomen früherer Zeiten der Psychoanalyse einen wichtigen Platz für die Ökonomie der Zukunft vorhergesagt.[11]

Die Psychoanalyse nun hat sich intensiv mit Mythen befasst und sie vielfach zurate gezogen. So sind auch wir, von der Ökonomie kommend, auf beides gestoßen: auf die Psychoanalyse als Methode und auf die Mythen als ihr Werkzeug. Dabei haben wir zwei großartigen Wissenschaftlern zu danken, die in ihrem Leben einander feind waren, die uns aber bei der Übersetzung dieser Sinnbilder gleichermaßen von unschätzbarem Wert waren. Sigmund Freud und Carl Gustav Jung. Freud benutzte die Mythen zur Illustration und Einordnung seiner Psychopathologie, Jung maß ihnen viel mehr Bedeutung bei, erkannte in ihnen die Archetypen menschlicher Erfahrung und das kollektive Unbewusste.

---

10 Die Black-Scholes-Gleichung ist ein finanzmathematisches Modell zur Bewertung von Finanzoptionen. Das ursprüngliche Modell trifft idealisierte Annahmen über einen vollkommenen Kapitalmarkt. Transaktionskostenfreiheit, keine Beschränkung von Leerverkäufen und Arbitragefreiheit. Die Volatilität der Renditen ist als konstant angenommen. Aktien zahlen keine Dividenden. Der Zinssatz ist konstant.

11 Zahlreiche Ökonomen haben zumindest indirekt die Rolle der Psychologie in den Wirtschaftswissenschaften vorausgeahnt. Stellvertretend seien hier drei von ihnen zitiert:
Joseph A. Schumpeter: »Wiederum kann ich nichts anderes tun, als auf die große Zahl ihrer [der Psychoanalyse, Anm.] Anwendungsmöglichkeiten sowie auf die Volkswirtschaftslehre hinzuweisen, die sich in der künftigen Entwicklung abzuzeichnen scheint. Eine freudsche Soziologie der Politik (einschließlich der Wirtschaftspolitik) wird vielleicht eines Tages jede andere Anwendung der freudschen Lehre an Bedeutung übertreffen« (Schumpeter 2009).
John Maynard Keynes: Obwohl sich Keynes nicht explizit in seinem Werk mit der Psychoanalyse befasst oder auf sie Bezug genommen hat, schimmern die Psychologie und die Auseinandersetzung mit ihr in seinem Werk an verschiedenen Stellen durch, etwa wenn es um Geld geht: »The love of money as a possession will be recognized for what it is, a somewhat disgusting morbidity, one of those semi-criminal, semi-pathological propensities which one hands over with a shudder to the specialists in mental disease« (Keynes 1963). Auch die bereits in Fußnote 7 erwähnten »Animal Spirits« verweisen auf Keynes' Interesse am irrationalen Element des menschlichen Handelns.
Alfred Marshall: »Of course economics cannot be compared with the exact physical sciences: for it deals with the ever changing and subtle force of human nature« (Marshall 1890).

Auf dem freudschen Sofa

Wir nutzen die Erkenntnisse beider, sie und jene ihrer wissenschaftlichen Nachfahren, aus der Anthropologie, der Sozialpsychologie, der Psychiatrie, der Philosophie und der Ethnologie. Ohne die Expertise von zahlreichen Kollegen aus diesen Fachbereichen wäre dieses Buch niemals entstanden. Wir verneigen uns an dieser Stelle demütig und in Dankbarkeit für die Diskussionen, die konstruktiven Hinweise, aber auch die mahnende Kritik. Alles das und vor allem ihr Zuspruch in schweren Stunden, in denen wir dem Abbruch dieser Arbeit näher waren als ihrer Vollendung, hat uns geholfen, dieses Buch zu schreiben.

Braucht also die Ökonomie eine Psychoanalyse? Unserer Ansicht nach bräuchte sie zumindest therapeutische Ansätze – einen Prozess der langen Reflexion. Ganz unleugbar haben wir mit unserem Wirtschaftssystem große Fortschritte erlangt und der ihr zugehörigen Wissenschaft immensen Reichtum zu verdanken. Tatsächlich meinen wir aber, dass sich in den vergangenen Jahren Krankheitssymptome eingeschlichen haben, die nicht mehr übersehen werden können. Betrachtet man es systematisch, kann man sadistische, narzisstische und sadomasochistische Verhaltensmuster in der Wirtschaft erkennen. Mithilfe eines klinischen Ansatzes haben wir fünf Familien von psychischen Störungen entdeckt, die nicht nur einfach Teil unserer Ökonomie sind – sondern diese lenken:[12]

Realitätswahrnehmungsstörungen: In unserem Fall sind das krankhafte Abkömmlinge des Lustprinzips, die für einen immer größer werdenden Teil der Umsätze unserer Wunsch- und Konsumgüterindustrie verantwortlich sind.

---

12 Der Katalog der psychischen Krankheiten und Störungen richtet sich nach der Klassifikation der American Psychiatric Association, die ein *Diagnostic and Statistical Manual of Mental Disorders 5* herausgibt (American Psychiatric Association 2013). Die dort festgelegten Unterscheidungen und Klassifikationen decken sich in weiten Teilen mit der *ICD-10* der Weltgesundheitsorganisation (WHO): Die *Internationale statistische Klassifikation der Krankheiten und verwandter Gesundheitsprobleme* (*ICD*, englisch *International Statistical Classification of Diseases and Related Health Problems*) ist das wichtigste, weltweit anerkannte Diagnoseklassifikationssystem der Medizin. Es wird von der WHO herausgegeben. Die aktuelle, international gültige Ausgabe (english revision) ist die *ICD-10*, Version 2012.

Angststörungen: Sie lassen uns die Realität in ein negatives Extrem verzerren und führen zu abnormem Verhalten. Die Angst ist ein immer wichtigeres Geschäftsfeld, vor allem in Krisenzeiten.

Gemütszustandsstörung/affektive Störung: Hier wollen wir vor allem bipolare Störungen behandeln, manisch-depressive Zyklen, die wir auch in Konjunkturschwankungen und der schneller werdenden Abfolge von Boom und Krise erkennen können.

Störungen der Impulskontrolle: Dabei geht es uns um zwei Verhaltensmuster: Zum einen um krankhafte Spielsucht, die wir vor allem im Marktverhalten von Investmentbanken erkennen können. Zum Zweiten um »Stehlsucht« oder Kleptomanie. Das mag vielleicht etwas überraschen, erklärt sich aber aus einer seltsamen Eigenschaft des herrschenden Systems. Dass derjenige den meisten Erfolg innerhalb des Systems hat, der Arbeit, Güter und Kapital erwirbt, ohne etwas dafür geben zu müssen. Diese Störung setzt den Grundmechanismus wirtschaftlichen Handelns außer Kraft, wonach das System nur durch einen von allen Parteien als fair empfundenen Austausch von Gütern oder Leistungen zustande kommt.

Persönlichkeitsstörungen: Um ein System aufrechtzuerhalten, das sich durch Aggression und Konkurrenz auszeichnet, müssen die Teilnehmer des Systems entsprechend ausgebildet werden: Manager, die in Egoismus und brutaler Konkurrenz und Auslese besser trainiert sind als in Menschlichkeit, Altruismus und gesundem Menschenverstand. Sie sind die Werkzeuge eines Systems, das seinen Schöpfern längst nicht mehr dient, sondern selbst die Herrschaft übernommen hat. Das Ergebnis ist eine Arbeitswelt, die für alle Beteiligten einem Hamsterrad immer ähnlicher wird. Überspitzt formuliert mutieren die Spitzenrepräsentanten dieses Systems zu rücksichtslosen Mr.-Hyde-Figuren, sobald sie ihren Arbeitsplatz betreten, um nach getaner Arbeit als treu sorgende Dr. Jekylls nach Hause zurückzukehren. Mit mangelnder Moral hat das gar nichts zu tun oder damit, dass Manager schlechtere Menschen wären. Das sind sie nicht. Vielmehr zwingt das System seine Proponenten in zum Teil pathologische Rollen.

Vom Vorurteil zu den Prinzipien

If you need someone to blame
Throw a rock in the air
You'll hit someone guilty.

U2, *Dirty Day*

Wie im analytischen Verfahren sind wir da, um zuzuhören, nicht um Schuld zuzuweisen oder anzuklagen. Deshalb ist dies auch kein Buch *gegen* die kapitalistisch geprägte Marktwirtschaft, die Banken oder die Finanzmärkte. Wir halten diese Wirtschaftsordnung bei aller Kritik für ein System, das die Welt und die Menschheit nicht nur reicher, sondern auch besser gemacht hat. Aber das hindert uns nicht daran, uns kritisch mit Fehlentwicklungen auseinanderzusetzen. Um die allgemeine Beschreibung der Krankheiten des Systems geht es uns und – wo möglich – um eine Therapie.

Wir wollen gar nicht leugnen, dass es unter den Führungskräften und den steuernden Individuen kriminelle Elemente gibt. Aber existiert denn überhaupt ein Feld der Gesellschaft, das gegen Kriminalität und Missbrauch immun ist? Und ganz generell handelt es sich dabei nicht um unser tatsächliches Problem. Wäre die Welt nur so einfach wie der Fall Madoff. Ein Krimineller, der Gesetze bricht, wird von der Gesellschaft durch rechtsstaatliche Organe verfolgt und zu Fall gebracht. Unser eigentliches Problem liegt aber eben im Gegenteil davon: Es liegt in dem, was die Gesellschaft und die Gesetze erlauben und wünschen, während sie »nicht wissen, was sie tun«.[13] Die Krankheiten des Wirtschaftssystems haben also viel mehr mit

13 Aus dieser Perspektive ist das »vergib uns, denn wir wussten nicht, was wir taten« so etwas wie ein stilles Gebet führender Persönlichkeiten der Finanzwelt. Dabei könnte man sich an Hannah Arendts Werk *Eichmann in Jerusalem: Ein Bericht von der Banalität des Bösen* erinnern, in dem sie sich mit dem guten, gesetzestreuen Bürger auseinandersetzt, der trotz allem die unglaublichsten Grausamkeiten an seinen Mitmenschen auslebt. Wir werden hier natürlich nicht Bankmanager mit Kriegsverbrechern in einen Topf werfen. Aber das Prinzip und die Reaktion des »kollektiven Vergessens« im Hinblick auf persönliche Verantwortung sind ähnlich. Viele Banker sprachen davon, dass sie nach Ausbruch der Krise das Gefühl hatten, wie aus einer Trunkenheit erwacht zu sein: »Wie konnten wir das nur tun?« Die gesamte Vorkrisenphase wurde oft auch als große Party mit alkoholinduzierter Bewusstlosigkeit beschrieben.

Irrglauben als mit absichtsvollem, bösem Handeln zu tun. Wir verwechseln gerne logisches Denken mit Wunschdenken, und – auf einer tieferen Ebene – Theorie mit Gebet.[14]

Schlagen dann unsere Wünsche fehl, sind wir schnell mit Schuldzuschreibungen und Projektionen bei der Hand. Im Erzeugen von Sündenböcken haben wir schon eine historische Perfektion erlangt, die so gar nicht zu den unausgesetzten Misserfolgen unserer Wirtschaft passen will. Die entsprechenden Geschichten reichen von der Tulpenmanie in Holland 1637 bis zur Krise 2008 und finden ihre Darstellung in der Karikatur von Spekulanten als Affen (1637) bis zum Investor als Heuschrecke (2008).[15]

Diese Art von Krisen-Schuld-Ordnung oder Schuld-Ökonomie oder Schuld-Tausch mag uns angenehm sein, weil die Projektion immer die anderen trifft – die Banker, die Politiker, die EU oder die Griechen. Aber die Ökonomie wird schon seit undenklichen Zeiten von Zyklen von Boom und Depression erschüttert (denken wir nur an das alttestamentarische Gleichnis von Josef und dem Traum des Pharao von den sieben guten und den sieben schlechten Jahren). Weil wir aber immer nur mit Projektionen reagieren, kann sich im Hintergrund bereits die nächste Krise vorbereiten, während wir uns noch an der Bestrafung der angeblich Schuldigen weiden. Wenn wir aber nichts Entscheidendes aus der Krise lernen und unser Verhalten nicht zu ändern versuchen, dann kann diese nächste Krise tatsächlich schwerste Zerstörungen in unserer Gesellschaft verursa-

14 Dass die »unsichtbare Hand« unser Tun lenkt, ist das ein Gebet oder eine wissenschaftliche Theorie? Wenn wir es als Gebet (zum System) sehen, erklären sich viele Dinge auf eine ganz neue interessante Weise.

15 Während der berühmten Tulpenmanie in den Niederlanden des Jahres 1637 war die höhere Mittelschicht zu großen Teilen in einen uns heute irrational erscheinenden Investitionsboom in Tulpenzwiebeln eingestiegen. Die Blase platzte nach kurzer Zeit und vernichtete das Vermögen der Anleger. Wie reagierte das soziale Umfeld - die Gesellschaft - auf die Krise? Noch heute ist es ersichtlich: Im Stedelijk Museum in Amsterdam sieht man die Angehörigen dieser fehlinvestierenden »Leisure Class« der Anleger, wie sie sich bei Spiel, Spaß und Schlemmerei tummelt - in Gestalt von Affen. Diese Darstellung ist jener der »Schuldigen« der Immobilien- und Finanzkrise eigentlich recht ähnlich. Treiben wir nicht auch Woche für Woche und Monat für Monat die Banker, Makler, Versicherungsmanager und Ratingagenturen als Herde von Sündenböcken über die großen Informationsboulevards? Aber wer war denn so dumm, die Heilsversprechen eines scheinbar unfehlbaren Systems zu glauben? Wer hielt die Hunderttausenden Häuser und die damit zusammenhängenden Versicherungsvehikel in den USA, Irland und Spanien für Superinvestments für die Zukunft und für eine Absicherung unserer Pensionen - und für eine nie versiegende Quelle des Wachstums? Waren es nicht auch wir selbst, die sich weigerten, nachzudenken, ob das Ganze auch glaubwürdig war?

chen. Unsere einzige Hoffnung ist, dass sie nicht eintritt, ehe wir gut genug auf sie vorbereitet sind.

Lassen Sie uns an dieser Stelle zu den Mythen zurückkehren. Eine der grundlegenden Tendenzen – wir haben das oben bereits kurz erwähnt – ist es, dass der Unterschied zwischen alten Mythen und modernen ökonomischen Theorien nicht so groß ist wie allgemein angenommen. Dass wir die Wissenschaft und den Verstand einsetzen (und an ihre Wirksamkeit glauben), ist in einigen Bereichen sehr nützlich und führt zu genauen Ergebnissen. Aber die alten Mythen sind vielleicht besser geeignet, das Nichtexakte und Nichtrationale unserer individuellen und kollektiven Eigenschaften zu integrieren. Sie sind vielleicht auch dazu geeignet, die inneren Ursachen jener Krankheiten zu beschreiben, an denen das System leidet.

Bei den ältesten dieser Mythen (jene, auf die wir uns hier konzentrieren, stammen aus Mesopotamien, Ägypten, aus jüdisch-rabbinischen Quellen und aus Griechenland) finden wir nämlich übereinstimmende Archetypen und Berichte über einen Urzustand, der – symbolisch – männliche und weibliche Merkmale ineinander verschmolzen sieht. Adam ist da beispielsweise plötzlich janusköpfig, hat ein männliches und ein weibliches Gesicht. Interpretiert man diese Bilder als Symbole allgemeiner Charaktereigenschaften, dann standen in diesen Geschichten weiche Prinzipien (Selbstbewusstsein, Intuition und Ausdauer) in einem Gleichgewicht mit harten Prinzipien (Aggressivität und Konkurrenzdenken). Und geht es nach den Mythen, dann befand sich die Menschheit zu dieser Zeit zum letzten Mal im Frieden mit sich selbst.

Lilith – Der Fluch von Produktion und Vernichtung

Die Legende von Lilith ist die titelgebende Geschichte dieses Buches, weil sie ein Sinnbild für das Drama des modernen Kapitalismus darstellt. Lilith ist nach hebräischer Überlieferung die erste Frau Adams, die Vorgängerin Evas. Sie soll, wie er, aus Lehm geformt und in allen Dingen ihm gleich gewesen sein, ja sie soll auf diese Gleichheit so sehr bestanden haben, dass sie mit Adam in fürchterlichen Streit geriet. Sie steht für das erste nach Freiheit verlangende Wesen. Um Adams angeblicher Unterdrückung zu entkommen, flieht sie aus dem Garten Eden (während Adam glücklich zurückbleibt). Sie nimmt dafür einen ungeheuren Fluch Gottes auf sich. Sie wird zu einem Geist, der in der Dämmerung vor den Türen der Menschen lauert. Sie tötet neugeborene Knaben, denen sie Blut und Seele aussaugt. Aus der Lebensenergie der Toten gebärt sie ihre eigenen Dämonen, 100 an jedem Tag, die sie, kaum geboren, wieder töten muss. Und der Grund für all das? Sie fand eine sexuelle Position, in der sie unter Adam liegen sollte, als entwürdigend und als Symbol für Unterdrückung.

Lilith, der Fluch der Nacht, ist also selbst verflucht – und ihr Fluch ist selbstinduziert, man könnte sogar sagen freiwillig. Ihr Beispiel zeigt auf drastische, aber sehr anschauliche Weise einen Kreislauf von Konsum und Zerstörung. Wenn wir ihr Gleichnis auf die wirtschaftliche Ebene heben, dann repräsentiert sie Beginn und Ende, Alpha und Omega einer zerstörerischen Ökonomie. Die Freiheit als idealer Brutplatz der Marktwirtschaft, die sich schließlich in einem perversen Kreislauf von Konsum und Wachstum wiederfindet. Lilith ist der Archetyp einer Konsummaschine, die gleichzeitig gebären und zerstören muss.

In ihrer mesopotamischen Version könnten wir aus der Geschichte der Lilith auch jenen Zeitpunkt ersehen, in dem das ökonomische Prinzip die Herrschaft über das natürliche Prinzip übernommen hat. Es geht also um die Entthronung des weichen Prinzips durch das harte Prinzip, die Durchsetzung der Aggression und des Ehrgeizes, die Entfesselung des Kampfes um die Vormachtstellung.

Um diese aggressiven Impulse zu kontrollieren – um uns selbst zu kontrollieren –, haben die Zivilisationen über Jahrtausende wirksame Kontrollinstrumente der Disziplin geschaffen. Götter, Gesetze und Priester, Strafandrohungen und Armeen übten Pflichten ein, Heroen gaben die Rollenbilder vor. Töte und stirb für deinen Stamm, dein Volk, deine Religion.

Die Proklamation der Freiheit und das Ende des Kalten Krieges haben diese Kontrollinstanzen entweder stark geschwächt oder überhaupt entsorgt. Der Krieg wurde vom Popanz der heiligen

Pflicht entkleidet zum realistischen, mordenden Ekel. Das hatte immense Vorteile. Denn nun sind wir frei. Aber auch unsere aggressiven Verhaltensmuster und unsere zerstörerischen Impulse sind frei. Unser System wird zunehmend instabil, so als würde sich sein Wachstum nur aus sich selbst speisen. Die natürlichen Ressourcen sind zu den modernen Schlachtfeldern der Wirtschaftskriege geworden. Der Zwang zum Wachstum führt zu manischen ökonomischen Krisen, welche die Werte ändern und den erreichten Fortschritt zerstören.

Heute befinden wir uns an einem Scheideweg. Wir haben die Wahl, dem ausgetretenen Pfad der Destruktion zu folgen. Wenn wir aber einen neuen Weg einschlagen wollen, müssen wir einen Teil unserer Eigenschaften wiederentdecken, die unser wirtschaftliches Treiben und unser ökonomisches Denken aus dem Leben verbannt hat. Es geht dabei um Empathie und Kreativität, um Ausdauer und um die Fähigkeit, sich selbst zu vertrauen und der eigenen Intuition. Und das alles verlangt die Überwindung von Scham und Angst. Es erfordert Selbsterkenntnis.

Als Illustration dafür verwenden wir an dieser Stelle die Geschichte von Ödipus, jedoch nicht im Zusammenhang mit dem freudschen Komplex von Vaterhass und Mutterliebe. Noch bevor er unwissentlich seine Mutter Jokaste heiraten und mit ihr Inzest begehen wird, wird Ödipus vor den Toren Thebens von einer Sphinx aufgehalten. Und diese furchtbare Mischung aus Löwe, Schlange und Adler verwickelt ihn in ein Fragespiel auf Leben und Tod: »Welches Wesen, das nur eine Stimme hat, hat manchmal zwei Beine, manchmal drei, manchmal vier und ist am schwächsten, wenn es die meisten Beine hat?« Dutzende andere Reisende waren an dieser Frage gescheitert, hatten Götter und Fabelwesen erfunden und waren dafür von der Sphinx zerrissen worden. Aber Ödipus weiß die Antwort. Sie lautet: Der Mensch. Der Mensch, der sich selbst erkennt und sieht, was er kann – und was er nicht kann. Das ist des Rätsels Lösung. Und so gilt das auch für die Ökonomie.

TEIL I
DIE GEBURT DES WACHSTUMS – EINE ANDERE KULTURGESCHICHTE DER ÖKONOMIE

1. LILITH – DIE SCHIZOPHRENIE DER WÜNSCHE

Es pflanzen sich nicht beliebige Berichte alter Ereignisse fort,
sondern bloß solche, die einen allgemeinen
und immer aufs Neue sich wieder verjüngenden
Gedanken der Menschheit aussprechen. *Carl Gustav Jung*[1]

Lilith ist eine wahrhaft faszinierende Figur der Mythologie. Sie ist strahlend und dunkel zugleich. Sie symbolisiert Leben und Tod. Sie ist menschlich und erhaben, aber auch niederer Natur und primitiv. Aus ökonomischer Sicht interpretiert symbolisiert sie ewigen Hunger und Konsum – auch den Konsum der eigenen Substanz. Aber lassen Sie uns nicht vorschnell sein. Zuerst die Geschichte, dann die ökonomische Deutung.

Wie bei allen mythologischen Überlieferungen ist die Geschichte der Lilith aus vielen Quellen befruchtet und gestaltet worden. Wir konzentrieren uns hier auf zwei von ihnen: auf eine sehr alte babylonische Geschichte, in der Lilith in einem Gedicht über die Göttin Inanna und den Lebensbaum auftaucht, und auf eine zweite, in der Lilith als eine Figur der jüdischen Überlieferung erscheint. Die zweite Geschichte hatte mündlich über Jahrhunderte Bestand, ehe sie im siebten Jahrhundert nach Christus schriftlich niedergelegt wurde. Doch wir wollen *davor* beginnen: am Anbeginn der Zeit.

---

1 Jung 1911, S. 45.

Im Dunkel der Schöpfung

Wir stehen hier am Anfang jeder Erinnerung. Jede Kultur hat ihre Kosmogonie, ihren Weltentstehungsbericht. Dieser hier ist einer der ältesten, inspiriert von keiner anderen Erzählung, und doch inspirierend für so viele, die noch kommen sollten.

> In den ersten Tagen, in den allerersten Tagen,
> In den ersten Nächten, in den allerersten Nächten,
> in den ersten Jahren, in den allerersten Jahren ...[2]

Lange bevor das Abendland »Europa« genannt wurde, bildeten sich seine Wurzeln in einem Teil der Welt, der nicht zu Europa gehört. Aus dem Zweistromland und aus Ägypten ergoss sich ein Strom des Wissens und der Weisheit über die Völker des Mittelmeers. Hier finden wir die Ursprünge unserer Zivilisation.

> Als der Himmel sich von der Erde wegbewegte,
> und die Erde sich vom Himmel getrennt hatte,
> und der Name des Menschen festgelegt ward ...

Diese Zeit liegt weit vor jener, in der sich unsere Art zu denken formte. Dieser Geist baut auf jenem der Sumerer, der Babylonier, der Ägypter und Hethiter auf. Deren Kulturen bilden die Basis, auf der wir unsere Philosophie[3] und Kultur errichteten, denen wiederum viel später die Wissenschaft und die Ökonomie entsprangen. In den alten, mythischen, geschichtslosen Zeiten, von denen wir sprechen, bewegten noch übernatürliche Kräfte und Einflüsse die Welt. Die Erde war eingespannt zwischen dualistischen Extremen, welche sie

---

2 Wolkstein/Kramer 1983, übersetzt von Oliver Tanzer. Gilt für alle nachfolgenden Zitierungen des Gilgamesch-Epos. Für weiterführendes Interesse an Lilith empfehlen wir Vera Zingsems Buch *Lilith. Adams erste Frau*, erschienen bei Reclam, das alle Erscheinungsformen und kulturellen Rezeptionen des Lilith-Mythos aufarbeitet.

3 Die Philosophie behauptet, dass wir eine Tabula rasa (oder auch nicht) seien. Aber die Philosophie selbst kann kaum als Tabula rasa gesehen werden, solange es auch nur den Versuch gibt, unseren Glauben und unsere Vorurteile dazu zu benutzen, uns ihrer nicht bewusst zu werden, sondern sie durch andere Glauben und Vorurteile zu ersetzen.

zum Schlachtfeld von Gut und Böse machten. Gut und Böse waren jedoch auf einem gleichen philosophischen Niveau, wenn auch das Böse ein negatives Vorzeichen hatte.[4] Und so es gute Götter gab, welche das Leben schufen, waren sie doch nicht viel mächtiger als jene, die Tod und Verderben brachten.[5] In diesen vergessenen Zeiten sangen unsere Vorfahren Hymnen und Lieder zu Ehren dieser Götter und Geister. Der Hymnus, den wir hier vortragen, handelt von einem mächtigen Baum, einer Göttin und einer Dämonin.

> In dieser Zeit pflanzte sich ein Baum, ein einzelner Baum,
> ein Huluppu-Baum
> An den Ufern des Euphrats ein.
> Eine Frau [Inanna Anm.] …
> riss den Baum aus dem Fluss und sprach:
> Ich will diesen Baum nach Uruk bringen.
> Ich werde den Baum in meinen heiligen Garten pflanzen.
>
> Mit eigener Hand sorgte Inanna für den Baum,
> Mit ihren Füßen stampfte sie die Erde um den Baum herum fest.
> Sie sprach zu sich selbst:
> Wie lange wird es wohl dauern, bis ich einen strahlenden
> Thron haben werde?
> Wie lange wird es wohl dauern, bis ich auf einem strahlenden
> Bett liegen werde?

So wurde diese Geschichte vorgetragen, am Abend vor dem Feuer sitzend, singend und in rhythmischen Hebungen und Senkungen. Der Abend: In diesen Zeiten hatte besonders die hereinbrechende Dämmerung noch eine furchterregende Dimension. Dann krochen in der Fantasie der Menschen die Schattenarme der Geister aus den

---

4 Man ist sogar versucht, zu sagen, dass mathematisch gesprochen die absoluten Werte von Gut und Böse gleich sind, beziehungsweise dass ihr Abstand vom Nullpunkt der gleiche ist. Die Größe der Vektoren ist also gleich, nur die Richtung ist verschieden. Erst in der judeochristlichen Epoche wird das die manichäische Häresie genannt, weil in diesem Glauben Gott und das Gute ontologisch weit höher stehen als das Böse.

5 Um die Dinge noch komplizierter zu machen: In der Mythologie ist der Schöpfer oft ein verwirrtes Wesen beziehungsweise unserer Form der Logik unzugänglich. Oder anders ausgedrückt: Die Bilder, die wir erhalten, mit denen die Taten dieser Götterwesen beschrieben werden, ergeben in unseren Augen keinen Sinn.

finsteren Abgründen der Erde, um das Licht zu töten und um den Sonnengott unter den Horizont zu ziehen – in das Reich des Todes. Das war die Zeit, in der die Dämonen kamen. Auch zu Inanna.

> Dann schlug die Schlange, die nicht bezähmt werden konnte,
> Ihr Nest in den Wurzeln des Baumes auf,
> Und der Anzu-Vogel setzte seine Brut in die Zweige des Baums
> Und die dunkle Jungfrau Lilith baute ihr Haus in seinen Stamm
> Die junge Frau, die gerne lachte, weinte.
> Und wie Inanna weinte!

Und so bringt uns die Erzählung »Inanna und der Huluppu-Baum« erste Nachricht von Lilith, einer mächtigen Dämonin des mesopotamischen Sagenkreises. Lilith ist die Gegnerin der Himmelsgöttin Inanna, eine Schwester des Sonnengotts Utu.[6] Inanna pflanzt den Baum des Lebens, den Huluppu-Baum, in ihren Garten. Sie will sein Holz. Es ist ihr »Return on Investment«, ihre Belohnung für die Pflege des Baums – ein Thron und ein Bett. Aber Lilith, die Schlange und der Vogel durchkreuzen diesen schönen Plan. Weil ihr der Sonnengott nicht helfen will, ruft Inanna schließlich den größten menschlichen Helden zu Hilfe: Gilgamesch. Und der hilft – auf seine Weise.

> Er schwang seine bronzene Axt, sieben Talente schwer
> und sieben Minen
> Und schwang sie über seiner Schulter
> So betrat er den Garten Inannas.
> Die Schlange, die nicht bezähmt werden konnte,
> traf Gilgamesch
> Der Anzu-Vogel flog mit seinen Jungen in die Berge
> Und Lilith zerstörte ihr Haus und floh in wilde,
> unbewohnte Gefilde.
> Dann lockerte Gilgamesch die Wurzeln des Baumes;
> Und die Söhne der Stadt, die mit ihm gekommen waren,
> schnitten die Äste ab.

6 Mehr über Utu in Wolkstein/Kramer 1983.

Aus dem Stamm schnitzte er einen Thron für seine heilige Schwester.
Aus dem Stamm des Baumes schnitt Gilgamesch ein Bett für Inanna.[7]

Die feindliche Übernahme

Was für eine seltsame Geschichte. Erinnert sie uns nicht an eine Eroberung des Lebens im Stile einer feindlichen Übernahme, wie wir sie von den sogenannten Heuschrecken und Hedgefonds kennen? Der Baum gehörte Inanna[8], und dann besetzte ihn Lilith einfach. Sie lebte in dem, was viele Kommentatoren als »Baum des Lebens« bezeichnen – ein Bild, das der heutige Leser auch aus der Genesis kennt: »In der Mitte des Gartens aber [ließ Gott wachsen] den Baum des Lebens.«[9]

In der biblischen Geschichte gibt es zwei Meta-Bäume, die den Lauf des Lebens und der Geschichte ändern. Der Baum des Lebens wird dabei oft vergessen, weil im Zentrum der Erzählung der Baum der Erkenntnis von Gut und Böse steht. Ersterer wird im babylonischen Schöpfungsmythos sehr detailliert beschrieben. Lilith lebte in einem Baum, der den Göttern geweiht war – heilig nicht nur für Menschen, sondern auch für die Götter. Und dann das: Eine Schlange, der Vogel und Lilith nisten sich darin ein. Und es braucht den Helden Gilgamesch mit seiner schweren Axt, um diese Individuen aus dem Baum des Lebens zu vertreiben.

Der Baum des Lebens ist ein mächtiges Symbol im Pantheon der ersten Zivilisationen – und er erscheint in einer großen Anzahl von Kulturen.[10]

---

7 Ebd.

8 Inanna taucht in der Periode von Uruk etwa 4000 bis 3100 vor Christus auf. Ihr Name leitet sich von Nin-anna ab, der sumerischen Königin des Himmels. Sie steht in enger Beziehung zu Venus.

9 Altes Testament, Genesis 2,9, Bibel, Einheitsübersetzung, Katholische Bibelanstalt Stuttgart, 1980

10 Auch in anderen Schöpfungsgeschichten gibt es einen ähnlichen Mythos. Besonders ausgeprägt ist die Ähnlichkeit des Huluppu-Baums mit dem des germanischen Sagenkreises. Dort nagen Schlangen an den Wurzeln des Baums Yggdrasill, und der Adler nistet in der Krone. Siehe Böldl 2013, S. 117.

Umso verstörender, wenn der Baum des Lebens gefällt wird, um ein paar schöne Bretter für Möbel zu liefern.

So gesehen verteidigt Lilith das Prinzip des Lebens und der ewigen Ordnung. Heute würden wir Lilith vermutlich sogar als Symbolfigur für Nachhaltigkeit und Ressourcenschonung betrachten. Sie erscheint uns also als gut. Aber hielten sie auch die Mesopotamier für gut?

Wir wollen noch einen Blick auf ihre Gegnerin Inanna werfen, um das zu beantworten. Diese war nicht nur die Göttin des Himmels, sondern auch der Fruchtbarkeit und der Liebe sowie die Schutzgöttin der Stadt Uruk, einer der ersten Stadtstaaten Mesopotamiens. Der Baum des Lebens würde also eigentlich auch in seiner verarbeiteten Form – etwa als Bett der Fruchtbarkeit – nicht ganz so artfremd eingesetzt sein, wie es auf den ersten Blick scheint. Im Gegenteil, das Leben, das er repräsentiert, würde ja weiter aus seiner Substanz heraus entstehen. Der Thron hingegen ist das gezimmerte Symbol Inannas als Beschützerin und Herrin der Stadt Uruk. Und wer bräuchte nicht so eine Schutzherrin?

Tatsächlich ging es den Mesopotamiern nicht darum, von den Naturgesetzen beherrscht zu werden, sondern die Natur zu dominieren. Die Stadt und ihre Errichtung sind deshalb wesentlich wichtiger als ein Baum, und sei es auch der Baum des Lebens. Inanna repräsentiert diese neue Sichtweise. Sie sieht nicht so sehr den Rohstoff als vielmehr seine Veredelung. Sie denkt ökonomisch einem frühen Nutzenprinzip entsprechend. Sie zivilisiert die Macht des Lebens. Sie ordnet und verbessert. Lilith hingegen ist eine primitive Art des »Insiders«: Sie lebt buchstäblich *in* der Natur, das heißt im Baum. Sie verhindert seine Veredelung.

Der Konflikt wird auf technischer Ebene mittels der damals wohl modernsten Waffe gelöst: der Bronzeaxt, die sowohl Macht als auch Fortschritt repräsentiert. Sie schockt Lilith und vertreibt sie in die Wüste. Doch damit ist sie nicht einfach verschwunden und vergessen. Nicht umsonst wird mit der Axt nur der Baum gefällt und die Dämonin am Leben gelassen. Lilith verfolgt die Menschen aus diesem wilden, leeren Raum der Einöde heraus. Sie sucht ihre Bezwinger im wahrsten Sinn des Wortes »heim«. Sie kriecht in die Häuser, um den Kindern ihre Seele und ihre Lebenskraft auszusaugen. Sie rächt sich an Inanna, indem sie alle Attribute der Göttin attackiert: die Fruchtbarkeit, die Liebe, das Leben.

Mit dieser Legende wird Liliths Geschichte von Generation zu Generation weitergegeben, bis sie von der hebräischen Mythologie aufgesogen wird. Hier erfährt ihr böser Charakter noch eine Steigerung: Sie bringt nun nicht mehr nur Neugeborene ums Leben, sondern verführt auch noch Männer, beschläft sie im Traum, – saugt ihnen ihren Samen aus und beraubt sie damit ihrer Zeugungskraft. Howard Schwartz, ein US-Autor und Experte für jüdische Mythologie, schreibt: »Unter den Legenden biblischen Ursprungs und rabbinischer und volkstümlicher Tradition hatte keine einen größeren Einfluss als jene von Lilith, die eine zweifache Rolle als Kinder tötende Hexe und als die Inkarnation der Lust hat. Die Legende von Lilith dient als Basis einer ganzen Reihe dämonischer Erzählungen in der mittelalterlichen jüdischen Folklore.«[11]

Lilith als Adams erstes Weib

Aber es bleibt nicht bei der einfachen Dämonenlegende. Liliths Drama erhält sozusagen eine »rabbinische Dimension«. Die jüdischen Schriftgelehrten und Prediger benutzen die Figur der Lilith, um einen seltsamen Widerspruch in der Bibel zu lösen, der just auf den allerersten Seiten des Buchs Verwirrung stiftet – in der Schöpfungsgeschichte. Denn die Bibel erzählt die Erschaffung des Menschen gleich zweimal. Und das in sehr voneinander abweichender Art und Weise.

Der chronologischen Reihenfolge entsprechend heißt es zunächst: »Gott schuf also den Menschen als sein Abbild; als Abbild Gottes schuf er ihn. Als Mann und Frau schuf er sie.«[12] In einer wörtlichen Interpretation wären Mann und Frau demnach gleichzeitig erschaffen worden.

Aber im zweiten Schöpfungsbericht, der in Kapitel zwei der Ge-

11 Schwartz 1998, S. 71.
12 Altes Testament, Genesis, 1,27, Bibel, Einheitsübersetzung, Katholische Bibelanstalt Stuttgart, 1980.

nesis geschildert wird, hören wir eine ganz andere Variante. Hier formt Gott aus der Erde zunächst die wilden Tiere und alle Vögel des Himmels als Helfer des Menschen, und er beauftragt Adam, ihnen Namen zu geben. Aber »eine Hilfe, die dem Menschen entsprach, fand er nicht«.[13] Erst aufgrund dieses Mangels schafft Gott in dieser zweiten Version die Frau. Das ist Eva. Was aber ist mit der ersten Frau aus der ersten Version geschehen, die gleichzeitig und aus demselben Stoff geschaffen wurde wie Adam?

Hier setzen die Interpreten der hebräischen Bibelauslegung an: Die Rabbis erklären die erste Frau als einen Versuch Gottes, der gründlich misslingt. Denn Lilith, die Vorgängerin von Eva, hat andere Charaktereigenschaften als diese. Da sie aus dem gleichen Stoff wie Adam geschaffen ist, nicht bloß aus seiner Rippe, ist sie weder Untertan noch untertänig, und sie gehorcht auch nicht, wie wir gleich sehen werden. Eva hingegen macht sich in einem Ausmaß gefügig, dass sie am Ende sogar der Schlange willfährig ist.[14]

Hier nun die bekannteste Geschichte der hebräischen Lilith, wie sie in den Auslegungen des Alten Testaments, im Midrasch[15], zu finden ist, genauer gesagt im *Alphabet des Ben Sirach*[16]. Ben Sirach ist der Überlieferung nach ein Rabbi und Heiler am Hof des babylonischen Königs Nebukadnezar. Eines Tages wird der Sohn des Königs schwer krank, und der Vater lässt Ben Sirach holen. Der Rabbi beginnt zu beten und hängt dem kleinen Patienten ein geheimnisvolles Amulett um. Der König wird stutzig und fragt, was es damit auf sich habe.

Da erzählt ihm Ben Sirach eine unerhörte Geschichte:

> Als Gott den Menschen erschaffen hatte, sagte er: »Es ist nicht gut, dass der Mensch allein sei«, und schuf ihm eine Frau –

---

13 Altes Testament, Genesis, 2,20, Bibel, Einheitsübersetzung, Katholische Bibelanstalt Stuttgart, 1980.

14 Die Schöpfung einer untertänigen Frau hatte also einen hohen Preis. Denn eine Lilith hätte der Schlange vermutlich gar nicht zugehört. Anders als Adam liefert sich Eva mit der Schlange zumindest ein Wortgefecht.

15 Es handelt sich um einen Teil des Midrasch, der sich nicht mit Gesetzen beschäftigt, sondern Geschichten auch mithilfe von Folkloreelementen auslegt. Das *Alphabet des Ben Sirach* ist Teil dieses »Aggadischen Midrasch«.

16 Es enthält 22 hebräische Dichtungen und Sprichworte sehr verschiedener Natur, die Hälfte davon aus dem Talmud.

gleich ihm – aus Erde und nannte sie Lilith. Bald begannen sie, miteinander zu streiten: Sie sagte zu ihm: »Ich will nicht unter dir liegen.« Und er sagte: »Ich will nicht unter dir liegen, sondern auf dir, weil du verdienst, die Unterlegene zu sein, und ich, der Überlegene zu sein.« Sie sagte zu ihm: »Wir sind beide gleich, weil wir beide aus Erde gemacht sind.« Und sie wollten aufeinander nicht hören.

Als Lilith das gewahr wurde, rief sie den heiligen Namen Gottes aus und erhob sich in die Lüfte der Welt. Adam rief seinen Schöpfer an und sprach: »Gott der Welt, die Frau, die du mir gabst, ist mir weggelaufen.« Daraufhin schickte Gott der Allmächtige, gebenedeit sei er, ihr sofort drei Engel nach, um sie zurückzuholen. Der Allmächtige, gebenedeit sei er, sagte zu Adam: »Wenn sie zurückkehren will, gut. Wenn nicht, muss sie es auf sich nehmen, dass tagtäglich hundert ihrer Söhne sterben müssen.« Die Engel folgten ihr und holten sie ein, über dem Meer, in dessen mächtigen Wassern dereinst die Ägypter ertrinken sollten.

Die Engel teilten ihr den Willen Gottes mit, aber sie wollte nicht zurückkehren. Die Engel sagten zu ihr: »Wir werden dich im Meer ertränken.« Sie sprach zu ihnen: »Lasst mich allein, denn ich bin für nichts geschaffen worden, außer Kinder zu schwächen, männliche Kinder von der Geburt bis zum achten Tag, weibliche von der Geburt bis zum 20. Tag.« Als die Engel die Worte Liliths hörten, bestanden sie darauf, sie zu ergreifen; [sie aber sprach: Anm.] »Ich schwöre euch beim Namen Gottes, dem Lebendigen und Seienden, dass ich, wenn ich eure Namen und Antlitze in einer Camea erblicke, über das betreffende Kind nicht herrschen werde.«

Und sie nahm es auf sich, dass tagtäglich hundert ihrer Teufel sterben. Und daher kommt es, dass wir ihren Namen in die Camea von kleinen Kindern schreiben. Und sie erblickt sie, erinnert sich ihres Versprechens, und das Kind ist geheilt.[17]

---

17 Übers. OT; als weiterführende Lektüre: Börner-Klein 2007.

Hier endet die Geschichte von Ben Sirach. Sie hat sich durch die Jahrhunderte erhalten, auch wenn Lilith in der Bibel selbst kaum erwähnt wird, nur einmal im Buch Jesaja[18], wo es um ein Strafgericht Gottes über die Feinde Israels geht: »Da werden untereinander laufen die Wüstentiere und wilde Hunde, und ein Feldteufel wird dem anderen begegnen. Lilith wird da auch selbst hausen und Ruhe daselbst finden.« In den meisten Übersetzungen des Buchs der Bücher fehlt Liliths Name gänzlich. In der entsprechenden Jesaja-Stelle findet sich statt Lilith das Wort Nachtkreatur, Nachtvogel, Nachtungeheuer, Schreieule, »Lamia«. Nur die oben zitierte »International Standard Version« und die »Darby Bible Translation« verwenden den Namen Lilith.[19]

Wenn das also alles wäre, dann wäre das herzlich wenig. Aber wir finden Lilith eben auch in zahllosen überlieferten Textbruchstücken und in der Folklore. Und tatsächlich gab es magische Amulette, mit denen die Juden ihre Kinder vor der Dämonin schützen wollten: »Der Text, der darauf geschrieben steht, vertreibt alle Dämonen, auch eine gewisse Lilith, indem ein Vers des Hohelieds zitiert wird: ›Umgeben von 60 Kriegern Israels, all erfahrene Krieger, jeder mit einem Schwert an der Hüfte, gegen die Schrecken der Nacht.‹«[20]

Natürlich werden sich nun einige Leser fragen, was Dämonen, Angst und Aberglaube mit Ökonomie und Wirtschaft zu tun haben. Wir beginnen die Analyse mit der wichtigsten Erfahrung Liliths und dem, wogegen sie sich am meisten wehrt: mit der Unterdrückung.

---

18 Bibel, Jesaja 34,14, International Standard Version.

19 Der »Pulpit«-Bibelkommentar sagt Folgendes: »Eine jüdische Legende machte Lilith zur ersten Frau Adams. Weil sie den Namen Gottes als Zauber verwendet habe, sei sie in einen Teufel verwandelt worden. Es war ihre spezielle Freude, Kleinkinder zu ermorden. Ein anderer Bibelkommentar erwähnt Lilith, »Gill's Exposition of the entire Bible«: »Unter dem Namen Lilith verbirgt sich ein Nachtvogel, der in der Nacht gehört wird. Die Juden nennen sie einen Dämon, der, so sagen sie, ein menschliches Gesicht und Flügel hat und Neugeborene tötet.«

20 Naveh/Shakked 1998, S. 145.

Analyse: Die Natur der Unterdrückung

Unterdrückung ist ein Wort, das oft gebraucht wird, wenn es darum geht, Systeme zu beschreiben, die uns umgeben: Kapitalismus[21], Ökonomie[22], patriarchale Gesellschaft. Die Geschichte der Unterdrückung ist lang und facettenreich. Zunächst unterdrückte uns die Natur, dann die Religion, dann die Schule, dann – nach marxistischer Sichtweise – das System.

In jeder dieser Epochen war es interessanterweise das lebensspendende Wesen, das der Mensch gleichzeitig am meisten fürchtete. Zuerst fürchteten wir die Gewalt der Natur, und wir bekämpften die Natur. Dann fürchteten wir den Zorn Gottes, und unsere Kriege waren Religionskriege. Nun fürchten wir das System. Genauer gesagt: Wir fürchten das ökonomische System, das – so meinen wir – uns unterdrückt.

Lilith ist eine der ersten mythologischen Figuren, die sich unterdrückt fühlen. Ein anderer alter Text aus der gleichen Region im Zweistromland zwischen Euphrat und Tigris hat dasselbe Erzählmuster. Es ist das Epos von Gilgamesch, das älteste, das wir überhaupt kennen: Das Volk von Uruk fühlt sich vom Tyrannen Gilgamesch unterdrückt, weil er es zwingt, eine Mauer um die Stadt zu errichten. Und zwar eine so massive Befestigung, dass er die ausführenden Arbeiter als menschliche Werkzeuge benutzt.[23] Wir sehen: Unterdrückung hat eine lange Tradition.

Aber wir müssen nun fragen: Warum fühlte sich Lilith unterdrückt? Warum nannten die Rabbis ausgerechnet eine sexuelle Position als Grund für das Drama, und was ist an dieser Position so herabwürdigend? Und: Selbst wenn es so war und Lilith eine sexuelle Stellung ablehnte, war das denn ein Grund, das Paradies zu verlassen und zur Mörderin zu werden – zur Mörderin eigener und fremder Kinder? Lilith bricht nicht nur mit dem Mann, der mit ihr

21 Das wäre die Kritik der Grünen.

22 Das gilt für Marxisten und Neomarxisten. Kommunismus war nicht wirklich gegen die Wirtschaft, da er ebenso auf Wachstum fixiert war und das zu gewissen Zeiten auch besser schaffte als der Kapitalismus. Žižek ist hier schwer zu inkludieren, da er sich ja gegen jede Form der Ideologie ausspricht.

23 Für eine eingehende Analyse des Gilgamesch-Epos siehe Sedláček 2012.

geschaffen wurde, sie bricht gleichzeitig mit dem einzigen Mann der Welt. Und sie entfernt sich nicht nur von ihrem Lebenspartner, sondern auch von Gott, ihrem Schöpfer. Sie bricht also mit ihrer gesamten Umgebung – um eine verfluchte Kreatur zu werden, die Länder und Ozeane durchstreift, ein Geschöpf der Nacht, das doch so lichtvoll geschaffen worden war. Und das alles nur, weil sie eine sexuelle Position als unterdrückend empfand, nicht als schmerzhaft oder ihren Nachwuchs gefährdend, nein! Als »herabwürdigend«.

Das erscheint zunächst unverständlich. Die Erklärung dafür liegt in der Natur des Problems. Es geht um die Rolle Gottes: Der Allmächtige schuf die Welt und alle Wesen mit wenigen Worten. Aber er kam nicht mit einem »Miniaturproblem« wie der Position zweier von ihm selbst geschaffener Wesen im Geschlechtsakt zurecht. Warum? Es gibt darauf nur eine Antwort: Weil es um etwas Symbolisches ging. Symbole sind realer als die Realität – wie Jacques Lacan sagen würde. Dies vorausgesetzt, können wir den Fall weiter untersuchen, und zwar mit einer Frage, die Gott an Adam richtet: »Wer hat dir das gesagt?«[24] Wer also sagte Lilith, dass unter Adam zu schlafen eine entwürdigende Stellung sei? Wer verabreichte ihr diesen Symbolismus? Wer brachte es ihr bei, wenn es doch niemanden gab, der es ihr hätte beibringen können? Woher also stammt die Symbolik, die Himmel und Paradies erschüttert?

Wenn es um unsere Götter geht, begegnen wir einem seltsamen Gemisch verschiedener Wesen. Einerseits zeigen sie oft eine enorme Macht und Kreativität; im nächsten Moment erscheinen sie aber vollkommen kraft- und ideenlos.[25]

Liliths und Adams Problem hätte ein Sexualtherapeut vermutlich in einer Sekunde lösen können. »Wechseln Sie doch die Position«, hätte der eine geraten, »legen Sie sich Seite an Seite«, der andere. Und wenn es der schmutzige Boden ist, der Sie stört, »legen Sie

---

24 Eigentlich: »Wer hat dir gesagt, dass du nackt bist?« (Altes Testament, Genesis, 3,11, Einheitsübersetzung, Katholische Bibelanstalt Stuttgart, 1980).

25 Im Buch Hiob zeigt sich Gott Hiob gegenüber moralisch äußerst schwach und klein, aber physisch extrem stark. Man kann die Hilflosigkeit geradezu hören, wenn sich der Zorn Gottes in einem Donnern entlädt, das eine Mischung aus Allmacht und Ohnmacht zeigt. Gehorchen nicht alle Systeme - unser ökonomisches inklusive - den gleichen Gesetzen? Siehe auch Altes Testament, Ijob 41-43, Einheitsübersetzung, Katholische Bibelanstalt Stuttgart, 1980; Jung 1993.

doch eine Decke auf den Boden«. Und wenn es ein Problem für sie ist, auf der Decke liegend trotzdem dem Dreck nahe zu sein und schmutzig zu werden, wer würde sich darüber aufregen? Es gibt keine Gala, auf der man zu erscheinen hätte, und keine Kleider, die man waschen müsste. Und auf der symbolischen Ebene: Wenn Lilith die Nähe von Schöpfung und Tod bemängelt (Staub bist du und zu Staub wirst du zurückkehren, im Staub wirst du Liebe machen und Kinder zeugen) – gut, dann möge sie damit leben oder sie möge es genießen.

Ist Gleichheit möglich?

All diese rationalen Versuche, eine Gleichheit herzustellen, würden erfolglos bleiben. Des Symbolischen wegen. Selbst im Zustand der höchsten gottgegebenen Gleichheit (im Paradies) schaffen die vermeintlich Gleichgestellten sofort Symbole der Ungleichheit und der Dominanz. Man lasse also zwei mental vollkommen gesunde Wesen des Goldenen Zeitalters, des *illo tempore*[26], in ihrem goldenen Käfig allein, und sie werden einander sofort mit symbolischen Akten der Herrschaft und Unterdrückung konfrontieren. Was ist die Lehre daraus? Selbst im Garten Eden, also in einem idealen Zustand, werden Menschen sofort versuchen, eine Hierarchie herzustellen.

Gleichheit ist nach dieser Interpretation praktisch unmöglich, nicht herstellbar. Das Paradies als Zustand ewig existierender Gleichheit scheint unmöglich zu sein. Das ist ökonomisch interessant, wenn es um den sogenannten »stationären« und paradiesisch geträumten Zustand der Wirtschaft geht, nach dem so viele klassische Ökonomen und auch moderne – etwa John Maynard Keynes – strebten. All diesen Fantasien ist folgende Vision gemeinsam: Wenn alle materiellen Bedürfnisse der Marktteilnehmer befriedigt sind, wird sich ein »neuer«, ein moralischer Mensch aufmachen, um die

26 Mircea Eliade verwendet diesen Ausdruck, wenn er über das Goldene Zeitalter spricht, das wir immer wieder herstellen möchten, indem wir Riten und symbolische Akte setzen.

Herrschaft als Institution abzuschaffen und die Gleichheit zu verankern.[27]

Keynes spricht über diesen Zustand sehr symbolisch, mit beinah religiöser Terminologie, gleichsam in der Sprache eines neuen Adam[28] – um die Symbolik des Goldenen Zeitalters zu beschwören, vielleicht sogar um das Gedächtnis daran wachzurufen, eine kollektive Erinnerung, wie Jung es ausdrücken würde. Die Geschichte der Lilith versetzt diesem Bild des Friedens durch Ökonomie einen harten Schlag. Auch der perfekte Platz in der menschlichen Fantasie, der Garten Eden, wird freiwillig verlassen.

Wir müssen erkennen, dass Lilith sich unterdrückt fühlt, und zwar ohne Präsenz eines unterdrückenden »Systems« (wenn wir Adam bloß als Individuum werten wollen). Das Paradies kennt kein Kapital, keine Banken, keinen König. Gehen wir also davon aus, dass es so ist, müssen wir schlussfolgern, dass wir in unserer aktuellen Diskussion um eine uns erstrebenswert erscheinende Gleichheit einer Täuschung aufsitzen: Es geht dann nämlich nicht um ein unterdrückendes System, sondern um die natürlichen Triebe des Menschen: Sich unterdrückt zu fühlen, gehört so gesehen zur *Conditio humana,* zu einem menschlichen Grundgefühl.

Die Kritik des Kapitalismus gegen jene der *Conditio humana*

Die aktuelle Kritik an unserem System besteht größtenteils darin, die Unterdrückung der Individuen aufzuzeigen. Karl Marx klagte das System deshalb an. Was aber, wenn diese Kritik der Ikone des Kommunismus und Sozialismus ebenso wie die seiner Nachfolger – bis hin zu Slavoj Žižek – falsch wäre? Was, wenn diese Kritik eigent-

27 Keynes 1963, S. 358–373.

28 Diesen neuen Adam thematisiert er in seinem Essay auch immer wieder. Adam und das Paradies, das Keynes verbildlicht, indem er an den Spruch auf dem Grabstein einer Haushälterin erinnert: »Trauert nicht um mich, Freunde, weint niemals um mich, weil ich nun endlich für immer untätig sein kann.«

lich die Beschaffenheit des Menschen im Fokus hat und nicht den Kapitalismus?

Die Kritiker des Systems müssen nicht einmal bei Marx beginnen, um das System zu kritisieren. Es reicht schon aus, das Neue Testament[29] zu zitieren. Tatsächlich finden sich darin unzählige Stellen, an denen harte Kritik am »System« der Gesellschaft geübt wird. Wenn schon der Kapitalismus voller Unstimmigkeiten und Paradoxien ist, dann ist es jedes andere System auch. Die menschliche Natur und die Existenz des Menschen als solche sind voll davon. Nicht umsonst heißt es: »Die Weisheit dieser Welt ist Verrücktheit.«[30]

Die Menschheit erfuhr das spätestens zu dem Zeitpunkt, als sie schreiben lernte und Geschichten über sich selbst verfasste.[31] Jesus selbst beschrieb Gottes Reich mittels Paradoxa. Und sowohl Jesus als auch Paulus gehen in ihrer Kritik viel weiter, als Marx es je tat. Indem sie nämlich den Teufel oder das Böse selbst als Beherrscher des Weltsystems bezeichnen.[32] Von dieser Warte aus betrachtet hat sich Marx nicht der Religion als »Opium des Volkes« entledigt, sondern nur die Dosis erhöht: Indem er meinte, man brauche den Kapitalismus bloß zu verändern, um das Problem der menschlichen Existenz lösen zu können, und nichts weiter.

So bezieht sich beispielsweise ein Hauptkritikpunkt von Marx auf die »Entfremdung« des Arbeiters vom Produkt der Arbeit, verursacht durch die ungleiche Verteilung des Kapitals. Nun gibt es aber dieses Gefühl schon lange *vor* dem Auftreten der Idee privaten Vermögens. Um ein radikales Beispiel zu geben: Selbst Gott fühlt sich von der Arbeit seiner Hände entfremdet. Er schafft den Menschen, aber dieses Wesen entfremdet sich augenblicklich von ihm. Adam fühlt sich allein gelassen in Gottes Gegenwart (wenn man es

---

29 Das Alte Testament ist in seiner Kritik diesbezüglich sehr viel zurückhaltender. Natürlich finden sich auch im Neuen Testament einige Passagen, in denen Konsens bezüglich eines hierarchisch geordneten Systems herrscht: »Gib dem Kaiser, was des Kaisers ist.«

30 »Denn die Weisheit der Welt ist Torheit vor Gott« (1 Korinther 3,19).

31 Tatsächlich gibt es zahllose Aufzeichnungen, in denen über den Verstand geklagt wird und über die Paradoxa des rationalen Denkens: Luther nennt den Verstand die Hure des Teufels.

32 »Jetzt wird Gericht gehalten über diese Welt, jetzt wird der Herrscher dieser Welt hinausgeworfen werden« (Johannes 12,13, Einheitsübersetzung, Katholische Bibelanstalt Stuttgart, 1980). »Denn der Gott dieser Weltzeit (Satan) hat das Denken der Menschen verblendet …« (2 Korinther 4,4, Bibel, Einheitsübersetzung, Katholische Bibelanstalt Stuttgart, 1980).

genau nimmt, ist Einsamkeit das erste in der Bibel erwähnte Gefühl). Die Bibel als Ganzes erzählt die Geschichte einer Entfremdung, die beide Wesen, Gott und Mensch, verzweifelt zu überbrücken versuchen. Sie scheitern immer wieder daran, und es braucht den Tod Gottes und die permanente Präsenz des Heiligen Geistes, der eins mit der Menschheit wird, um die Entfremdung zu überwinden und die Beziehung aufrechtzuerhalten.[33]

Hannah Arendt argumentierte in ihrem Buch zur *Conditio humana*[34], die menschliche Existenz bestehe aus einer Abfolge von Erschöpfung und Erneuerung, sodass ein Aufstieg nur nach einem Niedergang möglich sei und der Versuch, beständig »oben« zu bleiben, scheitern müsse:

> Außerhalb des vorgeschriebenen natürlichen Kreislaufs, in dem ein Körper sich erschöpft und regeneriert, in dem die Mühsal der Arbeit von der Lust des Verzehrens und die Müdigkeit von der Süße der Ruhe gefolgt ist, gibt es kein bleibendes Glück, und was immer diese kreisende Bewegung aus dem Gleichgewicht bringt – die Not der Armut, wenn an die Stelle der Erholung das Elend tritt und die Erschöpfung ein Dauerzustand wird, oder die Not des Reichtums, wenn der Körper sich nicht mehr erschöpft und daher an die Stelle der Erholung die bare Langeweile, an die Stelle der Fruchtbarkeit die Sterilität der Impotenz tritt … vernichtet man die elementar sinnliche Seligkeit, die der Segen des Lebendigseins ist.[35]

33 Die Beziehung zu Gott ist tatsächlich nicht leicht aufrechtzuerhalten. Sie braucht buchstäblich eine immer wiederkehrende Verjüngung und konstante Energie in Form von Glauben (von der Seite des Menschen aus) und Blut (von der Seite Gottes aus).

34 In deutscher Übersetzung heißt das Buch *Vita Activa oder Vom tätigen Leben*, München 2007.

35 Arendt 2007, S. 127.

Iss alles, was du produzierst

Ganz ähnlich muss Lilith töten und zerstören, was sie zur Welt bringt, sie entfremdet sich von ihren Kindern, ironischerweise, indem sie sie verschlingt. In einer perversen Art wird sie eins mit ihrem eigenen Produkt. Milan Kundera erzählt in anderem Zusammenhang von Salvador Dalí und seiner Frau, die sich bei einem Umzug nicht von ihrem Kaninchen trennen wollten, und es schließlich verspeisten.

Aus ökonomischer Perspektive betrachtet ist Lilith das Symbol einer Wirtschaft in einem seltsamen Gleichgewicht: Es gibt da einen (selbst produzierten) Bedarf an allem, was sie produziert (auf der Angebotsseite).[36] Wenn ein Ökonom an die Dinge herangeht, dann meist aus den Blickwinkeln von Angebot und Nachfrage. So gesehen müsste es also heißen: Wenn die Ökonomie aus der Balance gerät, kann sie entweder nicht genügend produzieren, um den Bedarf zu decken, oder sie leidet unter zu wenig Nachfrage und an Überproduktion. Wir haben es heute allerdings oft mit einer perversen Verschmelzung beider Disbalancen zu tun.

Es gibt eine Szene in dem französischen Film *Das große Fressen* (1973), in der die überfütterten Protagonisten nicht mehr essen können, egal wie luxuriös das Essen ist. Also sprechen sie über hungernde afrikanische Kinder und stellen sich vor, den armen Kreaturen helfen zu können – bloß um ihren eigenen Hunger wieder anzustacheln. Das ist ins Ökonomische übersetzt der Import (oder das Ausborgen) von Hunger. Welche Szenerie könnte dekadenter, ja obszöner sein als diese?[37] Dieses Bild können wir aber nicht einfach abtun, indem wir es als dekadent bezeichnen. Es ist alltäglicher, als uns lieb ist. Wie oft haben unsere Eltern und Großeltern die gleiche Art der Erziehung bemüht, wenn die Kinder nicht aufaßen, »was auf den Tisch kommt«? »Denk doch an die Kinder in Afrika!« Iss, wenn schon nicht aus Hunger, dann aus einem Schuldgefühl heraus – das ist die Botschaft, die dahintersteckt.

---

36 In rein sexueller Betrachtungsweise stellt sie auch das Gegenteil der heutigen Gepflogenheiten dar. Während der moderne Mensch mehr Sex haben will als Kinder, hat Lilith mehr Kinder als Sex.

37 Ähnlich funktioniert ja auch die Pornografie durch Anstacheln der Libido.

Die Maxime unserer Zeit ist es, nicht die Hungernden zu ernähren, sondern die Satten. Während es einfach ist, die Hungrigen durch Nahrung glücklich zu machen, stellt die Ernährung der Satten ein immer größer werdendes Problem dar, das zu seiner Bewältigung ein ganz neues Feld der Psychologie benötigt: Werbung, Verkauf und Marketing. Die Werbung tut nichts anderes, als unseren nicht existierenden Hunger auf libidinöse Weise zu wecken.

Wenn wir von der persönlichen Ebene auf eine höhere gehen wollen, ergibt sich dann nicht exakt die Situation, in der wir uns durch die Krise gestellt sehen? Ist es nicht das Grundproblem der Ökonomie, dass die Menschen nicht genug konsumieren? Deshalb erfinden doch Regierungen und Ökonomen erst Wege, den Konsum weiter zu erhöhen. Ist es etwa nicht unser Problem, dass ein Gott des ewigen (Konsum-)Hungers heranwächst? Dass das infame Motto »Gier ist gut« oder »Geiz ist geil« nicht angezweifelt wird? Dass es eben gar nicht genug Hunger geben *kann*, nicht genug Konsum, nicht genug Gier? Und statt den Hunger dort zu behandeln, wo er auftritt, haben wir eine ganze Industrie ersonnen und aufgebaut, in der er künstlich erzeugt wird. Der Fokus auf Profite schafft beabsichtigte Realitätsstörungen, die unsere Ökonomie und uns selbst irrational handeln lassen. Und das alles unter den Augen einer scheinbar perfekten rationalen und objektiven Wissenschaft.

Marx und die Nachfrage

Während der Herrschaft des Kommunismus in Osteuropa, einem der schlimmsten Regime der modernen Zeit, gab es auch ökonomische Krisen. Aber sie waren von ganz anderer Natur. Die Menschen sehnten sich nach Zucker, Autos und Rasierklingen, die Nachfrage war da, aber nicht das Angebot. Heute verhält es sich umgekehrt. Wir kämpfen mit dem Problem, dass es alles im Überfluss gibt: Zucker, Autos, Rasierklingen – das Angebot ist da, die Nachfrage aber nicht. Mit anderen Worten: Die Ökonomie sehnt sich *nicht* danach, alles »zu essen«, was sie produziert. Wenn die Wirtschaft schwach wird, kommen ihr die wirtschaftspolitisch Regierenden zu

Hilfe, fördern künstlich den Konsum und fordern eine Art von stellvertretendem Opfer. Das ist der Grund für die Budgetdefizite, der Grund, warum Regierungen sich verschulden, mit Schulden, die so hoch geworden sind, dass sie in manchen Ländern die Realwirtschaft ersticken, die ja die Defizite decken muss. Und spätestens jetzt wird uns dieser Zustand richtig bewusst und macht uns Angst: Die Wirtschaft erwartet, dass ihr selbst geholfen wird.

Es gibt unzählige Konferenzen zur Ökonomie, in denen der Gegenstand der Debatte in Variationen stets der gleiche ist, nämlich: »Wie kann der Ökonomie geholfen werden?« Man erkennt schon aus der Themensetzung das Eingeständnis, dass die Wirtschaft Hilfe braucht. Dass sie in Wahrheit tatsächlich hilflos ist. Sie kann sich ja nicht einmal nach Jahren der Debatte über Rezepte gegen die Krise selbst helfen. Und tatsächlich sind keinerlei Anzeichen zu entdecken, dass es eine solche Lösung in Zukunft geben wird.

Wir lernen alle schon in der Schule, es sei die Rolle der Ökonomie, der Gesellschaft zu helfen und sie zu unterstützen – auch den Armen, den Künstlern und Kreativen, also allen, die sich nach ökonomischen Kriterien nicht selbst erhalten können. Und nun müssen wir erfahren, dass die Wirtschaft unter Umständen noch hilfloser ist als diese Schwächsten. Dass sie, wie diese, beständig monetäre, budgetpolitische und psychologische Unterstützung braucht.

Die Richtung der Unterdrückung – das »Es« unter Verschluss

Kehren wir noch einmal zum Begriff »Unterdrückung« zurück. Wenn man es genau betrachtet, leiden wir ständig unter einer Angst: Jener, dass wir unterdrückt werden – sei es Adam, der Lilith unterdrückt, das Wirtschaftssystem, das uns unterdrückt, die Politik, welche die Wirtschaft unterdrückt, das System, die Moral, eine Matrix, welche die Menschen unterdrückt; kurz gesagt, wir fürchten etwas, das uns aussaugt, uns die Freiheit raubt, uns nicht erlaubt, wir selbst zu sein. Überlegen wir also, aus welcher Richtung diese Unterdrückung auf uns wirkt.

Gewöhnlich meinen wir, Unterdrückung werde von oben ausgeübt. Wenn wir also Unterdrückung in ein Bild fassen möchten, dann so: Wir möchten gerne aufrecht gehen, aber das System lässt uns nur in gebückter Haltung gehen, als ob wir eine schwere Last trügen. Es drückt uns beständig nach unten.

Nun ist es aber möglich, dass wir nicht von oben, sondern von der Seite her bedrückt werden: Wir würden gerne gerade auf ein Ziel zugehen, aber das System bedrängt uns seitlich und bewirkt, dass wir unser Ziel verfehlen. Oder das System bedrängt uns von vorne, macht uns langsamer, bringt uns beinahe zum Stillstand – gerade so, als würden wir unter Wasser laufen. Das Image der Bürokratie passt gut zu diesem Bild: Wir wollen laufen, die spontan agierende Wirtschaft würde uns laufen machen, will die Konkurrenz und die Konsumenten auf einer neuen Welle der Kreativität schwimmen lassen, wenn da nicht die Last der Steuer wäre, die uns langsamer macht, die Gesetze, die Bürokratie.

Es kann aber auch sein, dass uns das System von hinten bedrängt, uns zu schnell vorwärtstreibt, wie ein starker Wind. Wir wollen langsam gehen, wollen Zeit und Raum für unsere Freunde, unsere Hobbys und unsere Familie haben, aber wir fühlen, dass uns das System zum Laufen zwingt und die mobile, digitale Technik dazu nutzt, die Welt noch mobiler zu machen, noch digitaler, als wir uns das eigentlich wünschen. Die Geschwindigkeit, mit der wir leben, empfinden wir als schwere Last.

Sinn und Zweck dieses Gedankenexperiments, das wir hier anstellen, ist es, zu demonstrieren, dass das Bild, das wir entworfen haben, ganz anders zu strukturieren ist: Dass uns das System nämlich in Wirklichkeit meistens *von unten* bedrückt. Und bei näherer Betrachtung ist dieses Bild auch viel eindrücklicher als das einer Unterdrückung von oben. Zunächst: Wie oft hat uns das System daran gehindert, ein »höheres« Selbst, im Sinne eines moralisch guten Menschen, zu werden? Wie oft passiert es, dass jemand einen anderen veranlasst, mit einem einträglichen Job aufzuhören, sich für die Armen einzusetzen oder auf dem Land zu leben und Biogetreide anzubauen? Das System wird niemanden dafür bestrafen oder maßregeln, dass er seine ganzen Ersparnisse den Armen gibt. Das System unterdrückt uns in Wirklichkeit sehr selten von der Warte des »höheren« Selbst aus, es bedrückt uns vielmehr von unten. Von unserem unteren Selbst, unserem Unbewussten, dem »Es«. Es bedrückt uns durch unkontrollierte, unbezähmbare Wünsche.

Aber wir sehen dieses »Es« nicht. Es ist uns verschlossen. Wie unter einem Deckel. Und dieser Verschluss muss auf dem Unbewussten bleiben. Stellen wir uns nur vor, wir würden ihn entfernen und hätten plötzlich einen direkten Zugang zu unserem »Es« – zu unseren rohen, unzensierten, unkultivierten, spontanen Wünschen und Sehnsüchten. Alle Tore unseres Innern würden geöffnet werden. Der Inhalt von Kinofilmen und Sagen, die wir fürchten, würden unser Bewusstsein überschwemmen. Wenn also unser »Es« – das in gewisser Weise das spontane, kreative Selbst ist – losgelassen würde, wären wir völlig veränderte Wesen. Unsere Kunst und unsere Mythen legen nahe, dass dies nicht das Glück bedeuten würde, sondern den Horror schlechthin.

Was ist unter dem Verschluss?

Vielleicht erinnern sich einige von Ihnen an den Film *Sphere – Die Macht aus dem All* (1998) von Barry Levinson mit Dustin Hoffman,[38] diesen psychologischen Science-Fiction-Thriller, in dem ein Team von Wissenschaftlern eine Reise in die Tiefsee macht, um die angebliche Landung eines Außerirdischen auf der Erde zu untersuchen. Dann passieren plötzlich seltsame Dinge. Die »Sphäre« materialisiert die Träume der einzelnen Gruppenmitglieder und führt sie in immer mehr schreckenerregende Situationen. Es ist beinahe so, als wollte uns der Regisseur einen Eindruck davon verschaffen, was geschieht, wenn sich der Deckel auf dem »Es« hebt.

Die Idee einer Sphäre der Wunscherfüllung stammt übrigens

38 Ein anderes, viel früheres und großartiges Beispiel ist Stanisław Lems Roman *Solaris,* in dem ein organischer Ozean die Erinnerungen und Träume der Menschen materialisiert (mehr oder weniger das Unbewusste bei Jung, das kollektive Gedächtnis und den Schatten). Andrei Tarkowski verfilmte *Solaris* 1972.

aus dem Buch *Picknick am Wegesrand* der Brüder Arkadi und Boris Strugatzki.[39] Dort wird sie die »goldene Kugel« genannt (Andrei Tarkowski hat auf dieser Basis seinen Film *Stalker* 1979 realisiert). Zum einen kann man diese Geschichte wie folgt lesen: Es gibt einen geheimnisvollen, mysteriösen Raum innerhalb einer »Zone«, welcher die intimsten Wünsche der Besucher erfüllt. Der Protagonist der Geschichte ist ein Mann, dessen Verwandter schwer erkrankt ist und für dessen Heil der Protagonist eine gefährliche Reise unternimmt – und tatsächlich die »Zone« erreicht. Er glaubt sich nun am Ziel. Aber als er nach Hause zurückkehrt, muss er erfahren, dass der Verwandte gestorben ist und er selbst eine ungeheure Summe Geld in der Lotterie gewonnen hat. Wo lag also das Problem? Hielt die »Zone« ihr Versprechen nicht? Im Gegenteil, sie erfüllte sie auf den Punkt. Sie erfüllte den größten Wunsch des »Es« und kümmerte sich nicht »um den Deckel«. Sie verwirklichte, was der Mann tatsächlich ersehnte, nicht das, was er sich zu ersehnen wünschte. Die »Zone« sprach direkt das »Es« an, sie war das, was der Philosoph Slavoj Žižek die »Es«-Maschine nannte. Dem Protagonisten war also im tiefsten Inneren sein Verwandter weniger wert als der eigene Gewinn. Weil dieser Mann ein gebildeter, ethisch denkender Mensch war, wünschte er sich, die »rechten Dinge« zu wünschen, und zwar in einem Maß, dass er seine eigentlichen Wünsche gar nicht mehr kannte. Als er nun gewahr wurde, was sein eigentlicher Wunsch – Reichtum – angerichtet hatte, beging er Selbstmord.

---

39 Das Buch beschreibt Lebensepisoden einiger Bewohner der Stadt Harmont auf dem Planeten Erde, in der vor vielen Jahren der »Besuch« durch eine fremde Zivilisation stattgefunden hat: An sechs Stellen - in den sogenannten »Zonen« - ist auf der Erde außerirdische Technologie zu finden, die immer noch teilweise funktionsfähig ist. Diese Technologie bringt verschiedene und teils sehr gefährliche Effekte hervor, die von den Menschen - auch Jahre später - immer noch nicht verstanden werden; deshalb haben sie die Gebiete abgesperrt und lassen sie wie militärische Sperrgebiete bewachten. Die außerirdischen Artefakte sind heiß begehrt und werden mittlerweile immer mehr im täglichen Leben von den Menschen eingesetzt. Die verschiedenen Interessen, Wissenschaft, Militär, Schmuggelei prägen das Leben in diesen Gebieten, und der Roman beschreibt eines der Gebiete genauer, welches fortwährend »die Zone« genannt wird. Protagonist ist Roderic Schuchart (im Original »Redrick«, kurz »Red«), ein »Schatzgräber« (im Original »Stalker«), einer jener Männer, die unerlaubt unter Einsatz ihres Lebens in die Zone eindringen, dort Artefakte sammeln und sie auf dem Schwarzmarkt zu Geld machen. Als im späteren Verlauf des Romans immer mehr Roboter in der Zone Bergungsarbeiten durchführen und aufgrund konsequenter Verfolgung die Zahl der traditionellen Schmuggler immer stärker abnimmt, begibt sich Schuchart ein letztes Mal in die »Zone«, um die sagenumwobene »goldene Kugel« zu bergen. Dieser wird nachgesagt, sie würde »alle Wünsche erfüllen«.

Bevor wir nun aber vorschnell über ihn urteilen, sollten wir uns überlegen, was wir selbst tun würden, hätten wir Zugang zu einer solchen Zone der Wunschfreiheit. Würden wir sie betreten? Wenn wir etwa wünschten, der Hunger auf der Welt möge ein für alle Mal beseitigt werden oder es solle keine Kriege mehr geben und die Menschheit könne gerettet werden?[40]

Wie können wir sicher sein, dass das tatsächlich unser Wunsch wäre? Dass wir uns also ausschließlich wünschten, etwas ethisch Gutes zu tun? Žižek beschreibt das so: »Das »Es« ist das vollkommen Unbewusste, das impulsive, das kindliche, der Teil der Psyche, welcher mit dem Lustprinzip arbeitet und der die Quelle aller grundlegenden Impulse und Triebe ist. Es sucht sofortige Lust und Belohnung.« Die »Es«-Maschine ist ein »Mechanismus, der unsere uneingestandenen Fantasien direkt materialisiert«.[41] Mit anderen Worten, etwas, das einen »Deckel«, einen »Verschluss« braucht. Diese Wünsche, Triebe und Impulse werden von uns unterdrückt, und zwar aus einem bestimmten Grund.

Das zweite Derivativ der Sehnsucht

Also geht es eigentlich nicht nur um einen Wunsch oder eine Sehnsucht (eine bereits sehr komplizierte ökonomische Maximierungsaufgabe), sondern auch darum, dass wir die meisten unserer wirklichen Sehnsüchte gar nicht erfüllt wünschen. Wir wünschen uns hingegen Sehnsüchte, die gesellschaftlich konstruiert sind. Es ist auch nicht so sehr die wirtschaftliche Unmöglichkeit unserer biologischen und unbewussten Wünsche, die uns quält, sondern die Spannung und die Kluft zwischen dem, wonach wir streben würden, und dem, wonach wir uns zu streben erlauben. Das erwünschte Streben findet zwar an der Oberfläche unseres Verhaltens, also im täglichen Leben sichtbar, statt, aber im Untergrund unseres Unbewussten führt das zweite Derivativ der Sehnsucht das Zepter –

40 Oder etwa, wie einer der Darsteller den Wunsch hätte, »alle glücklich zu machen«, kurz bevor er in einem Fleischwolf getötet wird.

41 Žižek 1999.

und es ist die reiche Quelle unserer psycho-ökonomischen Schizophrenie.

Wir sollten uns auch vor Augen halten, dass die meisten Dinge, die wir uns täglich wünschen, auf der Basis erlernter Geschmäcker und Konventionen gewünscht werden – also auf Basis einer Mode oder eines Gefühls, das wir zu schätzen gelernt haben. Es wurde uns beigebracht, wie und was wir zu genießen und zu erstreben haben. Zweitens wissen wir gar nicht genau um alle unsere Wünsche Bescheid. Deshalb drängt sich hier eine Frage auf. Welche wirkende Kraft tut das dann? Wir haben vorhin das Konzept der »Es«-Maschine benutzt, aber erscheint es uns nicht als problematisch, dass eine Maschine unsere Wünsche besser kennt als wir selbst, und dass es sich bei dieser Maschine um etwas Transzendentes handelt, das von einer beachtenswerten Größe sein muss? In unserer Vorstellung ist die »Es«-Maschine zwar ein toter Apparat, aber trotzdem kennt sie unsere innersten Wünsche. Nun sind es dieser Begriff und diese Wahrnehmung (verfolgt zu werden, bestraft zu werden durch die Materialisierung eigener Wünsche, die wir weder bewusst wahrnehmen noch kontrollieren können), die den Leser sofort an etwas Übernatürliches erinnern. Das Alte Testament ist voll von Situationen, in denen dieses Übernatürliche angerufen wird, um die eigenen geheimen Wünsche offenzulegen: »Herr, du hast mich erforschet und du kennest mich. Erforsche mich, Gott … prüfe mich und erkenne mein Denken« (Psalm 139,23), »… würde Gott das nicht ergründen, denn er kennt die heimlichen Gedanken des Herzens« (Psalm 44,22) oder bei Jeremia: »Ich der Herr, erforsche das Herz und prüfe die Nieren« (Jeremia 17,10).

Der psychologisch-religiöse Instinkt muss irgendwo aus dieser Unvereinbarkeit unserer Sehnsüchte stammen. Es ist also nicht bloß der Dämon des ewigen Hungers, mit dem wir konfrontiert sind, sondern eine andere Schicht seltsamer Gefühle und einer Hingezogenheit, denen wir ausgesetzt sind. Sie liegen in der Tiefe unserer Seele, sie sind stark und schrecklich, und doch sind sie so unleugbar unser Eigen, dass sie uns Angst machen. Die unnatürlichen Sehnsüchte der Kulturgesellschaft formen vermutlich noch viel mehr unser Ich als die natürlichen Wünsche.

Lilith hat sich entschieden, außerhalb der Gesellschaft zu leben, außerhalb ihrer Wesensgleichen – das ist der Preis für die Freiheit von jeder Art der Unterdrückung. Am Ende wurde also der Deckel entfernt, und Lilith wurde mit Sehnsüchten geschlagen – so wie Flüche eben auch für gewöhnlich arbeiten: Sie machen die Wünsche unkontrollierbar. Und plötzlich werden diese tiefen, verdrängten Wünsche wahr.

Wenn diese Lesart der Bedrückung von unten richtig ist, dann muss es einen guten Grund geben, dass es so ist. Die gesamte Bedeutung der Kultur und der Zivilisation ist es, den Verschluss des »Es« aufrechtzuerhalten und uns den Ausbruch von Sex und Gewalt zu ersparen. Schon Freud hat daraus einen seiner zentralen Gedanken formuliert, dass nämlich die Zivilisation ein Apparat der Unterdrückung niedriger Impulse sei, mit dem Ziel, eine höhere Zivilisationsstufe zu erreichen und aufrechtzuerhalten.[42] Natürlich entfremdet uns dieser Umstand von uns selbst und behindert unser wahres Selbst, aber er entfremdet uns eben von unserem niedrigen Selbst. Das System muss also voller Paradoxa und Neurosen sein.

Das, in Summe betrachtet, ändert nicht nur unsere Einschätzung und unser Verständnis des Wortes »Unterdrückung«, sondern ist auch ein gutes Beispiel für etwas, das wir in diesem Buch zu zeigen versuchen: Wie Mythen ein starkes und freudvolles Leben parallel zu unseren wissenschaftlichen Überzeugungen und Vorstellungen führen. Die Anordnung der »Welt-Unterdrückung« (die Vorstellung, dass diese Unterdrückung von »oben« kommt) ist rein mythischer Natur. Sie regiert in unseren Köpfen. Die Vorstellung wird gewöhnlich nicht hinterfragt oder untersucht, und trotzdem hat sie einen enormen Einfluss auf unser Leben und darauf, wie wir die Gesellschaft und uns selbst in der Gesellschaft wahrnehmen. Sie steht nicht einmal unseren mathematischen oder wissenschaftlichen Ordnungen entgegen. Diese ergänzen einander vielmehr. Oder wie Mary Midgley es in der Einleitung ihres Buchs ausdrückt: »Wir sind daran gewöhnt, Mythen als das Gegenteil der

42 Freud kommt in seinem Werk immer wieder darauf zurück. Stellvertretend sei hier eine Stelle aus dem Briefwechsel mit Albert Einstein zitiert, der unter *Warum Krieg?* veröffentlicht wurde: Dort heißt es: »Der ideale Zustand wäre natürlich eine Gemeinschaft von Menschen, die ihr Triebleben der Diktatur der Vernunft unterworfen haben« (Freud 1982m, S. 284). Wir werden im Verlauf des Buchs noch mehrmals auf diese Unterdrückungsfunktion zu sprechen kommen.

Wissenschaft zu sehen. Aber in Wirklichkeit sind sie ein zentraler Teil davon.«[43]

Wenn die Unterdrückung als eine Form der Bedrückung von unten gelesen würde, dann würden wir sie wohl sehr viel positiver wahrnehmen, als wir das bisher tun. Kehren wir also zu Lilith zurück: Sie fühlt sich von Adam (und seinem Körper) unterdrückt, handelt entsprechend – und verliert als Folge davon ihren »Es«-Verschluss.[44] Damit wird sie zur reinen Repräsentantin von Reproduktion, Tod[45], Sex und Gewalt[46]. Ihren eigenen urtümlichen Hunger stillt sie darauf, indem sie ihre eigenen Kinder aufisst. So wie Lilith wissen wir nicht, wie dieser Symbolismus (von Unterdrückung) in unseren Kopf gesetzt wurde, aber er bestimmt unsere Handlungen, und im Fall von Lilith beraubt er sie des Gartens Eden.

Was wäre, wenn uns Ähnliches geschähe? Gäbe es einen Ausweg, wenn sich die Existenz der Menschheit in eine Hölle verwandelte? Und in welchem Stadium befänden wir uns dann heute? »This could be Heaven or this could be Hell«, wie der Text des berühmten Songs »Hotel California« von den Eagles lautet – manchmal können wir den Unterschied nicht festmachen. Wenn unsere intimsten Wünsche verwirklicht würden, könnte sich die Erde in eine Hölle verwandeln. Das slawische Märchen »Der Goldfisch« kann einen ein wenig an die »Golden Sphere« der Strugatzki-Brüder erinnern. Ein armes Fischerehepaar wird darin gesegnet, sich alles, was es will, wünschen zu können. Die Frau des Fischers will daraufhin so viele Reichtümer, dass der einzige Weg, sie davon zu heilen, darin besteht, sie wieder in ihre alte Hütte zurückzuverfrachten, die sie eigentlich nur reparieren wollte, bevor ihre Wünsche »mit ihr durchgingen«.

---

43 Midgley 2011, S. 1.

44 Aus der Perspektive Jungs repräsentiert Lilith die dunkle Seite des Unbewussten, Siegmund Hurwitz nennt das das »Darkfeminine«.

45 Howard Schwartz in *Reimagining the Bible:* »Strangely enough, at the same time that Lilith was blamed fort he scourge of infant mortality, she was also playing a major role as the incarnation of lust. Here she haunts men in their dreams and imaginations. It was believed that every time a man had a sexual dream or fantasy, he had intercourse with Lilith, and the product of this intercourse were mutant demons, half human and half demon, who were spurned by humans and by demons alike« (Schwartz 1998, S. 60).

46 In beinahe allen Erzählungen von Lilith gibt es starke Motive von Lust und Angst, Angst, dass Lilith die Nachkommenschaft töten könnte, und die Lust nach Lilith als Lustobjekt selbst, siehe auch Schwartz 2009, S. 10.

Denn das größere Haus machte sie nicht glücklich. Es bewirkte sofort den Wunsch nach einem Palast.

Erinnert uns das nicht an die westliche Gesellschaft von heute? Und an den sagenhaften König Midas, der alles zu Gold verwandeln wünschte und beinahe daran verhungerte? »Mögen alle Dinge, die du anfasst, gelingen«, »mögen alle deine Träume wahr werden« – ist das nicht ein guter Wunsch, der eigentlich einen Fluch in sich trägt?

Wenn wir Liliths Geschichte als Gleichnis für die Marktwirtschaft sehen wollen, steht sie für den guten Anfang und das schlechte Ende der Marktwirtschaft, das Alpha und das Omega der Ökonomie.

Liliths Alpha: Die Freiheit

Im Zentrum der Geschichte Liliths steht ihr unbedingter Wille zur Freiheit.[47] Freiheit, das ist auch das oberste Prinzip für die Marktwirtschaft, wie Adam Smith und seine Nachfolger es als Grundbedingung für gedeihliches wirtschaftliches Handeln sahen. Die Freiheit der Marktteilnehmer und ihrer Entscheidungen ermöglicht die volle Funktionsfähigkeit der Wirtschaft zum Nutzen aller. Und tatsächlich war es die Freiheit der Märkte, die uns in den vergangenen Jahrzehnten einen noch nie gekannten Reichtum erleben ließ, gleichzeitig aber auch die Ursache so vieler Krisen war.

Man kann den Preis für diese Freiheit auch an einer biblischen Geschichte ablesen. Dem Auszug Israels aus Ägypten, geleitet von Moses. Das Volk ist nun zwar frei, aber sein gefühlter ökonomischer Wohlstand geht zurück.[48] Gemäß der Geschichte des Exodus mussten die Stämme Israels 40 Jahre lang in der Wildnis der Wüste bleiben, und niemand von ihnen durfte das Gelobte Land erblicken. Die Investition sollte erst ihren Kindern zugutekommen. Die in die Freiheit ausgezogene Generation sah von all dem nichts.

47 Aus einer rein utilitären Sicht könnte man die Frage stellen, ob Lilith nach einer Kosten-Nutzen-Rechnung noch einmal so handeln würde (und Eva ebenso). Es geht letztens im Mythos wie in der Realität von heute um eine Frage: Was ist der Preis der Freiheit?

48 Und zwar erfolgt dieser Rückgang in einer Weise und unter Entbehrungen, dass sie lieber in die Sklaverei zurückkehren wollen.

Die Geschichte vom Exodus zeigt erstmals den größten und ältesten ökonomischen Vertrag in der Geschichte der Menschheit. Der Generationenvertrag ist die wirkungsmächtigste Übereinkunft überhaupt, unsere Zivilisation hängt davon ab: Die Rede ist vom ökonomischen Vertrag zwischen Eltern und Kind. Das von den Eltern zum Kind Transferierte fließt niemals im selben Maße zurück an die Eltern; sehr wohl aber profitieren die Kinder der Kinder noch davon. Ohne diesen Vertrag, den jeder von uns einhält, der es kann, würde unsere Spezies nicht länger als eine Generation überleben.[49]

Daher unterliegt die Familie anderen Regeln. Der Austausch erfolgt nicht *quid pro quo*, sondern folgt einem ziemlich einzigartigen Modell. Es ist eine Ökonomie des Geschenktauschs. Die Währung ist in diesem Fall nicht Geld, sondern es sind Aufmerksamkeit, Respekt, Freude, Partnerschaft, Hilfe. Wenn sich ein nahestehender Mensch das Bein bricht, lassen wir alles liegen und stehen und helfen ihm, ohne eine Kosten-Nutzen-Analyse anzustellen. Wenn sich aber unser Bäcker das Bein bricht, suchen wir uns einen anderen Bäcker. Was ja auch in Ordnung ist, denn es ist nun einmal nur ein Geschäft, nichts Persönliches. In der Familie und unter Freunden ist es genau umgekehrt. Es ist eben kein Geschäft, sondern etwas Persönliches. Eltern geben große Summen für ihre Kinder aus, und was bekommen sie dafür? Ein paar Zeichnungen, den Liebreiz eines Kindes, sein Lachen (das scheint die Währung von Kindern zu sein) und das ungeschriebene implizite Versprechen, dass Teile des investierten Geldes, wenn die Eltern einmal alt sein werden, vielleicht an sie zurückfließen. Größtenteils aber fließt das Geld wie selbstverständlich in die nächste Generation.

Unsere Gesellschaft heute gewährt viele ökonomische Freiheiten: Dank der Banken können wir es uns leisten, in Häusern zu leben, die wir uns sonst erst nach Jahrzehnten des Sparens leisten könnten. Wir können mithilfe einer Bank ein Unternehmen gründen, wofür gewöhnlich mehrere Generationen Mittel anhäufen müssten. Das ist eine Begleiterscheinung der individualisierten Gesellschaft. Heute

49 Man könnte behaupten, dass diese Sorge um die nächste Generation ein natürliches Prinzip ist, das der Mensch mit den Tieren gemein hat. Trotzdem oder gerade deshalb ist diese Sorge ein ökonomisches Interesse, und die Ökonomie der Industriestaaten hat daraus den größten ökonomischen Transfer der Geschichte gemacht.

können auch Menschen mit wenig Geld, dafür aber mit guten Ideen ihre eigene Firma gründen, ohne von der Familie abhängig zu sein. Diese vergleichsweise große Unabhängigkeit von der Familie wird durch eine Abhängigkeit von gesellschaftlichen und ökonomischen Strukturen und Systemen ersetzt.

Und umso reifer eine Gesellschaft insgesamt ist, desto weniger ist ein Individuum oder eine Familie fähig, ohne sie zu überleben. Als das Leben noch einfacher strukturiert war, konnte sich eine größere Familie oder ein Clan noch gut selbst versorgen. Heute verfügen wir über Smartphones, Computer, bezahlbare Autos, das omnipräsente Internet und häufig auch über eine universitäre Bildung; wer von uns weiß aber, wie man eine Wasserquelle findet, seine Nahrung selbst sammelt oder erlegt, wie Kleider und Schuhe zu nähen sind oder ein Winter ohne Elektrizität zu überleben ist? Geld, das als Symbol für Unabhängigkeit und Freiheit schlechthin gilt, ist in Wirklichkeit ein Symbol unserer Abhängigkeit von der Gesellschaft und – in Zeiten der Globalisierung – von der Welt insgesamt. Während wir den größten unausgesprochenen ökonomischen Vertrag weiterführen, wird dieses traditionelle Schuldverhältnis von Eltern und Kind immer stärker vom Verhältnis zwischen Individuum und Gesellschaft geprägt.

Am Beispiel Lilith erkennen wir, was ein exzessives Verlangen nach Freiheit bewirkt: Einsamkeit. Millionen von Menschen sind heute in ihrem Alltag von allen möglichen Dingen abhängig, und damit wird der Begriff »Freiheit« zunehmend problematisch. Wenn jemand eine Glühbirne zum Leuchten bringt, beschäftigt er indirekt Tausende Menschen – Juristen, Ingenieure, Architekten, PR-Agenten, Banker, Politiker, Reinigungskräfte, Designer. Je reicher und fortgeschrittener eine Wirtschaft wird, desto abhängiger ist sie vom Funktionieren aller Beteiligten. Wir sind heute nicht abhängig von den Kräften der Natur, sondern voneinander.

Liliths Omega: Die zerstörerische Schöpfung

Liliths Omega, das ist der Zwang, der aus der Freiheit entsteht. Denn Lilith ist gezwungen, unendlich zu produzieren, Leben erstehen zu lassen, das sie danach sterben lassen muss. Als Ressource dient ihr weiteres Leben – das von Säuglingen, deren Lebenskraft sie aussaugt.[50] Es ist ein grausam blutiges Karussell der Hoffnungslosigkeit.

Eine Marktwirtschaft mit perversem Selbstverständnis arbeitet nach dem gleichen Prinzip. Sie erzeugt, um zu zerstören, und zerstört, um zu erzeugen. Unser Erzeugen, die Arbeit, wird zum Selbstzweck. Und indem wir das tun, rauben wir uns Lebenszeit und verbrauchen die Ressourcen der Zukunft.

Der Hollywood-Film *Matrix* (1999) liefert ein beeindruckendes Bild einer solchen Selbstvernichtung. Dort gaukelt die titelgebende Matrix, eine Illusionsmaschine, den Bewohnern einer zerstörten Welt eine funktionierende Realität vor. Angetrieben wird diese Maschine mit Öl, das aus Säuglingen gewonnen wird. Eindrücklicher könnte man den Raub von zukünftigem Kapital zur Aufrechterhaltung einer gegenwärtigen Illusion des Glücks nicht verdeutlichen.

Chaos regiert

Wo ist die Lösung, um diesem Kreislauf zu entkommen? Wie könnte, müsste sich ein Wandel gestalten? Dazu wollen wir uns mit einem Phänomen beschäftigen, das gemeinhin als Fluch gesehen wird, dem wir aber auch einen segensreichen Teil abgewinnen können: das Chaos.

Regiert das Chaos? Möglicherweise für eine Weile, aber nicht ewig. Die Phrase »Chaos regiert« ist der Refrain des kontroversen Kinofilms *Antichrist* (2009) von Lars von Trier. Hier regiert anschei-

50 Schwartz 1998, S. 64.

nend ein höheres Prinzip: Um ein System zu verbessern, muss man eine Phase des Chaos und der Krise überstehen.

Räumt man ein Zimmer auf und unterbricht diese ordnende Arbeit, hinterlässt man mehr Chaos als zuvor da war. Möchte man einen Raum renovieren, sodass er danach angenehmer zu benutzen ist, wird man ihn während der Malerarbeiten nicht benutzen können, er wird für gewisse Zeit nutzlos sein. Ein Zuwachs an Chaos ist anscheinend – zumindest häufig – eine Begleiterscheinung der (verbesserten) Ordnung.

Nun hat alles seine Zeit, die Zunahme und die Abnahme der Ordnung. Das erste postmoderne Gedicht findet sich schon im Buch Kohelet, wo die Zeit als alleiniger Faktor den Unterschied ausmacht. Aufgrund der Zeit ist eine Tat gut oder schlecht.

> Alles hat seine Stunde. Für jedes Geschehen unter dem Himmel
> gibt es eine bestimmte Zeit:
> eine Zeit zum Gebären / und eine Zeit zum Sterben, /
> eine Zeit zum Pflanzen / und eine Zeit zum Abernten der Pflanzen,
> eine Zeit zum Töten / und eine Zeit zum Heilen, /
> eine Zeit zum Niederreißen / und eine Zeit zum Bauen,
> eine Zeit zum Weinen / und eine Zeit zum Lachen, /
> eine Zeit für die Klage / und eine Zeit für den Tanz;
> eine Zeit zum Steinewerfen / und eine Zeit zum Steinesammeln, /
> eine Zeit zum Umarmen / und eine Zeit, die Umarmung zu lösen,
> eine Zeit zum Suchen / und eine Zeit zum Verlieren, /
> eine Zeit zum Behalten / und eine Zeit zum Wegwerfen,
> eine Zeit zum Zerreißen / und eine Zeit zum Zusammennähen, /
> eine Zeit zum Schweigen / und eine Zeit zum Reden,
> eine Zeit zum Lieben / und eine Zeit zum Hassen, /
> eine Zeit für den Krieg / und eine Zeit für den Frieden.[51]

51 Altes Testament, Kohelet 3,1-8, Bibel, Einheitsübersetzung, Katholische Bibelanstalt Stuttgart, 1980.

Die »gute« Zerstörung

Aus der Lektüre des bisher Gesagten erhebt sich folgende Frage: Wäre die Idealform des Wirtschaftens, dass alles erhalten bleibt und nichts zerstört wird? Sicher ist, dass der Kreislauf von Entstehung und Untergang, von Leben und Tod ein tragendes Prinzip organischer und dynamischer Ordnungen ist, und als System einer solchen dynamischen Ordnung verstehen wir auch die Wirtschaft.[52] Sie verhält sich gerade so wie die Figur des Uroboros: Die mythologische Weltschlange, die sich selbst Antrieb verleiht, indem sie sich permanent selbst frisst. Uroboros[53] ist eine ringförmige Kreatur und erscheint in den Mythen vieler verschiedener Völker als Symbol für die Erneuerung aus dem Tod heraus. Platon hat in diesem Prinzip die tatsächliche Natur des Universums erkannt;[54] Jung betrachtete es als archetypisches Symbol der Unsterblichkeit; die chinesische Kultur verwendet dafür das Symbol von Yin und Yang.

Wir sagen es zunächst kurz mit Friedrich Nietzsche, der in *Also sprach Zarathustra* unter dem Kapitel »Von der Selbstüberwindung« vermerkt: »Und wer ein Schöpfer sein muss im Guten und Bösen. Wahrlich, der muss ein Vernichter erst sein und Werte zerbrechen.«[55]

Ähnliches hat sich ganz real vor wenigen Jahren in Europa abgespielt. Als sich die ehemalige Tschechoslowakei von einem kommunistischen zu einem kapitalistischen System wandelte, war uns bewusst, dass das BIP und der Wohlstand in den ersten Jahren sinken würden, bevor er wieder ansteigt. So ist es ja tatsächlich geschehen. Wir könnten das ökonomisch mit dem Darben der Israeliten in der Wüste während des Exodus vergleichen. Wenn auch mit Ein-

---

52 Auch die sogenannten Cybernetics arbeiten nur mit Nullen und Einsen. Und wie Computeranwender wissen, ist das einfachste und gesündeste Verfahren, einen Computer, der Probleme macht, wieder funktional zu machen, der Befehl »aus- und wieder einschalten«, der »Reboot« – was nichts anderes bedeutet, als den Computer durch einen kleinen Tod wieder zum Leben zu erwecken.

53 »In the age-old Image of Ouroboros lies the thought of devouring oneself and turning oneself into a circulatory process … This ›Feedback‹ process is at the same time a symbol of immortality, since it is said of the Ouroboros, that he slays himself and brings himself to life, fertilizes himself and gives Birth to himself. He symbolizes the One, who proceeds from the clash of opposites, and therefore constitutes the secret of the prima material which … unquestionably stems from man's unconscious« (Jung 1977, S. 513).

54 Platon 2013.

55 Nietzsche 1954, S. 372.

schränkungen, was das Ende der Geschichte betrifft. Es ist nicht ausgemachte Sache, ob die Marktwirtschaft, die am Ziel unseres Weges stand, tatsächlich ein »Gelobtes Land« ist.

Doch zurück zu unserem Grundgedanken der Selbstüberwindung: Es gibt dazu eine Geschichte vom toten und lebendigen Wasser: Wenn man jemanden retten will, muss man ihn – so die Legende – zuerst mit totem Wasser übergießen und dann erst mit lebendigem Wasser. Das lebendige Wasser alleine kann kein Leben bewirken. Der Weg von der niedrigen zu einer höheren Ordnung ist kein linearer mit einer positiven Steigung, sondern entspricht einer Kurve in Form eines »u«, die zuerst nach unten führt. Systemische Veränderungen folgen offenbar generell dieser Regel: Wenn ein System sich hin zu einer höheren Ordnung wandelt, so beginnt der Prozess der Wandlung zunächst mit einer Phase der größeren Unordnung, als sie das ursprüngliche System aufwies.

Joseph A. Schumpeter hat diese Idee – bewusst oder unbewusst – auf das System der Marktwirtschaft übertragen. Es sieht den Unternehmer als Innovator und die Wirtschaftsgeschichte als eine Wellenbewegung der Modernisierung und des Fortschritts; Letzterer speist seine Energie aus der Erneuerung. Demnach lautet der Zyklus: Erfindung, Etablierung und Niedergang, um etwas Neuem Platz zu machen. Der einzige relativ ruhige Teil dieses Dreigestirns ist die Etablierung eines neuen Systems.

In *Kapitalismus, Sozialismus und Demokratie* bringt er das wie folgt auf den Punkt:

> Die Eröffnung neuer, fremder oder einheimischer Märkte und die organisatorische Entwicklung vom Handwerksbetrieb und der Fabrik zu solchen Konzernen wie dem US-Steel illustrieren den gleichen Prozess einer industriellen Mutation – wenn ich diesen biologischen Ausdruck verwenden darf –, der unaufhörlich die Wirtschaftsstruktur von innen heraus revolutioniert, unaufhörlich die alte Struktur zerstört und unaufhörlich eine neue schafft. Dieser Prozess der »schöpferischen Zerstörung« ist das für den Kapitalismus wesentliche Faktum.[56]

56 Schumpeter 2005, S. 134 ff.

Und daraus erschließt sich auch die Natur von Krisen, wie Schumpeter sie positiv auffasst:

> Diese Revolutionen sind nicht eigentlich ununterbrochen; sie treten in unsteten Stößen auf, die voneinander durch Spannungen verhältnismäßiger Ruhe getrennt sind. Der Prozess als ganzer verläuft jedoch ununterbrochen – in dem Sinne, dass immer entweder Revolution oder Absorption der Ergebnisse der Revolution im Gange ist; beides zusammen bildet das, was als Konjunkturzyklus bekannt ist.

Gerade seit 2008 gilt Schumpeter schon wegen des Begriffs der »schöpferischen Zerstörung« als einer, der in Krisen etwas Positives sieht. Doch das ist nicht der Fall. In seinem grundlegenden Werk der *Theorie der wirtschaftlichen Entwicklung* sieht Schumpeter diese Zyklen von »Innovation und Liquidation« als einen in der Regel nicht abrupt, sondern harmonisch ablaufenden Kreislauf der Modernisierung in einem generell »statisch« geprägten System. Krisen hält er für unerwünschte Ausnahmen von der Regel und bezeichnet sie als »Störungen des statischen Gleichgewichts«.

Das Wesen einer Krise besteht demnach im irrationalen Verhalten von Marktteilnehmern, nicht in der Natur der Wirtschaft selbst:

> Das was den Liquidationsprozess mitunter zu einem abnormalen macht, liegt nach unserer Auffassung darin, dass in dem Momente, in dem die Wirtschaft in den Liquidationsprozess einlenkt, Maßregeln ergriffen werden, die sich dann als überhastet und der Sachlage nicht entsprechend erweisen und die zur Liquidation nicht nötig gewesen wären. Das geschieht unter dem Einflusse von völliger Verzweiflung, von Paniken.[57]

Was Schumpeter uns vorenthält, ist eine Erklärung, warum gerade Finanzmärkte derart anfällig für solche Krisenphänomene sind. Wir können dies nur mit der Instabilität der Werte der auf diesen Märkten gehandelten Güter erklären und mit dem Faktor Zeit. Um ein

57 Schumpeter 2006, S. 459.

Unternehmen zu schließen oder gar ein ganzes Marktsegment zu erneuern, braucht es Zeit, in der Regel Jahre, in denen sich der Niedergang zunächst langsam, später aber in immer schneller werdenden Intervallen ankündigt.

Auf den Finanzmärkten hingegen sind die Fluchtbewegungen von Kapital in Bruchteilen von Sekunden möglich und deshalb im Krisenfall von Impulsivität getragen. Daraus ergibt sich logisch, dass, je mehr die Volkswirtschaften den Finanzmärkten gehorchen, sie sich umso krisenanfälliger zeigen werden.[58] Und auch der Charakter des »Schöpferischen« fehlt auf den Finanzmärkten beinahe vollends, sieht man einmal davon ab, dass Spekulation mit immer fantasievolleren Modellen viel an bloßem Buchwert schöpfen kann. Die Zerstörung bringt hier also nichts Neues, sondern bloß die Vernichtung von Vermögen. Umso einschneidender die Krisenphänomene, da der Realwirtschaft in diesem Fall die Finanzierung durch die Banken wegen Kreditzurückhaltung fehlt. Das System verursacht also zunächst einen Sog, der sich auf die umliegenden, weniger profitablen Märkte mit Kapitalentzug auswirkt. Während also bei der schöpferischen Zerstörung Kapital sukzessive umgeleitet wird und weitgehend existent bleibt, vernichtet es sich in Finanzkrisen zu großen Teilen. Er frisst sich sozusagen selbst auf.[59]

---

58 Schumpeter hat sich als einer der wenigen Ökonomen ernsthaft mit Krisen auseinandergesetzt. Er kommt zum Schluss seiner Überlegungen auch zu einer Lösung, wenngleich einer utopischen: »Man kann sagen, dass in jeder Krise manche Zusammenbrüche dieser Art verhindert werden und dass in jeder auch noch andere, die tatsächlich eintraten, hätten verhindert werden können. Es hängt das meist von den Wirtschaftssubjekten selbst ab … Widerstehen sie der Versuchung, sich selbst à tout prix retten zu wollen, und bleiben sie ruhig in ihren Linien wie wohldisziplinierte Soldaten, so bricht eben keine Panik aus – irgendwie tiefer liegende Notwendigkeit eines völligen Zusammenbruchs gibt es für sie nicht. Eine gute Organisation des Marktes, intellektuelles und moralisches Hochstehen der Unternehmer wird die Krise verhindern oder in engen Grenzen halten« (Schumpeter 2006, S. 461).

59 Auch die Charakteristik der wissenschaftlichen »Revolutionen« folgt ähnlichen Regeln, wie Thomas S. Kuhn festgestellt hat. Die Wechselfälle sind zumeist unvorhersehbar, nehmen viel Energie in Anspruch und wirken störend (selbst für die Wissenschaft). Aus dem gesamten Komplex erhebt sich die Frage: Was verursacht die Steigerungen des Bruttosozialprodukts. Sind es Innovationen oder ist es die Ökonomie selbst? Und ist nicht die Ökonomie zweitrangig?

Lilith – Zusammenfassung

Lilith ist eine der ältesten dämonischen Figuren. Also wollten wir genau hier beginnen, in das Reich der Dämonen der Ökonomie einzutauchen. Und dabei stellen wir bereits an dieser Stelle überrascht fest, wie viele gleichnishafte Parallelen es zwischen den ältesten und den modernsten Mythen gibt. Es gibt auf den ersten Blick betrachtet kaum Themen und Figuren, die weiter voneinander entfernt sein könnten als eine babylonische Legende und die moderne Ökonomie. Und dennoch erscheinen sie uns auf seltsame Weise verbunden. Wir haben versucht, der Überlieferung von Lilith eine ökonomische Interpretation zu geben, und gleichzeitig anhand dieser alten Legende versucht, die ältesten bekannten ökonomischen Spannungen zu beschreiben. Und diese verspüren wir als Gesellschaft auch heute noch in hohem Maß. Die Menschheit war also vom Beginn der Zivilisation an mit ganz ähnlichen Problemen und Sorgen konfrontiert wie wir heute.

Was können wir also lernen? Nicht nur allgemein Bekanntes, dass auch die Begabtesten und die Beliebtesten oft im Abgrund enden, oder: je höher die Komplexität, desto höher das Risiko. Sondern dass unser Leben und unsere Bestimmung von Mächten und Kräften beeinflusst werden, die wir wenig bis gar nicht kontrollieren können. Lilith, die sich symbolisch und sexuell unterdrückt fühlt durch Adam, war uns Anlass, uns über die verschiedenen Formen existenzieller *Unter-* und *Be*drückung Gedanken zu machen, auch über ökonomische. Die großen Themen dieses Kapitels waren Wunsch und Sehnsucht sowie der Bedarf an ihnen und die Kluft zwischen unbewussten und bewussten Wünschen; die Unmöglichkeit der perfekten Gleichheit, der Ruf nach Freiheit, das Chaos und die systemische Ordnung und wie sie uns beeinflusst oder prägt.

Wir haben festgestellt, dass ein Großteil der Unterdrückung von innen kommt, indem die eine nach außen getragene Sehnsucht mit der unterdrückten inneren in Konkurrenz steht. Wir haben mit einigen Legenden und Sagen dargelegt, was passiert, wenn unsere Wünsche befriedigt werden – und sofort weitere Wünsche hervorbringen. Wir sind auf die unmittelbare Nachbarschaft von Himmel und Hölle eingegangen. Wir haben über den wirkungsreichsten Vertrag der Menschheit gesprochen, den Generationenvertrag, der sich durch die Geschichte zieht, aber nicht auf Papier mit Tinte verfasst ist – ein Vertrag, der kein Geld braucht und dennoch hoch ökonomisch ist. Wir haben uns gegen Ende des Kapitels schließlich der sich selbst verschlingenden Uroboros-Schlange zugewandt, die auch die selbstverschlingende Natur von Lilith symbolisiert. Und wir haben von kreativer Zerstörung gesprochen, aus der am Ende auch die Katastrophe einer sich selbst verbrennenden Marktwirtschaft erwächst.

2. DER STURZ AUS DEM HIMMEL – DIE GEBURT DES ÖKONOMISCHEN SYNDROMS

... der Mensch schneidet auf diese Weise die Schnur durch, die ihn mit dem Paradies verbindet, und nichts wird ihn aufhalten, nichts wird ihn trösten können auf seinem Flug durch die Leere der Zeit.

Milan Kundera[1]

Nachdem wir unsere Hauptfigur Lilith vorgestellt haben, ist es nun an der Zeit, den philosophischen Kern unserer Argumentation zu präsentieren. Er beschäftigt sich mit den Fragen: Hat die Menschheit schon zu allen Zeiten »wirtschaftlich«, »wettbewerblich« gedacht? Und wenn nicht, was waren jene Ideale, die davor Geltung hatten? Wir werden in diesem Kapitel nach den Ursprüngen für unser heutiges Denken suchen und nach den Ursachen des Wettbewerbs sowie der schlechten Schwester des Wettbewerbs, der Aggression. Von ihr nehmen wir an, dass sie an der Wiege der meisten ökonomischen Störungen steht, die wir in diesem Buch beschreiben. Um die Wurzeln beider Phänomene zu finden, suchen wir einen Zustand auf, der vor dem Wettbewerb stand.[2]

Diese Zeit vor »uns« als Zivilisation ist möglicherweise noch immer in Fantasien und Sehnsüchten präsent, die im gesellschaftli-

---

1 Kundera 1984, S. 284.

2 John Maynard Keynes träumte, wie wir schon erwähnt haben, einst von einer wohlhabenden Gesellschaft, die nicht länger in ökonomischen Kategorien denken muss und wo Ökonomie eine untergeordnete Rolle spielt, die also *nach* unserer Gesellschaft kommen soll. Unsere Fragestellung aber lautet: Gab es so eine Art von Gesellschaft jemals in der Vergangenheit – oder gar in der Mythologie?

chen Unbewussten dahindämmern. Diese Sehnsüchte werden mehr erahnt als verbalisiert, mehr in esoterischen und archaischen Symbolen gehandelt als wissenschaftlich diskutiert. Wir sprechen von der Idee der vereinten Gegensätze, von einem Geistesfrieden, einem ausbalancierten Weg der Mitte, den schon Platon und Aristoteles als Ideal vertraten. Dieser Weg wird bevorzugt dann gesucht und proklamiert, wenn die Gesellschaft als Ganzes oder die Ökonomie in eine Krise geraten. Immer also, wenn eine soziale Gemeinschaft ein Heilmittel oder eine Kur sucht. Dann stehen Bescheidenheit und Mäßigung hoch im Kurs.

Was aber geschah, als sich die Menschheit in einem *vor*abendländischen *vor*ökonomischen Zustand befand, am Anfang aller Dinge? Wenn wir diese Frage von der Gegenwart aus beantworten, wenn wir also von modernen Mythen sprechen, steht am Beginn der Geschichte des Universums ein großer Knall. Der Urknall oder *Big Bang*. Und ist es nicht so, dass die Geschichte der Ökonomie in allen Lehrbüchern stets mit dem Zustand der absoluten Kargheit und des Mangels beginnt, der nur durch die Segnungen der Marktwirtschaft und durch die explosive Steigerung der Güterzufuhr beseitigt werden konnte?

Von solchen Detonationen und explosiven Entwicklungen unserer Vorstellung erzählen uns die Urgeschichten unserer Vorfahren allerdings gar nichts. Im Gegenteil: Die Welterzählungen der Alten beginnen immer in einer Periode des Überflusses und der Harmonie. Da gibt es zunächst weder ein überbordendes Verlangen noch das Streben nach etwas. Die ersten Charaktere der mythischen Evolution der Völker sind auch, im wahrsten Sinne des Wortes, »komplette« Wesen: Sie sind zweigeschlechtlich, androgyn. Sie sind noch keinem bipolaren System unterworfen. Sie kennen nicht den Unterschied zwischen Leben und Tod, Krieg und Frieden, männlich und weiblich, zwischen weich und hart, Angebot und Nachfrage.

Eros

Aus dem prähellenischen Griechenland ist uns die Figur des Eros überliefert.[3] Eros ist der Gott der Liebe, des Verlangens und Strebens aus der orphischen und pelasgischen Überlieferung: Dem Mythos zufolge legt die Göttin der Nacht ein silbernes Ei in den Schoß der Dunkelheit. Als Eros aus diesem Ei schlüpft, ist er zweigeschlechtlich und goldgeflügelt. Er setzt das All in Bewegung, schafft die Erde, den Himmel, die Sonne und den Mond.[4] Erst das klassische Zeitalter hat ihn zu einem lüsternen Knaben mit Pfeil und Bogen degradiert, der Liebe verschießend Unheil stiftet.

Eine Zwittergestalt steht auch am Ursprung einer Schöpfungserzählung aus dem Gebiet des Vorderen Orients: Zeus lässt über dem Berg Agdis seinen Samen fallen, aus dem ein Zwitterwesen, Agdistis, entsteht. Diese Kreatur wird so groß und mächtig, dass die Götter vor ihr Angst bekommen und sie kastrieren. Aus den abgeschnittenen Hoden erwächst Kybele, die Göttin, und aus dem Glied erwächst ihr Liebhaber Attis.[5] Kybele, später Astarte genannt, wurde eine der mächtigsten Göttinnen der antiken Welt. Ihre Geschichte

---

3 Die Geschichte des Eros ist eine Version einer noch älteren Schöpfungsgeschichte. Allerdings scheinen die Götternamen gewechselt zu haben. Thetys herrscht demnach wie Eurynome über das Meer, und Okeanos umgürtet wie die Schlange Ophion das Universum. Auch Eurynome ist eine dunkle Göttin, die sich aus dem Chaos erhebt und das Meer vom Himmel trennt. Sie tanzt nackt im Nordwind über den Wellen. Sie erfasst den Wind und reibt ihn in ihren Händen. Und siehe da: Es ist Ophion, die Schlange. Eurynome wird schließlich von Ophion umschlungen und befruchtet. Sie nimmt die Gestalt einer Taube an und legt ein Ei, das von der Schlange Ophion siebenmal umschlungen und ausgebrütet wird. Aus diesem Ei entspringen Sonne, Mond, Planeten und Sterne, die Erde und die Bäume. Der erste Mensch, Pelasgos, entspringt dem Boden Arkadiens. Wir finden in dieser Geschichte zahlreiche Parallelen zur biblischen Genesis-Erzählung. Die Teilung von Himmel und Meer, die Siebenzahl der Schöpfung, die Gestalt des Pelasgos, der aus der Erde geformt wird.

4 Ranke-Graves 2007, S. 25 ff. Quelle: Homer 1990, S. 201, 261.

5 Astarte lebt der Sage nach glücklich mit Attis, bis der eine Königstochter heiratet. Die betrogene Göttin schlägt alle Festgäste mit Wahnsinn. Attis entmannt sich im Wald und verblutet. Zeus gewährt ihm nicht die Rückkehr ins Leben, doch er schenkt den toten Körper, der niemals verwesen kann, der Astarte. Astarte wird zur Erdmutter und später in Rom zur wichtigsten Göttin im Pantheon, das Blut des Attis wird als Symbol der Fruchtbarkeit gedeutet. Im Pantheon wurde einstmals Attis zu Ehren jedes Jahr eine geschmückte Pinie aufgestellt. Wir können nur raten, ob dies eine Vorform des Weihnachtsbaums war. Auch die Rolle der Astarte und ihre Transformation in die Figur der Maria sind umstritten. Quellen: Haarmann 1996, S. 127 ff.; Caroll 1994, S. 90 ff.

und ihr Kult pflanzten sich aus den Bergen Kleinasiens bis nach Rom fort, wo sie im Pantheon verehrt wurde.[6]

Aus Indien hat sich der Mythos des Ardhanarishvara erhalten. Laut Shiva-Purana konnte Brahma seine Schöpfung nicht weiter gestalten, weil seine Geschöpfe sich nicht vermehrten. Er bat Shiva um Hilfe, und dieser erschien in seiner halb männlichen, halb weiblichen Form. Daraufhin teilte er sich in Shiva und Parvati, und Parvati übernahm die Funktion der Fruchtbarkeit.

Der nordische Mythenkreis beginnt mit dem Urriesen Ymir, der ebenfalls ein Zwitter sein könnte. Sein Name weist sowohl in der lateinischen als auch in der altindischen und der mittelirischen Sprachwurzel auf Zwilling oder Zwitter hin. Ymir kann sich ohne Sexualpartner fortpflanzen. So steht es in der »Völuspa« des isländischen Dichters Snorri Sturluson. Sein Schöpfungsbericht ist vergleichbar mit dem des Eros-Mythos: »Urzeit war es, als Ymir lebte, Urzeit war es, da nichts war.« Und dann schafft Ymir Leben: »Es wird gesagt, dass er, als er schlief, zu schwitzen begann. Da wuchsen ihm unter dem linken Arm ein Mann und eine Frau, und der eine Fuß erzeugte mit dem anderen einen Sohn, und daher kamen die Geschlechter, das sind die Reifriesen.«[7]

Im biblischen Kontext sehen wir eine parallele Entwicklung, wenn auch nicht endgültig geklärt ist, welcher der anderen Zwittermythen auf die Mythenbildung der Hebräer Einfluss nahm. Nach der Auslegung des jüdischen Midrasch[8], der rabbinischen Interpretation der Tora, war der erste Adam Mann und Frau in einer Person.[9] In der Genesis Rabbah heißt es: »Als Gott Adam schuf, war er zweigeschlechtlich. Gott schuf ›es‹, sodass es zwei Rücken gab, einer auf dieser und einer auf jener Seite.«[10]

---

6 Es gibt noch eine weitere beispielhafte Geschichte aus der römischen Welt: In den *Metamorphosen* erzählt Ovid von Hermaphroditos, dem Sohn des Hermes und der Aphrodite. Die Nymphe Salmacis wird von ihm zurückgewiesen, doch bei nächster Gelegenheit umschlingt sie ihn so fest, dass die beiden Körper eins werden. Ovid (1958), Viertes Buch, Vers 345 ff., S 206.

7 Böldl 2013, S. 100 ff.; Stange 2011, S. 13 ff.

8 Der Midrasch ist die Auslegung der Tanach (Altes Testament) und des Talmud (der seinerseits eine Sammlung von Interpretationen ist). Die darin enthaltenen Texte sind keine apokryphen Schriften, sondern gängige Lehrinterpretationen. Das dabei angewandte Denken folgt nicht der bei uns gängigen Art logischer Schlussfolgerungen (Syllogismen), sondern einer hermeneutischen Deutung von Wortplatzierung, Wiederholung und innerer Bedeutung.

9 Cooper 1997, S. 54 ff.

10 Midrash Rabbah 8,1: Adam ha Rishom war androgyn, sowohl männlich als auch weiblich. Diese

Und dann müssen wir natürlich noch von Platons *Symposion* erzählen, der vermutlich diese Mythen vereint und in einen sokratischen Dialog einflicht. Er lässt Aristophanes auftreten, der seine Saufkumpane über den Ursprung der Welt belehrt.

> Zunächst müsst Ihr Einsicht erhalten in die menschliche Natur und die Zustände, die sie durchgemacht. Ehedem nämlich war unsere Natur nicht die nämliche wie jetzt, sondern andersartig. Zunächst gab es nämlich drei Geschlechter von Menschen, nicht nur zwei wie jetzt, männlich und weiblich, sondern ihnen gesellte sich noch ein drittes hinzu, eine Verschmelzung jener beiden, von dem jetzt nur noch der Name übrig ist; es selbst ist verschwunden. Es gab nämlich damals ein mannweibliches Geschlecht nicht bloß dem Namen nach, sondern auch als wirkliches Naturgebilde, aus beiden, dem männlichen und weiblichen zusammengesetzt, während es jetzt nur noch den Namen gibt, und zwar nur als Schimpfname. Ferner war damals die ganze Gestalt eines Menschen rund, indem Rücken und Seiten eine Kugel bildeten; Hände aber hatte ein jeder vier und ebenso viele Füße und zwei einander völlig gleiche Gesichter auf einem kreisrunden Halse, für beide entgegengesetzt liegende Gesichter aber einen gemeinsamen Kopf, zudem vier Ohren und zwei Schamglieder und alles andere wie man es sich hiernach wohl ausmalen kann. Man ging nicht nur aufrecht wie jetzt beliebig in der einen oder anderen Richtung, sondern, wenn sie es eilig hatten, machten sie es wie die Radschlager, die mit gerade emporgestreckten Beinen sich im Kreise herumschwingen: auf ihre damaligen acht Gliedmaßen gestützt bewegten sie sich im Kreisschwung rasch vorwärts. So gab es denn der Geschlechter drei und von dieser Beschaffenheit; und das aus dem Grund, weil das männliche ursprünglich von der Sonne stammte, das

---

Darstellung, die der Darstellung der Genesis zu widersprechen scheint, zieht ihren Zweifel gerade aus der ersten Darstellung in Genesis 1,27: »Gott schuf den Menschen als sein Abbild. Als Mann und Frau schuf er sie.« Daraus erheben sich nach den Schriftgelehrten Zweifel, ob die Wesen denn getrennt waren oder in einer Zwittergestalt. Der Konflikt wird noch im selben Werk erörtert: »Aber ist nicht Eva aus der Seite Adams entstanden?« Das Wort »Tzela«, das in der Bibel als Wort für »Seite« steht, gilt dem Midrash Rabbah als zwei Seiten eines Tabernakels.

> weibliche von der Erde und das aus beiden gemischte vom Mond.[11]

Zeus zerschneidet nun diese Einheiten in zwei Stücke – Mann und Frau.

Und Aristophanes weiter:

> Jeder von uns ist daher nur das Halbstück eines Menschen, weil wir gespalten, wie die Schollen, aus einem zwei geworden sind. Jeder sucht demnach beständig das ihm entsprechende Gegenstück.[12]

Warum all diese Geschichten und philosophischen Erörterungen? Warum waren die Menschen der ersten Hochkulturen wie jene Generationen, die ihnen folgten, so erpicht darauf, den Moment der Geburt als Zwitterzustand zu beschreiben? Heute mag uns das seltsam erscheinen. Spricht denn aus Platons Zeilen ein Verlangen nach Ergänzung und »Ganzheit«? Ist es das Verlangen nach etwas, das wir verloren haben und das aus dem Mythos um Eros folgt?

Die erwähnte Geschichte von dem Ei, das in die Dunkelheit der Nacht gesetzt wird und den Gott alles Lebendigen gebar, hat etwas sehr Modernes. War es nicht der Astrophysiker Georges Lemaître, der von einem »kosmischen Ei« sprach, das im Urknall zerbarst – vor 13,8 Milliarden Jahren, so die wissenschaftliche Darstellung? Oder handelt es sich da um eine unbewusste Erinnerung von Physikern an das Ei des Eros?

Wir wollen uns hier keinesfalls in die Diskussion um die Urknalltheorie einmischen, wenden wir uns daher einer anderen Theorie zu – einer vielleicht ebenso plausiblen wie jener des Urknalls. Warum sollte es für die menschliche Fantasie nicht naheliegend sein, einen gegensatz- und kriegslosen Zustand ganz simpel mit Geschlechterneutralität symbolisch herzustellen? Selbst wenn wir nicht sagen können, was jeweils als Grund für die Trennung der Geschlechter angeführt wird, können wir doch berichten, wie die

11 Platon 1926, S. 26 f.
12 Ebd.

Geschlechter begannen, sich feindselig zueinander zu benehmen und einen symbolischen oder kriegerischen Handel von Geben und Nehmen zu beginnen, ein Moment, der in den Erzählungen sehr oft mit Gewalt besetzt ist.

Die eindrucksvollste und älteste Geschichte darüber stammt wie einige bereits oben erwähnten ebenfalls aus Mesopotamien. Sie handelt von der Harmonie der Geschlechter nach der Trennung der Hermaphroditen: die Legende vom Leben und Sterben der Göttin Tiamat und ihres Mannes Apsu, die einst den Himmel über dem Zweistromland regierten.

Tiamats Sturz – Natur gegen die Magie des Wortes

Vor undenklichen Zeiten, noch bevor es die Erde gab, da herrschte über den Göttern des Alls die Göttin Tiamat. Sie gebar die Sterne und die Götter. Alles Leben war sie. Doch sie gebar viele, und ihr und ihrem Mann Apsu missfielen bald das laute Treiben der Nachkommenschaft. Da beschwerten sie sich bitter. Doch anstatt zu gehorchen, töteten die Götter Apsu und zeugten in seinem Leib Marduk, den Stärksten und Kriegerischsten. Bald störte dieser Marduk Tiamat aber durch den Wind, den er erzeugte (er machte viel Wind, wie man heute noch sagt), und sie zog mit einem Heer von Ungeheuern gegen ihn und die anderen Götter. Es kam zur Entscheidungsschlacht, in der Marduk die Oberhand behielt. Doch bevor er die Nachfolge Tiamats antreten durfte, prüften die Götter, ob er tatsächlich mächtiger war als Tiamat. Ob er konnte, was sie konnte – nämlich Leben und Wunder zu schaffen.

> Dann legten sie ein Kleid in ihre Mitte;
> Zu Marduk, ihrem Erstgeborenen, sagten sie:
> Fürwahr o Herr, dein Schicksal ist das erhabenste
> unter den Göttern
> Befiehl zu vernichten und zu erschaffen, und es soll geschehen:
> Durch deines Mundes Worte lasse das Kleid vernichten;
> befiehl noch einmal und lasse es wieder ganz werden!

Mit seinem Mund gab er Befehl,
und das Kleid war zerstört.
Und wieder befahl er,
und das Kleid war wieder hergestellt.[13]

So sicherte sich also Marduk die Herrschaft im Himmel, und er tötete Tiamat und formte aus ihrem Körper Himmel und Erde. Erich Fromm deutet die Geschichte als ein Gleichnis für die Verdrängung des Matriarchats durch die patriarchale Gesellschaftsform.[14]

Für uns interessanter ist aber die Art des Wettbewerbs, der da vor sich geht. Nicht mehr das natürliche Wunder der Geburt, wie Tiamat es verkörpert, ist entscheidend für die Erlangung von Macht. Vielmehr gewinnt das Wunder, das durch das Wort, die Sprache Marduks bewerkstelligt wird, die Oberhand. Die Kopfgeburt siegt über die biologische Geburt. Für Juden und Christen sind derlei »Kopfgeburten« nichts Ungewöhnliches. Denn auch Jahwe schafft die Erde durch das Wort. So wie Marduk kann er mit seinen Gedanken vernichten und entstehen lassen.[15] Wir brauchen nur auf der allerersten Seite der Bibel nachzuschlagen. Genesis 1,3: »Und Gott sprach. Es werde Licht! Und es ward Licht. Und Gott sah, dass das Licht gut war. Da schied Gott das Licht von der Finsternis und nannte das Licht Tag und die Finsternis Nacht. Da ward aus Abend und Morgen der erste Tag. Und Gott sprach: Es werde eine Feste zwischen den Wassern und sie sei ein Unterschied zwischen den Wassern …«[16]

Alles, was Gott schafft, vollbringt er durch das Wunder des Wortes, und durch das Wort benennt er es – ein überaus wichtiger

13 King 2007.

14 Fromm 1979.

15 Es ist doch interessant, sich dieses Wort »Schöpfung« genauer anzusehen: Man kann schaffen und erschaffen, man kann schöpfen, und es gibt die Schöpfung, aber erschöpfen bedeutet das Gegenteil von Kreativität. Bei der Schöpfung wird alles geschaffen, bei der Erschöpfung ist man mit den Kräften am Ende.

16 Genesis 1,3-25, Lutherbibel, Württembergische Bibelanstalt, genehmigt durch den Deutschen Evangelischen Kirchenausschuss, S. 5. Erst bei der Erschaffung des Menschen ändert Gott seine Vorgehensweise. Er befiehlt nicht, er scheint es jemandem vorzuschlagen: »Lasset uns Menschen schaffen, ein Bild, das uns gleich sei.« Auch scheint er sie nicht zu benennen. Aber in unserer ökonomischen Geschichte ist das natürlich wahrhaft eine Fußnote.

Akt, der dem Namengebenden Macht über das zu Benennende gibt.[17]

Mit diesen Wortschöpfungen im babylonischen wie im christlichen Kontext wird eine Zeitenwende markiert. Das Denken des Menschen ändert sich, und dieses Denken ändert das Leben des Menschen fundamental, wie wir nun sehen werden.

Das Leben in Kreisen und in Linien

Zu Zeiten, als Muttergöttinnen wie Tiamat das Pantheon der menschlichen Zivilisation beherrschten, dachte und lebte die Menschheit noch in Zyklen: geboren werden, leben, zeugen und gebären, sterben und wiedergeboren werden. In solchen Existenzformen brauchte es wenig Fortschritt – außer der Befriedigung der grundlegenden Bedürfnisse: Essen, Schlaf, Sexualität. Der Mensch fügte sich in den Kreislauf des Lebens, den er mit Pflanzen und Tieren teilte. Er war wenig mehr als sie. Der französische Kulturanthropologe und Ethnologe Claude Lévi-Strauss nannte das die »kalte Gesellschaft«.[18] Sie ist tief eingebettet in eine rituelle Zyklisierung der Zeit, etwa den Lauf der Gestirne, der meteorologischen und vegetativen Kreisläufe. Die menschliche Ordnung wird aufs Genaueste mit der kosmischen Ordnung in Einklang gebracht: Und zwar durch religiöse und kultische Institutionen. Diese Gesellschaft lebt praktisch den »Widerstand gegen jedwede Veränderung«, da sie Veränderungen jeder Art als Gefahr für den fragilen und prekären Zustand des Daseins betrachtet.

Doch diese Sinngebung ändert sich drastisch mit der Sesshaftwerdung und der Errichtung der ersten Siedlungen und Städte. Die

---

17 Man könnte nun davon ausgehend darüber nachdenken, ob nicht die Vertreibung Adams und Evas aus dem Paradies derselben Logik folgt wie der Sturz der Tiamat - und die gleiche Zivilisationsstufe beschreibt. Ob nicht der Baum der Erkenntnis und das Erkennen von Gut und Böse mit dem Gesetz zu tun haben, das man sich in den ersten Stadtstaaten gab, die zwar einen enormen Zivilisationssprung auslösten, dem natürlichen Prinzip des Gartens Eden aber zuwiderliefen. Und dass der »Fluch« gegen den Menschen, also etwa die Arbeit, in Wahrheit der Segen der Landwirtschaft und der planbaren Ernte war. Aber wir argumentieren mit sehr großer Vorsicht. Einiges, wenn auch wenig, spricht gegen diese Sicht der Dinge.

18 Lévi-Strauss 1973, S. 270 ff.; Eliade 1949.

ewigen Zyklen sind nicht mehr bloß dazu da, um ihnen zu gehorchen, sondern um genutzt zu werden. Bei den Ernten, bei der Aussaat, beim Fischfang, überall helfen die kosmischen Zeichen, die Sonnenwenden, der Mondzyklus, die jahreszeitlichen Änderungen am Sternenhimmel.

Die neue Lebensform erschafft sich auch in neuen Imperativen: Schaffe. Baue. Ernte. Strebe. Denke voraus. Strebe nach Veränderung, indem du experimentierst und aus Fehlern lernst. Mache diese Lehren zum Motor deiner Entwicklung. Lévi-Strauss nennt das die ruhelose, nach Fortschritt strebende »heiße Gesellschaft«. Marduk, der Stadtgott Babylons ist, wenn wir ihn so interpretieren, nicht der grausame Putschist im Himmel der Götter, sondern der erste Techniker und Ingenieur.

Der deutsche Altertumsforscher und Ägyptologe Jan Assmann fügt diesem Konzept zwei »Chronotope« hinzu, zwei Arten, Geschichte zu sehen.[19] Das erste, das zyklische Chronotop, ist jenes der Tiamat. Es braucht keine Historie. Es ist in den Zyklus von Leben und Sterben eingebunden. Das Neue aber ist das »lineare« Chronotop, jenes der »heißen Gesellschaft«. Eine planende, vorausschauende Form des Lebens, die auf ein Ende der Geschichte hinstrebt, auf ein Mehr, auf den Gewinn von Lebensraum, Ressourcen, Macht und Wohlstand. Eine Gesellschaft, die handelt – und zwar ökonomisch handelt. Die neuen Mittel und Interessen sind nicht mehr nur auf den Erhalt des Notwendigen ausgerichtet. Die Menschen streben vielmehr nach dem Ausbau des Erreichten. Als Instrumente dafür nutzen sie Handel, Kultur und Krieg. Am Ende dieses linearen Chronotops der biblischen Fassung wartet erneut ein belohnendes Paradies und damit die Perfektion.[20]

Wir haben es hier mit einem Tausch der Weltsicht zu tun, die »heiße Gesellschaft« folgt auf die »kalte Gesellschaft« oder: Das zyklische Denken in Übereinstimmung mit der Natur wird vom linearen, planenden Denken und Handeln abgelöst. Die Zivilisation des

19 Assmann 2005.

20 Die Evolution hat das gleiche Chronotop, und auch kein entscheidend unterschiedliches Modell, auch sie hat eine lineare Entwicklung, und ihre Krone ist der Mensch als »the fittest of the fittest«. Wenn auch nur bis auf Weiteres (aber bis noch Fitteres nachkommt, kann es ja auch ewig dauern). Immerhin liegt das Paradies dabei auf Erden.

eurasischen Teils der Welt hat das nach Fortschritt und Mehrwert strebende Leben gewählt. Aber vergessen hat sie das alte Leben in Zyklen nicht.

In der Ökonomie finden wir bei Joseph A. Schumpeter eine Beschreibung, die zum zyklischen, alten Denken passt: Er billigt den meisten Wirtschaftssubjekten keine Dynamik zu – höchstens ein »passives Anpassen« an neue Gegebenheiten. Sie stehen Neuerungen grundsätzlich feindlich gegenüber und beharren auf dem Althergebrachten. »Jedes abweichende Verhalten eines Gliedes der sozialen Gemeinschaft begegnet der Missbilligung der übrigen Glieder.« Sich aus der Masse herauszubewegen bedeutet für sie Gefahr. Das Beharrungsvermögen als Prinzip des »hedonischen Handelns«, wie Schumpeter es ausdrückt, ist also ein sehr wirksames Prinzip der Disziplin – aber auch ein sehr schädliches: »Wäre diese Tendenz in der Wirtschaft deren treibende Kraft, so wären wir jetzt noch auf dem Niveau der Pfahlbauten, und vielleicht nicht einmal so weit.«[21]

Doch es gibt da noch einen anderen Menschentyp, den wir durchaus mit der Figur Marduks in Einklang bringen können. Das sind jene seltenen Protagonisten, die alle gesellschaftlichen und psychischen Widerstände überwinden wollen, um ihrem Trieb des »schöpferischen Neugestaltens« zu folgen. Menschen, die nach Ansehen streben und wirtschaftlicher Macht und dafür vieles zu opfern bereit sind. Schumpeter formuliert das so: »Die Männer, die die moderne Industrie geschaffen haben, waren keine Jammergestalten, die sich fortwährend ängstlich fragten, ob jede Anstrengung, der sie sich zu unterziehen hätten, auch einen ausreichenden Genussüberschuss verspreche.« Für ihn sind die modernen Gestalten mit dem Streben nach Neuem die Unternehmer, die er in heroischen Farben malt: »Unser Mann der Tat folgt nicht einfach gegebener oder unmittelbar zu erfolgender Nachfrage. Er nötigt seine Produkte dem Markt auf.«

Was in Zeiten der Not und des Mangels aber als Fortschrittsmotor galt, hat sich in Teilen der Marktwirtschaft nunmehr als Prinzip radikalisiert und verselbständigt. Marketing und Werbung, nicht die Qualität oder der Gebrauchswert eines Produkts sind entscheidend.

21 Schumpeter 2006, S.125 ff.

Unternehmer lagern ihre Kreativität in Subunternehmen aus, und Manager kennen außer der Einhaltung starrer Unternehmensziele und dem »Shareholder-Value« keine Zukunftspläne mehr. Sie sind zu Garanten einer nach Schumpeter »hedonisch-statischen Wirtschaft« geworden, die im Gewinn den einzigen Fortschritt sehen und das System zunehmend durch Rationalisierung und Sparzwang zu Tode verwalten.

Freud und das Heimweh nach Geborgenheit

Nun sind im Schatten dieses hedonischen Systems – ökonomisch formuliert – Opportunitätskosten entstanden: der Verlust all jener Vorzüge des Lebens, die wir für die neue Lebensweise schrittweise aufgegeben haben und die sich immer mehr Individuen nun zurückwünschen – ein tiefes, emotionales Verständnis für Natur und Umwelt, die Intuition, der familiäre Zusammenhalt, Muße, Ruhe, das Gefühl der Verbundenheit. Tatsächlich ist diese Sehnsucht hochaktuell.[22]

Sigmund Freud bezieht sich in seiner Schrift »Das Unheimliche« auf dieses Heimweh nach Geborgenheit: Er beschreibt das animistische Weltbild der »primitiven« Völker – und das ist nicht herablassend gemeint. Freud kommt zu dem Schluss, dass die Beklemmungen und Neurosen des modernen Menschen viel mit diesem Weltbild zu tun haben und auch mit Sehnsüchten, die unser Seelenleben bewegen, ohne dass wir es vielleicht bemerken. Ganz ähnlich den Alten, die sich eine Harmonie in der Verschmelzung der Geschlechter dachten, finden wir in Freuds »Unheimlichem« Passagen über die neurotische Bearbeitung solcher Wünsche nach allumfassendem Frieden und Harmonie.

Das »Unheimliche«, sagt Freud, ist im Grunde ein einfacher Affekt – eine Emotion, die durch Verdrängung in Ängstlichkeit verwandelt wird. Wobei der ursprüngliche Affekt nicht einmal negati-

22 Der Soziologe Hartmut Rosa hat sich intensiv mit diesen Phänomenen auseinandergesetzt. Siehe auch Rosa 2012.

ver Natur sein muss. Es kann sich auch um ein positives Gefühl handeln, das unterdrückt wird, weil es im sozialen Kontext nicht erwünscht ist. Bei Männern mit dem fixen Rollenverständnis, dass einer nur als Harter und Starker etwas taugt, ist das etwa die Sehnsucht nach dem Warmen, Geborgenen, Weichen. Sie wird verdrängt und lässt an anderer Stelle über seelische Ventile Druck ab. Freud berichtet:

> Es kommt oft vor, dass neurotische Männer erklären, das weibliche Genitale sei ihnen etwas Unheimliches. Dieses Unheimliche ist aber der Eingang zur alten Heimat des Menschenkindes, zur Örtlichkeit, in der jeder einmal und zuerst geweilt hat. »Liebe ist Heimweh«, behauptet ein Scherzwort, und wenn der Träumer von einer Örtlichkeit oder Landschaft noch im Traume denkt: Das ist mir bekannt, da war ich schon einmal, so darf die Deutung dafür das Genitale oder den Leib der Mutter einsetzen. Das Unheimliche ist also auch in diesem Falle das ehemals Heimische, Altvertraute.[23]

Natürlich könnte man dagegen einwenden, Freud deute alles sexuell, aber das ist hier gar nicht von Bedeutung. Vielmehr geht es darum, das Prinzip zu erkennen, dass Gegensätze innerhalb der Psyche eines Individuums miteinander verwoben sind: Das Harte braucht das Weiche, und zwar nicht als externe Person (Ehefrau, -mann usw.), sondern in sich selbst. Wo nicht, verkümmert oder erkrankt es.

Diese Sehnsucht durchwirkt eine von harter Konkurrenz bestimmte Gesellschaft wie von Geisterhand. Sie verursacht einen permanenten Zwiespalt – zwischen Fortschritt und Mäßigung, zwischen Rücksichtslosigkeit und Achtsamkeit, zwischen Hingabe an die Arbeitswelt und den Interessen der Familie, zwischen Konkurrenzdenken und Zusammenhalt.

Das Harte und das Weiche – oftmals erwarten wir beides zur gleichen Zeit von Einzelnen in der Gesellschaft, aber auch von der Ökonomie. Moderne Helden sind prinzipienfest und nachsichtig,

---

23 Freud 1919, S. 297–324.

wild und freundlich, gefährlich und Sicherheit suggerierend. Der Mann ist ein sanfter Vater, ein Rebell und ein Held der Einsatzbereitschaft und der Arbeit. Eine solche Dichotomie bestimmt auch die Erwartung des Mannes an die Frau – wie wir in den Mythen sehen, die wir erzählen. Sie soll ebenso hingebungsvolle Mutter sein wie promiske Verführerin.

Dieser Grundgedanke des Zwiespalts könnte auch reizvoll verknüpft sein mit der Idee ökonomischer Spezialisierung und Arbeitsteilung. Innerhalb dieses Systems wird der Markt für seine Kunden die am besten geeignete Person finden, welche die Wünsche des Kunden möglichst umfassend erfüllt. Also verwöhnt und verzieht uns diese Gesellschaft zu einem Prinzip der scheinbar funktionierenden Perfektion.

Wenn wir nun aber in unserem nicht vom Markt gesteuerten Privatleben einen Partner suchen, mit dem wir das Leben teilen möchten, funktioniert die Spezialisierung gar nicht. Wir geraten in einen Prozess des unablässigen Abtauschs von widerstreitenden Interessen und der Imperfektion, während uns der Markt solche Widersprüche als gelöst oder gar nicht vorhanden vorgaukelt und uns am Ende mit der platten Erkenntnis zurücklässt: Es ist alles doch nicht ganz so einfach. Und doch fallen wir immer wieder auf solche Versprechen und Hoffnungen herein.

Befindet sich also dieser Konflikt zwischen dem Einfachen und dem Vielschichtigen nicht auch in uns Individuen? Mehr noch: Sitzt nicht auch in uns allen einerseits ein Innovator und einer, der gerne statisch bleiben würde? Sind wir nicht gefangen in unseren inneren Konflikten zwischen Ehrgeiz und Mäßigung der eigenen Bedürfnisse, zwischen Härte gegen uns selbst und andere und Freundlichkeit oder gar Selbsterniedrigung zur Ehre des anderen?

Eine ähnliche Dichotomie auf der Ebene der Ökonomie finden wir im Werk des großen »Erfinders der Marktwirtschaft« Adam Smith. Er hatte in Oxford Mathematik, Griechisch und Latein studiert, aber sein erstes Buch war ein sozialphilosophisches Werk: Die Analyse des menschlichen Verhaltens in der Gesellschaft, dargelegt in der *Theorie der ethischen Gefühle,* erschienen 1759. Es ist, mit dem französischen Sozialphilosophen Pierre Bourdieu gesprochen, das »weiche« Werk des Vaters der Ökonomie.

Darin entwirft Smith das Konzept der *sympathy* – der Anteilnahme als gesellschaftsbindendes Element. Er will damit vor allem der damals als innovativ anerkannten Philosophie von Thomas Hobbes entgegentreten, der den Menschen als Wolf unter Wölfen beschreibt, als bestialisches Wesen, das nur durch das Wirken eines strengen Königs im Zaum gehalten werden könne.[24] Smith ist ganz anderer Meinung. Er findet, die Menschen könnten auch ohne Unterdrückung gut miteinander auskommen. Er beschreibt erstmals ein Agens, das er die »unsichtbare Hand« nennt: »Entgegen ihrer natürlichen Selbstsucht und ihrer unersättlichen Bedürfnisse, teilen die Menschen mit den Armen die Erträge ihres Fortschritts. Sie werden von einer unsichtbaren Hand geleitet, die lebenswichtigen Güter zu verteilen, und handeln so, ohne es zu beabsichtigen, ohne es zu wissen, im Interesse der Gesellschaft.«[25]

In seinem ökonomischen Werk *Der Reichtum der Völker*, publiziert 1776, wird die »unsichtbare Hand« schon ganz anders beschrieben. Sie schlägt sozusagen härter zu – aber wesentlich wirkungsreicher für den sich entwickelnden Kapitalismus: »Jeder Mensch ist bemüht, sein Kapital so einzusetzen, dass er daraus den größtmöglichen Wert erzielt. Er möchte damit im Allgemeinen nicht dem öffentlichen Interesse dienen und weiß auch nicht, wie sehr er diesem dient. Er hat ausschließlich seine eigene Sicherheit, seinen eigenen Nutzen im Sinn. Und er wird dabei von einer unsichtbaren Hand geleitet, letztlich doch ein Ziel zu verfolgen, das nicht in seiner Absicht lag. Indem der Mensch seinen eigenen Nutzen anstrebt, fördert er häufig den Nutzen der Gesellschaft wirksamer, als er dies beabsichtigt.«[26]

Die marktwirtschaftliche »unsichtbare Hand« unterscheidet sich grundlegend von ihrer aus moralischer Sicht betrachteten »Vorgängerin«. Für sie ist der Mensch nicht mehr ein Subjekt mit dem natürlichen Hang zur Nächstenliebe und zum Mitleid. Sie versteht ihn nur noch als selbstsüchtig und eher als willenloses Objekt des geisterhaften Systems denn als sein Lenker. Der Altruismus und die gute Tat entspringen nicht mehr der individuellen Veranlagung, sondern

24 Hobbes 1970.
25 Smith 2010, I.II.1.
26 Smith 1999, IV.ii.9.

vielmehr der Automatik eines quasi maschinenhaften und für den Einzelnen nicht überschaubaren Systems.

Diese zweite Definition der »unsichtbaren Hand« hat trotz oder wegen ihrer inhärenten Kälte die Geister des Kapitalismus fasziniert. Und wenn wir zurückkommen wollen auf den Gedanken Bourdieus, dann liegt der Grund für seine Beliebtheit in seiner naturwissenschaftlichen Härte. Gerade so will sich die Ökonomie sehen, seit mehr als 250 Jahren.

Das macht auch verständlich, warum alle »weichen« Lehren Smiths vergessen sind: So etwa, dass er dem Staat und dem Gemeinwesen eine sehr viel wichtigere Rolle als die eines »Nachtwächters« zuordnet, dass er höhere Steuern für Besserverdienende fordert, das Schulsystem und die Infrastruktur verstaatlicht sehen will und die abstumpfende Tätigkeit sinnentleerter Arbeit verdammt. Doch diese Positionen sind nicht gefragt.[27] Smiths Beispiel ist daher auch eines der herausstechenden Exempel für die posthume, radikale Verfälschung großartiger Denker im Dienste ideologischer Konstrukte.

So wie Smith erging es noch vielen anderen brillanten Ökonomen – etwa Friedrich August von Hayek. Dessen Buch *Der Weg zur Knechtschaft*[28] wird von den Aposteln des Wachstumskapitalismus dazu missbraucht, zu behaupten, jeder staatliche Eingriff oder jede staatliche Planung werde zwangsläufig zum Untergang der Freiheit führen. Stattdessen enthält es so »dämonische« Forderungen wie die allgemeine Sozialversicherungspflicht, das Mindesteinkommen, Arbeitszeit- und Arbeitsschutzgesetze und so fort.[29]

Die Wissensrezeption in der Ökonomie folgt offenbar dem Prinzip, nicht den größtmöglichen Nutzen aus den Werken der bedeutenden Ökonomen zu ziehen, sondern die größtmögliche Radikalität. Und das ist zumeist auch noch gepaart mit geringstmöglicher intellektueller Anstrengung. So gesehen ist das ideologische Prinzip in der Ökonomie auch das intellektuell »härteste« und das am wenigsten anpassungsfähige: Es braucht Zuspitzung und Verfälschung, um die Illusion einer rationalen Welt siegreich fortzupflan-

27 Mehr dazu in Tanzer/Taus 2011, S. 87ff.
28 Hayek 1945.
29 Dazu ein Aufsatz von Böhm 2009, S. 228ff.

zen. Die größten Gegner dieser Geisteshaltung sind reflektierende Visionäre, die Toleranz schätzen. Womit auch hinreichend beschrieben ist, wer die ersten Opfer ökonomischer Ideologie sind.

Das ökonomische Syndrom

Liegt also die Lösung der Probleme in einer Wiedervereinigung von »Smith hart« und »Smith weich«, von »Hayek hart« und »Hayek weich«? Dergleichen kann nur dann funktionieren, wenn die Proponenten des Systems einsehen würden, dass eine Welt mit nur einem einzigen herrschenden (dem harten oder dem weichen) Prinzip nicht nachhaltig existieren kann. Wie es aussieht, hat es die Politik bisher stets geschafft, etwas Soziales, Weiches in das an sich harte Wirtschaftssystem einzuweben. Aber tut sie das noch? Oder besser: Kann sie das noch bewerkstelligen? In unserer Wahrnehmung wird das Harte immer härter und geradezu besessen von sich selbst (und damit sozial dysfunktional), während das Weiche noch weicher wird (und ebenfalls sozial dysfunktional).

Die Jahre seit dem Beginn der Krise 2008 haben gezeigt, dass wir Opfer eines ökonomischen Syndroms geworden sind, einer Ansammlung von Krankheitsanzeichen, die den Kapitalismus derzeit prägen. An erster Stelle lässt sich ein impulsiver Drang erkennen, jedwede Ressource in Wachstum generierendes Kapital umzuwandeln und damit Rohstoffe, Arbeit und Zeit aller Individuen und Marktteilnehmer zu prozessieren. Jeder scheinbare Fortschritt nährt sich aus der Durchdringung des Lebens mit dem Konkurrenzprinzip.[30] Unser Wachstum ist daran gebunden, alles um uns herum

30 Sigmund Freud hat seine Lehre von der Neurose an dem Gedanken aufgerichtet, dass kultureller Fortschritt nur dort entstehen könne, wo der Mensch seine urtümlichen Impulse und Instinkte unterdrückt. Im wirtschaftlichen System besteht ein solcher Unterdrückungsakt im Sparen, also in der Zügelung von Konsum für einen zukünftigen Zweck. Man leidet gewissermaßen für die Zukunft. Das hat über Jahrhunderte Kapital und Wohlstand geschaffen, so wie es nach Freud Kultur schuf. Wenn man in dem von Freud beschriebenen System aber alle Hemmungen und Verbote über Bord werfen würde, käme das der Aufhebung eines Großteils der Kultur gleich. Nun ist es nicht schwer zu behaupten, dass Ähnliches für den Kapitalismus gilt. Ohne das Sparen muss er Kredite aufnehmen, die er als Staat wie als Bank oder als Unternehmer der Zukunft schuldet. Das ist der wichtigste Paradigmenwechsel innerhalb des Kapitalismus: Sein Kapital sind heute Schulden.

zu vermarkten und schließlich auch Teile unserer eigenen Persönlichkeit.

Betrachten wir zum Beispiel die Kommunikationstechnologie. Vor einer Generation, nein, eigentlich vor 20 Jahren kommunizierten wir in einem weitestgehend marktfreien, wenn auch monopolisierten Bereich. Wir brauchten keinen Helfer, um Kommunikation herzustellen. Der *Enabler* war schlicht inexistent, und die meiste Zeit benötigten wir nicht einmal das Telefon, also Geld, um zu sprechen. Wie anders sich das heute darstellt: Der Großteil unserer Kommunikation mit anderen findet innerhalb eines Marktes statt. Wir brauchen täglich Tausende Menschen, um unsere Gespräche, Chats und Konversationen zu ermöglichen.

Kommunikation ist nicht mehr nur eine Aktion zwischen zwei Personen. Zwischen diesen Personen steht ein großer wettbewerbsgetriebener Markt von Technikern, Programmierern, Managern, Rechtsanwälten, PR- und Marketing-Menschen. Wenn wir es grundsätzlich betrachten wollen, ist die Kommunikation ein gutes Beispiel dafür, wie die Spezialisierung von einem zu überwindenden Graben, der Kommunikation erst ermöglicht, profitiert; und diesen Graben hat sie selbst geschaffen.

Mit Marshall McLuhan können wir erspüren, wie Smartphones zu unseren verlängerten Ohren und zu unseren verlängerten Sprachorganen geworden sind. Technisch gesehen sprechen wir zu Maschinen und hören Maschinen zu. Unser Gesprächspartner mag sich also anhören und sogar ansehen wie die Person, die wir kennen. Trotzdem ist diese Person nicht da. Ohne die Gerätschaften würden wir uns vermutlich als sprachlos und gehörlos empfinden. So wie sich viele Menschen ohne Auto als immobil empfinden. Selbstverständlich ist unser natürlicher körperlicher Apparat so gut intakt wie je zuvor. Aber er scheint für unsere Zeit nicht mehr auszureichen. Daran muss nun nicht unbedingt etwas Schlechtes sein, solange wir uns dessen bewusst sind, was wir verkaufen und verlieren und wie abhängig wir von externen Institutionen werden, seien es Smartphones, Märkte oder Regierungen. Und brauchen nicht alle Systeme Notanordnungen? Wer hilft denen, die nicht folgen können oder an der Spezialisierung scheitern und der Gesellschaft verloren gehen?

Die Realität trotzt diesen Anforderungen. Die Abfolge von Manie und Depression hat sich ihr eigenes zyklisches System gebaut. Dieses System pervertiert das natürliche zyklische System des Werdens und Vergehens. Die systemimmanente Konkurrenz verlangt die Auslöschung anderer Marktteilnehmer um des eigenen Überlebens willen. Der Fortschritt speist sich zunehmend aus übermäßiger, aber unproduktiver Schaffenskraft und übermäßiger Vernichtung, Produktion um der Produktion willen, Konsum um des Konsums willen, Wachstum für neues Wachstum. Marduks nutzbringende Elemente werden zum Fluch.

All diese Störungen finden unwillkürlich in jenen Subsystemen Niederschlag, die Energie für diese Zyklen generieren: Das sind die Menschen. Wir werden die pathologischen Teile des Systems Stück für Stück in den kommenden Kapiteln analysieren und beginnen bei der Aggression.

3. DER ZORN DES ACHILLES – VON AGGRESSION UND WETTBEWERB

Also wütete Achilles mit dem Speer wie ein Dämon,
Jagend und tötend; es strömte vor Blut die dunkle Erde,
So zerstampften die Rosse, Leichen und Schilde zugleich,
dass Blut die Achse von unten
über und über bespritzte
und rings um den Wagen die Ränder,
bald von den Hufen mit Tropfen besprüht
und bald von den Rädern rot sich färbten;
so strebt' er voran, sich Ruhm zu gewinnen.[1]

Homer

Heldentum und Heldenwahn

Was Sie da eben gelesen haben, das ist kein Ausschnitt aus einer Blutoper, sondern erhabenste Literatur, ersonnen von Homer, der vermutlich in einer erblühenden griechischen Handelsstadt Kleinasiens, in Smyrna, lebte.[2] Das war irgendwann zwischen 800 und 750 vor unserer Zeitrechnung.[3] Seine *Ilias*, das Epos über einen

1 Homer 1990.

2 Kolophon oder Smyrna kommen als Wirkungsstätte des Homer infrage. Seine genaue Herkunft ist nicht bekannt und auch der Ort seines Todes nicht. Kontakte mit der aristokratischen Führungsschicht gelten aufgrund seiner guten Kenntnisse allerdings als sehr wahrscheinlich.

3 Aufgrund der unsicheren Datenlage ist Homer selbst zu einer Art Mythos der Lyrik geworden. Sollte er tatsächlich gelebt haben, dann nach aktueller Forschung um etwa 800 vor Christus. Sollte es den

»Weltkrieg« der Antike, der sich vor den Toren der Stadt Troja entfaltet, ist zu einer der wichtigsten Kulturerinnerungen Europas geworden.[4]

In Hexametern malt Homer eindrucksvoll eine Geschichte des Zorns: des persönlichen Zorns eines von seiner jungen Ehefrau verlassenen, alternden Königs. Des institutionalisierten Zorns, den dieser Herrscher und sein Bruder entfachen, indem sie das Ehedrama zu einem Fall von Beistandspflicht für alle mit ihnen verbündeten Völker machen. Des rasenden Zorns schließlich des Helden Achilles, dessen Blutwagen in den zitierten Versen besungen wird.

Achilles ist der ehrgeizigste und wirkungsvollste der griechischen Krieger vor Troja: In dem zehn Jahre währenden Konflikt, den Homer beschreibt, tötet er unzählige Menschen. Achilles ist unzähligen Generationen von Männern zum Enigma geworden. Groß, schön, impulsiv, zunächst in seiner Kindheit weich wie ein Mädchen, dann aber – durch Training abgehärtet – grausam wie ein Racheengel. Ein Spezialist des Todes, der seine Aufgabe ernst nimmt: Er weiß, dass er seinen Ruhm in der Nachwelt durch das Töten – und nur dadurch – absichern kann.

Was für ein Mann: Im 20. Gesang des Epos mit dem Titel »Die Götterschlacht« lässt Homer den Helden Bäuche aufschlitzen, Kehlen durchtrennen, Schädel spalten, Gliedmaßen abhacken, Schwert und Kampfspieß in Leiber rammen. Mitleid? Schonung? Befremdliche Regungen.

> Tros dann, Alastors Sohn – der kam ihm entgegen
> und fasste flehend sein Knie,
> ob schon er schonen ihn wollte und lebend entlassen.
> ... Ach, der Tor! denn er ahnte ja nicht, wie vergeblich er flehte!
> Als Tros ihm die Knie nun umfasste, um ihn zu bitten,
> da stieß er ihm schon das Schwert in die Leber.[5]

Trojanischen Krieg tatsächlich gegeben haben, dürfte er um das Jahr 1200 vor Christus zu datieren sein. Das alles ist derzeit aber eher eine Frage des Glaubens als des wissenschaftlich errungenen Wissens.

4 Wie wichtig diese Dichtung schon für die Griechen war, erkennen wir daran, dass die *Ilias* schon um 500 vor Christus zur Schullektüre in Athen wurde, um der Jugend ein Bewusstsein von der eigenen Größe zu geben.

5 Homer 1990, S. 455 ff.

Nach der Genfer Konvention wäre Achilles gewiss ein lupenreiner Kriegsverbrecher,[6] nach psychologischer Deutung ein Charakter, in dem sich Sadismus, maligner Narzissmus und Nekrophilie mischen.[7] Und trotzdem scheint er derart faszinierend, dass Künstler, Schriftsteller und Filmschaffende ihn immer wieder als Heldenmotiv gewählt haben. Zuletzt geschah das in einem Hollywood-Kriegsepos unter der Regie von Wolfgang Petersen mit Brad Pitt in der Hauptrolle. In diesem Film, *Troja* (2004), wird Homers Epos zur Kriegsschnulze samt Heroen-Liebelei verfremdet. Nur an ein Element der Vorlage hat sich die Regie sklavisch gehalten: an die Grausamkeit der Kampfszenen. Dieser Film hat knapp 500 Millionen Dollar eingespielt – wir sehen: Blut verkauft sich, auch 2700 Jahre nach Homer, noch immer hervorragend.

Warum ist das so? Wofür wird Achilles derart bewundert? Was ist die Natur der Aggression und die des Sadismus? Was macht beide so faszinierend? Und wie wirkt Aggressivität in der Wettbewerbsgesellschaft? Welchen Schaden richtet sie dort an? Wir werden die Institutionalisierung von Gewalt untersuchen und ihre Verankerung in verschiedenen Gesellschaftsformen, unsere Abhängigkeit von sadistischen Rollenbildern und Figuren; ferner das Verhältnis von Frustration und Aggression. Wir werden uns dem Aspekt der Zeitnot und der Verkultung von Dynamik und Geschwindigkeit widmen, die für grundlegende Formen der wirtschaftlichen Aggression verantwortlich ist. Zunächst aber sollten wir wissen, wie Aggression und insbesondere Sadismus in der Psyche verankert sind.

---

6 Die Bestimmungen der vier Genfer Konventionen von 1949 betreffen den Schutz von Verwundeten und Kranken der bewaffneten Kräfte im Felde (Genfer Abkommen I), die Verwundeten, Kranken und Schiffbrüchigen der bewaffneten Kräfte zur See (Genfer Abkommen II), die Kriegsgefangenen (Genfer Abkommen III) und die Zivilpersonen in Kriegszeiten (Genfer Abkommen IV). Gegen alle diese Abkommen hat Achilles vor Troja verstoßen.

7 Achilles ist vom Tod derart besessen, dass er sich in den Leichnam einer Amazone, die er im Kampf tötet, verliebt und ihn noch auf dem Schlachtfeld schändet. Diese Geschichte haben freilich die späteren Redakteure aus der Saga gestrichen. Sie hat aber in den Darstellungen einiger anderer Dichter überlebt.

Freud und der Achilles-Drang

Sigmund Freud verbindet die Figur des nicht sexuell geprägten Sadisten mit jener des zerstörenden Kriegers – wie eben Achilles. Krieg ist nach Freud eine »Kulturabstreifung«, die den Menschen zivilisatorisch gesehen in den Urmensch-Status zurückversetzt, und den Staat zu einem betrügerischen Lügenproduzenten macht, der, statt Leben zu schützen, Mord und Raub predigt und produziert. Damit degeneriert die Welt in fataler Weise zu einem Spielfeld ungebändigter Aggression: »Der Krieg bezeichnet uns die Fremden als Feinde, deren Tod man herbeiführen oder herbeiwünschen soll; er rät uns, uns über den Tod geliebter Personen hinwegzusetzen.... Wir anerkennen den Tod für Fremde und Feinde und verhängen ihn über sie ebenso bereitwillig und unbedenklich wie der Urmensch.«[8]

Und in *Zeitgemäßes über Krieg und Tod* schreibt er: »Die Urgeschichte der Menschheit ist denn auch vom Morde erfüllt. Noch heute ist das, was unsere Kinder in der Schule als Weltgeschichte lernen, im Wesentlichen eine Reihenfolge von Völkermorden. Das dunkle Schuldgefühl, unter dem die Menschheit seit Urzeiten steht, das sich in manchen Religionen zur Annahme einer Urschuld, einer Erbsünde, verdichtet hat, ist wahrscheinlich der Ausdruck einer Blutschuld.«[9]

---

8 Freud 1982n, S. 57–59.

9 Freud 1982l, S. 52. Freud hat Aggression auch unter dem Begriff des »Thanatos-Triebs« geführt, jenem menschlichen Instinkt, der im Gegensatz zum lebenserhaltenden Eros steht und die Ansammlung negativer Energie bewirkt, die sich in Form von Aggression gegen andere oder sich selbst entlädt. Dabei leitet Eros als dominanter Trieb die Energie des Thanatos nach außen ab. Es kommt zu aggressivem, zerstörerischem Verhalten. Der Thanatos-Trieb wird von Freud als eine Art funktionierendes biologisches Prinzip gesehen, das in dem Bewusstsein steht, jeder Endpunkt einer Entwicklung sei der Tod. Diese Sichtweise ist von nachfolgenden Generationen in Zweifel gezogen worden. Und doch gibt es daneben eine verwirrende Vielzahl von Definitionen. Für unsere Zwecke zielführend ist die offene Definition von Alexander Mitscherlich aus dem Jahr 1969: »Als Aggression gilt alles, was durch Aktivität, zunächst durch Muskelkraft, eine innere Spannung aufzulösen sucht« (Mitscherlich nach Nolting, 2005, S. 12).
Auch Rotraud A. Perner hat in ihrem Werk immer wieder auf die aggressiven Verwerfungen der gesellschaftlichen Entwicklung Bezug genommen. Perner, 2013, 2012.

Zwischen Angriff und Flucht

Der Verhaltensforscher Konrad Lorenz schließt an Freud an.[10] Er meint – ausgehend von seinem Studium der Graugänse –, dass auch der Mensch in einer Konfliktsituation zwischen zwei Reaktionsformen wählt: Flucht oder Kampf. Diese Theorie hat den Rezipierenden sehr gefallen, vielleicht auch deshalb, weil sie sich so gut in eine eingängige Worthülse pressen lässt: »What is the choice of man? Fight or flight.«[11]

Doch das Simple und Plakative macht die Sache nicht schlüssiger – im Gegenteil: Es erklärt am Ende eigentlich nichts. In diesem Fall hat die Forschung beispielsweise die wichtigste und menschlichste Konfliktreaktion vergessen: Und die ist, ganz entgegen allen Idealen, weder zu fliehen noch zu kämpfen, sondern sich zu unterwerfen oder sich durch die Gefahr zu lavieren. Man arrangiert sich, bevor es extrem wird – und bleibt damit friedfertig. Das mag uns einen Einwurf hinsichtlich der Ökonomie erlauben: Kennt unser Wirtschaftssystem diese feinen Nuancen auch – zwischen Sieg und Niederlage, Gewinn und Verlust? Und wenn nicht – warum nicht? Setzen wir noch einmal bei Lorenz an und fragen: Was bedeutet Aggression und was spielt sich dabei im Individuum ab?

---

10 Lorenz 1963.

11 Fight-or-flight ist ein von dem amerikanischen Physiologen Walter Cannon (1915) geprägter Begriff (englisch: fight or flight = Kampf oder Flucht). Der Begriff ist auch im deutschen Sprachraum unter der englischen Version in Fachkreisen geläufig, da Cannon neben Hans Selye zu den Pionieren der Stressforschung gehört. Die Fight-or-flight-Reaktion beschreibt die rasche körperliche und seelische Anpassung von Lebewesen in Gefahrensituationen. Während der Fight-or-flight-Reaktion veranlasst das Gehirn den Körper, schlagartig Adrenalin freizusetzen, das Herzschlag, Körperkraft (Muskeltonus) und Atmungsfrequenz erhöht. Diese bereitgestellte Kraftreserve liefert die Energie für überlebenssicherndes Verhalten, das der Stresssituation angemessen ist: Kampf oder Flucht.

Zwischen Erleichterung und Sadismus

Angriff ist – so sagt es der Volksmund – die beste Verteidigung. Es gibt also nicht nur eine *offensive,* sondern auch eine *defensive* Aggression. Das Individuum möchte einen ihm unangenehmen Zustand beenden, indem es einer anderen Person, einem Gegenstand, schadet. Das kann aus Angst heraus geschehen oder infolge eines Vorhabens, nach dessen Umsetzung der negative Erregungszustand kleiner geworden ist.[12] Die moderne Psychologie bezeichnet das als »erleichternde Aggression«.

Unschwer zu sehen, ist unser Held Achilles aus einem anderen Holz geschnitzt. Um Angstvermeidung geht es ihm nicht, da er das Gefühl der Angst gar nicht kennt. Hingegen passt er vollkommen zu der Erscheinungsform der »appetitiven Aggression«: Das Individuum versetzt sich in einen positiven Gefühlszustand, indem es jemandem schadet. Die Aggression ist hier Mittel und Zweck der Handlung. Je mehr Schaden, desto besser.[13] Das ist das Bild des Sadistischen, auf das wir noch zu sprechen kommen.

Die beiden Formen der Aggression unterscheiden sich also fundamental voneinander. Während »erleichternde Aggression« Spannung abbaut, baut die »appetitive Aggression« Spannung auf. So ist auch das Schadenspotenzial der ersten weitaus geringer als jenes der zweiten Art. Denn der appetitive Aggressor ist in Gefahr, so viel Lust an der Zerstörung zu empfinden, dass es ihm schwerfällt, damit aufzuhören.

In der praktischen Anwendung kann die eine mit der anderen Form verschmelzen. Das zeigt sich an Studien über Hooligans und gewaltbereite Gruppen, die bewusst Situationen aufsuchen, in denen es zu gewaltsamen Auseinandersetzungen mit anderen Gruppen kommt. Das passiert oft auch über Verabredungen zu Gruppenkämpfen. Zunächst sollen derart aufgestaute soziale Spannung und Frustration, Wut und Ärger abgebaut und soll, über die Bewährung im Kampf, ein gesteigertes Selbstwertgefühl im Kollektiv aufgebaut werden.

12 Sagen wir es fachlich, dann hieße es eine »geringere negative Valenz«. Vgl. Gudehus/Weierstall 2013.

13 Nunner-Winkler 2004, S. 21 ff.

In Gesprächen mit Psychologen schilderten Hooligans ihre Empfindungen während eines Kampfes. »Innerlich hast du die Hosen voll«, so beschreibt einer der Kämpfer seine Angstzustände vor dem Duell. »Man ist aufgeregt und geht in 'ner Viertelstunde dreimal pinkeln. Da kannst du gar nichts gegen machen, bis zu dem Augenblick, wo es abgeht, bist du immer unheimlich aufgeregt.« »Vorwärtspanik« bezeichnet ein Angriffsverhalten, das sich Bahn bricht, wenn ein hohes Level an Überwindungsangst zu bewältigen ist. Ist dieser Prozess erst einmal erfolgreich durchlaufen, öffnet sich eine neue psychische Phase, welche die Befragten als »Gewalttunnel« bezeichnen. Geräusche werden intensiver, die Realität wird stark verlangsamt wahrgenommen.[14] Ein Nachgeben oder gar eine Flucht des Gegners lassen die Angst vollständig verschwinden, und von Fall zu Fall ändert sich damit auch der Charakter der Aggression, von »erleichternd« zu »appetitiv«.

So schildert einer der Hooligans einen rauschartigen Zustand des »Immer-wieder-Zuschlagens«: »Die Anspannung fiel weg – und ich musste lächeln. Während ich weiter auf ihn einschlug, hatte ich dieses entrückte Grinsen im Gesicht. Pure Panik, Fassungslosigkeit und Unglauben standen in seinem zerstörten Gesicht geschrieben.«

Es ist genau diese appetitive Aggression, die den Menschen vom Tier unterscheidet und ihn gefährlicher macht als jede andere Spezies. So sieht das jedenfalls Konrad Lorenz. Denn die anderen Tiere, selbst die am meisten gefürchteten Raubtiere, meint Lorenz, sind gegen Anfälle blinder Zerstörungswut durch instinktive Hemmungen geschützt.

Eine Besonderheit der appetitiven Gewalt ist, dass niemand davor wirklich gefeit zu sein scheint. Selbst der feinsinnigste Intellektuelle kann sich in einen rasenden Zerstörer verwandeln. Der Schriftsteller Tom Wolfe etwa zettelte einmal beim Münchener Oktoberfest eine Schlägerei an, in deren Verlauf er selbst, aber auch einige seiner Gegner schwer verletzt wurden. Zunächst hatte Wolfe einem gegenübersitzenden Mann einen Fausthieb versetzt und war dann »triumphierend«, wie er schreibt, »aus dem Zelt gelaufen«. Doch draußen

14 Viele Regisseure machen sich diese Wahrnehmungsstörung bereits zunutze, um Gewaltszenen im Film effektvoll umzusetzen. Am eindrücklichsten geschieht das in *Gladiator*. Regie Ridley Scott mit Russell Crowe, Joaquin Phoenix, Connie Nielsen, Oliver Reed. USA, GB 2000.

holten ihn einige Kontrahenten ein. »Ich erstickte schier im Blut und trachtete nach nichts sonst, als es zu einem gründlichen Ende zu bringen. ... Ich würde weitermachen, bis ich dort im Schlamm unter mir kein Leben mehr spürte.«

Was Wolfe beschreibt, ist eine extreme Form der Selbstvergessenheit: Hemmungen, in langen Jahren der Erziehung erfolgreich integriert, werden aufgegeben und geben dem Zerstörungswillen freie Bahn. Mit dieser »blinden« Gewalt verhält es sich ganz ähnlich wie mit der »blinden« Flucht. Beide kennen keine Alternativen. Sie sind in ihrem grundsätzlichen Habitus monorituell. Die Flucht entlädt sich in Richtung des Ungeschehens oder »Nicht-geschehen-Machens«; die Aggression entlädt sich dagegen in Richtung des Geschehens. Der Aggressor will in der Unsicherheit, die sein Leben umgibt »wenigstens eines« sicher wissen: Dass das »Ich« Herr der Lage ist, physisch, psychisch oder beides – selbst wenn dabei alles ohne Gnade vernichtet wird, was diesem Wunsch entgegensteht.

Der höhere Auftrag – Institutionen der Gewalt

Nicht zuletzt aufgrund dieses tödlichen Potenzials ist die Aggression in die Schranken von Gesetzen, Riten und Institutionen verwiesen worden. Zerstört wird in höherem oder in sozialem Auftrag. Und wer dies am besten kann, der steht im sozialen Ansehen über allen anderen. Man ist dann »Held«.[15] Abseits des Schlachtfelds aber steht das, was Helden gewöhnlich so tun, unter schwerer Strafe. Es gilt nicht »Töte, und du wirst geehrt«, sondern »Töte, und du wirst selbst

15 Doch der Hooligan wie auch der Held des Krieges teilen das gleiche Erleben. Sie erreichen ihre höchste Effizienz, wenn sie nicht denken, sondern handeln. Von einem Samurai wird erwartet, dass er zum Zeitpunkt des Kampfes frei sei von allen störenden Gedanken. In der Samurai-Fibel *Hagakure* heißt es: »Neigt jemand dazu, nur an das Gewinnen eines Duells zu denken, versäumt er den rechten Moment fürs Handeln.« Der Kriegsheld alter Ordnung lebt nicht für die Tat, er ist die Tat. Das bedeutet auch, dass der Heros die Konsequenzen seines Tuns nicht bedenkt. Achilles waren die Seelen seiner Opfer mit Sicherheit vollkommen gleichgültig. Vielmehr wurden sie zum buchhalterischen Wert, dem man sich nach der Schlacht widmete. Das Bedenken von angerichtetem Schaden hätte das Heldische sofort zugrunde gerichtet. Ein Held lebt in einem Bewusstsein, das den nebenher angerichteten Schaden gar nicht berücksichtigt. Externalitäten sind ihm fremd. Das erklärt mit, warum die Helden der Moderne ein ganz anderes Gesicht haben als jene der Antike.

getötet«. Das geht schon aus den ersten uns bekannten Gesetzen des Königs Urnammu (2100 vor Christus) hervor. Urnammu ist ein Proponent der dritten sumerischen Dynastie der Stadt Ur. Er ließ eine Stele anfertigen, auf der 40 Gesetze verzeichnet sind. Für Mord sah Urnammu die Todesstrafe vor: »Wenn jemand einen anderen tötet, muss dieser Mann getötet werden.«

Akte der Aggression und der Gewalt werden also von frühester Zeit an der Wertekommandatur der Gesellschaft untergeordnet: der Macht des Königs, der Religion oder jener der Stammesfürsten. Sie werden kanalisiert und zu wirkungsvollen Instrumenten der eigenen Zivilisation gemacht. Und als solche eignen sie sich gut für eine Gesellschaft, die auf Expansion setzt und deren Leitbild vom Spiel bis zum Krieg von Ehrgeiz geprägt ist: schneller, höher, weiter. Kurz gesagt: eine Gesellschaft von Wettkampf und Wettbewerb.[16]

Troja und die Grundfesten des Wettbewerbs

Wir erinnern uns an den oben erwähnten Sturz der Göttin Tiamat aus dem babylonischen Himmel und die heraufdämmernde neue Zivilisation des Marduk, in der diese drei Komparative – schneller, höher, weiter – zu Leitgedanken werden:[17] Das Weltbild ist nun zunehmend »hart«, es gehört zu einer »heißen« Gesellschaft mit linearem Geschichtsbild. Sie schafft auf der einen Seite großen Fortschritt und alle Annehmlichkeiten der Zivilisation, aber um einen nicht geringen Preis: Denn es braucht zu seiner Verwirklichung Energie, die Ausbeutung von Ressourcen – seien sie nun menschlicher oder sonstiger Natur. Um sich ihrer zu bemächtigen, setzt dieses Weltbild Streben, Ehrgeiz und Zielbewusstsein voraus.

Diese kulturphilosophische Dimension weitet auch unseren Begriff von Aggression. Demnach ist auch jedes Schaffen mit einem

16 Schon das deutsche Wort »Wettbewerb« beinhaltet übrigens die Herrschaft von Gesetzen. Wette leitet sich aus dem germanischen »wedan« ab. Es steht für »binden«. Wettbewerb ist ein an Regeln gebundenes Handeln. Das ist sozusagen ein etymologischer Beitrag zur Diskussion um die ungezähmte »Freiheit der Märkte«.

17 Aus der Grammatik lässt sich eigentlich schon der Wettbewerb herauslesen. Wer schneller ist, muss schneller als jemand sein – und sei das auch nur er selbst.

Akt der Zerstörung verbunden, mit dem Eingriff in eine Struktur, die neu kombiniert wird. Das ist wichtiger, als es auf den ersten Blick erscheint. Denn diese Schaffenskraft trägt etwas Unersättliches in sich. Martin Heidegger hat das eindrucksvoll in die folgenden Sätze kondensiert: »Der Gewalttätige, der Schaffende, der in das Un-Gesagte ausrückt, in das Un-Gedachte einbricht, der das Ungeschehene erzwingt und das Ungeschaute erscheinen macht, dieser Gewalt-tätige steht jederzeit im Wagnis ... Deshalb kennt der Gewalt-tätige nicht Güte und Begütung (im gewöhnlichen Sinne), keine Beschwichtigung und Beruhigung durch Erfolge oder Geltung und durch die Bestätigung einer solchen. ... Der Untergang ist ihm das tiefste und weiteste Ja zum Überwältigenden ... Solches wesentliche Entscheiden muss jedoch im Vollzug und im Aushalten gegen die ständig andrängende Verstrickung im Alltäglichen und Gewöhnlichen Gewalt brauchen. Die Gewalt-tat des so ent-schiedenen Ausrückens auf dem Weg zum Sein des Seienden rückt den Menschen aus dem Heimischen des gerade Nächsten und Üblichen heraus.«[18]

Wir können diese Unersättlichkeit auch etwas poetischer mit Mephistopheles aus Goethes *Faust* ausdrücken: Der Teufel, blitzgescheit, fährt dem lieben Gott in die Parade, als der seinen »treuen Knecht« Faust, den er, weil »brav er strebt« und um Erkenntnis und Fortschritt sich müht, »zur Klarheit führen« will. Mephistopheles sieht die seelische Natur des Faust – und damit jene des Menschen – naturgemäß anders. Ein wenig skeptischer als der göttliche Schöpfer jedenfalls.

> Nicht irdisch ist des Toren Trank noch Speise.
> Ihn treibt die Gärung in die Ferne,
> Er ist sich seiner Tollheit halb bewusst;
> Vom Himmel fordert er die schönsten Sterne
> Und von der Erde jede höchste Lust,
> Und alle Näh und alle Ferne
> Befriedigt nicht die tiefbewegte Brust.[19]

---

18 Heidegger 2011.
19 Goethe 1980, S. 11.

So ist nach Goethe unsere Existenz faustisch aufgespannt zwischen dem Wollen, Wünschen, Streben, Erreichen und dem nächsten Wunsch, dessen Realisierung wieder Kraft und Ressourcen braucht. Doch manchmal, wenn guter Rat teuer ist und das Vermögen knapp, landen wir bei Verhaltensmustern, die unsere Altvorderen in den Spruch verpackten: »Woher nehmen, wenn nicht stehlen?« Dieses Stehlen, das mögliche letzte Ende jeder Fortschrittsbemühung, verengt unseren Blick wieder. Es führt die Aggression als Begriff in den der Gewalt zurück, in ihre Erscheinungsformen: Krieg, Raub, Diebstahl, Unterdrückung, Versklavung, Ausbeutung.

Wie unschwer zu erkennen, kommt in der *Ilias* der Stadt Troja die Rolle der Ressource und des Opfers zu: An den Dardanellen gelegen, beherrschte Troja in der Frühantike den Handel zwischen Mittelmeer und dem Schwarzen Meer und damit zwischen Europa und Asien. Kein Wunder, dass Homer in seiner Schlachtendichtung um diese Metropole die Weltmächte jener Zeit auf beiden Seiten aufmarschieren lässt. Alle Völker Griechenlands aufseiten der Achäer. Dazu Nubier/Ägypter, Äthiopier, Lykier und die Völker der Schwarzmeerküste aufseiten Trojas. Die Fronten sind klar: Es ist die Schlacht zwischen griechisch-regionaler Hegemonie und Trojas fortgeschrittener Internationalität.

Die Sage um den liebestollen trojanischen Prinzen Paris und der schönsten aller Frauen, der Spartanerin Helena, taugt in diesem Zusammenhang nur noch als Staffage und Vorwand für die eigentlichen Absichten des griechischen Feldzugs: die Eroberung und Plünderung einer der reichsten Städte der damaligen Welt und die Vorherrschaft im Mittelmeer. Militärische Vorherrschaft, Seeherrschaft und schließlich Marktherrschaft: Leinen und Hanf, getrockneter Fisch, Jade aus China, Purpur aus Kleinasien, Zedernholz, Gold und Silber von der Schwarzmeerküste, Erze, Waffen und Keramik – das sind die Schätze, um die es eigentlich geht.

Im Text der *Ilias* selbst wird der Konflikt um Eigentum und Geraubtes freilich anders dargestellt, auf primitivem Niveau und schicksalhaft: Nicht umsonst ist es Beute, menschliche zunächst (Helena), welche den Krieg auslöst. Beute und Besitzgier sind es, welche die Griechen dann fortgesetzt zu Intrige und Mord untereinander treiben – vor allem im Konflikt zwischen Achilles und

König Agamemnon um eine Kriegsgefangene. Gleichzeitig hält Eigentum die Angreifer auch zusammen, wenn es sich dabei auch um das Eigentum der anderen handelt – die Schätze von Troja.

So gesehen hat Homer das Narrativ der gesamten Antike – beginnend mit den Stadtstaaten Mesopotamiens – in seine Dichtung verwoben. Es ist jenes der kulturellen Ausbreitung von Zivilisationen, basierend auf kriegerischer *und* auf wirtschaftlicher Eroberung.

Tatsächlich beschreiben auch andere Mythen die Entstehung dieser Weltordnung. Im ersten Buch der *Metamorphosen* des römischen Dichters Ovid wird zunächst eine agrarische, sesshafte Bevölkerung beschrieben. Ovid nennt sie das »eherne Geschlecht«: »Grimmiger schon im Gemüt, zu den schaurigen Waffen bereiter, aber noch ohne Verbrechen«.

Doch dann – der Umsturz:

> Das letzte Geschlecht ist von hartem Eisen. Da brachen sogleich in die Zeit des geringern Metalles Jegliche Frevel: es flohen die Scham, die Wahrheit, die Treue. Dafür erwuchsen die Laster: Betrug und allerlei Ränke, Hinterlist und Gewalt und die frevle Begier nach Besitztum.[20]

Schlechte Zeiten also? Nun, wenn man sich die Charakteristik des Fortschritts ansieht, dann sind die *Ilias*, ihre Paläste, Heroen und ihre Götterwelt genau in diesem eisernen Zeitalter angesiedelt. Das bedeutet Fortschritt – in diesem Fall die Weiterentwicklung der Schifffahrt durch die Griechen. Oder mit Ovid gesprochen: »Segel bot man den Winden – noch kannte der Schiffer sie wenig.« Und zum Kapital aus Bodenschätzen: »Schon ist das schädliche Eisen erschienen und, schlimmer als Eisen, Gold; nun erscheint auch der Krieg.«[21]

20 Ovid 1958, S. 27.
21 Ebd. S. 28.

Einzig Gewalt? Nicht wirklich

Nun stellt sich die Frage: Ist das »eiserne« denn das einzig mögliche System gesellschaftlicher Entwicklung? Offensichtlich nicht. Der Psychologe Erich Fromm gibt hier Antwort mittels anthropologischer Studien über 30 Stämme und Völker, erstellt von Margaret Mead, George Peter Murdock und Colin M. Turnbull.[22] Fromm unterteilt sie in A-, B- und C-Gesellschaften.

Das System A beinhaltet lebensbejahende Gesellschaften: Ideale, Sitten und Institutionen sind darauf ausgerichtet, dem Erhalt und Wachstum des Lebens zu dienen. Aggression in Form von Feindseligkeit und Gewalt sind dort nur in einem sehr geringen Ausmaß zu finden. Es gibt kaum harte Strafen und auch kaum Verbrechen, der Krieg als Institution fehlt vollkommen. Desgleichen fehlen Formen körperlicher Züchtigung, Kinder werden freundlich behandelt, Frauen sind den Männern weitestgehend gleichgestellt. Diese Gesellschaften haben ein weiteres Merkmal gemeinsam: Es gibt kaum Eigentum. Persönliche Habe beschränkt sich zumeist auf Werkzeuge.

Vielmehr basiert die wirtschaftliche Existenz dieser Gesellschaften auf dem Gemeingut. Eine weitere Erkenntnis: Die allgemeine Erwerbsform ist kein Präjudiz für den Charakter einer Gesellschaft. Einige Typ-A-Gesellschaften gewinnen ihre Ressourcen aus der Jagd, andere sind Ackerbauern, dritte wiederum Viehzüchter. Zuni-Pueblo-Indianer, Bergarapesh und Batonga fallen in diese A-Gruppe, ebenso wie Polareskimos[23] und Mbuti.

Gesellschaften vom Typ B sind auch noch nicht von Destruktivität oder Grausamkeit geprägt, aber das Zutrauen und die Freundlichkeit sind stark reduziert. Fromm: »Es herrscht eine Art Grundaggressivität, die vom Geist männlicher Aggressivität durchdrungen

---

22 Fromm 1997, S. 192 ff.

23 Da der Begriff »Eskimo« keine Eigen-, sondern eine Fremdbezeichnung ist, wird er teilweise als abwertend empfunden, und es gibt daher Bestrebungen, diese Bezeichnung generell durch »Inuit« zu ersetzen. Die Verwendung des Begriffs »Eskimo« ist rückläufig, »Inuit« jedoch kein Synonym. Daher hat sich »Inuit« als alternative Vokabel im nordwestlichen Kanada, in Alaska und auf der Tschuktschen-Halbinsel bislang nicht durchgesetzt. Wir betrachten es als offene Diskussion und wenden den Begriff »Eskimo« nicht pejorativ an.

ist, vom Individualismus und vom Wunsch, sich Dinge zu verschaffen und Aufgaben zu erfüllen.«[24] Unter diese Form fallen die Gesellschaften der Grönland-Inuit, der Samoaner, Dakota-Indianer, Maori, Inka und Hottentotten.

Die C-Gesellschaften sind durchdrungen von Aggression, Freude am Krieg und gegenseitiger Konkurrenz. Fromm: »Gewöhnlich herrscht ein starkes Maß an Rivalität, das Privateigentum spielt eine wichtige Rolle, es herrscht eine strenge Hierarchie, Kriege sind häufig.« Solche Gesellschaften waren jene der Azteken, der Dobu, der Kwakiutl, der Haida oder der Ganda. Fromm sagt, das System C sei »destruktiv und sadistisch«.

Daraus können wir vielerlei ableiten. Erstens: Die Aggression mag ein Trieb des Menschen sein, jedoch sind es die gesellschaftlichen Umstände, die seine Intensität regeln. Zweitens: Diese ist offenbar stark mit Eigentum verbunden und mit individuellem Streben. Drittens: Die kapitalistische Gesellschaftsordnung firmiert unter dem System C. Und sie ist von den Systemen das materiell erfolgreichste. Die Konflikte werden über das Prinzip der Konkurrenz ausgetragen, das im lateinischen Wortsinne *con-currere* dem sportlichen Wettkampf entstammt und »zusammen laufen« heißt. Am Ende der Rennbahn warten Gewinn oder Niederlage – oder im freudschen Sinn: Frustration oder eine Befriedigung der Libido.[25]

Aber wie wirkt sich dieses ständige Im-Streit-Stehen einer kompetitiven Gesellschaft auf die Psyche aus? Nach den Erkenntnissen der Psychologie ist ja Frustration einer der wichtigsten Auslöser von Aggression. Und dieser Schluss lässt sich ja auch anhand des Völkervergleichs, den Fromm angestellt hat, bestätigen. Aber lässt sich dieses Verständnis von Konkurrenz jenseits der Anthropologie auch an unserer Gesellschaft ablesen? Es gibt dazu interessante Studien aus Sozialpsychologie und Soziologie. Wir greifen einige davon heraus und beginnen dort, wo die große soziale Welt im Kleinen »erlernt« wird: beim Spiel.

---

24 Fromm 1997, S. 194.

25 Wir sind uns der Anfechtungen und -feindungen des frommschen Systems durchaus bewusst. Vor allem der Konflikt zwischen Margaret Mead und Derek Freeman über Meads Werk *Kindheit und Jugend in Samoa* hat jahrelange Debatten nach sich gezogen. Wir meinen, dass sich der Leser hier aber selbst eine Meinung bilden muss. Die Literatur dazu: Mead 1970; Freeman 1983.

Spielerisch zur Aggression

Spiele also: Eines der erfolgreichsten Video-Games des Jahres 2011 war ein Action-Spiel mit dem klingenden Namen »Dead Space«. Dabei steuert der Spieler eine Figur, die zombieartigen Wesen begegnet, welche sie abzuschlachten hat. Dafür gibt es ein virtuelles Lasermesser, das, so regt der Hersteller an, »taktische Zerstückelungen« bewerkstelligt. Ziel des Spiels: »Ein blutgetränktes Horrorerlebnis.«

Werden Kinder durch solche Spiele zu Massenmördern? Wenn dem so wäre, müsste die Kriminalitätsrate blutige Höhen erreichen. Und zwar nicht nur wegen »Dead Space«: Im Alter zwischen fünf und 15 Jahren wird ein durchschnittliches amerikanisches Kind über Medien immerhin mit dem gewaltsamen Bildschirm- und Leinwandtod von 13 000 Menschen konfrontiert. 80 Prozent aller TV-Filme enthalten Sequenzen physischer Gewalt.[26]

Aber wie verhält es sich, wenn Kinder im Spiel zu aktiven Teilnehmern der Zerstörung werden? Eine Studie aus dem Jahr 2003 über den Markt elektronischer Spiele in Deutschland belegt, dass über 40 der 60 populärsten Spiele Aggression als erheblichen Bestandteil beinhalteten.[27] Da wird der Einsatz von Gewalt mit Bonuspunkten belohnt; das Erreichen des nächsthöheren Levels hängt von aggressivem Spielverhalten ab. Im Gegenzug bleiben Bestrafungen von gewalttätigen Handlungen generell aus (98 Prozent der Spiele). Gewalt und Aggression sind also das Mittel, mit dem der Erfolg gesichert wird, und dieses Verhalten wird von frühester Kindheit an spielerisch erlernt.

Aus Befragungen der jugendlichen Konsumenten geht hervor, warum sie Gewaltspiele anziehend finden. Sie schrieben ihnen eine »anregende Wirkung« zu und die Möglichkeit, ohne Sanktionen Dinge zu zerstören und dabei gesellschaftliche Normen zu brechen. Zusätzlich halten die Jugendlichen die Gewaltspiele für aggressionsvermindernd. Und wie ist es wirklich?

---

26 Studie von Gerbner et al. 1978.

27 Von wegen geschlechtlichem Nutzungsverhalten: Auch hier zeigen sich deutliche Unterschiede: User von Gewaltspielen sind zu etwa 70 Prozent männlich. Aus Gudehus/Christ 2013, S. 291.

Eine Zusammenschau von 206 Studien mit insgesamt 61 000 Teilnehmern[28] ergab, dass sich die Teilnehmer von Aggressionsspielen kurzfristig körperlich mehr erregt, ärgerlich und emotional belastet fühlten als die Teilnehmer gewaltfreier Spiele. Zudem ergaben sich ein Rückgang des mitfühlenden Verhaltens und eine verringerte Hilfsbereitschaft. Nach dem Genuss solcher Spiele sank auch die Bereitschaft, sich sozial zu engagieren, also eine freiwillige Zusatzaufgabe zu übernehmen.

Wir wollen noch einen weiteren Punkt erwähnen, der weniger mit Spiel als mit Information und Wirtschaft zu tun hat. In einer Langzeitstudie beobachteten US-Soziologen in den 60er-Jahren die Kriminalitätsentwicklung in einem Stadtteil von Chicago, der gerade den Übergang von der fernsehlosen zur Fernsehgesellschaft erlebte. Dabei zeigte sich eine deutliche Steigerung der Eigentumskriminalität nach Einführung des Fernsehens. Die Studienautoren begründeten das mit den TV-Spots, also der Fernsehwerbung, welche den Appetit und den Wunsch nach mehr Gütern drastisch erhöhte.[29, 30]

Mit Aggression zum Erfolg

Doch wir wollen hier von der Marktwirtschaft als ganzer reden und von ihrem im Grundsatz offensiven System. Der Kitt, der dieses System zusammenhält und erfolgreich macht, besteht unbestreitbar aus Ehrgeiz und Konkurrenzverhalten. Auf diesen Eigenschaften gründen Aufstieg und Niedergang, gesellschaftliche und wirtschaft-

---

28 Melzer 2013, S. 289 f.

29 Hennigan/DelRosario 1982 in Feldman 1985, S. 305 ff.

30 Genau hier landen wir bei einem der frühesten Versäumnisse der Marktwirtschaft. Wir nehmen doch gemeinhin an, Wirtschaft bestehe aus einem Austausch von Gütern, seit uns das Aristoteles in seiner *Oikonomika* so dargelegt hat. Was späteren Generationen in seiner Darlegung als reines Kuriosum galt, war seine Ansicht, dass auch die Räuberei ein normales Gewerbe sei. Aber hat es nicht seine volle Richtigkeit? Hat die Ökonomie nicht viel zu lange den Zustand des Nicht-tauschen-Könnens aus ihrer Lehre herausgehalten? Wurden jene, die stehlen müssen, um zu Gütern zu kommen, nicht viel zu schnell ausgeblendet? Welche andere Diskussion um die Verteilung von Gütern hätte sich wohl entwickelt, wenn die Ökonomie nicht nur mit den »Besitzenden«, sondern auch mit den »Have-nots« gerechnet hätte, die nur über Aggression zu tauschbaren Gütern kommen?

liche Macht. Es geht darum, schneller zu sein und besser. Im Grunde geht es also um Zeit und Geschwindigkeit.

Nun ergibt sich eine augenfällige Parallele zu soziologischen Studien, wonach Aggression besonders dort gehäuft auftritt, wo Menschen sich unter Druck fühlen und in Zeitnot.[31] Je weniger Zeit ein Mensch hat und je mehr Stressfaktoren er ausgesetzt ist, desto leichter ist er in Rage zu versetzen. Je mehr also der Zeithorizont des Individuums reglementiert und durch enge Vorgaben geprägt ist, desto aggressiver wird sein Verhalten sein.

Kehren wir zurück zu den beiden besprochenen Grundsystemen, zu jenem der zyklischen (natürlichen) und jenem der linearen (fortschrittlichen) Lebensart, dann entdecken wir, dass das lineare System seinen Fortschritt vor allem mit der Verkürzung des Zeitaufwands bewerkstelligt. Etwas in kürzerer Zeit herstellen, Information schneller übertragen, Distanzen schneller überwinden. Immer wird die Variable Zeit verändert.

Wenn aber alles auf eine Verkürzung der Zeit und auf eine Rationalisierung der Produktionseinheit pro Zeiteinheit hinausläuft, müsste jeder ökonomischen Gewinn-und-Verlust-Rechnung noch eine weitere »Schattengleichung« folgen: Jene der Aggression und ihrer Verursachung durch Zeitnot. Und zwar in der Form, dass der erreichte Fortschritt ab einer gewissen Grenze der psychischen Erträglichkeit von aggressiven oder autoaggressiven Ausfallserscheinungen begleitet wird, von depressiven Zuständen und Symptomen, etwa dem Burn-out. Es müsste also eine Art psychoökonomischer Grenzwert mit einkalkuliert werden. Ein Zeitpunkt, ab dem jedes weitere produzierte Gut negative Folgen (Externalitäten) erzeugt, die letztendlich den Nutzen des Produkts infrage stellen.

31 Feldman 1985, S. 300.

Kinetische Helden – die Ideologie der Zeitvernichtung

Man muss gar nicht lange suchen, um Ideologien zu entdecken, die dem Prinzip der Zeitreduktion gehorchen: Etwa jene des Futurismus, der dem technischen Fortschritt die Alleinstellung des menschlich Seligmachenden für die Gesellschaft einräumte. Technischer Fortschritt bedeutete da immer nur eines: Erhöhung der Dynamik, Erhöhung der Geschwindigkeit. Aggression ist in diesem System überall spürbar – auch im kriegerischen Vokabular. Im Manifest des Futurismus, geschrieben von Filippo Tommaso Marinetti, steht zu lesen: »Schönheit gibt es nur noch im Kampf. Ein Werk ohne aggressiven Charakter kann kein Meisterwerk sein. Die Dichtung muss aufgefasst werden als ein heftiger Angriff auf die unbekannten Kräfte, um sie zu zwingen, sich vor dem Menschen zu beugen. Zeit und Raum sind gestern gestorben. Wir leben im Absoluten, denn wir haben schon die ewige, allgegenwärtige Geschwindigkeit erschaffen.«[32]

Und im zweiten futuristischen Manifest geht Marinetti noch weiter: »Nach der Zerstörung des veralteten Guten und des veralteten Bösen schaffen wir ein neues Gutes, die Geschwindigkeit, und ein neues Böses, die Langsamkeit.«

Das Weltbild der Futuristen gipfelt schließlich in dem Satz: »Wir wollen den Krieg verherrlichen, diese einzige Hygiene der Welt.«

Die Manifeste des Futurismus verdeutlichen die äußerste Perversion des harten Prinzips. Aber seine Gleichungen »Geschwindigkeit = die Synthese eines jeden Mutes in Aktion. Aggressiv und kriegerisch« und »Langsamkeit = die Analyse jeder stagnierenden Vorsicht. Passiv und pazifistisch« enthalten möglicherweise mehr Weisheit über unsere gängige Einstellung, als uns lieb sein kann. Schließlich: Warum finden sich unter den modernen Helden so viele Piloten, Rennfahrer oder Astronauten? Sind das nicht genau jene kinetischen Heroen, vor denen auch ein Marinetti niederkniete, der dem Faschismus huldigte und mit Benito Mussolini unterging?

---

32 Strobel-Koop 2008.

Die Aggression von Markt und Kapital

Geschwindigkeit verschafft Vorsprung. Auch und vor allem in der globalisierten Wirtschaft. Es geht darum, Märkte zu dominieren. Oder anders formuliert: Das kinetische Wirtschaftssystem ist eine Machtumverteilungsmaschinerie, die mittels Aggression Dominanz verleiht und den Wettbewerb als ihr Hauptinstrument definiert. *Speed kills* ist für dieses System ein ganz und gar fremdartiger Begriff, oder sagen wir es im futuristischen Glaubensrahmen – ein Sakrileg.

Kaum ein Ökonom hat diese Form der Machtverteilung systematischer durchleuchtet als der Argentinier Raúl Prebisch. Gemeinsam mit Hans Wolfgang Singer[33] hat er eine Theorie der Ungleichentwicklung von Nord und Süd entworfen, die sich in der Entwicklungsfähigkeit der Märkte äußert.

Um das zu erläutern, beginnen wir mit einer aktuellen Zustandsbeschreibung der globalisierten Wirtschaft: Die Weltdurchschnittswertschöpfung beträgt 8302 Dollar pro Mensch und Jahr. So viel leistet ein jeder und eine jede von uns. Das ist nicht schlecht. Aber nicht alle Menschen erarbeiten und verdienen gleich viel: In Europa erzeugt ein Arbeitender durchschnittlich Waren und Dienstleistungen im Wert von 33 884 Dollar, in Nordamerika sind es 44 000 Dollar. Die Wertschöpfung eines durchschnittlichen Afrikaners beträgt hingegen nur 1405 Dollar. Bewohner von Industriestaaten sind also um 30- bis 40-mal produktiver als Bewohner nicht industrialisierter Länder.

Ist dieses Missverhältnis umkehrbar? Wie es scheint, nicht, und das trotz des politischen Versprechens der Vereinten Nationen, die Armut zum Verschwinden zu bringen. Das hat mit unserer Wertschöpfung zu tun und mit dem Investitionskapital. Nach Statistiken der UNO-Handelsorganisation UNCTAD stieg das Pro-Kopf-Investment in den industrialisierten Ländern seit 1980 um das 23-Fache (auf über 12 000 Dollar pro Kopf und Jahr) – in den Entwicklungs-

33 Zuletzt hat Hans Wolfgang Singer die Thesen modernisiert und zusammengefasst in Singer/Ansari 1992.

ländern dagegen nur um das Neunfache (auf 900 Dollar). Die Wertschöpfung, die durch die Investitionen zustande kommt, kann also im reichen Norden um mehr als das Doppelte schneller wachsen als in den ärmeren Teilen der Welt. Das Ungleichgewicht zwischen Arm und Reich wächst also tendenziell, anstatt sich, wie behauptet, zu schließen.

Genau da haken die Ökonomen Prebisch und Singer ein, wenn sie behaupten, dass sich der globale Wettbewerb systematisch zuungunsten von Entwicklungsländern verändere. Denn diese hinken nicht nur bei den Investitionen hinterher. Sie müssen auch billig Rohstoffe exportieren, um teuer verarbeitete Produkte zu importieren. Hier einige Punkte der »Terms-of-Trade-Theorie«:

1. Der Exportsektor eines Rohstoffe fördernden Landes wächst langsamer als die Importe, weshalb insgesamt das Wirtschaftswachstum der Entwicklungsnationen langsamer vonstattengeht.
2. Eine Ausweitung der Exportmenge führt nicht zu Einkommenswachstum, sondern durch das steigende Angebot zu sinkenden Weltmarktpreisen. Prebisch nennt das »Verelendungswachstum«.
3. In den Entwicklungsländern selbst herrschen tendenziell monopolistische oder oligopole Strukturen, die dem westlichen Anbieter die Alleinstellung und dadurch das Preisdiktat sichern.
4. Der Wettbewerb unter den Arbeitnehmern in Entwicklungsländern ist so intensiv, dass Lohnerhöhungen nur in sehr begrenztem Rahmen möglich sind.
5. In den Industrienationen sichern Arbeitnehmervertreter Lohnsteigerungen, was zu höherem Konsumpotenzial, aber auch zu höheren Preisen führt. Die Industrienationen »domestizieren« also tendenziell ihre Gewinne, die schwachen Volkswirtschaften aber geben ihre Exporterlöse für Konsumgüter aus, nicht für Investitionen zur Stärkung der eigenen Ökonomie.

Man muss Prebisch und Singer nicht in allen Punkten recht geben. Doch das grundlegende Prinzip ihrer Theorie lässt sich bis in die kleinste Verästelung der Gesellschaft feststellen. Die schweizerische UBS-Bank hat beispielsweise die Kaufkraft in 71 Städten verglichen.[34] Als Referenzwert verwendete die Studie einen »Big Mac«. In Berlin oder Prag muss ein durchschnittlicher Werktätiger etwa 19 Minuten arbeiten, um so ein Sandwich kaufen zu können. In Athen sind es schon 30 Minuten, in Manila 88, in Nairobi 158. Das ist nur im ersten Augenblick erheiternd. Übertragen auf die globale Situation beschreibt es, warum sich Menschen gezwungen sehen, ihr Leben zu riskieren und ihre Familie aufs Spiel zu setzen, nur um in jene Kontinente zu gelangen, in denen Kaufkraft und Produktivität wie Honig fließen. Etwa nach Europa oder Amerika.

Und was hat das alles mit Gewalt zu tun? In der Gewaltforschung gibt es noch einen weiteren Begriff, jenen der »instrumentellen Aggression«, der zielgerichtete Formen der Aggression umfasst, die mit dem Erreichen von Macht, Status und anderen Ressourcen verbunden sind. Wenn wir unser Beispiel Achilles nehmen und ihm zumindest eine gewisse Rationalität unterstellen, dann tötete er seine 2000 Opfer, um der Nachwelt als größter Kriegsheld der Geschichte zu gelten. Der tausendfache Tod war das Mittel zur Erreichung des Ruhms – also ein Fall »instrumenteller Aggression«.

Die Mittel der industrialisierten Volkswirtschaften, sich den Wohlstand und den Vorteil zu erhalten, die sie seit mehreren Hundert Jahren haben, stehen heute auf einer ähnlichen Basis. Die Rohstoffe werden gesichert, die Preise diktiert, unter Inkaufnahme der relativen Verarmung und Verschuldung großer Teile der Staatengemeinschaft. Selbst wenn sich in den armen Regionen der Welt ein höheres Wirtschaftswachstum ergibt als in den Industrienationen, erweitert sich die Kluft, was die Verteilung des Reichtums betrifft. Wenn diese Ansichten von Prebisch und Singer auch nur teilweise zutreffen, haben wir es mit einem sich selbst verstärkenden Prozess der wirtschaftlichen Dominanz zu tun, der immer höhere Kollateralschäden hinterlässt. Mit anderen Worten: instrumentelle ökonomische Aggression zur Erhöhung des eigenen Wohlstands – oder wie der norwegische Friedensforscher Johan Galtung es ausdrückte: strukturelle Gewalt.[35] Was das konkret bedeutet, zeigt sich, wenn

34 Die Studie der UBS wurde im August 2009 veröffentlicht. Die Methodik: Der Preis des Produkts wurde durch den gewichteten Nettostundenlohn aus 14 Berufen dividiert.

35 Galtung ergänzte den traditionellen Begriff der »Gewalt«, der vorsätzlich destruktives Handeln eines Individuums oder einer Gruppe bezeichnet, um die Dimension einer diffusen, nicht zurechen-

wir einen Blick auf jene Länder werfen, in denen Teile unserer Konsumgüter produziert werden. Zum Beispiel in Bangladesch.

Europas Jeans und Savars Tote

In der Stadt Savar in Bangladesch stürzte im Sommer 2013 eine Textilfabrik ein – mehr als 800 Menschen wurden dabei getötet. Es stellte sich heraus, dass die Fabrik Jeans für die teuren Marken und Modehäuser in Europa produziert hatte. Darüber hinaus wurde offenbar, dass die Arbeiterinnen dort für wenige Cent Stundenlohn mehr als zwölf Stunden pro Tag arbeiten mussten und dass ihr Leben wesentlich dem von Sklavinnen glich. Von der Betriebssicherheit und der Einhaltung von Bauvorschriften einmal ganz zu schweigen.

Savar, das ist nur scheinbar der Schauplatz eines weit entfernten Unglücks. Es ist das Ergebnis eines Systems, das sich technisch trocken als globale Arbeitsteilung beschreibt. Das geht so: Die Arbeitsteilung ist das Herzstück der Globalisierung, die uns eine Reichtums- und Wachstumsmaschine versprach: Alle Regionen der Welt sollten an den Warenstrom angeschlossen und kapitalistisch erschlossen werden. Den glücklich Eroberten wurde verkündet, sie könnten in ihrer wirtschaftlichen Entwicklung aufholen und selbst reich werden, wenn sie nur ein paar Opfer zu bringen bereit wären – siehe Bangladesch.

Die Fachsprache nennt das »Catch-up-Prozess«. Ökonomen, die dieses Konzept anzweifelten, wurden als ewige Klassenkämpfer abqualifiziert. Dabei hatten sie die mathematische Logik auf ihrer Seite – etwa indem sie die Prosperität von reichen und armen Ländern verglichen, die Produktivität und die Investitionskraft, wie wir das oben getan haben. Wenn also nicht Rohstoffe oder das schiere

---

baren Gewalt: »Strukturelle Gewalt ist die vermeidbare Beeinträchtigung grundlegender menschlicher Bedürfnisse oder, allgemeiner ausgedrückt, des Lebens, die den realen Grad der Bedürfnisbefriedigung unter das herabsetzt, was potenziell möglich ist.« Diesem erweiterten Gewaltbegriff zufolge ist alles, was Individuen daran hindert, ihre Anlagen und Möglichkeiten voll zu entfalten, eine Form von Gewalt. Hierunter fallen alle Formen von Diskriminierung, ungleiche Verteilung von Einkommen und das Wohlstandsgefälle zwischen Nord und Süd.

Überangebot billiger Arbeitskräfte (wie in China) eine Explosion des Wachstums ermöglichen, ist dieser Rückstand niemals aufzuholen.

Am Beispiel Savar ist zu erkennen, wie instrumentelle Aggression eingesetzt wird, um zur Ressource Arbeit den billigstmöglichen Zugang zu haben. Den Opfern dieser ökonomischen Gewalt wird versprochen, sie würden daran verdienen, und den Konsumenten in Europa, sie würden Markenware billig erhalten, und alles das, weil die globale Wirtschaft segensreich funktioniere.

Tatsächlich aber ist jeder Cent der Gewinnmarge durch unzumutbare Zustände anderswo erkauft. Wenige Wochen nach dem Einsturz der Textilfabrik wurde der Fall einer 18-jährigen Arbeiterin aus Chittagong bekannt, die in einer Textilfabrik zu 15 Stunden Arbeit pro Tag, sieben Tage die Woche gezwungen worden war. Als sie sich krank fühlte, zwang ihr Arbeitgeber sie mit Ohrfeigen zum Weitermachen. Das Mädchen, Fatema Akter, starb an Erschöpfung.

Unlängst verglich die BBC die Zustände in Fabriken Indiens, wo Kleider für Europa hergestellt werden, mit jenen in den Arbeitshäusern des Manchester-Liberalismus im 19. Jahrhundert. Angesichts von Savar kann man auch zu einem härteren Befund gelangen: Dass unsere saubere, westliche Konsum- und Dienstleistungsgesellschaft nur entstehen konnte, weil wir die Zustände des 19. Jahrhunderts exportiert haben. Es ist eine Art der Zeitreise, verwirklicht durch die Globalisierung und systematische instrumentelle Aggression. Und wenn man es noch drastischer auslegt, eine verdrängte Form des Sadismus. Man generiert Wohlbefinden durch das Leiden anderer. Aber es ist auch ein System der Selbstschädigung, wie wir nun sehen werden.

Ökonomische Herzkrankheiten

In den späten 70er-Jahren fand in den USA eine Langzeitstudie zu Herz-Kreislauf-Erkrankungen statt.[36] Dabei stellten die Wissenschaftler fest, dass sich diese Krankheiten bevorzugt bei Menschen mit aggressivem und kompetitivem Verhalten fanden. Diese Probanden wiesen folgende Merkmale auf: Bei den Tests antworteten sie laut und schnell, sie waren ungeduldig. Sie unterbrachen die Interviewer öfter als andere, benahmen sich unter Stress aggressiv, waren schnell gelangweilt und schätzten sich selbst als Perfektionisten ein und als leistungsstarke Mitglieder der Gesellschaft. Ein anderer Typus benahm sich dagegen sehr entspannt, dachte länger über Antworten nach, zeigte keinerlei Ungeduld und zeichnete sich durch ein breites Lachen aus. Diese Gruppe war auch weniger häufig krank.

Doch am meisten überraschte die Erkenntnis, dass die »gemütliche Gruppe« besser in der Lage war, komplizierte Probleme zu lösen, als jene, die sich permanent selbst unter Druck setzte. »Die Urgenz, mit der sie das Problem behandelten, machte die Resultate stereotyp und unproduktiv«, so der Autor dieser Studie. Wenn Atemlosigkeit und permanenter Stress verhindern, dass Probleme gelöst werden können und sie sogar weiter verschärfen; wenn dadurch die Kreativität abnimmt, aus der die Problemlösungen entspringen sollen: Wie kommt es dann, dass »der aggressive Proband im Schnitt der wesentlich anerkanntere und erfolgreichere ist«?[37]

Fassen wir noch einmal unsere Behauptungen zusammen: Die Zivilisation westlichen Zuschnitts ist eine dynamische Gesellschaft, in der Aggression eine bedeutende Rolle spielt, welche sie in anderen von Anthropologen erforschten Völkern und Gesellschaften nicht hat. Aggression und Gewalt treten in verschiedenen Formen auf, von denen die appetitive Gewalt die gefährlichste ist, weil sie Symptome des Sadismus zeigt und Gewalt immer mehr Lust nach noch mehr Gewalt erzeugt. Gewalt, wie sie im Rahmen eines über-

36 Friedman/Rosenman 1974 in Feldman 1985, S. 265.
37 Carver/Humphries 1982 in Feldman 1985, S. 272.

triebenen wirtschaftlichen Wettbewerbs eingesetzt wird, zeigt starke Übereinstimmung mit dieser appetitiven Gewalt. Die Dynamik des Wettbewerbs sieht Zeit nicht als Gut, sondern als Variable, um die Zeitspanne der Bereitstellung von Gütern auf der Angebotsseite zu verkürzen. Dieses System gibt vor, die dynamischen Kräfte des Wettbewerbs erhalten und steigern zu können. Das soll die Wahlfreiheit der Konsumenten und die Handlungsfreiheit aller Marktteilnehmer sichern und gewährleisten. In der Realität aber sind diese positiven Folgewirkungen keineswegs gesichert. Wer nur auf Basis von Wettbewerb überleben kann, ist per se nicht mehr handlungsfrei, sondern ökonomisch tot, sobald er seine Teilnahme am kompetitiven System verweigert. Die angebliche Wettbewerbsfreiheit ist also ein Zwang zum Wettbewerb.

Es ist an der Zeit, die Logik der marktwirtschaftlichen Prinzipien der Konkurrenz zu überdenken. Das heißt auch, die Kriterien zu prüfen, nach denen das Personal ausgewählt wird, das diese Prinzipien umsetzen soll. Diese Prüfung steht am Beginn des Zweiten Teils.

TEIL II
DER PREIS DES REICHTUMS – DIE PSYCHISCHEN DEFEKTE DER ÖKONOMIE

1. APOLLON UND MARSYAS – SADISMUS, NARZISSMUS UND DIE ELITEN DER WIRTSCHAFT*

Leiden-sehn thut wohl,
Leiden-machen noch wohler –
das ist ein harter Satz,
aber ein alter mächtiger
menschlich – allzu menschlicher Hauptsatz.
Ohne Grausamkeit kein Fest:
so lehrt es die älteste, längste Geschichte des Menschen.

Friedrich Nietzsche[1]

Das Blinde der Zerstörung

Wir haben bereits über die Vorherrschaft sinnloser und unproduktiver Konkurrenz in der Wirtschaft gesprochen. Achilles war uns ein Beispiel für die Zerstörungswut und die gesellschaftlichen Regulierungsmechanismen von Gewalt. Wir haben die Mechanik der Vorwärtspanik von Hooligan-Banden im aggressiven Verhalten auf den Märkten wiedergefunden – als Aggression, geboren aus Angst vor dem eigenen Untergang. Gleichwohl haben wir die Ausbildung des

1 Nietzsche 2013, S. 57.

* Wir danken Valentin Unger für seine Recherchen zu diesem Kapitel.

aggressiven Systems im individuellen und sozialen Umfeld ausgespart und das, was uns im Alltag betrifft: Wie wir als Mitglieder einer aggressiven Gesellschaft erzogen werden.

Den wichtigsten der dafür verantwortlichen pathologischen Mechanismen werden wir in diesem nun folgenden Kapitel begegnen. Wir werden über ein Ausbildungssystem berichten, das seine zum Teil sadomasochistischen, gewalttätigen und narzisstischen Mechanismen in hoher Konzentration den Auszubildenden aufzwingt. Wir werden über die daraus entstehenden pathologischen Zwänge berichten, die auf den einzelnen Manager wirken, wir werden krankhafte Spielsucht auf den Finanzmärkten finden und Gewinnstrategien entdecken, die der Kleptomanie ähneln.

Um zu dem für uns wichtigen ökonomischen Kern dieser miteinander in Wechselwirkung stehenden pathologischen Erscheinungen vorzudringen, müssen wir methodisch vorgehen und die einzelnen Komponenten des zugehörigen wirtschaftlichen Syndroms erklären. Erläuternd geht es daher zunächst um die Geschichte eines Monopols, zu dessen Verteidigung sagenhaft gemordet wird. Es ist ein Monopol der Kunst oder besser der Musik – und ausgefochten wird es auf dem Boden des Narzissmus und mit der Waffe des Sadismus: Die Sage des griechischen Gottes der Weissagung und der Musik, Apollon, und des Satyrs Marsyas.

Apollon und Marsyas – der Wettstreit, Narzissmus und Sadismus

Marsyas ist ein einfacher und auch ein wenig einfältiger Satyr, der in den phrygischen Wäldern lebt. Er bestreitet seinen Unterhalt mit der Jagd und ist ansonsten vollkommen harmlos. Er kann auch nicht ahnen, dass sich weit entfernt, auf dem Gipfel des Olymps, ein entsetzliches Unheil zusammenbraut, das ihn betrifft.

Die Götter, die dort wohnen, sind ein vergnügungssüchtiges Volk, das Feste, zügelloses Leben und sexuelle Befriedigung liebt. Sie unterhalten einander bei ihren zahllosen Feiern gerne mit Musik.

Athene etwa hat sich eine Flöte geschnitzt, mit der sie wunderbare Töne hervorbringt, und sie spielt sie mit großer Leidenschaft. Allein: Immer wenn sie ihre Weisen vorträgt, beginnen die anderen Götter, vor allem aber die Göttinnen, spöttisch zu grinsen. Athene sinnt nach dem Grund. Was sollte denn just im Moment des Flötenspiels so lachhaft an ihr sein?

So steigt sie vom Olymp herab und geht mit ihrer Flöte zu einem Fluss in Phrygien, um in seinem klaren Wasser ihr Spiegelbild erkennen zu können. Doch was sieht sie da? Sobald sie in die Flöte bläst, blähen sich ihre Wangen und färbt sich ihr Gesicht bläulich. Schrecklich! Athene wirft die Flöte fluchend von sich und verflucht auch all jene, die sie in Zukunft berühren werden. Die Wut über ihr Versagen trifft den Nächstbesten. Dieser Nächste ist Marsyas.

Eines sonnigen Tages streift der Satyr sorglos am Ufer des Skamander entlang, als er das seltsame Instrument im Schilf entdeckt. Er nimmt es an sich, betrachtet es von allen Seiten und bläst hinein. Marsyas hat eine kräftige Lunge, und leicht presst er die schönsten Töne hervor. Bald ist die ganze Welt von seinen Melodien bezaubert. Man rühmt Marsyas, der beste Musiker der Welt, ja was heißt der Welt, des Universums zu sein – besser als alle Sterblichen und Unsterblichen. Besser auch als der Erfinder der Musik – Apollon. Und Marsyas gefällt das. Er ist geschmeichelt und glaubt es und brüstet sich schließlich damit.

In olympischen Zusammenhängen aber muss man mit dem Angeben äußerst vorsichtig sein. Apollon hört von dem selbst ernannten Konkurrenten auf der Erde, und wütend fordert er Marsyas zum konzertanten Wettkampf heraus.

Marsyas ist eitel genug, darauf einzugehen. Also spielen die beiden: Marsyas auf der Flöte und Apollon auf der Lyra – und die Götter sind die Schiedsrichter. Der Verlierer soll der Strafe des Gewinners verfallen, so ist die Abmachung, die Apollon vorgeschlagen hat. Die Götter denken sich wenig dabei, sie genießen den Wettstreit der beiden, denn die Melodien, welche sie hören, sind allesamt wunderschön. Nach dem ersten Konzert wagt es deshalb niemand, einen Sieger zu küren. Zu gleichwertig ist die Kunstfertigkeit. Mit einem Unentschieden wären auch alle göttlichen Juroren einverstanden gewesen. Doch Apollon erhebt Einspruch. Er fordert eine Entscheidung. »Derjenige, der auch dann noch herrliche Weisen spielen kann, wenn er sein Instrument umdreht, soll gewinnen!« Alle klatschen. Alle, bis auf Marsyas. Er dreht seine Zauberflöte um und bläst hinein – nichts. Apollon aber dreht seine Lyra um und spielt die herrlichsten Melodien. Der Sieg ist nun der seine und damit auch die Bestrafung des Verlierers Marsyas.

Narzissmus und Sadismus

Apollon hat auf diesen Moment gewartet, und er genießt seine grausame Rache. Langsam lässt er Marsyas bei lebendigem Leib die Haut vom Körper ziehen und schließlich an einen Baum nageln. Der Fluch der Flöte erfüllt sich in Apollons grausamem Hass gegen den einfältigen Marsyas und in der Zerstörung des Konkurrenten.[2]

Am Anfang dieser Geschichte steht der gekränkte Narzissmus des Apollon. Narzissmus ist eine psychische Erscheinung von großer Bandbreite und verschiedener Intensität. In seinen milden Formen ist er keineswegs schädlich. Vielmehr braucht es nach Erich Fromm die Liebe zu sich selbst, um überhaupt fähig zu sein, anderen Liebe zu geben.[3] Tatsächlich ist diese Art des Narzissmus oder Egoismus das treibende Element einer »gesunden« Marktwirtschaft. Der Kapitalismus des Adam Smith erklärt ja auch nicht umsonst die »Eigenliebe« der Individuen zum Antrieb des *Homo oeconomicus*.

Der Egoismus des Einzelnen wirkt nach Smith am Ende als entscheidende Kraft zur Erfüllung des großen Ziels: der Erlangung des »Reichtums der Nationen«. Solange die verschiedenen Kräfte, also Egoismus und Gemeinschaftssinn, in einem ausgleichenden Verhältnis zueinander stehen, ist das ein unleugbar erfolgreiches System. Es schafft Angebot und Nachfrage wie von selbst, und der aus Ehr-

---

2 Nach Diodorus Siculus III, 58–9, Apollodorus I, 4,2 Plinius, Naturgeschichte XVI, 89 in Ranke-Graves 2007.

3 Vor allem die selbstpsychologische Schule (innerhalb der Psychoanalyse) von Heinz Kohut hat diesen Wechsel in der Bewertung des Narzissmus als bedeutendes Modell für die psychische Gesundheit eingeleitet. So bezeichnet der Narzissmus ein System von Libidobesetzungen. Hier werden allerdings nicht Objekte wie die eigenen Eltern oder ein Liebespartner libidinös besetzt, sondern eine eigene innerpsychische Instanz.

geiz, Erfolgs- und Geltungsdrang entstehende Wettbewerb hat die Funktion des Generators von Reichtum und Fortschritt.

Wenn aber dieses System von krankhaftem Narzissmus beherrscht wird, kommen ganz andere Eigenschaften zum Zug. Der krankhafte Narzisst empfindet sich stets als überragend und will als einzigartig angesehen werden. Er braucht laut dem US-Psychologen Otto F. Kernberg ständig Bewunderung. Daraus ergibt sich seine pathologische Reaktion in Wettbewerbssituationen: Der Narzisst beneidet die anderen maßlos um ihre Fähigkeiten. Umgekehrt glaubt er, von anderen nicht seinen Talenten entsprechend gewürdigt zu werden. Ein starker destruktiver Impuls bricht sich Bahn. Das Gute, das andere besitzen oder darstellen, wird entwertet und/oder zerstört.

All das sehen wir in hohem Maß beim neidzerfressenen Apollon ausgeprägt. Jedem normal empfindenden Konkurrenten würde es reichen, Marsyas die Zauberflöte wegzunehmen. Aber Apollon geht das rationale Bestrafen nicht weit genug. Er braucht die Zerstörung, um seinen Drang zu befriedigen. Damit geht der Narzissmus in den bösartigen, »malignen Narzissmus« über, der oft mit Sadismus – der Zerstörungssucht – verknüpft ist.[4]

Sadismus kennt kein anderes Ventil für sein destruktives Verlangen als den Körper seines Opfers. Der Psychiater und Rechtsmediziner Richard von Krafft-Ebing[5] hat die Bezeichnung »Sadismus« geprägt – und zwar als Begriff für eine rein sexuelle Perversion, bei der die Befriedigung des Geschlechtstriebs an die Misshandlung oder Demütigung des Partners geknüpft ist. Der Begriff hat sich aber später mit Sigmund Freud und seinen Nachfolgern – vor allem durch Erich Fromm und Melanie Klein – zunehmend aus dem rein

---

4 Kernberg 2013, S. 268, 280 f.: Der Narzisst schreibt alles ihm Unangenehme einem Objekt/einer Person zu und schreibt alles Gute aus einer Beziehung sich selbst zu. Sein stark idealisiertes Selbstbild verleugnet störende Faktoren, assimiliert Werke und Gedanken anderer, entwertet und/oder zerstört Dinge, die andere haben oder andere anderen geben: Sein wütendes Selbst kann zu Selbstdestruktivität führen, zu Hass auf alles, was gut ist und wertvoll, auch in sich selbst, zu einer bösartigen Verschmelzung libidinöser und aggressiver Triebe, zur Desintegration des Selbst, die sich in Gier, Unersättlichkeit und Aggression ausdrückt. Ein »gesunder Narzisst« hingegen vereint Streben, Konkurrenzwillen und den Willen zur Durchsetzung eigener Interessen.

5 Richard Fridolin Joseph Freiherr Krafft von Festenberg auf Frohnberg, genannt von Ebing (1840–1902), setzte durch seine streng empirische Methode als Nervenarzt Maßstäbe für die kommenden Generationen.

sexuellen Bereich gelöst, sodass Sadismus auch im erweiterten Sinn als Lust an Zerstörung und Schmerz gesehen wird.[6]

Die Mythologie, aber auch die aus ihr gespeiste Film- und Märchenwelt versorgen uns mit einem reichen Personal an sadistischen Charakteren, wobei die Choreografie und die Ausgestaltung der Figuren meist denkbar einfach sind: schwarze Kleider, schwarze Seelen. Da gibt es Blaubart, der seine Frauen ermordet und zerstückelt; die Hexe, die Rapunzel in den Turm schließt; Lord Voldemort, der mörderische Zauberschatten über die Welt des Harry Potter wirft. Es gibt den verfluchten Davy Jones aus *Fluch der Karibik* und den Sheriff von Nottingham in der Legende Robin Hoods. Diese Liste ließe sich beliebig fortsetzen und belegt unseren Hang, die Welt bevorzugt in extremen Gegensätzen zu sehen. Sadisten sind in dieser vereinfachten Form des Narrativs dankbare Vertreter des Bösen, an denen sich das Gute abarbeiten kann – und ohne die es in Erzählungen gar keine sinnvolle Handlung gäbe.

Nero, Stalin und der Sadismus der Macht

Die Sadisten und bösartigen Narzissten der Wirklichkeit sind nicht aus reinem Selbstzweck Zerstörer und Quäler. Sie brauchen das Gefühl von Macht und Verfügungsgewalt, den Besitz anderer Wesen, da ihnen, wie Erich Fromm es formuliert, »das Erlebnis der Allmacht gegenüber einem Wesen … die Illusion schafft, die Grenzen der menschlichen Existenz zu überschreiten, besonders für jemand, dessen wirklichem Leben Schöpferkraft und Freude ab-

---

6 **Sadismus, Quälsucht:** Unter Bezugnahme auf das Werk des Marquis de Sade durch Richard von Krafft-Ebing geprägte Bezeichnung für eine sexuelle Perversion, bei der die Befriedigung des Geschlechtstriebs an die Misshandlung und Demütigung des Partners gebunden ist. Diese Handlungen reichen vom Beißen und Kratzen über das Schlagen und Auspeitschen bis hin zu schweren Verletzungen und zur Tötung mit anschließender Zerstückelung der Leiche.
Sadomasochismus: Gleichzeitiges Vorhandensein von Sadismus und Masochismus, von Wünschen nach Beherrschung und Unterwerfung eines Individuums. Nach Freud sind beide Triebrichtungen mit unterschiedlichen Anteilen normalerweise in den sozialen Beziehungen eines Menschen wirksam.

gehen«.[7] Und nur zu oft zeigt sich in voll entwickelter Pathologie der Drang, sich zum Herren über Leben und Tod anderer zu machen. Das Objekt kann dabei ein Haustier sein, ein Familienangehöriger oder aber ein ganzes Land und seine Bevölkerung. Fromm hat das den »Kern des Sadismus« genannt.[8]

Die Geschichte kennt viele solcher sadistischer Charaktere, die sich als Herrscher und Tyrannen in die Geschichtsbücher eingetragen haben. Nicht überraschend, gleichen sich die Aktionen dieser in ihrer Perversion seelenverwandten Menschen. Der römische Kaiser Caligula und der sowjetische Diktator Josef Stalin beispielsweise gefielen sich beide darin, die Art der Folter für ihre Opfer persönlich auszusuchen. Beide genossen auch ganz offensichtlich die seelische Pein der Unglücklichen. Der Philosoph Seneca berichtet von einem Bankett, zu dem Caligula einen Adeligen namens Pastorius lädt, dessen Sohn der Imperator gerade hat töten lassen. Caligula fragt den Noblen, wie ihm denn der Wein schmecke – und Pastorius, so berichtet Seneca, muss dem Kaiser zuprosten und ihn hochleben lassen.[9]

Ähnlich berichtet Erich Fromm über Stalins »besonders raffinierte Form des Sadismus«. Dieser habe »die Gewohnheit gehabt, die Frauen und manchmal auch die Kinder hoher Parteifunktionäre verhaften und sie in Arbeitslager stecken zu lassen, während die Männer weiter ihrer Arbeit nachgehen und vor ihm zu Kreuze kriechen mussten«.[10]

Von Eros zu Thanatos

Gerade der Todesbezug des Sadismus ist es, der auch Sigmund Freud intensiv beschäftigt hat. Er nennt den Sadismus eine Mischung der beiden grundlegenden menschlichen Triebe, des Lebenstriebs und des Todestriebs, der später nach dem griechischen

7 Fromm 1997, S. 327.
8 Ebd.
9 Seneca 2004, S. 140.
10 Fromm 1997, S. 323.

Todesgott Thanatos-Trieb genannt wurde.[11] Die Komponente des Lebenstriebs im Sadismus ist der Wunsch nach Besitz und Einverleibung, den wir auch als ein erstes Element der Liebe kennenlernen werden. Die Komponente des Todestriebs wäre hingegen Selbstaggression, die nach außen gewendet wird.[12] Eine solche selbstzerstörerische Erscheinungsform kennzeichnet auch den pathologischen Narzissmus. Dort münden Neid und Hass auf alles Gute der anderen schließlich auch im Versuch, das Gute in sich selbst zu zerstören.[13]

11 Aus der Mythologie kennen wir den erobernden Helden, den die Lust an der Macht über andere bis zur Zerstörung seiner eigenen Lebensgrundlagen treibt, auch der wirtschaftlichen. Apollodorus hat darüber ein eindrucksvolles Beispiel in seiner Beschreibung der *Ilias:* Die griechische Flotte landet auf der Insel Delos, um neue Vorräte aufzunehmen. Auf Delos regiert König Anios. Dessen drei Töchter heißen Elais, Spermo und Oino. Sie symbolisieren die Segnungen der Landwirtschaft, die sich die Menschheit in Jahrtausenden erarbeitet hat. Die drei Prinzessinen sind von Dionysos gesegnet. Auf Wunsch kann alles von ihnen Berührte in Öl (Elais), Getreide (Spermo) oder Wein (Oino) verwandelt werden. Deshalb werden sie auf Delos auch »die Weinbäuerinnen« genannt. Bereitwillig und freundlich stattet nun König Anios die Flotte der Achäer mit Vorräten aus und bietet ihnen an, sie über die Jahre des Feldzugs zu versorgen und zu beherbergen. Doch Agamemnon, dem Heerführer der Griechen, ist das nicht genug. Er sendet seinen Bruder Menelaos und Odysseus zum König, um ihn aufzufordern, seine Wundertöchter herauszugeben. Anios widersetzt sich, worauf Odysseus die Töchter kurzerhand raubt. Alle drei Prinzessinnen ergeben sich zunächst. Doch als sie ins Lager der Griechen gebracht werden sollen, rufen sie Dionysos an, sie zu retten. Der Gott hilft und verwandelt die Mädchen in Tauben. In dieser Gestalt fliegen sie samt ihrer herrlichen Gaben davon. Agamemnons Taten auf Delos können auch als ein wirtschaftliches Gleichnis gelten, und zwar über den unbedingten Wunsch, Macht über ein Objekt oder eine Ressource zu erlangen. Die Gier des Feldherrn nach Dominanz und Besitz führt letztlich zur Zerstörung der Güter, die sein Heer über Jahre hätten schadlos halten können. Der sadistische Zug an Agamemnons Gier ist die realpolitische Sinnlosigkeit seines Besitzwunschs. Er versucht, sich mit Gewalt einzuverleiben, was ihm ohnehin freiwillig dienen würde, und vernichtet am Ende die wunderbare Wohltat der Weinbäuerinnen für alle Menschen auf alle Zeit.

12 Freuds Aussage, dass das Lebewesen sein eigenes Leben dadurch bewahrt, dass es fremdes zerstört, sagt auch viel darüber aus, wie bemitleidenswert angstgetrieben Sadisten eigentlich sind. Freud schreibt das in einem Brief an Albert Einstein: »Doch möchte ich noch einen Augenblick bei unserem Destruktionstrieb verweilen, dessen Beliebtheit keineswegs Schritt hält mit seiner Bedeutung. Mit etwas Aufwand von Spekulation sind wir nämlich zu der Auffassung gelangt, dass dieser Trieb innerhalb jedes lebenden Wesens arbeitet und dann das Bestreben hat, es zum Zerfall zu bringen, das Leben zum Zustand der unbelebten Materie zurückzuführen. Er verdiente in allem Ernst den Namen eines Todestriebes, während die erotischen Triebe die Bestrebungen zum Leben repräsentieren. Der Todestrieb wird zum Destruktionstrieb, indem er mithilfe besonderer Organe nach außen, gegen die Objekte, gewendet wird. Das Lebewesen bewahrt sozusagen sein eigenes Leben dadurch, dass es fremdes zerstört« (Freud 1982m, S. 282).

13 Kernberg 2013, S. 268, 280 f.

Der Weg des Todestriebs

Wenn wir also in der Folge von wirtschaftlichem Sadismus und krankhaftem Narzissmus sprechen, haben wir auch den dahinterstehenden Todestrieb im Blick und sein enges Verhältnis zur Aggression als einen nach außen gekehrten Selbstvernichtungswillen. Diese Behauptung erscheint auf den ersten Blick ungewöhnlich. Deshalb wollen wir sie ein wenig näher beleuchten, ehe wir zu den Erscheinungsformen des Todestriebs in der ökonomischen Wirklichkeit kommen.

Freud versucht, den Gedanken des Todestriebs zu verwissenschaftlichen, indem er zu einer Spekulation über den Beginn allen Lebens aus der unbelebten Materie greift. Demnach hat in dieser unbelebten Materie eine »unvorstellbare Krafteinwirkung … die Eigenschaften des Lebenden erweckt«. Dieses Phänomen, das Leben, ist praktisch die Ruhestörung eines ursprünglichen Zustands. Eine »Spannung«, die abgebaut und damit zur »Selbstaufhebung gelangen muss«, wie Freud es formuliert. Das Leben wird da zu einer spannungsgeladenen Energie, die dem Tod zustrebt.

Das aber führt sofort zu folgenden Fragen: Wenn schon alles Sein ein »Sein zum Tode« wäre – wie verträgt sich dieses Konzept dann mit den Lebenstrieben? Warum sind alle Instinkte auf das Überleben ausgerichtet, und warum sträubt sich dann jedes Leben so vehement gegen den Tod, wenn es sich doch nach ihm sehnt? Wäre nicht also das Lustprinzip das alles erklärende Phänomen und nicht eine imaginierte Todessehnsucht?

Freud argumentiert, dass es eine Gegenströmung zu den auf die Lust fixierten Regungen gibt, etwas Bremsendes, das wie ein Sicherheitssystem wirkt. Es handelt sich dabei um eine psychoökonomische Sparfunktion: Durch den Einfluss des Selbsterhaltungstriebs wird das Lustprinzip vom Realitätsprinzip abgelöst, »welches, ohne die Absicht endlicher Lustgewinnung aufzugeben, doch den Aufschub der Befriedigung, den Verzicht auf mancherlei Möglichkeiten einer solchen und die zeitweilige Duldung der Unlust auf dem langen Umwege zur Lust fordert und durchsetzt«.[14]

14 Ebd., S. 220.

Was aber, wenn diese Sparfunktion geschädigt wird, wenn sie quasi statt als notwendiges Übel zur Erreichung eines Ziels zum Ziel selbst wird? Wenn etwa bei einem kreativen Prozess, in welchem etwas zerstört werden muss, um etwas neu zu schaffen, der Künstler – mangels Kreativität – im Akt der Zerstörung seine Befriedigung sucht?[15] Das Lustprinzip allein kann die Zerstörungswut nicht erklären, zumindest nicht vollständig. Deshalb sucht Freud in seinem Traktat *Jenseits des Lustprinzips* nach Antworten.

Was er findet, ist zunächst ein neuer Charakter der Selbsterhaltungs-, Macht- und Geltungstriebe des Menschen. Diese Partialtriebe haben laut Freud nur die Funktion, »den eigenen Todesweg des Organismus zu sichern … Es erübrigt, dass der Organismus nur auf seine Weise sterben will; auch diese Lebenswächter sind ursprünglich Trabanten des Todes gewesen.«[16]

Hinter dieser Formulierung verbirgt sich die einfache Idee, dass jedes Fortschreiten im Leben gleichzeitig eine Annäherung an den Tod bedeutet. Jedes Voranschreiten im Organischen enthält ein Zurückschreiten zum Anorganischen:[17] »Es ist wie ein Zauderrhythmus im Leben der Organismen; die eine Triebgruppe stürmt nach vorwärts, um das Endziel des Lebens möglichst bald zu erreichen, die andere schnellt an einer gewissen Stelle des Weges zurück, um ihn von einem bestimmten Punkt an nochmals zu gehen und so die Dauer des Weges zu verlängern.«[18]

Wenn am Ende aber der Ausgleich jeder Spannung steht und damit die Ewigkeit des Todes, dann ist der Tod kein zufälliges Ereignis, sondern integraler Bestandteil des Lebens. Und Freud wandelt an anderer Stelle (in *Zeitgemäßes über Krieg und Tod*) den Spruch »Si vis pacem, para bellum« (Wenn du den Frieden wünschst, bereite dich auf den Krieg vor) in »Si vis vitam, para mortem« um. Diese Worte gleichen sehr augenfällig dem Wahlspruch einer der erfolgreichsten Handelsorganisationen der europäischen Geschichte, der Deutschen Hanse: »Leben muss man nicht, zur See fahren muss man.«

15 Hier lässt sich eine Verbindung zu Erich Fromms Meinung herstellen, eine Grundkomponente des sadistischen Gemüts seien mangelnde Kreativität und Fantasielosigkeit.
16 Freud 1982h, S. 249.
17 Löchel 1996. Löchels Aufsatz ist Grundlage einer ausführlichen Analyse, die Jochen Ehlers im Rahmen seiner Diplomarbeit 1995 veröffentlichte. Ehlers 1995.
18 Freud 1982h, S. 250.

Sadismus und Todestrieb

Aber wenn das alles so natürlich ist, wie mischt sich der Sadismus dann hier mit dem Thanatos-Trieb? In *Das Ich und das Es* gibt Freud darauf Antwort:

> Die zweite Triebart [Thanatos, Anm.] aufzuzeigen bereitete uns Schwierigkeiten; endlich kamen wir darauf, den Sadismus als Repräsentanten derselben anzusehen. Aufgrund theoretischer, von der Biologie unterstützter Überlegungen supponieren wir einen Todestrieb, dem die Aufgabe gestellt ist, das organische Leben in den leblosen Zustand zurückzuführen, während der Eros das Ziel verfolgt, das Leben durch immer weiter greifende Zusammenfassung der in Partikel zersprengt lebenden Substanz zu erhalten. Beide Triebe benehmen sich dabei im strengsten Sinne konservativ, indem sie die Wiederherstellung eines durch die Entstehung des Lebens gestörten Zustands anstreben. Die Entstehung des Lebens wäre also die Ursache des Weiterlebens und gleichzeitig auch des Strebens nach dem Tode, das Leben selbst ein Kampf und Kompromiss zwischen diesen beiden Strebungen. In der sadistischen Variante des Sexualtriebs hätten wir ein klassisches Beispiel einer zweckdienlichen Triebmischung und im selbständig gewordenen Sadismus als Perversion das Vorbild einer, allerdings nicht bis zum Äußersten getriebenen Entmischung. Wir erkennen, dass der Destruktionstrieb regelmäßig zu Zwecken der Abfuhr in den Dienst des Eros gestellt ist und lernen, dass unter den Erfolgen mancher schwerer Neurosen, zum Beispiel der Zwangsneurosen, die Triebentmischung und das Hervortreten des Todestriebes eine besondere Würdigung verdient. Für den Gegensatz zwischen den beiden Triebarten dürfen wir die Polarität zwischen Liebe und Hass einsetzen.[19]

19 Freud 1982b.

In der nun folgenden wirtschaftlichen Interpretation können wir bei Freuds Funktion des Eros ansetzen. Er spricht von der »immer weiter greifenden Zusammenfassung der in Partikel zersprengten lebenden Substanz«. Nun, da haben wir zunächst, abseits vom Sadismus, einen Gegenentwurf zum geltenden Wirtschaftssystem. Während sich die Wirtschaft immer weiter fragmentiert und diversifiziert, versucht Freuds Eros, aus den vielen kleinen Splittern eine Einheit zu formen. Damit stünde das Wirtschaftssystem dem Prinzip des Lebendigen diametral gegenüber. Denn tatsächlich wäre unsere Ökonomie dem Destruktionstrieb mit seiner versuchten »Entmischung« wesentlich näher verwandt als dem Einigungsbestreben des Lebenstriebes.

Der sadistische Charakter

Indem wir Sigmund Freud und Erich Fromm zusammenspannen, können wir am Ende dieses Exkurses also relativ genau den sadistischen und bösartig narzisstischen Charakter bestimmen, bevor wir uns auf die Suche nach dem systemimmanenten Sadismus machen: Der Sadist oder maligne Narzisst ist in seiner Zerstörungsfreude an den Tod und an den Todestrieb gebunden. Er führt meist das an anderen aus, was er selbst am meisten fürchtet; er hat Angst vor allem, was nicht sicher und voraussehbar ist, was Überraschungen bietet und ihn zu spontanen Reaktionen zwingt. Das Leben, »erschreckt ihn« in seiner Unvorhersagbarkeit, und die einzige Tatsache, die ihm sicher ist, bleibt, dass alle Menschen sterben müssen. Auch die Liebe ist unsicher, weshalb ein Sadist nur lieben kann, was er beherrscht. Weil der Sadist die Ordnung liebt – und sei es auch nur die Illusion der Ordnung –, ist er auch unterwürfig gegenüber anderen Autoritäten. So hängen Sadismus und Masochismus zusammen. Der Sadist ähnelt damit dem anal-hortenden Charakter, den wir im Kapitel über das Geld noch genauer besprechen werden.

Er fühlt sich wohl in einem System, in dem er selbst Kontrolle ausübt und gleichzeitig kontrolliert wird. Unser Sadist ist Anhänger eines bürokratischen, geordneten Systems. Mit Hannah Arendt gesprochen ist der sadistische, der »böse Mensch« auch ein vollkommen banaler Mensch, der allein in der Zerstörung Fantasie und Effizienz entwickeln kann. Der Sadist wird aber nicht als solcher geboren, sondern von sozioökonomischen Faktoren geformt und bestimmt. Er ist nicht nur banal, sondern wird als Mensch durch Erziehung banalisiert.[20] Am Beginn unserer Überlegungen dazu steht folgerichtig die Frage, wie wir denn eigentlich werden, was wir sind. Deshalb wird sich der erste Punkt der Analyse unserem Bildungssystem widmen.

Leiden und leiden lassen

Ein Gedankenexperiment: Wären Sie ein Lehrer, der mit einer Maschine den perfekten Schüler der Wettbewerbsgesellschaft erzeugen könnte: Auf welche Eigenschaften würden Sie setzen? Wären es Empfindsamkeit, Fantasie, Behutsamkeit, Schöngeistigkeit und ein Sensorium für den Nächsten? Oder wären es Einsatzbereitschaft, Ausdauer, Wagemut, Verlässlichkeit, Härte und Selbstüberwindung? Die Antwort wird – unschwer zu erkennen – auf die zweite Aufzählung von Eigenschaften hinauslaufen. Wir brauchen dazu gar nicht erst Frank Lloyd Wright zu lesen: »Der Preis des Erfolges ist Hingabe, harte Arbeit und unablässiger Einsatz für das, was man erreichen will.«[21]

Arbeit, Einsatz, Hingabe, Disziplin. Diese Eigenschaften prägen nicht nur den Ehrenkodex der Wirtschaft, sondern auch Gesellschaften im Kriegszustand. Und tatsächlich finden sich merkwürdige Übereinstimmungen zwischen den Ehrenkodizes von Armeen und jenen multinationaler Konzerne. Doch dazu später. Wir wollen zunächst zeitgeschichtlich beginnen, mit der letzten Kriegsgesellschaft Europas: Nazi-Deutschland. In den Schulen zur Ausbildung künftiger Herrenmenschen der Nazi-Eliten, den »Napolas«, wurden den rassisch auserlesenen Knaben die entsprechenden Werte mit

---

20 Siehe auch: Fromm 1997, S. 329 ff., 332 ff., 488 ff.

21 Frank Lloyd Wright (1867–1959), US-amerikanischer Architekt, Schriftsteller und Kunstsammler. Zitiert nach Lasko 1995, S. 202.

Gewalt und Drill eingebläut. Adolf Hitler selbst (Erich Fromm bezeichnet ihn als »krankhaften Narzissten«) formulierte das so: »In meinen Ordensburgen wird eine Jugend heranwachsen, vor der die Welt erschrecken wird. Eine gewalttätige, unerschrockene, grausame Jugend will ich. So kann ich das Neue schaffen.« Die zugehörigen Leitmotive waren Disziplin, Gehorsam, Durchhaltevermögen, Korpsgeist.

Abgesehen vom »Heil Hitler«-Geschrei hätten diese Eigenschaften vermutlich auch einem Vertreter der Wettbewerbsgesellschaft gefallen müssen. Und tatsächlich taten sie das auch. Aus den Napolas gingen viele bekannte Manager hervor, die mit ihrer »gestählten« Psyche die Realwirtschaft Nachkriegsdeutschlands prägten. Der Industrielle Heinz Dürr meinte etwa, die Napola dürfe »in fast keinem Nachkriegsgrößen-Lebenslauf fehlen«. »Die Erziehung in der Napola hat mir später in der freien Marktwirtschaft geholfen, mich durchzusetzen«, sagt der Journalist Mainhardt Graf von Nayhauß. Und Alfred Herrhausen, ehemals Chef der Deutschen Bank und ehemaliger Napola-Schüler, meint: »Ich habe aus diesen Jahren keinen Schaden, sondern eine Menge an preußischen Tugenden mitgenommen, die mir im Leben weitergeholfen haben.«[22]

Das kann man gut nachvollziehen. Die so gepriesenen Tugenden müssen in aggressiven Wettbewerbssystemen hoch angesehene Werte sein. Und sie sind es auch. Nicht umsonst ist die Rangordnung der Angestellten großer Konzerne oft aus der militärischen Rangordnung übernommen. Offiziere und Chefs, wohin man blickt:

Chief Executive Officer (CEO)
Chief Communications Officer (CCO)
Chief Accounting Officer (CAO)
Chief Marketing Officer (CMO)
Chief Financial Officer (CFO)
Chief Operating Officer (COO)
Chief Human Resources Officer (CHRO)

---

22 Suchsland 2009. Wir müssen aber nicht beim Schrecken des Nationalsozialismus haltmachen. Der Ehrenkodex der US-Army steht in Artikel 1: »I am an American fighting in the forces which guard my country and our way of life. I am prepared to give my life in their defense.«

Die Ehrenkodizes internationaler Konzerne verdeutlichen das noch mehr. Die Manager werden auf eine »Corporate Identity« eingeschworen, so als leisteten sie einen Eid. Nehmen wir das Thema »Korpsgeist« und die entsprechenden Regulative der Investmentfirma Goldman Sachs: »While individual creativity is always encouraged, we have found that team effort often produces the best results. We have no room for those who put their personal interests ahead of the interests of the firm and its clients.« Stichwort »Treue« zur wirtschaftlichen Heimat – wieder Goldman Sachs: »The dedication of our people to the firm and the intense effort they give their jobs are greater than one finds in most other organizations.«[23] Oder die Deutsche Bank: »Um unsere Zielsetzungen zu erreichen, müssen wir unsere Werte leben: Leistung, Innovation, Kunden-Fokus, Teamwork und Vertrauen. Konkret heißt das zu jeder Zeit: Leistung bestimmt unser Handeln. … Der Kunde steht im Mittelpunkt aller unserer Aktivitäten. Wir orientieren uns kompromisslos an seinen Zielen und Wünschen.«[24]

Dass diese Hingabe für das Unternehmen wie bei Armeen bis zum Tod gehen kann, ist ein in Japan, Korea und China weitverbreitetes Phänomen. Die Japaner nennen das *Karoshi* – den ehrenhaften Tod durch Arbeit. In Korea nennt man den Arbeitstod *Guarosa* in China *Guolaosi.* Nach einer Untersuchung des Australian Institute of Management sterben daran jährlich Zehntausende Menschen.[25] Was stand noch gleich in den Klassenzimmern der Napola-Schulen: »Es ist nicht notwendig, dass ich lebe, wohl aber, dass ich meine Pflicht erfülle.« Auffällig ist auch das gleiche Verständnis von Pflichterfüllung in militärischen wie in wirtschaftlichen Strukturen des Managements: Der absolute Gehorsam ist eine Grundbedingung zum Erfolg. Aus seiner Zeit bei der Napola ist dem Literaturkritiker Hellmuth Karasek folgender Satz in Erinnerung geblieben, der die Philosophie des künftigen Nazi-Führungsnachwuchses umreißen sollte: »Man muss dienen und gehorchen gelernt haben, um befeh-

---

23 http://www.goldmansachs.com/investor-relations/corporate-governance/corporate-governance-documents/revise-code-of-conduct.pdf.
24 https://www.globalbanking.db.com/docs/Code_of_Conduct_Okt2005_DE.pdf.
25 Australian Institute of Management, www.aim.com.au/blog/worked-death.

len und herrschen zu können.«[26] Und Folgendes lesen wir heute in einem weitverbreiteten Managementführer: »Nur der, der gelernt hat, zu gehorchen, kann auch führen.«[27]

Diese Strategie von Dienen und Befehlen, die Erhöhung von Disziplin, Leidensfähigkeit und Machtausübung, trägt zumindest Ansätze des Sadistischen in sich. Theodor W. Adorno definiert das auf recht eindrucksvolle Weise: »Die Vorstellung, Männlichkeit bestehe in einem Höchstmaß an Ertragenkönnen, wurde längst zum Deckbild eines Masochismus, der – wie die Psychologie dartat – mit dem Sadismus nur allzu leicht sich zusammenfindet. Das gepriesene Hart-Sein, zu dem da erzogen werden soll, bedeutet Gleichgültigkeit gegen den Schmerz schlechthin. Dabei wird zwischen dem eigenen Schmerz und dem anderer gar nicht einmal so sehr fest unterschieden. Wer hart ist gegen sich, der erkauft sich das Recht, hart auch gegen andere zu sein, und rächt sich für den Schmerz, dessen Regungen er nicht zeigen durfte, die er verdrängen musste.«[28]

Hier treffen wir auf eine eindrucksvolle Mischung von Sadismus und Masochismus. Der Sadomasochismus vereint beides – ähnlich wie die Armee das untertänige und das befehlende Element in sich trägt. Freud nannte diese Erscheinung das »turning around upon the subject«[29] (Wendung gegen die eigene Person), das die Erscheinung der Aggression von einem Moment auf den anderen vom »Gerne-Erleidenden« zum »Leid-Zufügenden« wandelt.[30]

---

26 Aus der TV-Dokumentation *»Herrenkinder« - Das System der NS-Eliteschulen* von Eduard Erne und Christian Schneider, UAP-Leipzig 2010.

27 Mörtenhammer 2009. Das Zitat stammt aus der *Politik* von Aristoteles und wird sinnentstellt verwendet. Im Original zitiert Aristoteles zunächst die »Behauptung, dass der, der vorhat, richtig zu herrschen, vorerst einmal beherrscht werden muss«, um dann richtigzustellen: »Da wir nun meinen, dass die Tugend des herrschenden Bürgers und die des besten Mannes ein und dieselbe ist und dass ein und derselbe Mann zuerst Beherrschter sein muss und später erst Herrschender, so muss der Gesetzgeber wohl einmal damit beschäftigt sein, wie die Männer gut werden können, und zwar zufolge welcher Tätigkeiten, und was das Ziel des Lebens ausmacht« (Aristoteles 1989, S. 355). Es steht hier also keineswegs die Herrschaft an sich als Gut, sondern die Suche der Gesellschaft nach dem Guten, dem die Herrschaft untergeordnet werden soll.

28 Adorno 1967, S. 117.

29 Dieser Begriff stammt aus Freuds »Instincts and Their Vicissitudes«, ein Aufsatz aus dem Jahr 1915. Freud 1915, S. 126.

30 In *Triebe und Triebschicksale* heißt es: »Die Wendung gegen die eigene Person wird uns durch die Erwägung nahegelegt, dass der Masochismus ja ein gegen das eigene Ich gewendeter Sadismus ist … Die analytische Beobachtung lässt keinen Zweifel daran bestehen, dass der Masochist das Wüten gegen seine Person … mitgenießt. Das Wesentliche am Vorgang ist also der Wechsel des Objektes bei ungeändertem Ziel.« Die Triebverwandlung von Sadismus zu Masochismus passiere,

Die Selektion des Aggressiven

Wie aber wird der Sadismus nun anerzogen? Wir haben darüber in Ansätzen bereits im vorangegangenen Kapitel erfahren, als es um das Ansehen des Aggressiven in der Gesellschaft ging. Dabei haben wir Studien zitiert, wonach der aggressive Typ Mensch, der Ungeduld und Leistungsbereitschaft sowie hervorstechendes Konkurrenzverhalten zeigt, in der kompetitiven Gesellschaft angesehener ist, obwohl seine Kreativität gegenüber dem »gemütlichen« Typus abfällt. Der aggressive Typ Student bekommt höhere Auszeichnungen und strebt mehr als andere eine höhere Bildung an. Außerdem finden Sozialpsychologen eine ausgeprägte Häufigkeit von Karriere und Wohlstand bei diesem Charaktertyp.[31] Es ist eine Auslese zum Aggressiven, wie der britische Psychologe John Carl Flugel in seinem Klassiker *Man, Morals and Society* ausführt.[32] Flugels Erkenntnisse lassen sich leicht in Zusammenhang bringen mit Studien aus den USA. Basierend auf den Erkenntnissen des Psychologen Saul Rosenzweig unterscheidet Flugel zwischen einem selbstkritischen »intropunitiven« Charakter und einem mehr aggressiven »extrapunitiven« und dominanten Typ.

In einer Versuchsserie mussten Studenten beider Verhaltensgruppen schwierige Rätsel lösen. Die Reaktionen der Versuchspersonen wurden aufgenommen und ausgewertet. Dabei stellte sich heraus: Der aggressive, extrapunitive Typ gab sich selbst praktisch nie die Schuld für eine missratene Lösung oder ein Scheitern, sondern machte äußere Faktoren dafür verantwortlich. Das Gegenteil geschah bei den selbstkritischen Probanden. Sie gaben sich zu einem wesentlich höheren Prozentsatz selbst die Verantwortung für die fehlende Lösung.

Die Psychologen schoben nun noch eine weitere Studienebene ein, indem sie den Studenten die Möglichkeit zum Schummeln

---

schreibt Freud, »durch Verkehrung der Aktivität in Passivität und Wendung gegen die eigene Person ... Die ältere, aktive Triebregung bleibt in gewissem Ausmaße neben der jüngeren, passiven bestehen, auch wenn der Prozess der Triebumwandlung sehr ausgiebig ausgefallen ist« (Freud 1982l, S. 90).

31 Glass 1977, Waldron et al. 1997 in Feldman 1985, S. 272.

32 Flugel 1965, S. 102 ff.

gaben. 46 Prozent der Studenten griffen zu unerlaubten Mitteln, 54 Prozent nicht. Nun wurden auch sprachliche Äußerungen während des Tests untersucht. Dabei wurden Schimpfworte in zwei Gruppen getrennt: Solche, die nach außen gerichtet waren (»you bastard«, »you crazy bitch« usw.), und andere, die sich gegen die eigene Person richteten (»Idiot«, »God, I must be dumb« usw.). Es zeigte sich, dass alle Studenten, die schummelten, sich selbst gar nicht (null von 93) beschimpften, während die Nichtschummler ausschließlich sich selbst als Ziel ihrer Aggression wählten.

Bei nachfolgenden Gesprächen wurde das selbstkritische Verhalten der Probanden weiter getestet, etwa mit der Frage »Fühlen Sie sich im täglichen Leben manchmal schuldig?«. Nur 29 Prozent der Schummler, aber 75 Prozent der Nichtschummler beantworteten diese Frage mit Ja. Außerdem fanden die Fachleute heraus, dass die Schummler in ihrer Kindheit zu einem wesentlich höheren Anteil körperlicher Züchtigung ausgesetzt waren als die Nichtschummler.

Wenn man das bisher Gesagte kurz zusammenfasst, zeigt sich vor allem dreierlei: Der aggressive Typ ist der wirtschaftlich erfolgreichere und karrierebewusste. Er ist eher bereit, Regeln zu brechen, ein Risiko auf sich zu nehmen und sich unerlaubt Vorteile zu verschaffen. Er kooperiert in geringerem Maß mit den anderen und teilt in der Kindheit erfahrene körperliche Züchtigung in Form von aggressivem Verhalten an seine Umwelt aus. Der weniger aggressive, »intropunitive« Typ erlebt dagegen eine mildere Erziehung, ist aber eher bereit zur selbstkritischen Analyse. Flugel folgerte daraus eine »inverse Beziehung« zwischen nach außen gerichteter Aggression und inneren Schuldgefühlen: Der aggressive, erfolgreiche Typus wird weniger von Schuldgefühlen geplagt und ist auch weniger zur Selbstkritik fähig, selbst wenn dafür Anlass bestünde.

Bevorzugt gewissenlos

Diese Zusammenfassung führt uns zum von der Wirtschaft gefragten Typus der Spitzenarbeitskraft. Der Soziologe Max Weber hat ihn in seiner berühmten Studie über die protestantische Wirtschaftsethik schon vorausgeahnt, als er »stahlharte puritanische Kaufleute« beschrieb, die »rastlose Berufsarbeit« zur Erlangung ihrer Selbstgewissheit brauchen.[33] Aber zu welchem Typ, wenn nicht zum aggressiven, zählt dieses kapitalistische Vorbild, wenn wir es mit den oben genannten Studien verknüpfen wollen? Und nach welchem Vorbild werden die Studenten ausgebildet, die später die Elite der Gesellschaft bilden sollen? Die »Stahlhärte« scheint offenbar im Trend zu liegen, samt ihren Nebenerscheinungen: In einer Langzeitanalyse aus dem Jahr 2010 wies die US-Psychologin Sara H. Konrath nach, dass das Mitgefühl gegenüber anderen bei amerikanischen College-Absolventen zwischen 1979 und 2009 beständig abnahm.[34]

Umgekehrt formuliert sichern Aggression und in mancherlei Hinsicht der maligne Narzissmus und der Sadismus wirtschaftlichen Erfolg, weil die auf diese Art »entfesselte« Wirtschaft vielfach die rüdesten Handlungsformen belohnt: Rücksichtslosigkeit, Einsatzbereitschaft, Ehrgeiz, Fixierung auf Geld, der Wille zur Macht und zur Führung über den ökonomischen Kampf. Das sind die Ingredienzien eines Charakters, der ans Pathologische des Narzissmus und des Sadismus grenzt und oft auch darin seine Erfüllung findet.

Der kanadische Psychologe Robert Hare und der US-Unternehmensberater Paul Babiak haben zu diesem Themenfeld mehrere Hundert Interviews mit Managern und Unternehmern geführt und sind zu folgendem Schluss gekommen: In den Führungsetagen von hochkompetitiven Gesellschaften ist der Anteil an Psychopathen dreimal so hoch wie in der normalen Gesellschaft.[35]

Diese Menschen sind keine Mörder. Der Psychopath ist in gewisser Weise nur ein vollkommen auf sich bezogener und deshalb sozial gestörter Mensch. Ihm fehlt die emotionale Tiefe, nicht aber Intel-

---

33 Weber 2006, S. 151.
34 Konrath 2011, S. 180-198.
35 Hare/Babiak 2007.

ligenz und auch nicht Benehmen oder Liebenswürdigkeit. Er ist charmant und witzig gegenüber Menschen, von denen er sich Vorteile verspricht, andererseits aber auch brutal und rücksichtslos gegen Untergebene. Der Psychologe Hare drückt das so aus: »Denken Sie an ein soziales Raubtier, das von Bereichen angezogen wird, in denen es einen Gewinn oder einen eigenen Vorteil vermutet.«[36]

Was Robert Hare da konstatiert, findet sogar seine direkte Umsetzung in Managementseminaren. In Deutschland bietet ein Unternehmen den smarten Businessmen den Kursus »Führen wie die Wölfe« an – samt Teilnahme am »Talent-Workshop – Wolf Leadership« und das auch noch am lebenden Vorbild – in einem Tierpark in der Lüneburger Heide.[37] Dort werden dann auch die Vorzüge der strikten Rangordnung und Unterwerfung gezeigt, wie sie eben in einem Managerrudel üblich sein sollen. Statt über die schärferen Zähne definiert sich diese Rangordnung in der Wirtschaft über Geld. Hören wir dazu den ehemaligen Chef der Deutschen Bank, Josef Ackermann, der einmal gefragt wurde, ob denn sein Gehalt von 13,2 Millionen Euro gerechtfertigt sei. Ackermann antwortete: »Das muss so sein. Auch die Mitarbeiter erwarten, dass der Chef der Deutschen Bank im internationalen Vergleich hervorragend dasteht. … Als ich zur Deutschen Bank kam, hatte ich zwei Millionen Mark [Jahresgehalt, Anm.]. Wenn ich heute ein vergleichbares Gehalt hätte, würde ich jeden Respekt verlieren. Man würde sagen: Der hat keinen Marktwert.«[38]

Aber hat es den Wolfsmanager nicht schon immer gegeben? Ja, zweifellos, aber wohl nicht in dieser Häufung und in diesen entscheidenden Positionen. In einer Zeit, in der die Wirtschaft aus traditionsreichen Unternehmen bestand, mit einem relativ fixen Personalstand, langfristig angelegten Strategien und langfristig ausgelegten Beschäftigungsverhältnissen, musste der Psychopath auffallen. Doch in der Unübersichtlichkeit von Matrixstrukturen der multinationalen, globalisierten Konzerne kommen und gehen die Spitzenmanager in viel kürzerer Zeit. Sie haben ja auch nur mehr eine Funktion zu erfüllen: Gewinn machen, koste es, was es wolle.

---

36 Ebd.
37 Gottschalk 2011.
38 Hildebrandt 2007.

So kommt es erst zum ökonomischen Sadismus. Einer der hervorstechendsten Fälle dieser Art war die Vorgehensweise des US-Energiekonzerns Enron.[39] Enron betätigte sich beispielsweise als Energieversorger im Bundesstaat Kalifornien. Das geschah nicht auf traditionellem Weg, sondern mit dem Ziel rücksichtsloser Profitmaximierung. Wenn ihnen die Strompreise zu niedrig erschienen, ließen Enron-Manager Elektrizitätswerke einfach abschalten. Das erhöhte den Energiebedarf und in der Folge auch die Preise sprunghaft. War die Gewinnmarge danach hoch genug, wurden die Kraftwerke wieder hochgefahren.

Diese Praxis führte jahrelang zu Hunderten »Blackouts« in Kalifornien, mit enormen wirtschaftlichen Einbußen. Dem nicht genug: Alles, was mit vermehrtem Strombedarf zu tun hatte, etwa Naturkatastrophen, wurde von den zuständigen Enron-Managern lauthals bejubelt und belacht. Später tauchten erschreckende Tonbandprotokolle dieser Freudenbekundungen auf. Als ein riesiger Waldbrand die Versorgung lahmlegte und Hunderte Häuser und zahlreiche Siedlungen zerstörte, ließen sich die Manager von Enron über Telefon vernehmen: »Yes! Burn, baby burn!« Kalifornien war nicht der einzige Raubzug der Enron-Strategen, aber der lohnendste: 30 Milliarden Dollar verdiente Enron mit seinen Tricks.

Bei Enron galten absolute Disziplin und der uneingeschränkte Glaube an die beiden Führer Jeff Skilling und Kenneth Lay. Die beiden gaben den Ton an, alle anderen mussten folgen. Eines ihrer beliebten Unternehmensmottos war »Hungrier and hungrier«. Das »hungrige« Personal wurde an den Universitäten geworben: die brillantesten Köpfe und die mit den spitzesten *spikes* – also der höchsten Einsatzbereitschaft und dem größten Durchsetzungsvermögen. Diese Konkurrenz galt auch unternehmensintern. Nur die Starken durften überleben. Die eiserne Regel: Pro Jahr wurden 15 Prozent der Angestellten entlassen. Jene, die bleiben durften, feierten ihren Erfolg gemeinsam mit waghalsigen Motocrosspartien, beim Skydiving und auf Partys. Enron war für die Führungskräfte auch gleichzeitig eine Art Familie. Fakt ist, dass sich dieses Unternehmen jahrelang wie eine Armee im Kriegszustand verhielt. Von den Mitarbeitern

---

39 Gibney 2005.

waren gefordert: unbedingter Einsatz, unbedingter Gehorsam und Glaube an die Führer, ständige Verfügbarkeit, rücksichtslos gegenüber sich selbst zu sein und gegenüber den »Feinden« im wirtschaftlichen Wettbewerb.

Hormone, Drogen, Erfolg

Enron mag ein Extrembeispiel sein, nichtsdestotrotz sind die systemischen Defekte generell sichtbar. In einer Studie über die psychischen Eigenschaften von britischen Firmenchefs stellten die beiden Psychologinnen Belinda Jane Board und Katarina Fritzon fest, dass die Verhaltensstörungen von Unternehmern und Managern jene der Insassen von psychiatrischen Kliniken im Grad ihrer Schwere noch übertrafen. In der Studie heißt es: »Das Profil psychischer Störungen bei führenden Managern zeigte hohe Anzeichen von psychischen Störungen, vor allem mit psychopathischen Erscheinungsformen.«[40]

Die Studie passt in das Bild, das wir schon in sehr vielen Facetten beschrieben haben: Die hervorstechendste Eigenschaft des Psychopathen sind seine Gefühlskälte und seine unterentwickelten emotionalen Fähigkeiten. Der österreichische Psychiater Hans Strotzka sei an dieser Stelle mit einer aufschlussreichen Definition zitiert: »Der Unterschied zwischen Neurose und Psychopathie besteht darin, dass bei der Neurose das Überich zu stark entwickelt ist, wodurch Angst und Symptombildung entstehen, bei der Psychopathie ist das Überich durch bestimmte Umweltbedingungen zu schwach entwickelt; die Folge ist eine asoziale und antisoziale Haltung.«[41]

Wir wollen mit der Vielzahl von Studien, die wir hier anführen, natürlich nicht behaupten, jeder Manager und jeder Broker im Finanzsektor habe eine krankhaft veranlagte Psyche. Viele von ihnen bewältigen und verarbeiten den Druck, unter dem sie leiden, durchaus – mit bemerkenswerten persönlichen Strategien.

---

40 Board/Fritzon 2005, S. 17.
41 Strotzka 1972, S. 34.

Die *Financial Times* berichtete 2012, dass nach dem Crash an der Wall Street in den Jahren 2007/08 Ärzte, die auf hormonelle Behandlungen spezialisiert sind, blendende Geschäfte machten: Manager suchten diese Endokrinologen aber nicht wegen Potenzstörungen auf, sondern um durch eine Hormontherapie körperlich kräftiger und durchsetzungsfähiger zu werden. Sie wollten durch körperliche Fitness beziehungsweise eine Erhöhung ihres Testosteronspiegels im Job wettbewerbsfähig bleiben und auf diese Weise ihren Arbeitsplatz und die eigene Position absichern. Der New Yorker Arzt Lionel Bisson sagt: »Als ich die Praxis eröffnete, dachte ich, eine Testosterontherapie wäre was für Schwarzenegger-Fans aus den Fitnessstudios. Aber 90 Prozent meiner Klienten kommen aus der Finanzindustrie und aus dem oberen Level des Managements. Sie fühlen sich erschöpft nach ihrem 14-Stunden-Tag und sind frustriert von der Arbeit.« Ein Banker erzählt, dass die Therapie ihm half: »Ich habe jetzt mehr von einer Alpha-Persönlichkeit, und ich brauche weniger Schlaf. Das ist die positive Seite von Aggressivität: Man ändert seine Mentalität und wird positiver der Arbeit gegenüber.«[42]

Wem Hormone zu teuer sind, der kauft sich Drogen. Ein Banker aus der Londoner City berichtete einem Journalisten des *Guardian:*

> Ich habe fünf Jahre in der City gearbeitet, und ich bin beinahe zum Monster geworden. Die Leute dort arbeiten von früh bis spät. … Es wurde enorm gesoffen, umso mehr, als man mit Kokain nichts spürt. Du kannst acht Bier trinken und merkst es nicht.

Ecstasy und sonstige Designerdrogen gehörten zu den üblichen Mitteln, um sich aufzuputschen.

> Du rufst deinen Dealer an, der meistens in der Gegend herumkurvt. Er sammelt dich auf und gibt dir eine Box. Das Pulver darin darfst du rausnehmen und dein Geld reintun. Es ist ja lustig, wie sich die Dinge parallel entwickeln: der Aufstieg der Designerdrogen und der Finanzdesignprodukte, wie etwa der

---

42 Wallace 2012.

> Derivate. … Mein Job beinhaltete auch Klientenunterhaltung. Das bedeutet, Kunden auszuführen, um irgendwie ins Geschäft zu kommen. Wenn du es schaffst, einen verheirateten Mann in ein Striplokal mitzunehmen, dann hast du eine Beziehung, dann geht es nicht mehr nur um die Arbeit. Die City ist wie ein Flugzeug. Du hebst ab, und alles sieht toll aus, weil du plötzlich fliegst. … Dann wird es unangenehm und kalt. Aber du kannst nicht mehr aussteigen, es sei denn, du betätigst den Schleudersitz. Ich meine, sehr wenige haben am Ende eine glückliche und weiche Landung.[43]

Hormone, Drogen, Depressionen: All das weist darauf hin, dass nicht etwa die Menschen selbst, sondern vielmehr manches System krank ist, in dem Menschen leben und arbeiten müssen.

Kleptomanie statt Handel

Seit Jahrtausenden diskutieren und lehren die Menschen, wie Güter gerecht gegeben und genommen werden. Von Platon und Aristoteles reicht diese Tradition über Seneca, Thomas von Aquin und die Scholastiker bis hinauf zu Adam Smith und David Ricardo, Karl Marx, John Maynard Keynes und Milton Friedman. In der Geschichte der Ökonomie ging es immer um die Verteilung und um den Handel mit Gütern. Und so unterschiedlich die Ansätze auch waren – platonisch, klassisch, sozialistisch, utopisch, keynesianisch, protestantisch oder neoklassisch: Keine Schule lehrte die Räuberei als den besten Weg zum menschlichen Wohlbefinden.[44]

In der heute gelebten Praxis der Ökonomie scheint das Wissen über gerechtes Geben und Nehmen nicht mehr vorhanden zu sein. In der Marktwirtschaft der Konzerne und des Wettbewerbs der Finanzdienstleister gewinnt nicht mehr derjenige, welcher geschickter gibt *und* nimmt. Es gewinnt der, der *gar nichts* gibt und möglichst

43 Luyendijk 2012.

44 Der letzte Philosoph, der Räuberei als eine Quelle der Einkunft wie jede andere sieht, ist Aristoteles. Bei ihm stehen Diebe und Räuber als eine Berufsgruppe zur Beschaffung von Einkommen.

alles nimmt. Das ist ein Paradigmenwechsel, den kein Ökonom von Rang in der langen Geschichte der Wirtschaftslehre je vertreten hätte. Dennoch wird diese Strategie angewandt. Hier liegt das wahre Problem: Wirtschaftliche und gesellschaftliche Freiheit ist unter der Prämisse der Verantwortungsfähigkeit ein Gewinn für alle. Freiheit zur Aggression hingegen führt zu dem von Freud bezeichneten mentalen Kriegszustand.

Besonders in der Finanzwirtschaft – aber nicht nur dort – hat die Freiheit, sich selbst zu bedienen, viele Anhänger. Sicher ist der Hollywood-Blockbuster von Martin Scorsese *The Wolf of Wall-Street* (2013) eher eine Komödie oder Persiflage auf diese Wirtschaftsphilosophie der Raubtiere: Leonardo DiCaprio spielt einen haltlosen Spekulanten, der tagsüber mit dem Verkauf wertloser Pennystocks Millionen verdient, sich nachts mit Kokain und Pillen vollpumpt, als seien es Grundnahrungsmittel, und im Übrigen sein Geld mit Prostituierten durchbringt. Bei genauer Betrachtung der geschäftlichen Usancen von Enron und anderen großen Firmen wird die Triade Geld, harte Arbeit und Korruption sogar noch deutlicher erkennbar als in dieser filmischen Persiflage.

Wer aber nur noch nehmen will/muss und alle seine Tätigkeit auf den eigenen Gewinn bezieht/beziehen muss, ist ein natürlicher oder dahin gezwungener Kleptomane. Die Psychologie beschreibt damit eine Störung der Impulskontrolle, das pathologische Stehlen, das oft in Zusammenhang mit frühen traumatischen Erfahrungen wie dem Erleben von Gewalt oder Inzest steht. Der Akt des Stehlens wird oft zur Ableitung und zum Abbau einer ängstlich-depressiven Verstimmung ausgeführt.[45]

Ganz ähnlich agiert ein unkontrolliertes marktwirtschaftliches System. Seine Urangst ist der Mangel, sein Trauma die Krise. Seine daraus entstehende Phobie ist jene der stagnierenden Umsatz-, Gewinn- und Wachstumszahlen, da das System darauf abgerichtet ist, den Prozess der Schrumpfung als todbringend gelten zu lassen statt als periodischen, unausweichlichen und nützlichen »Reset« des Systems.

Das System ist darauf ausgerichtet, die Stagnation um jeden Preis

---

45 Kasper/Volz 2003, S. 222 ff.

zu vermeiden, selbst wenn damit letzten Endes jene geschädigt werden, denen es eigentlich dienen soll. Lohndumping, radikale Flexibilisierung der Arbeit und Arbeitszeit bis zum Zwang vollständiger Verfügbarkeit, die Inkaufnahme krankheitsfördernder oder krankheitsbildender Stressniveaus, das Hinnehmen rücksichtsloser Ausbeutung natürlicher Ressourcen unter dem Diktat der Gewinnmargen, das alles sind Symptome eines sich selbst schädigenden kleptomanen Systems.

Auswüchse dieses kranken Wirtschaftssystems sind die ungesicherten Bergwerke Südamerikas oder Chinas, die verseuchten Flüsse Afrikas, die massenhaft Ware produzierenden Tuch- und Kleiderfabriken Asiens, das *Land Grabbing* und der damit einhergehende Entzug der Lebensgrundlage für die Bevölkerung in Teilen Afrikas, Asiens und Südamerikas. Diese Ökonomie schenkt einem Teil der Menschheit die Illusion des Überflusses, indem es dem anderen Teil Ressourcen absaugt. Die ängstlich-depressiven Stimmungen, denen das globalisierte System zu entkommen versucht, münden zwangsläufig in neue, noch zerstörerischere Zwänge und Handlungen.

Was in der Mikroökonomie dem Anschein nach Arbeitsplätze sichert, indem Fabriken betrieben und Waren und Werte geschöpft werden, hat makroökonomisch und gesamtgesellschaftlich betrachtet unkontrollierbare Folgen für ganze Regionen, wie wir das am Beispiel der globalen Tuchindustrie bereits gezeigt haben.

Wenn es gilt, die Bürger der Industrienationen mit Konsumgütern, also mit Lust und Laune zu versorgen, während die anderen, die das ermöglichen, dies mit Leid bezahlen, kann das wohl nicht anders bezeichnet werden als ein systematisch sadistisches Verhalten. Die Aggression hat sich verselbständigt, ihr Ziel liegt aber nicht mehr im Fortschritt. Es liegt in der Selbstzerstörung, dem Endpunkt des Thanatos-Triebs.

Manche scheinen diese Gefahr bereits vor Jahrtausenden vorhergesehen zu haben. Homer, der den aggressiven Helden Achilles verewigte, hat das Aggressions- und Gewaltprinzip schon kritisch analysiert. Er erzählt uns eine weitere Geschichte über Achilles, der – von einem gottgelenkten Pfeil getroffen – vor den Toren Trojas sein Leben aushauchte: Jahre nach Achilles Tod sucht sein ehemaliger Kampfgefährte Odysseus die Unterwelt auf, um sich bei den

Toten Rat zu holen. Dort trifft er Achilles. Und wie wir das von einem alten Krieger und General erwarten, beginnt Odysseus ihn zu loben:

> O Achilles, du trefflichster aller Achaier,
> … keiner, Achilles
> glich an Seligkeit dir, und keiner wird jemals dir gleichen.
> Vormals im Leben ehrten wir dich wie einen der Götter.
> Wir Achaier, und nun, da du hier bist, herrschest du mächtig
> unter den Geistern; drum lass den Tod dich nicht reuen,
> Achilles!

Doch Achilles erwidert:

> Nicht mir rede vom Tod ein Trostwort, edler Odysseus!
> Lieber ja wollt' ich das Feld als Tagelöhner bestellen
> Einem dürftigen Mann, ohn' Erb' und eigenen Wohlstand,
> Als die sämtliche Schar vermoderter Toter zu beherrschen.[46]

So menschlich, muss man sagen, sprach Achilles zu seinen Lebzeiten vor Troja niemals – und so wenig heroisch und reuig von der ihm verlorenen Lebenszeit. Wir selbst könnten uns – ökonomisch gesprochen – auch ein wenig menschlicher machen. Oder sagen wir es mit Achilles: Warum denn Märkte und Menschen in sinnloser Konkurrenz vermodern lassen, wo sie doch – nur ein wenig ärmer und langsamer – so lebendig sein könnten?

46 Homer 1988, S. 482–491.

2. DER SCHREI DES PAN – MÄRKTE DER ANGST

Die Angst ist das Prinzip,
das nicht versagt,
wenn alle Prinzipien versagen.

Niklas Luhmann[1]

Der geplagte Herr der Welt

Wenn es der Mensch, in seiner gottgegebenen Pracht, für einen Moment wagen würde, seine schönen Kleider und die Krone der Schöpfung abzulegen, um sich selbst zu betrachten, was würde er dann sehen? Ganz recht: einen nackten, recht seltsamen Körper. Ein Wesen, nicht halb so stark wie die meisten Tiere, nicht halb so schnell wie sie, und gar nicht wirklich schön. Für sich genommen nicht einmal lebensfähig. Ein seltsamer Organismus, anfällig für Krankheiten, hinfällig im Alter und lebensuntüchtig in der Kindheit. Eine Kreatur, gar nicht heldenhaft und mutig, wie sie selbst so gern sein möchte – sondern in ihrer sechs Millionen Jahre währenden Entwicklungsgeschichte das genaue Gegenteil davon, ein Fluchttier, fieberhaft um alles besorgt, woran es ihm mangelt, ständig in Angst vor dem, was ihn bedroht: vor wilden Bestien, Geistern und Göttern, spukhaften Monstern, Naturgewalten. Der Herrscher der Welt – ein

1 Luhmann 1986, S. 240.

von Kargheit geplagtes Wesen: Es fehlte ihm zuallermeist an Schutz, Unterschlupf, Nahrung, an Gemeinschaft.

Vor Urzeiten also, in der Gluthitze der Savannen Afrikas, hat diese Kreatur das Fürchten gelernt und das Davonlaufen. Überlebt hat damals, wer sich rascher aus dem Staub machen konnte. Der schnelle Angsthase war auf dem Baum sicher, der langsame fiel den Löwen zum Opfer.

Diese Überlebenden, deren Nachfahren wir sind, hatten den Atem der Bestie im Nacken verspürt – ihnen saß ein Leben lang die Angst in den Gliedern. Sie übertrugen die erlittenen Schrecken auf ihre Nachfahren: in den Geschichten und Mythen, die am Lagerfeuer erzählt und danach an die Kinder und Kindeskinder weitergegeben wurden. Diese wiederum bereicherten die Geschichten um eigene Erlebnisse und schmückten sie aus. So ging die Furcht in Fleisch, Blut und Seele über[2] – und in so manches Märchen. Alfred Hitchcock, der Großmeister des Thrillers, meinte einmal: »An der Angst ist nichts schwierig zu verstehen. Es hat sich nichts verändert, seit Rotkäppchen dem bösen Wolf ins Auge geblickt hat. Wir fürchten uns noch immer vor genau den gleichen Dingen. Nur sieht unser Wolf anders aus. Der Angstkomplex sitzt in uns allen.«[3]

Der unmoderne Impuls

Weil sie so einprägsam ist, wurde die Angst eine der wichtigsten Begleiterinnen unserer Zivilisation, nützlich für das Überleben in primitivem Umfeld, aber in ihrem impulsiven Wirken in unserer heutigen Gesellschaft eher störend. Einstmals lebenswichtige Instinkte können nun also schädlicher sein als Handlungen, die mit böser Absicht begangen werden. Wir müssen nur an die Finanzkrisen denken, in denen Anleger in Panik Milliarden an Werten ver-

---

2 Carl Gustav Jung verband den Transfer von Mythen auch mit einem genetischen Transfer kollektiver Ideen und Bilder. Ein Kind werde nicht als »Tabula rasa« geboren, sondern komme mit einem hoch individualisierten und prädeterminierten Gehirn auf die Welt. Es besitze eine individuell gestaltete Aufnahmebereitschaft für Reize der Außenwelt. Diese sei aus vererbten Instinkten geformt. Das Kind erlebe diese ererbten Bilder phasenweise intensiver als neue Eindrücke.

3 Chandler 2005, S. 3

nichtet haben, ohne eine Sekunde nachzudenken – ein Phänomen, das schon 1637 beim Zerplatzen der berühmt gewordenen Spekulationsblase im niederländischen Tulpenhandel zum Ausdruck kam oder 2007/08 beim Bersten der schillerndsten Immobilienblase der Geschichte beobachtet werden konnte.

Angst ist aber auch ein Instrument. Politiker können damit Millionen beeindrucken, Hass säen und Kriege anzetteln. Unternehmen machen mit den instinktiven Impulsen der Bürger Milliardenumsätze. Ein nicht unerheblicher Teil der Wirtschaft lebt davon, Ängste zu erzeugen und scheinbar schlüssige Antworten auf Ängste zu geben – Sicherheit also im engeren und weiteren Sinn: militärisch, gesundheits- und seuchentechnisch, ernährungspolitisch, finanziell. Und nicht zuletzt ist Angst eine moralische Cashcow, wenn wir bedenken, dass die hehre katholische Kirche einen Teil ihres Vermögens mit der Angst der Gläubigen vor der ewigen Verdammnis gemacht hat – wozu auch der Ablasshandel gehörte: Ihr Seelenheil »erkauften« sich die Gläubigen durch den Gnadenakt, den Ablass.

Wir werden zeigen, dass Angst und Furcht unverzichtbare Begleiter unserer angeblich positiven kapitalistisch geprägten Wirtschaft sind, Emotionen, die von dem unbegrenzten, scheinbar selig machenden Konsum verhüllt werden. Unsere verdeckt durch Angst gesteuerte Ökonomie reicht vom angeblich gesunden Fruchtzwerg für die Kleinen über den klinisch reinen Flur in der Firma bis zu den »beruhigenden«, vorgeblich mit Sicherheiten hinterlegten Wertpapieren, den *Asset Backed Securities.* Und sie reicht von der Angstlust, die in TV-Actionserien, Horrorfilmen und Apokalypse-Dramen Hollywoods gestillt wird, bis hin zur angeblich terrorvermeidenden Überwachung des Internets und zum vernichtenden Einsatz von Armeen im Namen des sogenannten Guten. Die Angst hat in unserer Gesellschaft gerade in den vergangenen Jahren ein Ausmaß erreicht, das zu massiven Beeinträchtigungen in der sozialen, wirtschaftlichen und politischen Entwicklung geführt hat.

Das Gerücht vom »angstfreien Akteur«

Dabei glaubten wir, ökonomisch über solche Zustände längst hinaus zu sein. Als die neoklassische Schule in den 70er-Jahren den freien Markt als Realität zu verkaufen versuchte, schuf sie zugleich einen »Übermenschen«, den sie als »angstfreien Akteur« anpries.[4] Dieses durch und durch rationale Wesen, das über alle »relevanten« Informationen verfüge, könne die freie Wirtschaft mit seinen objektiven Entscheidungen, seinen »rational choices and expectations« steuern, hieß es, und dadurch wahrhaft »effiziente Märkte« schaffen. Der angstfreie und affektfreie Supermensch war die ideale Marionette jener »unsichtbaren Hand«, die mit dem ersten Ökonomen Adam Smith in die Welt gekommen war. Erstaunlich, dass an dieser Fehleinschätzung bis heute weder Krisen noch Börsenstürze etwas ändern konnten.

Selbst im einflussreichsten Lehrbuch der Ökonomie von Paul A. Samuelson und William D. Nordhaus findet sich das Wort »Angst« kein einziges Mal, »Panik« scheint gerade zweimal auf, wenn es darum geht, Finanzblasen als mehr oder weniger historische »Abnormitäten« abzuhandeln und zu versichern, dass »ein Sturm auf unsere Banken in unserem modernen Finanzsystem selten und auch weniger gefährlich ist«.[5]

Das Problem an diesem Kalkül ist, dass es voraussetzt, ein so dominanter Trieb wie die Angst lasse sich mit der Streichung aus dem wissenschaftlichen Glossar auch aus der Wirklichkeit verscheuchen. Ähnliches haben schon vor 2000 Jahren die Epikureer im alten Rom versucht, mit ähnlich bescheidenem Erfolg. Sie haben die Angst schlicht als einen »künstlichen Affekt« bezeichnet, weil dieses Gefühl mit dem Gedanken an den Tod verbunden sei. Der Tod habe aber nichts mit dem Leben zu tun. Er sei vom Leben abgetrennt. Und also auch die Angst. Mit anderen Worten: Wo Leben – da keine Angst. Alles eine Frage der Überzeugung und des Glaubens.

Das Christentum ist da wesentlich realistischer als die Ökonomie

4 Aus Reghunathan/Pham 1999, S. 56–57; Stähli 2013.
5 Samuelson/Nordhaus 1999, S. 574.

und die stoischen Philosophen. Es hat die Angst vorzüglich dem Leben zugesellt. Und noch mehr. Die Angst nimmt schon in der biblischen Schöpfungsgeschichte des Menschen eine zentrale Stellung ein. Von Natur aus angstfrei war unser Geschlecht demnach nur im Garten Eden. Dort lebten Adam und Eva dem Bibelwort nach glücklich und zufrieden. Freilich nur bis zum Verzehr der Frucht vom Baum der Erkenntnis. Aus der Erkenntnis aber entsprang nicht nur Scham, sondern vor allem Angst. Nicht umsonst versteckten sich Adam und Eva unter den Bäumen, als sie »Gott, den Herrn, im Garten gegen den Tagwind einherschreiten hörten«. Bekanntermaßen war diese erste Gottesfurcht nicht gottgefällig. »Gott, der Herr, rief Adam zu und sprach: ›Wo bist du?‹ Er antwortete: ›Ich habe dich im Garten kommen hören; da geriet ich in Furcht, weil ich nackt bin, und versteckte mich.‹« Darauf Gott: »Wer hat dir gesagt, dass du nackt bist? Hast du von dem Baum gegessen, von dem zu essen ich dir verboten hatte?«[6]

Den Rest kennen wir. Das Paradies ist geschlossen, stattdessen sind Arbeit und Schweiß auf dem Feld der Fluch für den Mann, und die Frau ist eine schmerzensreiche Gebärerin unter dem Joch des Mannes. Dazu bestimmt nun die Sorge in allen Schattierungen das Dasein. Die Geschichte aus dem Paradiesgarten offenbart auch die Kraft der Angst: Sie bestimmt die Fantasie, die Vorstellung dessen, den sie mit der bangen Frage befällt: »Was könnte geschehen?« Im Fall Adams und Evas also: »Wird Gott uns wirklich töten, wie er es angekündigt hat?« [Anm. Gen. 2,16: Gott sagt: »Sobald du vom Baum der Erkenntnis isst, wirst du sterben.«]

Die Angst ist zu einem entscheidenden Teil an die Zukunft gebunden und generell an die Zeit – in der jede Erwartung unsicher ist und die Erinnerung oft schmerzhaft. Aus dieser Sorge um die Zukunft entspringt auch das ökonomische Handeln. Der Mensch sichert seine Existenz durch Tausch von Notwendigem und pflegt dabei alle kleineren Brüder und Schwestern der Angst: die Sorge, den Zweifel, das Denken, die Vorsicht, das Misstrauen. Allenthalben sind diese verankert in Gesetzen und Verträgen, Kredit- und Pfand-

6 Altes Testament, Genesis 3,1-24, Bibel, Einheitsübersetzung, Katholische Bibelanstalt Stuttgart, 1980.

briefen, Lohn- und Mietverträgen, im Staatswesen. Ihrer aller Grundlage ist das Prinzip der rationalen Kontrolle des anderen – und damit der Kontrolle der Angst um das Eigene. William Shakespeare bringt das angstgesteuerte Verhalten im *Hamlet* auf den Punkt.

> Ein banger Skrupel, welcher zu genau
> Bedenkt den Ausgang – ein Gedanke, der,
> Zerlegt man ihn, ein Viertel Weisheit nur
> Und stets drei Viertel Feigheit hat …[7]

Wir sehen: Angst ist etwas für uns Normalsterbliche – und nichts für Helden. Sie hat im wahrsten Sinne des Wortes fantastische Möglichkeiten. Ihre Omnipotenz macht sie zu einem wesentlichen Kernpunkt der Psychologie. Sie steht an der Wiege der meisten seelischen Erkrankungen, die sich in Angststörungen ihre Bahn brechen und die wir auch in der Ökonomie abgebildet finden. Sie ist deshalb auch ein natürliches Zentrum der Psychoanalyse Sigmund Freuds.

Die Suggestion der Angst

Freud versucht, die Angst ganzheitlich zu betrachten. Die körperlichen Symptome sind dabei bloß Beiwerk – physiologisch führt der Körper die Angst in der Entwicklung von kaltem Schweiß, Gänsehaut, erhöhtem Pulsschlag und vermehrter Atemtätigkeit ab.

Aber welche Wirkung hat sie auf die menschliche Seele? Freud sagt, Angst habe eine unverkennbare Beziehung zur Erwartung. Entscheidend ist nun, ob ein Objekt der Angst bestimmt oder unbestimmt ist. Nehmen wir als Beispiel eine Giftschlange, die auf uns zukriecht. Diese Bestimmtheit des Gegenstands der Angst macht – so Freud – aus der Angst eine »Realangst«. Diese Realangst mündet in rationale Reaktionen. In unserem speziellen Fall laufen die einen vor der Schlange davon, die Zweiten retten sich auf einen Sessel,

7 Shakespeare 1959, S. 88.

die Dritten versuchen es mit Flöte und Schlangenbeschwörung, die Vierten mit der Schrotflinte. Die Realangst zeichnet sich also dadurch aus, dass der Mensch eine Reaktion setzen kann – egal wie sinnvoll oder erfolgreich sie ist.

Nun ist der Mensch aber ein fantasiebegabtes Wesen. Im Normalfall ist das eine seiner besten Eigenschaften. Paart sich aber die Inspiration mit der Angst, wird sie zur Plage. Dann entsteht, so Freud, eine »neurotische« oder »automatische Angst«. Der Philosoph Epiktet hat das schon um 80 nach Christus erkannt: »Es sind nicht die Dinge selbst, die uns in Furcht versetzen, sondern die Vorstellung, die wir von ihnen haben.«[8]

Die Schlange aus unserem Beispiel wird in unserer Fantasie zu einem überdimensionalen Monster. Die Beklemmung wächst zur Panik. Freud sagt das natürlich etwas nüchterner: »Die Gefahr ist bekannt und real, aber die Angst vor ihr ist übermäßig groß, größer als sie nach unserem Urteil sein dürfte. In diesem Mehr verrät sich das neurotische Element. An die Realgefahr ist eine Triebgefahr geknüpft.«[9]

Carl Gustav Jung kennt einen ähnlichen Geisteszustand. Er nimmt aber an, dass sich davor archetypische Bilder aus der Kontrolle des Bewusstseins gelöst haben. Frei von allen rationalen Schranken könnten sie zwanghafte Handlungen und Psychosen auslösen.

Mit Freud und Jung können wir noch einmal den Aufbau von Angst verfolgen: Furcht und Sorge sind für das Ich ein derart unangenehmer Zustand, dass sie gern verdrängt werden und im Unbewussten landen. Der verdrängte Affekt aber macht seine Energie anderswo frei, etwa in zwanghaften Neurosen. Ein sehr bekanntes Beispiel aus der freudschen Analyse ist die Geschichte einer jungen Frau, die sich beständig die Hände waschen musste – aus Angst, wie sie meinte. In der Therapie stellte sich heraus, dass ihr Waschzwang zu einer Zeit entstanden war, als sie sich wünschte, ihr allzu strenger Vater möge sterben. Sie wusch sozusagen ihre Angst vor dem verbotenen Wunsch ab – ein Ringen um seelische Sauberkeit durch Körperhygiene.

---

8 Epiktet o. J.
9 Freud 1926.

Wir sehen daraus, dass verdrängte Ängste nicht einfach stumm und untätig in der Psyche ruhen, sondern »vogelfrei ausgeschlossen werden aus der Organisation des Ichs«. Damit sind sie unkontrollierbar und weitaus gefährlicher, weil sie unter der reinen Kontrolle der Instinkte und Triebe stehen.[10]

Wir müssen Ähnliches in der Ökonomie feststellen. Sie verdrängt beispielsweise die Angst vor Fehlinvestitionen mit Placebos, wie mathematischen Modellen zur Risikostreuung, und mit der Einschaltung von Investitionsversicherungen. Ganze Märkte basieren auf der Vortäuschung von Sicherheit und Profitversprechen. Sobald sich aber nur ein Versprechen als unhaltbar herausstellt, vernichtet eine brutale Korrektur Teile des Marktes, wobei diese Reaktion meist nicht durch das Kalkül der Realangst passiert, sondern dem Mechanismus der »automatischen Angst« gehorcht, so als ginge es bei dem Vermögen um Leib und Leben. Die Zeitungen titeln dann: »Märkte in Panik«. Um diesen Fluch der Ökonomie soll es nun gehen.

---

10 Sigmund Freud hat diesen Zusammenhang perfekt in seiner Abhandlung *Hemmung, Symptom und Angst* aus dem Jahr 1926 beschrieben: »Wenn es dem Ich gelungen ist, sich einer gefährlichen Triebregung zu erwehren, zum Beispiel durch den Vorgang der Verdrängung, so hat es diesen Teil des Es zwar gehemmt und geschädigt, ihm aber gleichzeitig auch ein Stück Unabhängigkeit gegeben und auf ein Stück seiner Souveränität verzichtet. Das folgt aus der Natur der Verdrängung, die in Wahrheit ein Fluchtversuch ist. Das Verdrängte ist nun ›vogelfrei‹, ausgeschlossen aus der großen Organisation des Ichs, nur den Gesetzen unterworfen, die im Bereich des Unbewussten herrschen. Ändert sich nun die Gefahrensituation, sodass das Ich kein Motiv zur Abwehr einer neuerlichen, der verdrängten analogen Triebregung hat, so werden die Folgen der Ich-Einschränkung manifest. Der neuerliche Triebablauf vollzieht sich unter dem Einfluss des Automatismus – ich zöge es vor zu sagen: des Wiederholungszwangs –, er wandelt dieselben Wege, wie der früher verdrängte, als ob die überwundene Gefahrensituation noch bestünde« (Freud 1982f, S. 303).
Es gibt zahllose Definitionen von Angst. Den interessierten Lesern empfehlen wir die griechische Art der Scheidung der Furcht von der Angst nach Thukydides nach der Darstellung von Gergory Nagy vom Harvard Center for Hellenic Studies: »The Subjectivity of Fear as Reflected in Ancient Greek Wording«. Thukydides verwendet demnach für dieses Gefühl auch das Wort »Deos«, lateinisch »dubium«. Das ist der Zweifel, zwischen zwei Möglichkeiten zu wählen, im homerischen Griechisch ist das Wort für Angst, ein »zweifaches Fühlen«. Thukydides (3/11/2) meint diese Art der Entscheidungsangst, wenn er von politischen Bündnissen spricht: »Die Angst voreinander ist die einzig sichere Basis für eine Allianz.« Deos ist somit auch das, was Amerikaner und Russen im 20. Jahrhundert als Kalten Krieg produzierten. Eine Form der Abschreckung. Mit Explexis meint Thukydides Starre, die sich zur wilden Panik steigern kann – Freuds Schreckangst: »Als die Nacht einbrach, bekamen die Mazedonier und die Barbaren plötzlich Angst, was bei großen Armeen oft passiert, dass sie in Panik flohen. Und indem sie annahmen, dass der Feind viel zahlreicher als erwartet vorrückte, und sie angreifen wolle, brachen sie zusammen und flohen Richtung Heimat« (Thukydides 4/125/1). Aus Thukydides 1829, S. 257f., 475, 660.

Von Pan zur Panik der Märkte

Panik ist ein seltsamer Zustand. Sie ist die ansteckendste Form der Angst und die bei Weitem gefährlichste. Um ihr Wesen wirklich beschreiben zu können, wollen wir an dieser Stelle einen griechischen Mythos vorstellen. Auch hier haben wir es mit einer feinen Analyse unserer Gefühle und Instinkte zu tun. In der Geschichte des Gottes Pan hat die Angst über nichts weniger entschieden als über die Herrschaft im Götterreich.

Pan ist einer der menschlichsten Götter – auch was seine Vorlieben und Laster angeht. Tatsächlich meidet er den Olymp und die Tafel der Himmlischen. Lieber lebt der Halbbruder des Zeus, der Sohn des Titanen und Zeus-Vaters Kronos und der Ziegengöttin Amalthea, auf der Erde, über die er auf Bocksfüßen wandert. Froh hütet er seine Herden und Bienenstöcke in Arkadien und besucht mit Freude die Feste der Sterblichen. Außerhalb seines Landstrichs sieht man den guten Gott selten. Es sei denn, er ist einer der Nymphen auf der Spur, die er mit Vorliebe betört und schwängert, wie etwa die schöne Echo oder Eupheme. Überhaupt ist er ein Weiberheld, zu dessen Rekorden es zählt, alle die rasenden Tänzerinnen im Gefolge des Dionysos, die Mainaden, beschlafen zu haben.

Nun begibt es sich, dass Zeus den Kronos, seinen Vater, per Putsch entmachtet, um selbst die Herrschaft auf dem Olymp anzutreten. Freilich – unschuldig ist der alte Kronos nicht. Hat er doch Zeus' Geschwister verspeist, aus Angst, sie könnten ihm den Thron streitig machen. Zeus also verkleidet sich als Mundschenk und macht seinen Vater derart betrunken, dass Kronos all die gefressenen Brüder und Schwestern: Hestia, Demeter, Hera, Hades und Poseidon, unverdaut erbricht.

Doch damit ist die Herrschaft lange nicht gewonnen. Denn nun lehnen sich die Titanen unter der Führung des gewaltigen Atlas gegen Zeus auf. Es kommt zu einem zehn Jahre dauernden, wütenden Schlachten um die Macht über Himmel und Erde. Schon haben die Titanen die Überhand, als Zeus sich Hilfe aus der Unterwelt holt und die Zyklopen ihn mit dem Blitz und anderen Waffen ausstatten.

Doch auch diese führen die Entscheidung nicht herbei, immer drückender wird die Übermacht der Titanen. Auf dem Höhepunkt der Schlacht, als Zeus selbst schon in höchster Bedrängnis ist, stößt Pan einen fürchterlichen Schrei aus: lang anhaltend, schrill und nervenzerfetzend. Die Titanen erstarren in Entsetzen. Allein Atlas versucht mutig, seine Reihen zu ordnen. Doch die Titanen gehorchen keinem Befehl mehr und stieben in blinder Flucht auseinander. So sichert der freundliche Pan dem Zeus die Herrschaft im Olymp: durch die erste Panik der (himmlischen) Geschichte.[11]

Die Geschichte Pans zeigt nicht nur die Macht der Angst, sondern auch ihr Vermögen, die Geschichte auf den Kopf zu stellen, in Sekunden ganze Gruppen von Siegern in versprengte Verlierer zu verwandeln. Und geht es nicht auch so zu, wenn aus vielen Gewinnern an den Finanzmärkten Massen von Verlierern werden? Wenn sich also von einem Moment zum anderen ihr Wagemut und ihre Freude am Risiko in Vorsicht und Furcht verwandeln?[12]

Der Wirtschaftshistoriker Charles P. Kindleberger hat das so definiert: »Panik ist eine plötzliche Angst ohne besonderen Grund, die sich auf Vermögensmärkten ereignet oder eine massive Bewegung weniger liquider Anteile Richtung Geld oder Regierungsvermögen beinhaltet.« Er hat damit schon 2003 die Geschehnisse des Jahres 2007 relativ präzise im Voraus analysiert: den rasanten Wertverfall von Marktvermögen, der durch das massive Einschreiten der Zentralbanken und Regierungen aufgefangen wurde – und sich nun in den relativ trockenen Staatskassen widerspiegelt.[13]

Wir haben schon weiter oben angedeutet, dass Sigmund Freud die psychischen Vorgänge auch als »Ökonomie« von Energien verstanden hat, als ein konstantes Fließen zwischen Verdrängtem und

---

11 Erstaunlich ist in diesem Zusammenhang, wie Charles Darwin die Angst beschreibt: »Wenn die Angst einen extrem hohen Punkt erreicht, entlädt sich die Panik in einem fürchterlichen Schrei ...« Darwin 1872, XII, S. 291, Übers. OT.

12 Carl Gustav Jung nimmt auf afrikanische Stämme Bezug, in denen sich Frauen und Männer, die einer Psychose oder Panik verfallen, einem Reinigungsritual unterziehen müssen. Auch James George Frazer berichtet von einer Art von Quarantäne zur Heilung des erlittenen mentalen Schocks. Wir müssen hier nicht erwähnen, dass es derlei Vorkehrungen für moderne Investoren oder Broker nicht gibt. Dabei wäre diese Art der Enthaltsamkeit im Fall der posttraumatischen »nervösen Märkte« nicht die schlechteste aller Ideen.

13 Kindleberger 2011.

Offenbartem, Liebe und Hass, Aggression und Angst.[14] So müssen wir uns auch das Wirken der Instinkte in der Wirtschaft vorstellen: Zwischen dem einen und dem anderen Extrem, wenn wir die viel zitierte Gier und Panik strapazieren wollen, besteht demnach kein Gegensatz, sondern ein enges Wechselverhältnis. Sie sind aneinandergefügt wie die beiden Seiten einer Spielplatzwippe. Wie bei einer Wippe gibt es keinen Zustand ohne eine Wechselwirkung zur anderen Seite. Übereinstimmend damit hat der US-Physiologe Walter Bradford Cannon herausgefunden, dass eine Entscheidung in einer Angstsituation immer zwischen den Extremen Angriff und Flucht fällt – was in ökonomischem Zusammenhang der Wahl zwischen »behalten/kaufen« oder »verkaufen« entspricht. An der schmalen Grenze dieser beiden Extreme hat sich oft das Schicksal ganzer Volkswirtschaften entschieden.

Auf den Finanzmärkten spielen Informationen und Breaking News die Rolle des Pan. Sie wirken als freudsche Angstsignale – ob das nun Berichte über Massenverkäufe von bestimmten Aktien oder die Pleite eines Vorzeigeunternehmens, wie Lehman Brothers, sind. Erst solche News – von welchem Wahrheitsgehalt auch immer – sind der Ausgangspunkt, an dem Märkte kippen und fallen, wie in mythischen Zeiten die Titanen vom Olymp.

Der Auslöser einer solchen Krise kann tatsächlich eine Lüge sein. 1873 etwa verursachte das Gerücht von fallenden Rohstoffpreisen in Paris die Gründerzeitkrise in Wien. Die Bankencrashs reichten von Österreich-Ungarn über Berlin bis London und lösten eine Pleitenwelle und Massenarbeitslosigkeit aus, die beinahe zur Revolution in Deutschland geführt hätte. Doch der Regierung unter Otto von Bismarck gelang es, die Situation mit der ersten europäischen Sozialgesetzgebung zu entspannen.

Selbst die aufgeklärtesten Bürger unterscheiden in Angstsituationen zwischen real und fiktiv wenig bis gar nicht. Dazu ein Beispiel aus den USA: Zuschauer eines Baseballspiels wurden über Lautsprecher gewarnt, in ihren Erfrischungsgetränken befänden sich schädliche Keime. Mehr als 200 Menschen mussten daraufhin

---

14 Auch Jung findet in seinen Archetypen einen »positiven« und »negativen« Aspekt, die miteinander eine Einheit bilden.

mit eindeutigen Symptomen – Erbrechen und Übelkeit – ins Spital eingeliefert werden. Später stellte sich heraus, dass die Durchsage ein schlechter Scherz gewesen war und niemandem wirklich etwas fehlte. Die Nachricht vom verkeimten Drink wirkte wie ein »Nocebo«, ein ins Negative gewendetes Placebo.

Weltgeschehen der Angst

Tatsächlich ist die Weltgeschichte voll von Ereignissen, in denen suggerierte Angst breiteste soziale Kippeffekte auslöst. Sie werden in der offiziellen Historie allerdings verfremdet, sodass sie wie eine Abfolge geplanter Taten von reinen beziehungsweise schwarzen Seelen daherkommen. Eines der berühmtesten Beispiele für Angst ökonomisch-politischer Prägung, das später mit der Glorie des Heldentums versehen wurde, ist die Französische Revolution:

Im Frühsommer 1789 gab es diverse Rivalitäten zwischen dem Adel, dem König und dem dritten Stand. Doch bis Anfang Juli waren diese Konflikte äußerst begrenzte Ereignisse: Ludwig XVI. vergnügte sich sorglos jagend in Versailles, und es regierte ein mehr oder weniger nutzloses Parlament, dessen Gesetze wirkungslos im sklerotisch und apathisch verharrenden Königreich verhallten.

Doch im Sommer desselben Jahres gingen die Getreidevorräte zur Neige, das Gemüse verdorrte auf den Feldern, und die Brotpreise stiegen aufgrund von Warenspekulationen binnen drei Monaten um mehr als das Doppelte. In Paris gab es erste Unruhen wegen der Inflation.

Den zündenden Funken zur Revolution aber schlug ein von Aufständischen gestreutes Gerücht, die Adeligen hätten Banden von Bettlern und Verbrechern ausgesandt, die auf den Feldern das Korn schnitten, ehe es reif sei, um damit die Preise nach oben zu treiben. Sie hätten außerdem eine Armee blutrünstiger Söldnern aufgestellt, die schon mordbrennend durch die Lande zögen.[15] Das allein reichte aus, um eine kollektive Psychose auszulösen und einen reichsweiten

15 Quellen: Furet 1996; Lefebvre 1932.

Aufstand zu entfachen. Bauern und Dorfbewohner stürmten und plünderten Schlösser, ermordeten Grundbesitzer und Adelige.

Gerüchte bestimmten das Tagesgeschehen und verursachten die absurdesten Situationen. In einem Dorf nördlich von Paris kam es beispielsweise zu schweren Unruhen durch die Kunde von einem angeblich anrückenden Bettlerheer, das der König bezahlt hätte. Zunächst vertrieben die Bewohner die royalen Ordnungskräfte, dann fielen sie über eine bewaffnete Gruppe her, die sich ihrem Dorf näherte. Wie sich herausstellte, waren die Angreifer in Wirklichkeit die Bewohner der Nachbargemeinde, die dem Dorf aufgrund der Gerüchte zu Hilfe eilen wollten.

La Grande Peur – die große Angst nannte die Nachwelt diese Periode zwischen Anfang Juli und Ende August 1789, welche die Monarchie hinwegfegte. Mirabeau sagte später einmal: »Nichts überrascht den Beobachter mehr als die generelle Neigung in Notzeiten, schlechte Nachrichten zu glauben und zu übertreiben.«[16] Nur Ludwig XVI. bildete da eine Ausnahme: In sein Tagebüchlein notierte der König am Abend des 14. Juli: »Rien.« Nichts. Es war der Tag, an dem wütende Bürger die Bastille stürmten.

Die Angst als Milliardengeschäft

Wenn also Angst schon Wendepunkte der Geschichte verursachen kann, dann kann sie erst recht die Tiefen der billigen Geschäftemacherei dominieren: Ein amerikanisches Unternehmen wirbt beispielsweise erfolgreich mit *Fear Selling*. Was die Kunden sich erhoffen können? »Haben Sie Schwierigkeiten mit dem Verkauf? Versuchen Sie es jetzt mit Fear Selling. Verkaufen Sie schneller und besser.« Und weiter heißt es: »Die Taktik und die Techniken, die Käufer nachweisbar veranlassen, um 78 Prozent schneller zu kaufen.«[17]

Dieses Beispiel mag drastisch sein. Deshalb haben wir andere

16 Herbert 2003, S. 90.
17 Borgese 2015, S. 3, Übers. OT.

Fälle zum Geschäft mit der Angst recherchiert. Hier drei Beispiele des vielfältigen und vollkommen unterschätzten Milliardengeschäfts.

Fall 1: Pandemie

Wir alle haben Angst um unser Leben und unsere Gesundheit. Krankheiten, die anscheinend heimtückisch sind und Menschen in Massen töten können, sind dabei ganz besondere Quellen von Massenphobien und -psychosen. Wir erinnern uns alle an verschiedene Arten von Epidemien und Pandemien, die allein seit der Jahrtausendwende den Globus heimsuchten: BSE (2000), SARS (2003), Schweinepest (2006), Vogelgrippe (2008/09), Schweinegrippe (2009/10), Ehec (2011).

In den Jahren 2000 bis 2011 wurden von Pharmakonzernen und Regierungen Kampagnen lanciert, um vor den Gefahren der diversen Seuchen aufmerksam zu machen. Mit dabei: die Weltgesundheitsorganisation (WHO), die 2010 im Fall der Schweinegrippe die höchste Seuchenstufe »Pandemie« ausrief, obwohl der H1N1-Erreger dann weniger Menschenleben forderte als jede normale Grippe.

Der Großalarm sollte wohl auch eigene Aktivitäten rechtfertigen. Die WHO hatte im Fall der Vogelgrippe eigens Ermittler (Feldepidemiologen) entsandt, die mit erheblichem finanziellem Aufwand die aktuellen Übertragungswege und Entwicklungen des Virus studierten. In vielen Staaten wurden nationale Krisenpläne für den Fall eines massiven Übergangs von Vogelgrippeviren auf Menschen erarbeitet. In Japan wurde beispielsweise ein Notstandsplan vorgelegt, der auch die Zwangsverlegung von Erkrankten in Hospitale vorsah, die Schließung von Schulen und das Verbot großer Versammlungen. China kündigte an, notfalls die Landesgrenzen zu schließen. Auch Australien befürwortete eine Schließung sämtlicher Häfen und Flugplätze für den Verkehr mit dem Ausland. 92 Prozent der Unternehmen befürchteten mittlere bis schwere Unterbrechungen des Geschäftsbetriebs. Bis dahin bestehende Notfallpläne hatten ein solches Szenario weitestgehend ausgeklammert.

Staaten deckten sich mit Schutzmasken ein, Apotheken wurden von verängstigten Bürgern belagert, um die Grippemedikamente Tamiflu oder Relenza zu bekommen. Allein vom Impfstoff gegen die Schweinegrippe wurden damals 440 Millionen Dosen verkauft und 5,2 Milliarden Dollar umgesetzt. Der Sandoz-Konzern machte allein mit Tamiflu 2,7 Milliarden Euro Umsatz. Es wird nicht die letzte schöne Bilanz aufgrund der zuvor erzeugten Angst werden: Zwischen 2006 und 2010 wurde die Impfstoffproduktion weltweit verdoppelt, von 500 Millionen Dosen pro Jahr auf nahezu eine Milliarde Dosen; bis 2015 soll die Produktion abermals verdoppelt werden, auf dann zwei Milliarden Dosen.

Gerade bei diesem Thema zeigte sich die fruchtbare Tätigkeit von sogenannten »Angstunternehmern«, die heute wie der mythische Pan fungieren, weniger aus Betroffenheit als aus ökonomischem Eigeninteresse: In diesem Falle waren das Experten, Ärzte und Gesundheitsspezialisten der Weltgesundheitsorganisation, die dazu rieten, die höchste Gefahrenstufe »Pandemie« auszurufen, was zumeist zum Erwerb kostspieliger Medikamente führte. Einige dieser Experten, so stellte sich später heraus, standen auf der Payroll diverser Pharmariesen.[18]

Fall 2: Hygiene

Angst tritt oftmals nicht einmal als Angst in Erscheinung. Sie tarnt sich vielmehr als Wunsch. Geradezu exemplarisch geschieht das im Hygiene- und Putzmittelverkauf. Viele werden da jetzt gönnerhaft schmunzeln: Was hat das wohl mit Angst zu tun? Und doch ist es so. Ein plakatives, fiktives Beispiel aus der Fernsehwerbung: Im Werbespot für ein Putzmittel – sagen wir, es heißt »Meister Klopper« – jagt ein muskelbepackter Geist allen Milben und Bakterien (zunftgemäß schmutzig und bewehrt mit spitzen Zähnchen) einen so großen Schrecken ein, dass sie freiwillig aus dem Haus rennen.

Dieser Spot richtet sich nicht an die, die den Reiniger schon haben,

18 Cohen/Carter 2010; Stein 2010.

sondern an die Noch-nicht-Konsumenten. Während diese noch über die lustigen Staubmonster lachen, fragen sie sich unbewusst bereits, wie viele Milliarden Dreckschleudern eigentlich in der eigenen Wohnung am Werk sind. Statt diese Frage an das bewusste Denken weiterzugeben, wird diese Sorge vergraben. Sobald die Konsumenten aber im Supermarkt vor dem Regal stehen, teilt das Id ihnen seinen Kaufwunsch mit, und bevor der Mensch noch überlegen kann, hat die Hand auch schon zu »Meister Klopper« gegriffen.

Psychologisch haben wir es hier mit der Erzeugung eines »Affekts« (Schmutzangst) zu tun, der mit einem Vorschlag zu seiner »Abfuhr« (Meister Klopper) verbunden ist. Diese Botschaften, die nicht bewusst wahrgenommen werden, kommen zweifellos an. Allein in der EU werden pro Jahr mindestens 3,5 Millionen Tonnen Putzmittel verwendet. Die Bürger der EU geben pro Jahr 15 Milliarden Euro für Reinigung aus.[19]

Fall 3: Versicherungsroulette

Das lukrativste Geschäft mit der Angst ist jenes mit der Unvorhersehbarkeit. Wir haben schon weiter oben von Sigmund Freud erfahren, dass ungreifbare und nebelhafte Gefahren der Zukunft die größten Sorgen und die schlimmsten Fantasien auslösen können. Menschen, die rechnen können, haben sich darauf eingestellt und daraus ein verkehrtes Glücksspiel gemacht: die Versicherung.

Während der Roulettespieler im Kasino mit der Wahrscheinlichkeit spielt, ein Glücksfall werde eintreten, macht die Versicherung ihr Geld damit, dass ein Unglücksfall nicht geschehen wird. Sie hat dabei auch ein Risiko zu tragen – wie die Bank im Kasino –, nur ist es viel kleiner. Denn der Unglücksfall für die Bank im Kasino wäre, dass die Kugel auf eine Zahl trifft, auf die alles Geld gesetzt wurde: etwa auf die Null. Bei einem ehrlichen Kasino stehen die Chancen dafür eins zu 37. Der Unglücksfall aber, dass beispielsweise ein Brand

19 Quelle: Deutsche Bundesregierung, www.bundesregierung.de, www.forumwaschen.de, alle Produktnamen geändert.

eine Wohnung verwüstet, tritt mit einer Wahrscheinlichkeit von eins zu 200 000 ein. Wir sehen: Der Versicherungsunternehmer ist um viele Tausend Mal besser dran als der Kasinobesitzer. Aber gilt nicht Letzterer eher als Ausbeuter und halbseidener Zeitgenosse als der Versicherer?

Egal. Versicherung nutzt, so heißt es, Kasino nicht. Ob kaputte Fensterscheiben, Krankenhausaufenthalte oder Tod: Wer sich Sorgen macht, kauft sich eine Versicherung. Eine Wette bleibt es trotzdem. Nicht umsonst wurden bei der Immobilienkrise in den USA in diesem Bereich die größten Schäden angerichtet. Man bündelte Hauskreditversicherungen, handelte sie hoch auf den Finanzmärkten und riss nach dem Crash Milliardenlöcher in die Bilanzen von Banken und Fonds. So wurde auch der größte US-Versicherer, die American International Group (AIG), in den Strudel der Krise hineingezogen und ging dabei fast pleite. Der Staat musste mit 182 Milliarden Dollar einspringen, um AIG zu retten.

Doch auch mit Crash ist der Versicherungsbereich eines der einträglichsten Betätigungsfelder des Kapitals. Der Versicherungsnehmer wiederum ist ein Milliardstelrädchen in einem Multimilliardensystem. Die weltgrößte Versicherung AXA hat nicht weniger als 96 000 Mitarbeiter und einen Umsatz von 142 Milliarden Dollar. Der Mitarbeiterstand der fünf größten Versicherungsunternehmen der Welt übersteigt 500 000, der Umsatz der Branchenriesen zusammen beträgt 550 Milliarden Dollar.

Der Krieg gegen den Terror – ein Krieg gegen die Wirtschaft

Angst ist marktwirtschaftlich gesehen also eine schier unerschöpfliche Quelle und gleichzeitig Ursache unendlicher Geldvernichtung. Das zeigt nicht zuletzt die Geschichte der vergangenen Jahre. Als am 11. September 2001 die Zwillingstürme in New York einstürzten, hielten das Politiker und Intellektuelle für einen »Wendepunkt der Geschichte«. Tatsächlich hatte es so etwas noch nicht gegeben: Eine

Handvoll mit Taschenmessern bewaffnete Mörder bringen eine Weltmacht ins Wanken. Nun, beinahe 14 Jahre später, sind weder die USA noch die westliche Kultur untergegangen, noch ist der Terror besiegt.

In diesem Sinn hat eine Wende also nicht stattgefunden. Und doch hat es eine Wende gegeben. Der Westen hat im September 2001 in einer Angstreaktion begonnen, Geld und Menschenleben in ein großes Fass ohne Boden zu schaufeln: Dieses Fass nennt er »Krieg gegen den Terror«. Und mit dem Schaufeln hat er bis heute nicht aufgehört.

Der US-Kongress hat die direkten Kosten der Terroranschläge selbst auf 35 Milliarden Dollar beziffert – diese Summe beinhaltet den Verlust der 3000 Ermordeten von New York und Washington (in Berechnung ihrer potenziellen Lebenswertschöpfung), die Zerstörung von Gebäuden und Infrastruktur.

Danach kamen die Kosten, die der Schock und die Schockreaktion auf die Anschläge verursacht haben. Zunächst pumpte die Federal Reserve Bank einen bis dahin noch nie gesehenen Stützbetrag von 100 Milliarden Dollar in die Finanzmärkte, um den Interbankenmarkt aufrechtzuerhalten, der nach den Anschlägen zusammenzubrechen drohte.[20]

Dann begann der Krieg gegen den Terror, der die USA in Afghanistan und im Irak bis Ende 2013 rund 1,5 Billionen Dollar kostete.[21] Da durch die Kriegsindustrie nur sehr wenige und kaum nachhaltige Arbeitsplätze gesichert werden, und da weiterhin der Krieg per Definition Vermögen zerstört, muss der Großteil dieses Betrags als ökonomisch »vernichtetes Geld« bezeichnet werden. Inklusive der Konsequenzen für die beteiligten Volkswirtschaften durch tote und verletzte Soldaten und Zivilisten steigt dieser Betrag laut Wirtschaftsnobelpreisträger Joseph E. Stiglitz weiter auf drei Billionen Dollar.

Wenn man allerdings dem Gros der amerikanischen Experten glaubt, haben die beiden Kriege wenig dazu beigetragen, die Sicherheit der US-Amerikaner zu erhöhen. Ein letzter Zahlenvergleich

20 Nanto 2005.
21 Nationalprioritiesproject.com/costofwar.com; Stiglitz 2008.

rundet dieses Bild ab: Die 1,4 Billionen Dollar Kriegskosten entsprechen dem aktuellen Budgetdefizit der Vereinigten Staaten.

Angstunternehmer und Angstverteilung

Um das System des *Fear Market* besser zu verstehen und die ökonomischen Motive und Strategien der Akteure auf den Punkt zu bringen, wollen wir zwei Gruppen von Ängsten unterscheiden: Primärängste und Sekundärängste. Die Primärängste betreffen unmittelbar unsere Existenz, etwa die Angst vor Hunger oder Krankheit. Sie führen sehr oft zu dem, was wir weiter oben als »automatische Angst« bezeichnet haben, die eng an Instinkte und Reflexe gebunden ist.

Die Sekundärängste umfassen moralische oder ethische Gefühle zu Problemlagen, die durch die Autorität des Über-Ichs gelernt und geregelt werden. Diese Ängste sind persönlich und körperlich kaum bis gar nicht spürbar. Gewissensangst wäre hier der treffende Ausdruck, wenn wir auch hier Freud zurate ziehen: »Gewissen ist in seinen Ursprüngen nichts anderes als soziale Angst.« Solche Sekundärängste sind etwa Angst vor den Folgen des Nord-Süd-Konflikts oder vor den Konsequenzen des technischen Fortschritts.

Wir möchten die beiden Angstgruppen in ihrer Wirksamkeit untersuchen und unternehmen dafür ein Gedankenexperiment, dessen Probanden Sie, unsere Leser sind. Gesetzt den Fall, wir könnten einen echten Markt mit Marktständen organisieren. An jedem unserer Stände wäre ein Problem ausgestellt, und wir würden Lösungen dazu anbieten, wie andere Händler Äpfel oder Gemüse feilbieten. Nehmen wir das Beispiel »Klimawandel« aus der Sekundärangstgruppe: Hier würden wir vielleicht CO_2-Zertifikate oder Arthur Cecil Pigous Externalitätensteuer anbieten. Am Primärangst-Stand »Nahrung und Sicherheit« verkaufen wir eine automatische Schutzvorrichtung gegen Räuber und Versicherungen gegen Hunger. Wohin, meinen Sie, würden die interessierten Käufer strömen? Zu den Ständen der Primärängste Gesundheit, Sicherheit usw. oder eher zu jenen der Sekundärängste, wie dem Klimawandel? Die meisten von Ihnen würden sicher Ihre nächstliegenden Ängste besänftigen wollen, also »Nahrung und Sicherheit« erstehen, bevor sie das Weltklima retten würden. Das führt uns zur

Angstallokationsthese:

1. Individuen tendieren dazu, eher ihre Primärängste zu dämpfen als ihre Sekundärängste. Primärängste sind aufgrund ihrer impulsiven Reaktionsbildung tendenziell profitabler als Sekundärängste, die in Verbindung mit ethischen Werten stehen.
2. Wäre das Profitinteresse allein für Marktentscheidungen maßgeblich, würden die Teilnehmer der Angebotsseite versuchen, Primärängste anzusprechen oder Sekundärängste auf die Ebene der primären Ängste zu verschieben (etwa indem statt einer unübersichtlichen Liste von Temperaturkalkulationen und Statistiken ein Eisbärenbaby allein auf eine kleine Eisscholle gesetzt wird).
3. Daraus folgt: Anbieter, die ihre Erlöse aus angstbesetzten Themen erzielen, tendieren dazu, Ängste intensiver und prominenter zu machen, als sie es tatsächlich sind, im Bestreben, ihnen ökonomische Potenz zu verleihen. Ihre Potenz liegt demnach in der Produktion automatischer Angst.

Hier stehen wir wieder vor der Frage der Macht der Medien und der Macht jener Experten, die in der Lage sind, gesellschaftliche Diskussionen zu steuern, und in diesem Sinne Angstunternehmer darstellen. Das beginnt beim einfachen Chronikredakteur einer Boulevardzeitung, der aus Sensationsgier die Opferzahlen hochschreibt oder Tatsachen verdreht. Das endet bei angeblich hochgelehrten Wirtschaftsprofessoren, die seit Jahren den größten Crash der Weltwirtschaft herbeiorakeln, um damit Anleger in angeblich sichere Goldfonds zu locken, deren einzige Profiteure die Professoren selbst sind.

Im Licht der Angstökonomie betrachtet, fallen unter den Begriff »Angstunternehmer« auch Terroristennetzwerke. Sie feiern – so wie die Zeitungen, die über sie berichten – immer dann größte Triumphe, wenn Milliarden von ihren Mordtaten erfahren. Die Terroristen gewinnen damit weitere Anhänger, die Medien dagegen Auflage.

Dies ist wohl eines der größten Dilemmata unserer Zeit:[22] Die mediale Ökonomie der Angst kann schon aus Wahrung ihrer Interessen keinerlei Ehrgeiz haben, an der Bewältigung von Angst mitzuarbeiten. Auch deshalb ist sie wirtschaftlich so erfolgreich. Der Philosoph Slavoj Žižek hat das so zusammengefasst: »Angst schüren ist eine konstitutive Grundlage der heutigen Subjektivität. Angst hat gute Chancen, sich zur alles bestimmenden Ideologie des globalen Kapitalismus zu mausern.«[23]

Die Krise der Ökonomie – das Syndrom

Nun muss aber auch die Rolle der neoklassischen Ökonomie, die von der Macht der Angst so wenig wissen will, näher beleuchtet werden. Denn für diese Vernachlässigung muss es doch Gründe geben.

Auf den wichtigsten haben wir auf den letzten Seiten schon kurz hingewiesen: Die Angst ist eine unberechenbare Größe, die keinem konstanten Verlauf gehorcht und keine mathematisch verwertbare, regelmäßige Intensität kennt. Sie tritt spontan auf und offenbart sich auf so verschiedenen individuellen Wegen, dass ihre Wirkungsmacht nicht messbar ist. Sie wird »logikfremd«, oder wie der deutsche Philosoph Bernhard Waldenfels sagt, sie »entzieht sich als Fremdes der bestimmenden Einordnung«.[24]

Der Drang zum Eigennutz in der Ökonomie ist dagegen mess- und regelbar. So kann die Wirkung von Sonderangeboten auf Kaufverhalten und Absatz problemlos gemessen und in Modelle übertragen werden. Schon allein dieser Unterschied zwingt Ökonomen praktisch dazu, Optimisten zu sein. Denn alles, was berechenbar ist, ist so rational wie das System, in das es passen soll. Auch die handelnden Subjekte. Eine Wirtschaft, in der alle Teilnehmer rational sind, muss sich zwangsweise linear positiv entwickeln – wie auch nicht? Geht es nur nach Präferenzen zur individuellen Nutzenmaxi-

22 Frank Furedi hat 2002 mit seinem Buch *Culture of Fear* über die Vorsorge- und Angstkultur in unserer Gesellschaft einen bahnbrechenden Titel zu diesem Thema auf den Markt gebracht.
23 Žižek 2011, S. 42 f.
24 Waldenfels 1997, S. 44.

mierung – kalkulierbar durch Wahrscheinlichkeit –, wie sollte je ein Schaden entstehen? Eine individuelle Nutzen*minimierung* ist ja von vornherein ausgeschlossen. Der Akteur des freien Markts ist wissenschaftlich perfekt, aber psychologisch gesehen nur ein fröhlicher Idiot.

Deshalb bekommt die Ökonomie die Krisenphänomene bestenfalls in der historischen Nachschau in den Griff. Und das ist nun wirklich eines ihrer größten Probleme. Wenn John Maynard Keynes sagt: »Ökonomen machen es sich zu leicht, wenn sie uns in stürmischen Zeiten nicht mehr zu erzählen haben, als dass der Ozean wieder ruhig ist, wenn sich der Sturm gelegt hat«[25] – dann hat er zwar recht, aber wir müssen in aller Ehrfurcht ergänzen: Mehr zu erzählen, als dass das Wetter schön ist, schön bleibt oder wieder schön werden wird, lässt die Logik der neoklassischen Ökonomen gar nicht zu. Nicht weil sie zu hart oder zu unsozial wäre, wie ihr vorgeworfen wird – sondern weil sie schlicht zu schön ist, um wahr zu sein.

Das beste Beispiel dafür sind die brillanten mathematischen Instrumente der modernen Finanzwirtschaft. Etwa das viel kritisierte *High-Frequency Trading* an den Finanzmärkten. Es erlaubt Transaktionen binnen Sekundenbruchteilen. Dieses HFT ist ohne Übertreibung eine geniale Erfindung und eine Krone logischen Denkens. Es optimiert die Finanzmärkte in einem ungeheuren Maß, weil es selbst kleinste Marktbewegungen mit vollzieht und mit Geschäftstätigkeit erfüllt.

Doch auf der anderen Seite ist *High-Frequency Trading*, mit Keynes gesprochen, ein »Schönwetterprogramm«, das auf nichts anderes als die Tendenzen der Märkte reagiert. Wenn es also zu einem raschen Kurssturz kommt, muss der Impuls der Programme dahin gehen, die Verluste der Investoren zu minimieren – und zu verkaufen. Sie vergrößern also im Ernstfall die Krise, anstatt sie zu dämpfen.

25 Keynes 1930a.

Die Stunde der Politik

Nun fragt es sich, wie dieses System und dieser ökonomische Blickwinkel zu ändern wäre. Am einfachsten ginge das unserer Meinung nach, indem man die Ökonomie wieder zu dem zurückführt, was sie ursprünglich war: eine politische Ökonomie.

Dazu eine kleine Geschichte. Die Hirnforschung hat herausgefunden, dass der für Angst zuständige Teil unseres Denkapparats in zwei kleinen ovalen Teilbereichen des Gehirns sitzt: in den »Mandelkernen« oder »Amygdalae«. Mit Betablockern ist es möglich, die Amygdalae auszuschalten. Eine ähnliche medizinische Funktion für das Angstzentrum der globalen Wirtschaft hatte Ende 2008 die Politik. Angesichts einer drohenden panglobalen Bankenpleite entschied sie, die Märkte mit Geld zu fluten und die Zentralbanken eine noch nie da gewesene Gelddruckaktion in Angriff nahmen, die bis heute andauert.

Alle Kanzler und Finanzminister der Industrieländer traten damals vor die TV-Kameras und versprachen die totale Sicherheit für Spareinlagen und Vermögen. Diese Sicherheit hat es selbstverständlich niemals gegeben. Aber eine bessere Lokalanästhesie für die rot glühenden Amygdalae-Angstzentren der Anleger und Sparer gab es nicht. Wenn die das System gestaltenden Ökonomen diese Rolle der Parlamente und Regierungen begreifen würden, wären sie einen gewaltigen Schritt weiter. Sie hätten ein Angststeuerungs- und Krisenzentrum dazugewonnen.

Was in der »Psyche einer Volkswirtschaft« passiert, wenn die Politik nicht oder nur nach klassisch-ökonomischen Gesichtspunkten eingreift, ist am besten mit dem Wort »Ungewissheit« zu beschreiben. Dann warten Märkte im freien Fall auf eine »Bodenbildung«, Banken zittern ihrer Bilanzwahrheit entgegen und verweigern der Realwirtschaft Kredite, »denn man weiß ja nicht, was kommt …«. Womit wir es hier zu tun haben, ist wieder Freuds »automatische Angst«, die bei zu viel Ungewissheit auftritt und sich zu neurotischen Störungen auswachsen kann.

Der italienische Philosoph Antonio Gramsci hat einmal über Krisen den folgenden poetischen Satz geäußert: »In der Dämmerung kommen die Gespenster.«[26] Eine Zeit der Krise ist tatsächlich in Zwielicht getaucht; alte Systeme scheinen zu versagen, neue sind noch nicht erfunden. Die Unsicherheit regiert. In diesem Zustand aber öffnet unser vor Jahrmillionen eingespeister »Little Shop of Horrors« seine Pforten. Er versorgt uns bereitwillig mit all den fürchterlichen Angstkreaturen, von denen wir eingangs sprachen: mit Schlangen, Drachen, Bestien, Zombies und anderen Gespenstern, die wir längst zivilisatorisch entsorgt glaubten. Und wir nehmen sie alle bereitwillig an, mitsamt der Angst, die sie verbreiten.

Die biblischen, alles vernichtenden »Heuschrecken« der Moses-Erzählung, welche – diesmal in menschlicher Gestalt – die Märkte und Bankkonten kahl fressen. »Finanzhaie«, die Blutorgien an den Börsen veranstalten. In den Zeitungskarikaturen leben Banker als Drachen und Krokodile wieder auf. In die Psychologie übersetzt, haben wir es hier mit klassischen Angstsymbolen zu tun und im Speziellen mit »lebensbedrohlichen Kollektivsymbolen«.[27]

Es ist auch kein Wunder, dass eines der berühmtesten modernen Ungeheuer in eine Krisenzeit hinein erfunden wurde. In die Zeit der Großen Depression in Amerika und Europa, in der 36 Prozent der US-Bevölkerung ihren Arbeitsplatz verloren und Millionen von Arbeitslosen die Straßen Europas fluteten. Das war die Zeit, als Ernest B. Schoedsack das Filmmonster King Kong erschuf (1933).

Gierige Filmproduzenten verschiffen darin eine verarmte Nachwuchsschauspielerin aus New York auf eine geheimnisvolle Insel, mit dem Versprechen, sie reich und berühmt zu machen. Auf dem Eiland soll die Frau einem monsterhaften Gorilla als Opfer dargebracht werden. Der Gorilla aber verliebt sich in das Mädchen, wird gefangen und nach New York transportiert. Dort verwandelt sich der Affe vom vermeintlichen Unterhaltungsobjekt der Großstadtmassen zum Schreckenssubjekt, das nur durch den heldenhaften Einsatz der US-Luftwaffe unschädlich gemacht werden kann.

Jenseits der offensichtlich sexuellen Konnotation des schwarzen Ungetüms, das die weiße Frau entblättert, zeigt King Kong sich als ökonomisches Gleichnis. Die Gier der Geschäftemacher aus der

26 Zitiert nach Amin 2012.
27 Dieser Ausdruck stammt von der deutschen Literaturwissenschaftlerin Maren Lickhardt (2010).

Finanzmetropole New York zerrt die gröbste Missbildung der Natur vor den Vorhang und opfert ihr eine unschuldige Frau. Sigmund Freud hätte an King Kong seine wahre Freude gehabt, vor diesem Drama der Angst vor Potenzverlust und Kastration des absteigenden weißen amerikanischen Bürgertums in der Weltwirtschaftskrise.

Angst durch (Markt-)Freiheit

Am Ende dieses Kapitels wollen wir uns der Wirtschaft aus philosophischem Blickwinkel nähern und ihre wichtigste Komponente, die Freiheit und die Angst in der Gesellschaft, beleuchten. Wir erinnern uns an die Kinderwippe der Extreme, die wir oben angesprochen haben – an die enge Wechselbeziehung in der Ökonomie der Gefühle, die uns Freud gelehrt hat.

Der dänische Philosoph Søren Kierkegaard hat eine solche Wechselbeziehung zwischen Angst und Freiheit hergestellt. Er sah Gott aus der Gesellschaft verbannt und erblickte statt seiner die Freiheit als modernes, gesellschaftlich verankertes Paradigma.

Tatsächlich hatte sich der europäische Mensch der Aufklärung seit dem 17. Jahrhundert aufgemacht, alte Autoritäten aus seinem Leben zu werfen. Er brach die gewachsenen Gesellschaftsordnungen auf, er wurde mobil und traute seinen Erfindungen mehr als den Worten seiner religiösen Führer. Der mündige Bürger las nun nicht mehr nur in der Bibel, sondern auch in Platons *Staat* und bezog daraus seine Vorstellung, dass das Glück nicht länger im Jenseits nach dem Tod gesucht werden müsse.[28]

28 Der französische Historiker Jean Delumeau trennt zwischen Furcht und Angst, eine Unterscheidung, der wir uns nicht anschließen, weil sie umstritten ist. Sein Gedanke aber ist interessant: Er meint, Mittelalter und frühe Neuzeit hätten trotz vielfältiger Bedrohungs- und Gefahrenkonstellationen eine grundsätzlich intakte Ordnung der Dinge gehabt. Aufgrund des Narrativs der christlichen Heilsgeschichte funktionierte der Übersetzungsmodus von Angst in Furcht noch weitgehend. Eine globale Angst wurde auf diese Weise in verschiedene Ängste zerlegt, die zwar jede für sich furchtbar, aber doch »benannt« und erklärbar waren. Denn schließlich hatten sich doch die Kirchenmänner darüber Gedanken gemacht und sie erläutert. Mit den Figuren des Teufels, der Hexen und Dämonen standen Agenten der Devianz zur Verfügung, die man für mannigfaltige Gefahren und Widrigkeiten verantwortlich machen konnte.

In diesem Umfeld entsteht 1516 Thomas Morus' philosophischer Dialog von der Insel »Utopia«, der idealen menschlich-platonischen Gemeinschaft. Es ist der erste sozialistische Gesellschaftsentwurf. Wichtiger als die kuriosen Formen des Zusammenlebens auf Utopia (goldene Nachttöpfe, kommunistische Warenmärkte, Ältestenrat) ist aber, dass das Paradies, gleich welcher Anschauung, im Diesseits zu erschaffen ist, in diesem einzigen Leben. So verlockend das ist, so schwerwiegend sind die existenziellen Fragen, die sich daraus ergeben.

Was passiert nun mit den alten Sicherheiten? Wenn es keinen Teufel gibt, wie die neue Wissenschaft behauptet, und auch keine Hölle, was ist uns dann der Tod? Bleibt dann nur noch das Diesseits übrig? Wohin führt die Freiheit also? In eine große Leere? In das, was Blaise Pascal »das Schaudern vor dem ewigen Schweigen der unendlichen Räume«[29] nannte?

Hier setzt Kierkegaard an. Bei der Angst vor dem Nichts nach dem Tod. Er sieht die ungeheuren Möglichkeiten der Freiheit und gleichzeitig die ungeheure Angst vor der totalen Verlassenheit. Er versucht, beides gleichzeitig zu sehen, und empfindet plötzlich Schwindel – vergleichbar der Höhenangst:

> Angst kann man vergleichen mit Schwindel. Wessen Auge in eine gähnende Tiefe hinuntergeschaut, der wird schwindelig. Der Grund seines Schwindels ist aber ebenso sehr sein Auge, wie der Abgrund; denn gesetzt, er hätte nicht hinuntergestarrt! So ist die Angst der Schwindel der Freiheit, der aufsteigt, wenn ... die Freiheit nun hinunterschaut in ihre eigene Möglichkeit und dabei die Endlichkeit ergreift, um sich daran zu halten.[30]

Die Situation der Freiheit umfasst alle Möglichkeiten, deshalb ist sie faszinierend und beängstigend zugleich.[31]

29 Pascal 1978, S. 115

30 Kierkegaard 1981, S. 60.

31 Wir sollten an dieser Stelle erwähnen, dass der Begriff »Freiheit« eigentlich ein Eigentumsbegriff ist. Das indogermanische »peri« bedeutet »das, was bei mir ist«, das persönliche Eigentum. Die Germanen sagen es gleich noch direkter: »Fri-halsa«, was bedeutet, »jemand, dem sein Hals selbst gehört«. Noch heute heißt der zu einer Gemeinde gehörende Grund in manchen Landstrichen

Kierkegaard stößt mit seiner Ansicht auf breite Zustimmung bei Kollegen, die ihn zitieren oder umformuliert bestätigen. Friedrich Nietzsche sieht die Angst des Menschen als Preis für die Offenheit seiner Existenz. Diese Freiheit von einem fest gefügten Schicksal oder einer Vorsehung laufe auf eine »höhere existenzielle Gefährdung hinaus«. Der Mensch gehöre nur sich und keiner Macht sonst, was ein »weites Feld existenzieller Ängste« eröffne.[32] Jean-Paul Sartre nimmt in *Das Sein und das Nichts* an Kierkegaard Anleihe: »Aus dem Bewusstsein des Könnens nährt sich der Schauder vor dem Abgrund.«[33] Und die vergangenen Jahrzehnte rücken die Angst als Phänomen der Postmoderne wieder verstärkt in den Blickpunkt. Der Soziologe Zygmunt Bauman diagnostiziert die *liquid fear* des Pessimismus: »Die Angst hat sich eingenistet. Sie durchdringt den Alltag der Menschen im gleichen Maße wie die Deregulierung die Grundlagen der menschlichen Existenz erfasst und die Bastionen der Zivilgesellschaft fallen.«[34]

Die Entdeckung des Bipolaren

Bleiben wir bei Kierkegaard und erkennen, dass die Angst kein Phänomen unserer Jahre ist. Die Freiheit in ihrer schwindelnden Höhe der Möglichkeiten war schon seit ihrer Eroberung durch den Menschen der Aufklärung Quelle von Angst und Optimismus gleichzeitig. Ein wichtiger Teil dieser Aufklärung ist aber gerade die Theorie von den freien Märkten, die mit der schottischen Aufklärung des 18. Jahrhunderts entstand.

Mitteleuropas »Freiheit« und ist mit Marksteinen und Wegmarken gesichert. Auch die Bibel erwähnt Freiheit zuerst mit dem Recht des Volkes Israel auf das Eigentum Gottes. Es ist gebunden an das Land, das Gott Mose am Berg Sinai verspricht. Er erteilt ihm den Auftrag, dass alle Schulden in jedem 50. Jahr gestrichen werden sollen und ein jeder auf sein Land zurückkehren dürfe, das er davor einem anderen zur Pacht überlassen hat. Auch der Schuldknecht sei frei, die Schuld gestrichen: »Erklärt dieses 50. Jahr für heilig und ruft Freiheit für alle Bewohner des Landes aus! Es gelte euch als Jubeljahr. Jeder von euch soll zu seinem Grundbesitz zurückkehren, jeder soll zu seiner Sippe heimkehren.«

32 Nietzsche 1978, Band II, S. 563.

33 Sartre 1962, S. 75.

34 Bauman 2008, S. 29.

Adam Smith macht die unbeeinflusste Entscheidung des Einzelnen und den Zug zum Eigennutz zum Werkstoff einer Fabrik des Fortschritts und des Wohlstands. Zu kurz kommt dabei, dass das Streben nach Eigennutz immer auch die Angst vor Verlust in sich trägt. Die Angst ist auch auf dem freien Markt die ständige Begleiterin der Freiheit. Das bipolare Konzept der Freiheit bei Kierkegaard passt auch in die Real- und in die Finanzwirtschaft. Beide Ökonomien mäandern ständig zwischen Angst und Optimismus, beide leben von der Freiheit und sind durch sie gefährdet.

Eines der eindrücklichsten Gleichnisse für dieses Wechselspiel zeigt der Film *Margin Call* (deutsch: *Der große Crash – Margin Call*, 2011): eine brillante Studie über den Crash von 2008. Da steigt einer der Banker über das Sicherheitsgeländer am Dach eines Wolkenkratzers in New York und starrt 200 Meter in den Abgrund. Als ihn die Umstehenden zurückreißen, meint er: »Das Eigenartige an dieser Situation ist nicht die Angst, dass man fallen könnte, sondern die Lust, zu springen.«

Die gute Angst

Wir haben in diesem Kapitel viele Facetten der Angst und Sorge kennengelernt. Alle sind sie negativ beladen und angereichert, von den ersten Fluchtwegen der Menschheit in der Savanne bis zur absurden Angstlust des Brokers von Manhattan.

Aber die Angst kann auch positiv sein. Man muss sie nur so betrachten wie der Schriftsteller Max Frisch. Er meint, einzig die Angst vor dem Nichts nach dem Tod erzeuge unser Lebensglück: »Erst aus dem Nichtsein, das wir ahnen, begreifen wir für Augenblicke, dass wir leben. Man freut sich der Muskeln, man freut sich, dass man gehen kann, man freut sich des Lichtes, das sich in unserem dunklen Auge spiegelt, man freut sich seiner Haut und Nerven, die uns so vieles spüren lassen, man freut sich und weiß mit jedem Atemzug, dass alles, was ist, eine Gnade ist.«[35]

35 Frisch 1985, S. 157f.

Wir können uns vorstellen, dass Ähnliches vor undenklichen Zeiten auch unsere Vorfahren in der Savanne verspürt haben. Als sie nach gelungener Flucht sicher auf dem Baum saßen und sich die Löwen eine andere, leichtere Beute suchen mussten. Als unsere Ahnen dann wieder herunterstiegen, dürfte sich der eine oder andere bereits überlegt haben, wie er die ungeheure Geschichte seiner Flucht am Abend am Lagerfeuer erzählen würde. Und wie sie an seinen Lippen hängen würden, die Frauen, Männer und Kinder – mit großen Augen, klopfenden Herzen und offenen Mündern. Auf diese Weise brachte die Furcht also auch das Geschichtenerzählen in die Welt. Einige von uns Nachfahren erzählen immer noch seltsame Geschichten über Riesengorillas, Götter und blühende Reichtümer. Wir nennen sie Ökonomen.

3. KASSANDRAS FLUCH – VON DEN SEHERN DER ÖKONOMIE

Uns zu berücken, borgt der Lügengeist
Nachahmend oft die Stimme von der Wahrheit
Und streut betrügliche Orakel aus.

Friedrich Schiller[1]

Die Wahrheit der Götter

In der Provinz Phokis in Zentralgriechenland, auf einer felsigen Anhöhe auf halbem Weg zum Gipfel des Parnass, sieht man heute noch die Ruinen einer Stadt, die einst das mystische Zentrum der antiken Welt war: Delphi. Hierher pilgerten über eine Periode von mehr als 1000 Jahren Könige und Kaiser, Feldherren und andere Mächtige, um die Zukunft zu erfahren. Im Tempel des Apollon, des Gottes der Weissagung und der Künste, saß die Priesterin Pythia über einer Felsspalte, aus der geheimnisvolle Dämpfe stiegen, und antwortete den Bittstellern. Der Staatsmann Perikles holte sich hier ebenso Rat wie der weise Gesetzesgeber Athens, Solon, und später Roms Staatsgelehrter Cicero. Pythia verhieß Philipp von Makedonien die Eroberung der Welt; dem sagenhaften Krösus von Lydien prophezeite sie in geheimnisvollen Worten seinen Untergang, und dem römi-

1 Schiller 2003.

schen Kaiser Nero sagte sie das Jahr seines Todes voraus, um ihm danach angewidert die Tür zu weisen: »Weiche, Muttermörder!«[2]

Hier wurde auch eines der ersten Orakel zur Ökonomie gesprochen. Der griechische Historiker Herodot berichtet darüber. Es ist die Geschichte des Spartaners Glaukos. Glaukos ist ein hoch angesehener Weiser, dessen Ruhm weit über die Landesgrenzen hinausreicht. Eines Tages kommt ein reicher Kaufmann aus Milet zu ihm, um ihn zu bitten, auf sein Vermögen aufzupassen. Glaukos verspricht es. Es vergehen viele Jahre, und der Milesier stirbt. Zuvor aber teilt er seinen Söhnen mit, wo sich sein Vermögen befindet. Doch als die Jünglinge in Sparta vorstellig werden, leugnet Glaukos: »Ich habe kein fremdes Geld. Wer immer das behauptet, soll es beweisen und dafür mit seinem Leben bürgen. Möge das Orakel entscheiden, wer im Recht ist.« Glaukos rechnet damit, das Orakel könne nichts derart Unwichtiges wissen. So reist er nach Delphi. Doch dort bekommt er das Gegenteil von einem Freibrief. Er wird verflucht. Auf die Frage, ob er schwören dürfe, dass alles Geld in seinem Hause ihm gehöre, sagt Pythia:

> Für das Jetzt, oh Glaukos, wäre es das Beste zu tun,
> wie du begehrst zu tun.
> Schwöre also und sicher sei des Schatzes.
> Denn der Tod ereilt auch jene, die niemals lügen.
> Doch hat der Schwurgott einen namenlosen Spross.
> Der braucht weder Fuß noch Hand, um rasend Rache
> zu vollziehen,
> und zu zerstören alles und alle, die dem Meineidigen
> entstammen.
> Nur wer dem Eid die Treue hält, wird fruchtbare Frucht
> erzeugen.[3]

---

2 Mehr als 500 Orakel des pythischen Orakels sind uns überliefert. Delphi war ab dem achten Jahrhundert vor Christus bis 362 unserer Zeitrechnung aktiv. Erst Kaiser Julian Apostata ließ es schließen. Delphi galt allen Völkern des Mittelmeerraums als neutrale Zone, in der Krieg keinen Platz hatte und die nicht erobert oder besetzt werden durfte. Für das Orakel beziehungsweise für einen offenen Zugang zum Orakel wurden sogar drei heilige Kriege geführt. Unter anderem gegen die Stadt Krissa, die im fünften Jahrhundert vor Christus Wegezoll für die Pilger nach Delphi erheben wollte. Krissa wurde daraufhin erobert und zerstört.

3 Herodot 2001

Glaukos bereut. Er entschuldigt sich vielfach und kehrt eilends nach Sparta zurück, um den Milesiern die Schätze ihres Vaters auszuhändigen. Doch seine Reue kommt zu spät. Seine Söhne und Töchter sterben kinderlos. Das Geschlecht des Glaukos erlischt.

Wir haben das Beispiel jenseits seines ökonomischen oder moralischen Gehalts gewählt, um eine besondere Eigenschaft des Orakels zu demonstrieren. Es geht uns um die Sprache und den Stil, in dem sich die Priesterin ausdrückt. Sie spricht in Reimen, in lyrischer Entrückung. Die Verse der Pythia haben einen für die damaligen Zeitgenossen überwältigenden Rhythmus, verbrämt mit einem quasireligiösen Inhalt. Jeder Schicksalsspruch ist ein Kunstwerk, das zu geheimnisvoller Offenbarung führen kann. Das ist kein Zufall. Nach antiker Anschauung verbargen sich in der Dichtung die Kraft und die Methode, in die Zukunft zu schauen. Nicht umsonst stand das Orakel unter dem Schutz des Gottes der Dichtkunst Apollon.[4]

Geheimnisvolle Poeten

Was das alles mit Wirtschaft zu tun hat? Nun, als wir anfingen, uns als Studenten näher damit zu beschäftigen, hatten Ökonomen etwas vergleichbar Magisches an sich. Nicht so sehr ihre Fähigkeit, mit Zahlen umzugehen, faszinierte uns, vielmehr ihre magische Sprache. Deren Wirkung ergab sich aus faszinierenden Wortschöpfungen mit zauberhaften Anklängen: die »unsichtbare Hand«, die »kreative Zerstörung«, die »Elastizität der Preise«, *»Rational Choice«* und vieles mehr. Die Ökonomen konnten selbst die einfachsten Handlungen in einen eindrucksvoll formulierten Weltzusammenhang stellen.

Das tägliche Leben besteht nach dieser Erklärung aus wenig mehr als aus Märkten, Preisen und Kapitalströmen. Und wer davon nicht mehr wissen will als eben das, dem bleiben Worte, die vollkommen untaugliche, aber eindrucksvolle Sinnzusammenhänge herstellen: das Wirtschaftswachstum (»schafft Arbeit und Sicherheit«), die

4 Die hellseherische Komponente der Dichtkunst findet sich nicht nur in den Mythen des Vorderen Orients. Auch in der *Edda* der Germanen versetzt der Skalden-Met die Dichter in Verbindung mit den Göttern und ihrer übernatürlichen Kraft.

Börse (»schafft Geld ohne Arbeit«) oder die Banken (»schaffen Zinsen ohne Risiko«).

Weil sie ein auf Konsum und Wachstum gerichtetes System mit Modellen und Prognosen unterfüttern, sind Ökonomen unverzichtbare Bestandteile der Gesellschaft insgesamt geworden. Sie erfüllen eine scheinbar chaotische Welt mit Ordnung und lindern die Angst vor dem Ausgesetztsein in einer unkontrollierbaren Gegenwart. Nicht umsonst haben wir dieses Kapitel in die Nachbarschaft zu den Ausführungen über die Angst gestellt. Diese soziale Funktion, welche die Gesellschaft und die Medien den Ökonomen explizit zuschreiben, steht im Zentrum der kommenden Ausführungen: die Rolle der Propheten der Märkte.

Der Archetyp des Weisen

Die Psychologie hat sich in vielen Studien mit unserem Glauben an seherische Kräfte auseinandergesetzt. An vorderster Stelle steht hier Carl Gustav Jung, der den Propheten als Archetyp, als ein Ursinnbild der menschlichen Psyche betrachtet. Er beschreibt das Bild des »alten Weisen«. Diese Figur tritt vor allem dann in Erscheinung, wenn das Unwägbare unserer Existenz das Leben infrage stellt, und wenn das Erkennen keimt, dass auch das Wissen und die Philosophie dagegen machtlos sind. Dann, so Jung, wenn nicht mehr die leiseste Deckung in Sicht ist, tritt der »Archetyp des Sinnes« auf. Ein überlegenes Wesen, Meister und Führer in einer Gestalt. Dieser Weise ist bei Jung das Synonym für den Magier und Medizinmann – ein unsterblicher Geist, der mit seinem Licht die Dunkelheit des Lebens durchdringt. Da aber bei Jung jeder Archetyp einen positiven und einen negativen Aspekt in sich vereint, gilt die Figur des alten Weisen als Teufel und Erleuchteter zugleich.

Der gute und der böse Seher sind auch in der Populärkultur beliebte Figuren.[5] Der König der Dichter, Homer, hat diese Ambigui-

5 J.R.R.Tolkien hat den Weisen und seine Zwiegestalt in Gandalf und Sarauman im *Herr der Ringe* verewigt.

tät in einem Duell wiedergegeben, das sich in den epischen Nachträgen zum Trojanischen Krieg findet. Es ist die Geschichte von Kalchas und Mopsos. Kalchas ist der blutrünstige Seher der Griechen vor Troja. Seinetwegen wird die Tochter Agamemnons, Iphigenie, beinahe (oder tatsächlich, je nach Überlieferung) geopfert, auf sein Anraten wird der kleine Astyanax, der neugeborene Sohn des Trojaners Hektor, umgebracht und die schöne Polyxenia verbrannt. Kalchas hat alle Eigenschaften eines geschickten Blenders. Er verfügt über die Gabe der eindrucksvollen Rede. Vor allem aber ist die Stichhaltigkeit seiner Voraussagen nicht überprüfbar. Es geht mit wenigen Ausnahmen um Zufälle, wie etwa den günstigen Wind auf hoher See, ein Geschehen, das – mit oder ohne Opfer – irgendwann einmal eintreten muss. Kalchas ist der falsche Prophet: ehrsüchtig, verschlagen und rücksichtslos auf dem Rücken der Schwächeren agierend.

Auf der Heimreise von Troja, auf dem Gipfel seines Ruhms, kommt Kalchas nach Kolophon. Dort trifft er auf einen berühmten jüngeren Kollegen: Mopsos, einen Sohn des Apollon. Kalchas will Mopsos demütigen. Er zeigt auf einen riesenhaften, wilden Feigenbaum und fragt: »Kannst du mir vielleicht genau sagen, wie viele Feigen von diesem Baum geerntet werden?« Und Mopsos sagt lächelnd: »Freilich. Erst 10 000 Feigen, dann ein Scheffel Feigen, sorgsam gewogen – und noch eine einzige Feige, die übrig bleibt.« Kalchas lacht noch verächtlich: »Ha, eine einzelne Feige.« Doch die Voraussage trifft exakt ein. Nun ist Mopsos an der Reihe, Kalchas zu fragen: »Um von den Tausenden zu einer kleineren Menge herunterzusteigen«, versetzt er süffisant, »wie viele Ferkel liegen im Bauch der trächtigen Sau, die du in dem Stall da drüben siehst?« »Acht männliche Ferkel«, stößt Kalchas hervor, »und sie wird in neun Tagen werfen.« Mopsos entgegnet: »Das ist falsch. Es sind drei Ferkel, davon nur eines männlich, und die Geburt ist morgen Mittag.« Mopsos behält recht. Kalchas aber, so dichtet Homer, »stirbt an gebrochenem Herzen«.

Wissenschaft, Glaube, Sonnenflecken

Warum schenken wir Propheten so bedenkenlos unser Vertrauen, wenn sie doch so leicht betrügen können? Faktenbasiert nähern sich heute die Psychologie, die Sozialpsychologie und die Anthropologie diesem Phänomen. Dabei sind sie auf einen grundlegenden Zug menschlicher Wahrnehmung gestoßen: Der Mensch sucht beständig nach Strukturen in dem ihn umgebenden Chaos. Das bringt ihn auch dazu, an Dinge zu glauben, die mit der Wirklichkeit gar nichts zu tun haben. Wir sehen – kurz gefasst – selbst da noch Ordnung, wo gar keine ist. Der britische Psychologe Bruce Hood: »Unser Gehirn hat sich im Laufe der Evolution dazu entwickelt, den Sinn in der Welt zu entdecken, indem es ständig nach Kausalitäten fahndet. Wir neigen dazu, alles so zu interpretieren, als sei es vorherbestimmt. Dinge müssen stets aus einem Grund passieren.«[6]

Diese Neigung gehört offensichtlich zu den älteren Verhaltensmustern in der Evolution, jedenfalls ist sie wesentlich älter als die Menschheit. Der US-amerikanische Lernforscher B.F. Skinner hat »Aberglauben« sogar bei hungrigen Tauben festgestellt.[7] Er setzte drei Vögel als Probanden in eine Kiste, in der sich auch ein Futterspender befand, aus welchem alle 15 Sekunden ein Körnchen fiel. Bereits nach wenigen Minuten begannen sich die Tauben seltsam zu verhalten. Eine Taube führte einen speziellen Tanz auf, eine zweite begann in regelmäßigen Abständen, gegen eine Ecke der Kiste zu hacken.

Die Tiere, so stellte Skinner fest, hatten ein Verhalten, das sie zufällig gezeigt hatten, als eines der Körner fiel, mit der Körnerspende in Beziehung gesetzt. Diese Selbstkonditionierung mündete in ein Beschwörungsverhalten oder – wenn man es tierischer sehen will – in die Balz um den Futterspender.

Später wurde dieses Experiment in einem Versuch bestätigt, in dem Kinder einen Spielzeugclown dazu bringen sollten, Murmeln auszuspucken, die er in seinem Bauch hatte. Ohne dass die Kinder

6 Hood 2011, S. 47. Literatur: Wolfradt 1997; Vyse 2000.
7 Skinner 1974, S. 273.

dies ahnten, tat der Clown das ohnehin automatisch alle 30 Sekunden. Die meisten Kinder glaubten am Ende dennoch, es würde helfen, den Clown auf die Nase zu küssen oder eine Grimasse zu ziehen. Zwei Drittel der Kinder entwickelten ein solches Ritual.

Wir können nun die Kinder belächeln, doch unsere Mimik müsste gefrieren, wenn wir Berichte lesen, nach denen seit dem Ausbruch der Finanzkrise immer mehr Manager zu Astrologen pilgern.[8]

Auch Sigmund Freud hat sich intensiv mit dem Aberglauben beschäftigt. Zunächst entdeckte er ihn in zahlreichen scheinbar unbewussten Aktionen des Alltags: Etwa dass jemand, der beim Spiel eine hohe Zahl erwürfeln will, die Würfel mit mehr Kraft wirft, als wenn er eine niedrige Zahl anpeilt. Freud: »Gewisse Unzulänglichkeiten unserer psychischen Leistungen … und gewisse absichtslos erscheinende Verrichtungen erweisen sich, wenn man das Verfahren der psychoanalytischen Untersuchung anwendet, als wohl motiviert und durch dem Bewusstsein unbekannte Motive determiniert.«[9]

Die Geschichte der Ökonomie ist voll von solchen Denkfehlern. Ende des 19. Jahrhunderts etwa glaubte man an die Auswirkung von Sonnenflecken auf das wirtschaftliche Geschehen. Einer der brillantesten Ökonomen, der Brite William Stanley Jevons, hatte eine Konjunkturtheorie entworfen, die durch astronomische Zusammenhänge bestimmt war.[10] Jevons verglich die Jahresstatistiken von Getreidepreisen mit den periodisch auftretenden Sonnenflecken. Das Ergebnis: Alle 11,11 Jahre gibt es Sonnenflecken und alle 11,11 Jahre gibt es Perioden wirtschaftlichen Überflusses oder Niedergangs.

8 http://derstandard.at/1356427446405/Immer-mehr-Manager-holen-sich-Rat-bei-Astrologen.

9 »Certain shortcomings in our psychical functioning … and certain seemingly unintentioned performances prove, if psychoanalytic methods of investigation are applied to them, to have valid motives and to be determined by motives unknown to consciousness« (Freud 1924, S. 201).

10 Jevons soll hier keineswegs verunglimpft werden, nur weil er einmal irrte. Im Gegenteil. Er ist berühmt für seinen mathematischen Verstand und seine fachübergreifende Bildung. Sein Werk ist gespickt mit originellen und noch heute relevanten Ideen. Seine *Theory of Political Economy* ist ein wissenschaftliches Meisterwerk und ein Lesevergnügen zugleich. Er fasste das ökonomische Problem der klassischen Schule neu und verband die Utilitaristik mit der Mathematik. In seiner Nutzentheorie entwirft er noch vor Menger als Erster eine Theorie des Grenznutzens, den er als »letzten Nutzengrad« bezeichnet. Noch immer nicht vollständig erkannt ist dabei sein Verweis auf ein »Grenzleid der Arbeit«, in der die Anstrengung und Mühe zur Erlangung einer entsprechenden Entlohnung deren Nutzen aufwiegt und übersteigt. Wäre man diesem Gedanken konsequent zu Ende gefolgt, müssten wir heute nicht über die Burn-out-Opfer und die »Working Poor« schreiben. Es würde sie schlicht nicht geben.

11,11 – das ist eine schöne, eine beinahe magische Zahl. Und alles klang sehr einleuchtend, zumal aus dem Mund eines anerkannten Genies der Logik: Die Sonnenflecken beeinflussen das Wetter, das Wetter beeinflusst die Getreideernte, die Getreideernte die Nahrungsmittelversorgung, die Nahrungsmittelindustrie die Industriearbeiter, die Industriearbeiter die Erträge des Unternehmens, und die Erträge beeinflussen die Steuereinnahmen des Staates.

Erst die großen Wirtschaftskrisen der 30er-Jahre des 20. Jahrhunderts haben mit dem Glauben Schluss gemacht, das Schicksal der Weltwirtschaft mit Vorgängen auf einem Himmelskörper in 150 Millionen Kilometern Entfernung von der Erde in einen Topf zu werfen. Es war eine Art von ökonomischer Chaostheorie, wonach ein Schmetterling mit seinem Flügelschlag in letzter Konsequenz einen Sturm entfachen könne.

Stress und Zeitdruck als Motoren des Aberglaubens

Besonders anfällig für Aberglauben sind wir laut Studien dann, wenn wir wenig Zeit zur Verfügung haben. Oder wie Bruce Hood das ausdrückt: »Unter Stress und Zeitdruck funktioniert die Kontrolle des intuitiven Denkens viel weniger gut als im Ruhezustand. Unter harten Bedingungen akzeptieren selbst rationale Testpersonen übernatürliche Erklärungen.«[11] Wenn das stimmt, wie geht es dann wohl vollkommen überlasteten Managern und Investoren, die in Sekundenschnelle Millionen machen oder verlieren? Wie sollen sie eine rationale Analyse erarbeiten?

---

11 Hood 2013. Dazu noch ein Gedanke: Könnten nicht der Aberglaube und die Instinkte, welche er freisetzt, mitverantwortlich sein für die abrupten Auf- und Abwärtsbewegungen der Märkte und für »irrational exuberances« (Shiller), die wir so fürchten? Dass wir also, nachdem uns eine Krise ereilt hat, in einen speziellen Zustand kollektiver Nervosität verfallen, die dazu da ist, sehr schnell und instinktiv auf jedes weitere Gefahrenzeichen zu reagieren? Nicht umsonst heißt es im Deutschen »Gespenster sehen«, ein Zustand, der exakt die Verhaltensmuster des Aberglaubens widerspiegelt: an Gefahren zu glauben, wo keine sind, und sie am Ende in dem Sinne selbst wahr zu machen, indem wir reagieren, als seien sie real. Wenn diese Störung sich systematisch ausbreitet, führt sie zu einem Krankheitsbild, das wir aus der Psychiatrie als »Paranoia simplex chronica« kennen. Das bedeutet: Durch eine externe Schock-Erfahrung entwickelt sich der Glaube des Opfers an eine überlegene böse Macht, der sich langsam bis in eine offenbare Störung steigert.

Im Wissenschaftsmagazin *Science* wurde ein Fall geschildert, in dem Forscher den Probanden sukzessive das Kontrollgefühl entzogen. Sie ließen einen Computer ein falsches Feedback auf eine gelöste Aufgabe geben und erinnerten die Teilnehmer danach an eine Situation, in der diese sich einmal hilflos gefühlt hatten. Eine weitere Gruppe blieb in der Wahrnehmung der Kontrolle unbehelligt. Anschließend wurden den Versuchspersonen Bilder aus schwarzen und weißen Punkten gezeigt. Die Gruppe der Probanden, die vorher verunsichert worden waren, interpretierte viel mehr Figuren in die Punkte hinein als jene Gruppe, die unbehelligt geblieben war.

Sigmund Freud fügt in *Totem und Tabu* noch einen weiteren Gedanken hinzu.[12] Er deutet den Aberglauben als Abfuhr unausgelebter Aggressionen gegen andere. Freud: »Aberglaube ist zum großen Teil Unheilserwartung, und wer anderen Böses wünscht, aber solche Gefühle infolge der Erziehung ins Unbewusste verdrängt, dem wird es besonders naheliegen, die Strafe für solch unbewusstes Böses als ein ihm drohendes Unheil von außen zu erwarten.«[13] Anders gesagt: Der böse Wunsch bestraft sich selbst.

Die Monadologie der Wirtschaft

Wenn nun aber Unsicherheit und Aberglaube Geschwister sind, dann ist es doch auch verständlich, dass sie besonders an den Finanzmärkten Nahrung und Opfer finden. Hier sind Unsicherheit und Wendungen des Geschicks besonders häufig, und hier wird mit der Zukunft ein Milliardengeschäft gemacht. Um diese Funktion näher zu erläutern, wollen wir einen Gegenstand besprechen, der auf den ersten Blick kindisch erscheint, der aber unsere Wünsche an die Ökonomie wie kein anderer symbolisiert: die Kristallkugel.[14]

---

12 Freud 1982k, S. 289.

13 Freud 1924, S. 19.

14 Dabei war die Kugel ursprünglich ein ganz banales Arbeitsinstrument: Es waren transparente Halbkugeln aus Quarz oder Rauchquarz, welche die Mönche über Texte legten, um die heiligen Schriften lesbar zu machen. Irgendwann hat sich die optisch verzerrte Weisheit in den Augen der Abergläubischen auf den Gegenstand übertragen: Die Kugel wurde selbst zum Medium der über-

Sie ist ein sehr widerstandsfähiges Überbleibsel aus den Vorzeiten des magischen Denkens. Wir sehen sie noch heute in den Kinowelten von *Harry Potter*, den *Chroniken von Narnia* oder in *Herr der Ringe*. Dieses Instrument ermöglicht dem Eingeweihten, in die Zukunft zu blicken und eine Verbindung mit der Allwissenheit herzustellen.

Vielleicht war es die Idee einer solchen Kristallkugel, die den Barockphilosophen Gottfried Wilhelm Leibniz zu seiner *Monadologie* inspirierte. Die Monade stellt in einer atomartig gebauten Welt die kleinste und innerste Einheit des Kosmos dar. Laut Leibniz vereint sie das Weltall, Vergangenheit, Gegenwart und Zukunft in sich. Sie ist in sich eins und ohne Ausdehnung. Sie ist reine Energie. Alle Energie im Jetzt ist ausgerichtet auf ein Wirken in der Zukunft, sagt Leibniz.

Der Vektor Kapital

Er wurde dieser Ansicht wegen viel belacht. Aus der Nähe betrachtet, lebt die Wirtschaft nach diesem Monaden-Prinzip. Es geht darum, in den Raum undenklich vieler ökonomischer Möglichkeiten eine Bresche zu schlagen. Das Kapital ist das Mittel dazu. Es gibt die Richtung vor, zwischen dem Jetzt und der Zukunft. Das ist ein ganz natürlicher Vorgang: Die Saat, die der Bauer ausbringt, ist sein Kapital, das er auf die zukünftige Ernte richtet. Für den Banker ist es der ausgegebene Kredit und für den Unternehmer das Investment. Das Kapital ist das Medium, welches die wirtschaftliche Zukunft schon im Jetzt zu gestalten versucht.

In abgemilderter Form (weil wissenschaftlich fundiert) gilt das auch für die Prognosen unserer Wirtschaftsforscher, die aus gegenwärtigen und vergangenen Entwicklungen Trends für eine sich halbwegs gleichförmig entwickelnde Zukunft ableiten. In Zeiten des

---

irdischen Kraft. Ein Zauberfetisch. Wäre man blasphemisch, würde man darin auch die Geschichte der Ökonomie lesen können: Von einem wissenschaftlichen Arbeitsinstrument, mit dem die wirtschaftlichen Taten der Menschen systematisch erfasst und geordnet werden, wurde sie schnell zum Schauplatz von Visionen und ideologischen Auseinandersetzungen.

Aufschwungs sind wir damit hervorragend gefahren. Doch die Krise hat das geändert. Seit Ende 2008 ist keine einzige Einjahresprognose für die Staaten der OECD eingetroffen. Im Gegenteil, die Prognoseabweichungen erreichten ein beträchtliches Ausmaß (manchmal bis über 40 Prozent).

Die Ehrlichkeit, was die eigene Fehlbarkeit betrifft, ist allerdings gering. Nur Klaus Zimmermann, der Chef des Deutschen Instituts für Wirtschaftsforschung (DIW), war 2010 bereit, seine Prognose abzusagen: »In der gegenwärtigen Lage mit extrem großen Unsicherheiten ist eine quantitative Prognose nicht sinnvoll.«[15] Warum aber sollten die Hüter der Ökonomie gerade in der Krise kapitulieren? Erstaunliches enthüllte Zimmermann da: »Wir haben in den Konjunkturmodellen Finanzkrisen nicht berücksichtigt.« Und noch drastischer formuliert es der Ökonom Karl-Heinz Brodbeck: »Es gibt eine sichere Prognose in der Wirtschaft, nämlich die, dass Prognosen fast immer scheitern. ... Wir stehen vor der Paradoxie, dass eine exakt formulierte Wissenschaft, die Ökonomie, in ihrer praktischen Anwendung alles andere als exakte Ergebnisse liefert.«[16]

Weil sich der Rest der Ökonomen aber nicht an Zimmermanns Ratschlag hält, kommt es zu einer beinahe schon amüsanten Konkurrenz der Schlagzeilen: »Krise in einem halben Jahr vorbei«, verkündete die OECD am 9. Juni 2010. In Österreich gab das Institut für Wirtschaftsforschung WIFO am gleichen Tag bekannt: »Im Herbst 500 000 Arbeitslose«. Am 22. Juni legte die Österreichische Nationalbank nach: Das reale BIP werde 2010 um 4,2 Prozent schrumpfen.

Kurz gesagt: Gerade im Krisenfall, wenn wir der Wissenschaft und ihrer Prognostik am meisten bedürfen, landen wir in ritualisierten Verfahren, die Zahlenmaterial ausspucken, das durch ein nicht vorhergesehenes Ereignis sofort ad absurdum geführt wird. Zur Verschleierung dieses Umstands gibt es zusätzlich zur fehlerhaften Einjahresprognose die Halbjahres- und die Quartalsprognose. Erst letztere ist meistens richtig. Aber dann benötigt man sie, um Keynes abzuwandeln, ungefähr so dringend wie einen Wetterbericht, der an einem sonnigen Tag verkündet, dass es schön ist.

15 Neuerer 2009.
16 Brodbeck 2002.

Wissenschaft, Magie, Realitätsverzerrung

Damit zu einem Kernpunkt dieses Kapitels: Der Aberglaube verbiegt die Realität. Sigmund Freud kommt in *Totem und Tabu* zu dem Schluss, dass Menschen dazu neigen, Gedanken, Ideen und Ideologien als realitätsbestimmend zu deuten. Er hat das unter dem Begriff »die Allmacht der Gedanken« zusammengefasst.[17] Für dieses Verhalten, das sich eng an ideologisches Denken anlehnt, gibt es ein sehr bedrückendes Beispiel. Den Lyssenkoismus: Trofim Denissowitsch Lyssenko, ein von Stalin protegierter Agrarwissenschaftler, behauptete, die Eigenschaften von Kulturpflanzen und anderen Organismen würden nicht durch Gene, sondern nur durch Umweltbedingungen bestimmt. So pflanzte er Getreide in der Nachbarschaft von Wüstengräsern, um sie für den Anbau in ariden Regionen »abzuhärten«, oder versuchte die Umwandlung von Weizen in Roggen unter bestimmten Kulturbedingungen.

Lyssenko gewann zwischen 1940 und 1964 eine tonangebende Stellung. Medien beschrieben ihn als Genie. Die durch seine pseudowissenschaftlichen Experimente verursachten schweren Ernteeinbußen und Hungersnöte wurden angeblichen Saboteuren zugeschrieben. Lyssenkos Forschungen entsprachen auch vollends dem sozialistischen Ideal, dass die Menschen nicht durch ihre Gene bestimmt würden, sondern allein durch ihre soziale Umgebung. Damit verbunden war ein Feldzug gegen die sogenannte »faschistische« und »bourgeoise« Genetik und gegen Biologen und Botaniker, die Lyssenko widersprachen.[18] Freuds »Allmacht der Gedan-

---

17 Er bezog sich dabei hauptsächlich auf die Studien des schottischen Gelehrten James George Frazer. Frazer hatte im 19. Jahrhundert alle Berichte und Zeugnisse über Riten und Glaubensmotive von Naturreligionen ursprünglicher Völker gesammelt, um die Mechanismen von Magie, Zauberei und Religion beschreiben zu können. Heute gilt Frazer zwar als vorwissenschaftlich, doch einzelne Geschichten über Riten können durchaus für die moderne Welt aufschlussreich sein. Am Beispiel vom Handauflegen zur Heilung beschreibt Frazer die Entwicklung vom magischen Ritual (Berührungsmagie) zur Wissenschaft (Medizin). Freud: *Totem und Tabu:* »Zusammenfassend können wir nun sagen: das Prinzip, welches die Magie, die Technik der animistischen Denkweise regiert, ist das der ›Allmacht der Gedanken‹. … Der Fortbestand der Allmacht der Gedanken tritt uns bei der Zwangsneurose am deutlichsten entgegen, die Ergebnisse dieser primitiven Denkweise sind hier dem Bewusstsein am nächsten.«

18 Man braucht sich nur die Auseinandersetzung zwischen Homöopathie und Schulmedizin anzusehen, um die Nähe von Aberglauben und Wissenschaft zu illustrieren.

ken«, in der Menschen und Völker auf Basis einer Idee versuchen, sich die Welt zurechtzuinterpretieren, ist aber auch in der Ökonomie als Lehre am Werk. Gerade die bekanntesten Schulen sind die besten Beispiele dafür.[19]

- Nehmen wir zunächst die »klassische Schule«: Ihr wissenschaftliches Weltbild baut darauf auf, dass der Einzelne und der Unternehmer für das System bestimmend sind. Die Mikroökonomie, die Realwirtschaft, dominiert die Wirtschaft, das Geld wird als Deckmantel gesehen. Der Staat könne bestenfalls kleinere Probleme beseitigen.
- John Maynard Keynes stellt dieses System auf den Kopf und behauptet, der Einzelne sei niemals in der Lage, die Wirtschaft zu beeinflussen. Die Bildung von Kapital, Produktivität und Beschäftigung seien Funktionen der Nachfrage. Die Makroökonomie und ihre Steuerung durch den Staat werden damit der bestimmende Faktor.
- Die Monetaristen der Chicagoer Schule um Milton Friedman meinen schließlich, die Geldmenge und ihre Steuerung seien der Schlüssel zur Beeinflussung wirtschaftlicher Dynamik. Joseph A. Schumpeter wiederum ordnet sich die Geschichte nach der »Innovation« und der »kreativen Zerstörung«. Der Gewinn des Unternehmers ist entscheidend. Er ist bestimmend für die Kapitalressourcen künftigen Wettbewerbs.

Aus diesen verschiedenen Theorien ließen und lassen sich die verrücktesten »Realitäten« ableiten – mit allen Konsequenzen. Vom *Laissez-faire* des »Turbokapitalismus« bis zum Kommunismus hat der *Homo oeconomicus* schon alles erdulden müssen. Anscheinend sind die Ökonomen wie die biblischen Propheten niemals die Sprecher der Bürger, sondern immer nur jene eines übergeordneten Willens.

---

19 Peter Drucker (2000) hat darauf in einem Essay Bezug genommen, der hier noch einmal empfohlen werden soll.

Der Marktplatz der Ökonomen

Der Marktwert der Wirtschaftspropheten besteht in ihrer zukunftsweisenden, ordnenden Kompetenz. Besonders in der Finanzwirtschaft sind sie überaus gefragt, erwartet man doch von ihnen, das Ergebnis der Spekulation zu sehen. Wie wird sich meine Aktie entwickeln, wann ist die Krise vorbei, was sind die nächsten Hoffnungsmärkte, kommt eine Deflation, Inflation, Depression?

Und tatsächlich gibt es darauf Antworten, die geglaubt werden. Denn die Experten von heute sind geschickter als Kalchas, der Seher. Sie rückversichern sich einfach mit Floskeln. Dann heißt es: »Auf Basis der vorliegenden Information können wir sagen, dass die Sau neun Ferkel werfen wird« oder: »Nach unserem wissenschaftlichen Modell können wir schließen, dass die Geburt nicht vor neun Tagen passieren wird.« Das macht die Prognose vertrauenswürdig, und wenn es schiefgeht, ist mit Sicherheit einer nicht schuld: der Ökonom.

Nun gibt es aber Hunderte solcher Seher. So entstand ein Markt. Und wie es auf einem Marktplatz eben so zugeht, machen dort oft jene den größten Gewinn, die am lautesten schreien. Um sich davon ein Bild zu machen, stellt man sich am besten die alte Agora von Athen als Jahrmarkt vor: In der einen Ecke stehen die Luftballonverkäufer: »Jetzt in unsere Aktien investieren!« Bei den Windrädchen brüllt einer: »Green Investments«, und an der Geisterbahn rufen die Schausteller: »Der totale Zusammenbruch kommt! Kaufen Sie Goldfonds!« Irgendwo dazwischen irrt Nouriel Roubini umher, mit einer entzündeten Kerze. Und als ihn einer anstößt und fragt, warum er denn am hellen Tag mit einer Kerze durch die Gegend läuft, faucht Roubini: »Ich suche Ökonomen.«[20]

Der Markt der Ökonomen ist ein sich selbst schädigender, ein perverser Markt geworden. Eigentlich sollte er verlässliches Material von Daten und Einschätzungen für die Volkswirtschaft erbringen.[21]

---

20 Wir haben eine Anekdote von Diogenes Laertios über den Philosophen Diogenes von Sinope ein wenig abgewandelt, von dem berichtet wird, er sei mit einer Kerze über den Marktplatz gegangen und habe auf Anfrage gemeint: »Ich suche Menschen.« Aus: Diogenes 1998.

21 In *Über die Wahrheit* hat Thomas von Aquin einmal zentrale Berufseingangserfordernisse für Pro-

Aber die Gesetze der Ökonomie selbst verkehren diese Funktion in ihr Gegenteil. Die marktinhärente Konkurrenz und die Notwendigkeit, Geld als Wirtschaftsprophet verdienen zu müssen, verleiten oder zwingen zur Übertreibung, Zuspitzung und Schärfung der Gegensätze anstatt zur notwendigen trockenen Analyse.

Wir haben dazu ein wunderbar abgründiges Gleichnis aus Homers *Ilias* über einen perversen Tauschhandel in Sachen Prophetie gefunden, der diese missliche Lage und ihr Ergebnis verdeutlicht.

Apollon, der Gott der Weissagung, begehrt Kassandra, die Tochter des Königs Priamos von Troja. Er verspricht ihr die Gabe der Hellseherei, wenn sie sich ihm hingibt. Kassandra willigt ein, bereut aber gleich darauf ihr Versprechen. Apollon hat ihr die Gabe aber bereits übertragen. Der Gott verzichtet nun zwar auf den Beischlaf, fordert aber stattdessen einen Kuss ein. Kassandra willigt ein. Doch der Handel endet tragisch für sie. Apollon spuckt ihr in den Mund. Damit vergiftet er ihr die Worte. Hinfort wird niemand ihren Weissagungen Glauben schenken.[22]

Im Fall der Ökonomie nehmen die Wissenschaftler sowohl die Rolle der Kassandra als auch jene des Apollon ein. Sie vergiften sich ihre Gabe des Wissens und der Weisheit selbst. Und zwar, indem einige von ihnen zu wissen vorgeben, was niemand wissen kann. Das hebt sie meist zwar aus der Masse der Kollegen hervor und

---

pheten formuliert, die in gewissem Maße auch auf Ökonomen zutreffen sollten: Ein Prophet muss demnach über eine Vollkommenheit der Seele, Klarheit des Verstandes und einen höheren Grad an Einbildungskraft verfügen. Dazu passt eigentlich ganz gut, dass Wissenschaftler selbst eine Portion Aberglauben glauben können. Zahlreiche Anekdoten ranken sich um diese scheinbare Paradoxie: Vom ersten mathematischen Genie des Abendlandes, Pythagoras, wird etwa berichtet, er habe seinen Jüngern verboten, die Fußspuren eines Mannes mit einem Nagel zu durchstechen. Durchstochene Spuren, so der damalige Glaube, können wie ein Voodoo-Zauber einem anderen Menschen Unglück bringen. Der große Physiker Niels Bohr soll seinem Freund Werner Heisenberg auf die Frage, ob er denn abergläubisch sei, Folgendes gesagt haben: »In der Nähe unseres Ferienhauses in Tisvilde wohnt ein Mann, der hat über der Eingangstür seines Hauses ein Hufeisen angebracht, das nach einem alten Volksglauben Glück bringen soll. Als ein Bekannter ihn fragte: ›Aber bist du denn so abergläubisch? Glaubst du wirklich, dass das Hufeisen dir Glück bringt?‹, antwortete er: ›Natürlich nicht; aber man sagt doch, dass es auch dann hilft, wenn man nicht daran glaubt.‹«

22 Das Gleichnis hat bei Weitem nicht nur die moralische Dimension. Zwischen Kassandra und Apollon findet da ein seltsamer Handel statt. Beide begehren Dinge, für die sie am Ende nicht den Preis zahlen wollen oder die sie sich vorenthalten. Kassandra verweigert den Beischlaf, Apollon will am Ende nicht einmal den Kuss, sondern nutzt ihn zum Fluch gegen sein Opfer – indem er ihre Funktion pervertiert –, niemand glaubt noch die Wahrheit. Der doppelte Wortbruch endet in der größten Unzufriedenheit für beide.

bringt ihnen kurzfristig Geld und Ruhm, aber es ruiniert auf lange Sicht gesehen den Ruf einer Wissenschaft, die eigentlich aus dem Wunsch heraus entstand, Spekulation durch haltbares Wissen zu ersetzen. Sie gleichen darin Apollon, der seine Priesterin Kassandra ausgerechnet da am ärgsten schädigt, wo sie ihm am meisten nutzen könnte: als sein Sprachrohr.[23] Der entscheidende Unterschied zwischen Ökonomen und Apollon ist freilich, dass Erstere keine Götter sind, wie der himmlische Apollon, dem der irdische Schaden egal sein kann.

Und wo das alles enden wird? Douglas Adams hat darauf in *Per Anhalter durch die Galaxis*[24] eine unterhaltsame Antwort gegeben. Darin heißt es, die Menschen der Zukunft hätten eine Maschine entwickelt, die alle Fragen der Menschheit beantworten könne. Sie habe damit Propheten, Wissenschaftler, Priester und Ökonomen überflüssig gemacht. Tatsächlich spuckte die Maschine auch die Lösung für alle Probleme aus. Diese Lösung hieß: 42. Aber nun fehlt uns ein Prophet, sie zu deuten.

---

23 In der Bibel wird aus dem von Gott gesandten Medium schon bei Nehemia eine zwielichtige bestechliche Figur, gegen die sich schließlich auch Gottes Zorn wendet: »... auch die Propheten und den Geist der Unreinheit werde ich fortschaffen ... deine Eltern werden dich totschlagen, denn du hast Trug geredet im Namen Jahwes.« Aus Koch 1988, Bibel, Zacharias 13, S. 2–7.

24 Ursprünglich als Hörspiel erschienen: *The Hitchhiker's Guide to the Galaxy*, 1979 bis 1992.

4. DER GÜRTEL DER APHRODITE – NARZISSMUS, SUGGESTION UND DIE ILLUSIONEN DES KONSUMS

So soll jeder Student der Naturwissenschaften als eine Regel beachten, dass was immer der Geist mit größter Befriedigung betrachtet, mit Misstrauen zu prüfen ist.

Francis Bacon[1]

Die Lust an der Verdrehung und der Vogel Strauß

Unser Drang, zu glauben, es gebe Menschen, welche in die Zukunft schauen und uns die Sicherheit ihrer Voraussicht schenken könnten, ist nur *ein* Aspekt einer wichtigen Wirkungsmacht aus der Lehre Sigmund Freuds: Er nannte es das »Lustprinzip«. Es macht uns geneigt, die Welt nach unseren inneren Wünschen und Trieben zu vereinfachen und zu verfälschen, um damit negative Erlebnisse oder Frustrationen zu verschieben oder zu verdrängen. Das Lustprinzip ist das herrschende Prinzip des psychischen Apparats, der versucht, die auf die Psyche wirkende Reizmenge zu verringern. Dieses Begehren befindet sich im ständigen Widerstreit mit dem »Realitätsprinzip«, das dem Menschen die ungeschönte Wirklichkeit vermittelt oder vermitteln möchte.

1 Bacon 1990, S. 89–99.

Dieser Widerstreit ist niemals abgeschlossen, sondern dauert das ganze Leben an. Wir haben im täglichen Leben für Erscheinungen des Lustprinzips vielerlei sprachlichen Ausdruck gefunden: *wishful thinking* etwa, »Wunschdenken«, »Realitätsverzerrung« oder »-verleugnung«.[2]

Der Laufvogel *Struthio camelus*, der Strauß, ist ein berühmtes Bild dafür geworden: Just wenn sich die Jäger oder die Raubtiere ihm in vollem Lauf nähern, was tut der Vogel da? Er wühlt seinen Kopf in den Sand, hoffend, dass nicht gesehen wird, wer nicht sehen kann.

Der arme Strauß: Die Geschichte ist natürlich erfunden und glatter Rufmord. In Wahrheit kann das mutige Tier mit seinen kräftigen Beinen einem Löwen den Schädel zertrümmern und einem Menschen alle Knochen im Leib brechen, wenn es sich verteidigt. Die Mär vom Strauß ist also viel mehr ein Gleichnis für speziell menschliches Verhalten als für ornithologischen Irrwitz. Nicht umsonst bezeichnet die Vogel-Strauß-Politik eine äußerst beliebte Art der Amtsführung im Staat. Großmannssucht bei gleichzeitigem Unvermögen, Probleme zu lösen – oder auch nur zu erkennen.

Dass einige schädliche Ausformungen des Lustprinzips auch das wirtschaftliche System prägen – und gefährlich prägen –, darum geht es auf den folgenden Seiten, und zwar hauptsächlich um Suggestion, um die Folgen kognitiver Dissonanz und Verdrängung und daraus folgend um Projektion, Sündenbockdenken und die kollektive Neurose als wirkungsvollste und gefährlichste Ausformung. Doch der Reihe nach.

---

2 Freuds Lustprinzip hat in der Geschichte der Psychoanalyse noch viele Modernisierungen und Veränderungen erfahren. Es ist zwar noch heute der öffentlich bekannteste Ausdruck für das Phänomen, doch haben später vor allem Bleuler und Jung Begriffe gewählt, die mehr umfassen, weil das Wort »Lust« eine ihrer Meinung nach zu positive Konnotation hat. Freud selbst war ja auch zunächst von primärem und sekundärem Prinzip ausgegangen. Jung unterschied zwischen »direktem« und »fantasierendem« Denken, das er später als »intuitiv« und »aktiv« bezeichnete. Bleuler nannte das Phänomen »autistisches Denken« und hat damit vermutlich die am ehesten zutreffende Analyse geleistet, weil er es als den Hang zum »Unrealen« bezeichnete. Wir folgen hier Freuds Terminus, allerdings in der von Bleuler vorgeschlagenen Interpretation. Quellen: Jung 1911, S. 120; Freud 1982i; Freud 1959; Bleuler 1912, S. 14. In Freuds Schriften über Realitätsverlust bei Neurose und Psychose finden sich auch die Begriffe »alloplastisch« und »autoplastisch«. Beim autoplastischen Vorgang passt sich das Selbst an die Umgebung an, beim alloplastischen Vorgang wird die Umgebung an das Selbst angeglichen.

Die Suggestion: »Ich glaube, also ist es«

Die Suggestion – oder sagen wir es ganz banal, das »Einreden« – ist die Beeinflussung einer anderen oder der eigenen Person (»Autosuggestion«) unter Ausschaltung des rationalen Denkens. Das Individuum übernimmt dabei unkritisch Gedanken, Gefühle und Vorstellungen.[3] Es ist ein Zustand, der an unbewusste Strukturen appelliert mit dem Erfolg, dass eine Handlung unreflektiert ausgeführt wird – oder, wie die Ökonomie so gerne sagt, »wie von Geisterhand«. Der Begriff stammt eigentlich aus der Hypnose[4] und hat besonders deutsche Krimiregisseure der Nachkriegszeit zu Mordgeschichten angeregt. Der schreckliche Dr. Mabuse etwa gab gerne einem in Trance befindlichen Menschen den Befehl, am nächsten Tag einen Mord zu begehen, den das lebende Tatwerkzeug dann in wachem Zustand ausführte, ohne nachzudenken. Im Film geht das in wenigen Filmschnitten und mit dramatischer musikalischer Untermalung. Zunächst in Nahaufnahme: Schritte auf dem Asphalt. Schnitt. Das Opfer betritt die Straße, blickt um sich. Schnitt. Subjektive Kamerafahrt aus Tätersicht: Auf das Opfer zugehen. Schnitt. Totale: Pistole wird aus der Manteltasche gezogen. Krach! Das Opfer krümmt sich. Schnitt. Polizeisirenen. Mabuse-Opfer tot, Täter verhaftet, aber eigentlich unschuldig.[5]

Das sind natürlich sehr brachiale und primitive Erscheinungsformen der Suggestion. In der modernen Gesellschaft funktioniert das weitaus subtiler, und wir wollen uns dem mit einer Geschichte

---

3 Definition nach Peters 1997. Freud erklärt Suggestion durch Wiederbelebung infantiler Objektbeziehungen. Das Verhältnis vom Suggestionsgeber zum Suggerierten wird dem Machtverhältnis zwischen Eltern und Kind gleichgesetzt. Das Ich löst sich von der Außenwelt ab und wendet sich dem eigenen Ich-Ideal zu.

4 Der Terminus wurde von James Braid geprägt und bezeichnet die verbale Beeinflussung eines Patienten in einem gewissen Stadium der Hypnose. Spätere Definitionen sprechen von einer Umgehung des Willens oder des Bewusstseins.

5 Wir meinen, dass diese Geschichten nicht zufällig ausgerechnet in Deutschland kurz nach dem Nationalsozialismus produziert wurden. Wir sehen überall ein eindeutiges Rollenschema. Mabuse, er verkörpert das Böse der Hitlerei, ist das absolut Böse, die Dämonie, die allmächtig ist, während das arme Volk jene repräsentiert, die ihm wie unter Hypnose folgen. Sie sind sein Werkzeug, seine Täter – aber unschuldige Täter. Diese Sichtweise, die Dr. Mabuse suggeriert, mag auch für die Deutschen und Österreicher nach dem Krieg sehr bequem gewesen sein. Nennen wir es eine Autosuggestion, um sich nicht mit den eigenen Verantwortungen konfrontieren zu müssen.

nähern, die außerordentlich berühmt geworden ist. Erfunden wurde sie in einer Turmstube im dänischen Kopenhagen, und sie feierte nach ihrer Veröffentlichung weltweit Erfolge, sodass es heute Millionen Kinder gibt, die sie weitererzählen, diese Geschichte von Hans Christian Andersen: »Des Kaisers neue Kleider«:

> Vor vielen Jahren lebte ein Kaiser, der so ungeheuer viel auf neue Kleider hielt, dass er all sein Geld dafür ausgab, um recht geputzt zu sein. … Er hatte einen Rock für jede Stunde des Tages, und ebenso wie man von einem König sagte, er ist im Rat, so sagte man hier immer: »Der Kaiser ist in der Garderobe!« …
> Eines Tages kamen auch zwei Betrüger, die gaben sich für Weber aus und sagten, dass sie das schönste Zeug, was man sich denken könne, zu weben verstanden. Die Farben und das Muster seien nicht allein ungewöhnlich schön, sondern die Kleider, die von dem Zeuge genäht würden, sollten die wunderbare Eigenschaft besitzen, dass sie für jeden Menschen unsichtbar seien, der nicht für sein Amt tauge oder der unverzeihlich dumm sei.
> »Das wären ja prächtige Kleider«, dachte der Kaiser, »wenn ich solche hätte, könnte ich ja dahinterkommen, welche Männer in meinem Reiche zu dem Amte, das sie haben, nicht taugen, ich könnte die Klugen von den Dummen unterscheiden! Ja, das Zeug muss sogleich für mich gewebt werden!« …
> »Nun möchte ich doch wissen, wie weit sie mit dem Zeuge sind!«, dachte der Kaiser, aber es war ihm beklommen zumute, wenn er daran dachte, dass keiner, der dumm sei oder schlecht zu seinem Amte tauge, es sehen könne. Er glaubte zwar, dass er für sich selbst nichts zu fürchten brauche, aber er wollte doch erst einen andern senden, um zu sehen, wie es damit stehe. …
> »Ich will meinen alten, ehrlichen Minister zu den Webern senden«, dachte der Kaiser, »er kann am besten beurteilen, wie der Stoff sich ausnimmt, denn er hat Verstand, und keiner versieht sein Amt besser als er!« Nun ging der alte, gute Minister in den Saal hinein, wo die zwei Betrüger saßen und an den leeren Webstühlen arbeiteten. »Gott behüte uns!«, dachte der alte Minister

und riss die Augen auf. »Ich kann ja nichts erblicken!« Aber das sagte er nicht.
Beide Betrüger baten ihn, näher zu treten, und fragten, ob es nicht ein hübsches Muster und schöne Farben seien. Dann zeigten sie auf den leeren Stuhl, und der arme, alte Minister fuhr fort, die Augen aufzureißen, aber er konnte nichts sehen, denn es war nichts da. »Herr Gott«, dachte er, »sollte ich dumm sein? Das habe ich nie geglaubt, und das darf kein Mensch wissen! Sollte ich nicht zu meinem Amte taugen? Nein, es geht nicht an, dass ich erzähle, ich könne das Zeug nicht sehen!«
»Nun, Sie sagen nichts dazu?«, fragte der eine von den Webern.
»Oh, es ist niedlich, ganz allerliebst!«, antwortete der alte Minister und sah durch seine Brille. »Dieses Muster und diese Farben! – Ja, ich werde dem Kaiser sagen, dass es mir sehr gefällt!«
Alle Menschen in der Stadt sprachen von dem prächtigen Zeuge. Nun wollte der Kaiser es selbst sehen, während es noch auf dem Webstuhl sei. ... »Was!«, dachte der Kaiser. »Ich sehe gar nichts! Das ist ja erschrecklich! Bin ich dumm? Tauge ich nicht dazu, Kaiser zu sein? Das wäre das Schrecklichste, was mir begegnen könnte.« »Oh, es ist sehr hübsch«, sagte er, »es hat meinen allerhöchsten Beifall!«
Das ganze Gefolge, was er mit sich hatte, sagte gleich wie der Kaiser: »Oh, das ist hübsch!«, und sie rieten ihm, diese neuen prächtigen Kleider das erste Mal bei dem großen Feste, das bevorstand, zu tragen.
So ging der Kaiser unter dem prächtigen Baldachin, und alle Menschen auf der Straße und in den Fenstern sprachen: »Wie sind des Kaisers neue Kleider unvergleichlich! Welche Schleppe er am Kleide hat! Wie schön sie sitzt!« Keiner wollte es sich merken lassen, dass er nichts sah; denn dann hätte er ja nicht zu seinem Amte getaugt oder wäre sehr dumm gewesen. Keine Kleider des Kaisers hatten solches Glück gemacht wie diese.
»Aber er hat ja gar nichts an!«, sagte endlich ein kleines Kind. ...
»Aber er hat ja gar nichts an!«, rief zuletzt das ganze Volk. Das ergriff den Kaiser, denn das Volk schien ihm recht zu haben,

aber er dachte bei sich: »Nun muss ich aushalten.« Und die Kammerherren gingen und trugen die Schleppe, die gar nicht da war.[6]

Des Kaisers alte Störungen

So endet dieses Märchen von der erfolgreichsten Suggestion der Märchengeschichte. Des Kaisers Realitätsflucht ist seiner Kleidersucht geschuldet, Ausdruck einer narzisstischen Störung, jedenfalls aber einer gestörten Libido.[7] Lange vor dem Eintreffen der Betrüger ist dieser Mann, der sich in seinem Spiegelzimmer dreht und stündlich seine Bekleidung wechselt, schon Opfer eines psychischen Defekts geworden. Seine neurotische Suche nach Anerkennung facht seinen beständigen Hunger nach neuen Anzügen an. Nur die Garderobe hält sein Selbstbewusstsein aufrecht. Die Betrüger ernten in diesem Sinne also nur die reifen Früchte eines maroden Charakters.

Ihre Suggestion ist dabei außerordentlich geschickt. Denn auf der einen Seite appellieren sie an den gestörten Geltungstrieb des Kaisers, verpacken ihren Plan aber in ein Versprechen, das auch den bewussten Teil seiner Psyche befriedigen muss: die Unterscheidung von Klugen und Dummen. Damit bieten sie ihrem Opfer die Möglichkeit zur Rationalisierung, also zur Rechtfertigung einer irrationalen Handlung durch eine logische Erklärung. Der Kaiser nimmt das Angebot sofort willig an.

Natürlich ist das Versprechen an sich vollkommen absurd. Denn Klugheit und Dummheit sind relative Begriffe. Für den Dummen ist

---

6 Andersen 1989, S. 151.

7 Die psychologische Interpretation des Narzissmus beschreibt im Wesentlichen die Bezogenheit eines Individuums auf sich selbst. Beim negativen Narzissmus wird die Sucht nach Anerkennung auf eine nicht gelungene Eltern-Kind-Beziehung zurückgeführt. Die narzisstische Persönlichkeitsstörung ist eine behandlungsbedürftige, neurotische Abwandlung der Persönlichkeitsstruktur. Die Beziehungen zu anderen Menschen sind gestört. Die Betroffenen haben ein abnormes Verhältnis zu sich selbst, in der Fachsprache handelt es sich um eine »libidinöse Besetzung des Selbst«. Das äußert sich in verschiedenen Charaktereigenschaften und der Abwehr dagegen: Ehrgeiz, Größenfantasien, Minderwertigkeitsgefühle, Abhängigkeit von Bewunderung, Langeweile und Leere; das Bestreben, wohlhabend, mächtig und schön zu sein. Tendenz zu omnipotenter Kontrolle. Aus pathologischen Objektbeziehungen kommt es zu einer verfälschten Entwicklung von Ich und Über-Ich. Quelle: Peters 1997.

der halbwegs Intelligente noch gescheit, während derselbe in den Augen des Hochintelligenten dumm erscheint. Doch der Kaiser lässt sich durch die Einfachheit des Verfahrens beeindrucken. Was vorher relativ ist, wird plötzlich absolut und definitiv erfassbar: Wer die Kleider nicht sehen kann, ist dumm. Wer sie sieht, ist würdig. So einfach soll die Welt sein.

Dieser Popanz verhüllt die eigentliche Absicht der Betrüger und öffnet gleichzeitig den Zugang zum Steuerungsapparat der innersten Wünsche des Herrschers. Seine vollkommene Enthüllung am Ende des Märchens entspricht auch seinem psychischen Zustand am ehesten: Der reine Narzisst und der Exhibitionist schreiten da in einer Person nackig unter dem schönen Baldachin. Dass er trotz der Enthüllung des Betrugs durch das Kind seinen Gang fortsetzt, bestätigt das noch.

Aufschlussreich ist freilich auch das Verhältnis, das sich zwischen den Betrügern und den Untertanen des Kaisers entwickelt. Denn sie übernehmen für die Wochen ihres Schaffens die Deutung der Wirklichkeit – und können das nur tun, weil sie es mit Bürgern von krankhafter Ehrsucht und Eitelkeit zu tun haben. Alle befinden sich in einer »Doublebind«-Situation: Sagen sie die Wahrheit, riskieren sie, als dumm zu gelten, machen sie mit, geben sie ihren Herrscher der Lächerlichkeit preis und müssen seine Rache fürchten. Diese Mischung aus Eigennutz, Opportunismus und sozialem Zwang hätte noch unendlich weitergehen können, hätte es nicht das rufende Kind gegeben. Damit hat Andersen ausgerechnet jenem Teil der Gesellschaft, dem die Ratio am wenigsten zugetraut wird, die entscheidende Rolle des Realitätsprinzips zugeordnet. Das Kind allein war in der Lage, die gesellschaftlichen Zwänge zu durchbrechen.

Walras, Fisher und die Webstühle der Ökonomie

»Des Kaisers neue Kleider« beschreibt auch einen guten Teil unseres wirtschaftlichen Dramas und Problems. Es geht da um das wissenschaftliche Erklären der Komplexität des Marktes mit untauglichen Mitteln. Um das Zurechtzurren der Realität durch Formeln, die weder dieser Wirklichkeit selbst, noch der Logik standhalten – sondern nur dann einen Sinn ergeben, wenn man sich davon beeindrucken lassen will, wie es die Menschheit in den vergangenen Jahren getan hat. Oder um das kurz vorwegzunehmen: Der nackte Kaiser – das sind wir alle, und die Rolle der suggerierenden trügerischen Kraft spielt die Ökonomie. Hier also das wirtschaftliche Herz dieses Kapitels.

Beginnen wir mit Angebot und Nachfrage, den entscheidenden Funktionen eines Marktes: In unserem Märchen sind das der Kleidernachschub für den Kaiser (Angebot) und sein Wunsch nach neuem Gewand (Nachfrage). Die Nachfrage ist dabei gleichbleibend hoch bis steigend, das Angebot gesichert. In unserem Märchen lebt also das Prinzip, dass es in einem funktionierenden Markt kein allgemeines Überangebot und damit auch keinen Absatzverlust geben kann. Das heißt: In diesem Markt findet ein jedes Angebot auch seinen Absatz, und eine ganze Heerschar an fleißigen Schneiderlein kann davon ebenso leben wie die Weber, die Färber, die Farbenhersteller und alle Teile der Tuchindustrie.

Als die Ökonomie noch jung war und die Güter knapp, Anfang des 19. Jahrhunderts, da haben die Ökonomen auch die reale Welt so gesehen: Die Gesellschaft produziert, so viel sie kann, sie konsumiert, so viel sie kann, und erlebt dadurch Fortschritt und Reichtum in Hülle und Fülle. Alles, was der Mensch in dieser immer perfekter werdenden Welt benötigt, sind eigentlich nur der Wille und die Kraft, zu arbeiten, denn jedes Produkt findet auf hungrigen Märkten seinen Absatz. Das ist kurz gesagt die Formel, auf die Jean-Baptiste Say, einer der einflussreichsten Ökonomen des frühen 19. Jahrhunderts, sein »Gesetz der Absatzwege« gründete.

In einer Zeit der immer wiederkehrenden existenziellen Engpässe war das ein genialer Wurf. Denn Says Modell fordert nichts anderes als die Mobilisierung der Kräfte aller Individuen zur Erreichung umfassenden gemeinsamen Glücks. Dass die Märkte einmal gesättigt sein könnten und die Nachfrage sinken könnte, dass also in unserem Märchenbeispiel der Kaiser seine Lust an seiner Garderobe verlieren könnte, darüber hat Say nicht nachgedacht. Und mit Recht: Denn angesichts der Mangelzustände seiner Zeit, in Anbetracht der Versorgungskrisen, des sozialen Elends, der Kriege und Seuchen wäre das auch entweder verrückt oder zynisch gewesen.

Auf Basis der sayschen Überlegungen hat der Ökonom und Mathematiker Léon Walras seine »Theorie des allgemeinen Gleichgewichts« errichtet. So wie Say reduzierte er die Märkte auf ein Niveau des Gütertauschs: Die Rolle des Geldes wird insofern rationalisiert, als es nur noch als Mittel eben dieses Warentauschs und in seinem Verhalten wie eine herkömmliche Ware gesehen wird. Die Formel dieser Theorie lautet also nicht Ware – Geld – Ware, sondern Ware – Ware.

Da dem Geld keine relevante Eigendynamik zuerkannt wird (Zinsentwicklung, exponentielle Wachstumsmöglichkeit, Mechanismen der Geldschöpfung, Inflation usw.), oszillieren die Preise der Güter harmonisch um einen Gleichgewichtspreis: Produkte, die nicht abgesetzt werden können, haben einen zu hohen Preis und korrigieren sich auf der »Auktion« der Märkte hin zum optimalen Preis.

Diese Theorie suggerierte bis weit ins 20. Jahrhundert hinein das Bild einer perfekten Ökonomie, die dann erreichbar ist, wenn alle Märkte möglichst frei agieren können und der staatliche Einfluss weitgehend gering ist.

Die Suggestion des »allgemeinen Gleichgewichts« wirkte wie jene der beiden Weber in unserem Märchen. Was hier der optimale Markt ist, der Reichtum und Wohlstand sprudeln lässt, ist im Märchen das perfekte Gewand, das feiner und besser ist als alles bisher Dagewesene. Dass zu einer nicht stationären Volkswirtschaft der Geldmarkt schon allein durch Kredit, Zins und Zinsniveau ein hoch volatiler Treiber des Wachstums und Fortschritts ist, nicht aber ein Faktor, der einer normalen Ware vergleichbar ist, wurde dabei einfach verdrängt. Der Schweizer Ökonom Hans Christoph Binswanger hat das auf den Punkt gebracht: Walras habe »gegen das wichtigste Kriterium für die Konzeption eines Erklärungsmodells verstoßen: Man darf bei aller Vereinfachung – ein Modell muss ja vereinfachen! – diese nicht so weit treiben, dass man dadurch das Problem, das man erklären will, hinauswirft.« Man könne die moderne Wirtschaft, die eine Geldwirtschaft ist, nicht durch ein Modell erklären, das ohne Geld auskommt.[8]

---

8 Binswanger 2006, S. 39.

Ähnliches gilt auch für die monetär-theoretischen Ergänzungen des walrasschen Systems durch den US-Ökonomen Irving Fisher, welcher der Gleichung von Angebot und Nachfrage noch die »Transaktionsgleichung« hinzufügte, in der nun auch die Geldmenge berücksichtigt sein sollte. Gemäß dieser »Quantitätstheorie« können die Zentralbanken über die Steuerung der Geldmenge Einfluss auf die Umlaufgeschwindigkeit des Geldes und damit auf die Konjunktur nehmen. Diese zentrale Theorie des Monetarismus hat eine ebenso hohe Anziehungskraft wie das walrassche Modell: Sie verspricht eine einfach zu steuernde Welt. Das rationalisierende Element ist eine mathematische Gleichung, die bei einer Erhöhung der Geldmenge bei nicht ausgelasteten Kapazitäten die Nachfrage sowie die Menge der produzierten Güter steigen lässt.[9]

Doch auch das Fisher-Modell ist am Ende nicht verifizierbar. Denn seine Quantitätsgleichung ist aufgrund nicht eindeutig quantifizierbarer Elemente (Umlaufgeschwindigkeit und Gesamtgeldmenge sind nicht messbar) immer wahr oder immer falsch – je nach Standpunkt des Betrachters. Stets jedoch bleibt sie unbewiesen. So wird auf dem Webstuhl der Ökonomie noch immer vorgeblich der schönste und feinste Stoff der menschlichen Logik produziert, und doch ist er in Wirklichkeit brüchig. Worin sich die Ökonomie aber von unserem Märchen unterscheidet, ist, dass einige Wissenschaftler immer noch der Überzeugung sind, dass das Gespinst, das sie weben, ein realer, reißfester Stoff sei.

9 Wobei eine Geldmengensteigerung bei ausgelasteten Kapazitäten eine Preissteigerung bewirkt, da die hohe Nachfrage auf ein konstantes Güterangebot stößt. Das ist Geldmengeninflation. Bei konstanter Umlaufgeschwindigkeit - das heißt, die Umschlaghäufigkeit des Geldes in einer Volkswirtschaft innerhalb eines Jahres konstant bleibt, der Handel der Güter also in etwa der gleichen Intensität verläuft. Quelle: Terlau 1998.

Und was kommt nach dem Wohlstand?

Aber das ist noch nicht alles. Wie wir schon oben bemerkt haben, geht das System der »Allgemeinen Absatzwege« Says von dem Grundsatz aus, dass alles, was produziert wird, auch seine Abnehmer findet. Nun ist das aber längst nicht mehr der Fall. Denn die Reichtümer, welche wir dank des Kapitalismus produziert haben und die heute allen Menschen dieses Kulturkreises zugutekommen, haben übersättigte Märkte aufgebaut. Den Regeln der Logik zufolge müsste das eigentlich einen Prozess der Stagnation auf sehr hohem Niveau einleiten. Im Grunde ist das der paradiesische Zustand, von dem schon die größten Ökonomen geträumt haben. Allen voran John Maynard Keynes: Als er nämlich von den »wirtschaftlichen Möglichkeiten unserer Enkelkinder«[10] schwärmte, stellte er sich einen Zustand vor, in dem es »keine Anreize zur Kapitalakkumulation mehr gibt, wenn der Realzins gleich null geworden ist«, wenn also die »Produktivität und die Einkommen so hoch sind, dass die Bedürfnisse befriedigt werden«. Dann, so Keynes, wird ein jeder das tun können, was ihm gerade beliebt, und man wird mit einer Arbeitsleistung von 25 Prozent des Niveaus der 30er-Jahre auskommen können.

Das Problem an dieser Einschätzung ist nicht, dass sich die Wirtschaft nicht entsprechend positiv entwickelt hätte. Es liegt darin, dass dieses Paradies nicht sein *darf*. Denn längst folgt der Markt nicht mehr unseren Bedürfnissen, sondern unser Leben richtet sich nach ihm und seinen Mechanismen, die vor allem eines fordern: Wachstum. Aus diesem Paradigma entstehen Arbeit und die Grundlage unseres Erwerbslebens und damit auch die Grundlage des individuellen Selbstwertgefühls. Wer arbeitet, wird geschätzt, wer leistet, wird geehrt, wer sich durchsetzt, belohnt.

So wie der Kaiser im Märchen aus seiner narzisstischen Schwäche heraus nicht mehr ohne neue Kleider leben könnte, brauchen wir zum Erhalt unserer Seelenruhe das ständige Wachstum. Was tun wir also, da unser Bedarf gegen null tendiert? Wir schaffen uns welchen!

---

10 Keynes 1930b, S. 321–332.

Eine ganze Palette unserer Dienstleistungsbetriebe ist nur noch damit beschäftigt, in immer schnellerer Abfolge neue Nachfrage zu kreieren. Der Zustand des Begehrens muss aufrechterhalten werden. Durch Marketing, Werbung und Public Relations.

Ohne all diese schönen Berufe würde sich das Nachfrageverhalten sprunghaft ändern und eine krisenhafte Situation in der Realwirtschaft erzeugen, welche das Platzen der größten Finanzblasen in den Schatten stellen würde. Wir suggerieren, um zu überleben, Bedarf. Konsum wird zur Trend- und Modesache. Und schon wieder landen wir im Kleiderkabinett des Kaisers. So wie er leiden wir keinen echten Mangel mehr, sondern vielmehr »subjektiven Mangel«, den uns Werbung und Medien suggerieren. Das Adjektiv »subjektiv« ist hier von immenser Bedeutung, denn es beschreibt eine Änderung der Weltsicht, die sich unbemerkt vollzogen und den Charakter unserer Wirtschaft vollständig geändert hat. Das Wachstum des Marktes ist nicht die angenehme Folge unseres Tuns, sondern unsere ursächliche Lebensbedingung. Wachsen oder Zusammenbrechen, das sind die Alternativen der Moderne.

Der vermeintlich größte Missstand unseres Systems wäre wohl auch die größte Schreckensvision des Kaisers: die Bedürfnislosigkeit. Dann würde sich für ihn die Märchenstunde endgültig zur Geisterstunde wandeln. Doch wer will das schon – den Schock des Realitätsprinzips erleiden, das die Scheinwelt des Lustprinzips zerstört? Unser Kaiser jedenfalls nicht. Und mit ihm stolzieren auch wir mit vermeintlicher Würde durch die Welt – und gleichzeitig furchtbar nackt.

Die kognitive Dissonanz der Ökonomie

Der US-Psychologe Leon Festinger hat die Versuchung, sich die Welt nach den eigenen Wünschen zurechtzuinterpretieren, in eine bahnbrechende Theorie eingebettet und damit Freuds Ansatz modernisiert und bereichert. Sein Modell der »kognitiven Dissonanz« geht davon aus, dass die menschliche Psyche zwiespältige

Situationen oder Fakten so bearbeitet, dass sie sich in ein für das Individuum schlüssiges und stimmiges Bild verwandeln. Simpel ausgedrückt vermeidet der Mensch Konflikte mit sich selbst. Er kann dabei auf ein Instrument zurückgreifen, das einer halbbewussten Verdrängung gleicht. Das heißt, dass das Unbewusste vom Ich kräftig dabei unterstützt wird, eine zwiespältige Situation nicht als zwiespältig zu sehen.

Festingers Kollegen, Danuta Ehrlich, Isaiah Guttman, Peter Schonbach und Judson Mills erbrachten einen sehr augenfälligen Beweis für die Kognitive-Dissonanz-Theorie aus dem Bereich des Konsums. Sie analysierten das Verhalten von Autokäufern. Dazu boten sie frischgebackenen Autobesitzern Broschüren verschiedener Automarken und Fahrzeugtypen an und baten sie, einen beliebigen der Kataloge auszusuchen. Das Ergebnis überraschte die Forscher, denn es bestätigte nicht die Hypothese, dass jeder Autokäufer gleich nach dem nächstbesseren Fahrzeug strebt oder nach einer Luxuskarosse: Beinahe 80 Prozent der Käufer wählten die Broschüre über ihr eigenes Gefährt. Sie vermieden so, dass eventuelle Vorzüge anderer Fahrzeuge ihre eigene Kaufentscheidung infrage gestellt hätten.

Auf ähnlicher Basis funktioniert die Ausschaltung möglicher Dissonanzen in einzelnen ökonomischen Schulen. Man ignoriert nobel, was man gar nicht wissen möchte, und bringt berechtigte Einwände mit ideologischen Dementis zum Verschwinden. Ein Anhänger der Chicagoer Schule des Monetarismus stellt den sogenannten »Keynesianer« unter Marxismus-Verdacht, während der landläufige Keynesianer die Chicagoer Schule in den Nimbus einer finsteren Sekte des Manchester-Liberalismus hüllt.[11] Hingegen gleichen die einzelnen Schulen in ihrer Selbstdarstellung den perfektesten Lehrgebäuden.

Zu diesem Verhalten, das Verdrängung, Verneinung und Realitätsverzerrung in sich vereint, passt als Allegorie die Göttin der Liebe

11 Ein probates Mittel für diese Zwecke sind Zitate anderer Ökonomen, die zum Beleg der Unhaltbarkeit der unerwünschten Position verwendet werden. Die kognitive Dissonanz der Ökonomie hat Joseph A. Schumpeter schon vor der Erfindung des Begriffes erkannt und gegeißelt: »Praktisch jeder Unsinn, der je über den Kapitalismus gesagt worden ist, ist von einem Fach-Nationalökonomen verfochten worden.«

und der Weiblichkeit, Aphrodite.[12] Und das ist weniger nett gemeint, als es zunächst klingt. Diese Göttin ist im Grunde zwar schön und betörend, aber an sich nicht schöner als andere Göttinnen des Olymps, wie etwa Hera oder Athene. Doch sie verfügt über einen technischen Wettbewerbsvorteil gegenüber den anderen, der sie unbezwingbar macht oder besser unwiderstehlich: ihren magischen Gürtel.

Aphrodites Gatte Hephaistos hat ihn ihr aus feinstem Gold gewirkt und einen Zauber in ihn eingewoben, der all jene berückt, deren Blick auf die Trägerin des Geschmeides fällt. Sie wirkt dann im wahrsten Sinn des Wortes »bezaubernd«, und ihre Betrachter sind gezwungen, sich in sie zu verlieben. Hephaistos hat offenbar weder eine Ahnung von der Tragweite seines Geschenks noch von der Treue seiner Frau. Denn Aphrodite trägt den Gürtel, wann immer ihr ein anderer Gott oder Mann gefällt. Ares, der Gott des Krieges, ist ihr Dauergeliebter, dazwischen auch noch Poseidon, Hermes und Dionysos und von den Sterblichen Adonis, Anchises und Butes, der Argonaut. Sie alle verfallen der Macht des goldenen Gurts oder kommen in ihren Genuss, je nachdem.

Nicht unähnlich geht es bei der Ideologisierung der Wirtschaftswissenschaften zu. Es ist nichts anderes, als der ohnehin schon schönen Realität einen noch schöneren Anschein zu geben, der sie perfekt macht. In den Ideologien entfaltet sich der Zauber der Logik zielgerichtet: Die Realität gehorcht dem Plan, nicht der Plan der Realität. Dort wo der Gürtel der Aphrodite immer noch wirkt, sind Ideologen und ihre *beautiful minds* am Werk, deren Geisteskraft tatsächlich ungeheuer beeindruckend ist. Ihre Ergebnisse drücken sich in Formeln und Theoremen aus, der »Barwertrelevanz«, der »Effizienzmarkttheorie« oder der »Black-Scholes-Gleichung«, um nur einige Beispiele zu nennen. Sie beschreiben eine perfekte Welt in perfekten Zahlen. Das ist eine faszinierende Denkleistung.

Mit dieser propagierten Perfektion, die der Welt da bescheinigt wird, schädigt man die kapitalistisch geprägte Marktwirtschaft empfindlich; ihre beste Waffe wird ihr aus der Hand geschlagen: Es ist die

---

12 Aphrodite ist eine der wichtigsten Gottheiten der Antike, die in enger Beziehung, wenn nicht Wesensgleichheit zu Astarte und davor zur Fruchtbarkeitsgöttin Mesopotamiens Ischtar gesehen werden muss. Sie wurde von den Römern ohne große Veränderungen als Venus übernommen.

Fähigkeit, sich der Realität anzupassen. Ein reflektierter Kapitalismus vermag nämlich auf die ungeheuerlichsten Herausforderungen zu reagieren, solange er sich seine Flexibilität erhält. Er hat dem Kommunismus und dem Sozialismus durch die Erfindung des Sozialstaats widerstanden. Er hat seine Krisen überlebt, weil er aus ihnen mit neuer Kraft und neuem Innovationsvermögen hervorgegangen ist. Er hat sich aus den tiefsten wirtschaftlichen Depressionen durch innere Reform und Modernisierung selbst herausgezogen. Er hat das geschafft, weil er gegen Ideologisierung gefeit war. Und vor allem hat ihn ausgezeichnet, von jenen zu lernen, die ihn kritisierten.

Der deutsche Essayist Wolf Lotter hat das in seinem Buch *Zivilkapitalismus* analysiert: »Der Kapitalismus setzt sich durch, weil er sich herausfordern lässt. Er macht aus Widerständen Lösungen. Seine Kritiker wollen keine andere Meinung hören? Sie springen beleidigt hoch und stampfen trotzig auf, wenn die Wirklichkeit nicht mit ihren Vorstellungen übereinstimmt? Gut. Der Kapitalismus verändert unterdessen sein Angebot. Der Kapitalismus ist entwicklungsfähig, während die Kritik an ihm stagniert.«[13] Besser kann man das nicht ausdrücken.

Diejenigen, welche heute am lautesten nach der »Freiheit der Märkte« schreien, berauben den Kapitalismus durch ihr starres Lehrgebäude der Freiheit. Denn der Kapitalismus hat in Wirklichkeit keine äußeren Feinde mehr, da sich seine Feinde selbst erledigt haben. Die größten Feinde des Kapitalismus sitzen in seiner Schaltzentrale und drillen ihn zu einer Rationalität, die paradoxerweise in die Irrationalität führt. Sie sind die Einzigen, die ihn noch stürzen können. Die Ursachen dieses Übels haben schon Aristoteles und Thomas von Aquin erkannt, als sie sich über die Prinzipien der menschlichen Selbsttäuschung Gedanken machten. Beide kommen zu dem Schluss, dass es im Verstand keine Falschheit geben kann und dass »nicht die Sinne für die Falschheit verantwortlich sind, sondern die Fantasie«.[14]

Sigmund Freud hat zu diesem Thema einen sehr schönen ge-

13 Lotter 2013, S. 90.
14 Thomas von Aquin 2013, S. 57.

schichtsphilosophischen Gedanken eingebracht. Er veranschaulicht die Entwicklung der Menschheit in drei Stufen, von denen die erste, die animistische, die Macht der Heiler und Medizinmänner repräsentiert, die Wirklichkeit im Zusammenwirken mit den Kräften der Natur zu lenken. Freud sagt: »Im animistischen Stadium schreibt der Mensch sich selbst die Allmacht zu; im religiösen hat er sie den Göttern abgetreten, aber nicht ernstlich auf sie verzichtet, denn er behält sich vor, die Götter durch mannigfache Beeinflussungen nach seinen Wünschen zu lenken. In der wissenschaftlichen Weltanschauung ist kein Raum mehr für die Allmacht des Menschen, er hat sich zu seiner Kleinheit bekannt und sich resigniert dem Tode wie allen anderen Naturnotwendigkeiten unterworfen. Aber in dem Vertrauen auf die Macht des Menschengeistes, welcher mit den Gesetzen der Wirklichkeit rechnet, lebt ein Stück des primitiven Allmachtglaubens weiter.«[15]

Wie gefährlich so eine Mischung aus Allmachtgedanken, Fantasie und Realität sein kann, zeigt uns ein historisches Beispiel, das bis heute nachwirkt: der kirchliche Ablasshandel. Er erklärt nicht nur einen großen Teil des Antisemitismus, sondern vor allem unsere krankhafte Sicht auf die Finanzmärkte.

---

15 Freud 1982k, S. 376.

5. DER SÜNDENBOCK DER MÄRKTE – PROJEKTION, VERDRÄNGUNG UND IHRE OPFER

Verbirg dich, Sternenlicht!
Schau meine schwarzen, tiefen Wünsche nicht!
Sieh Auge nicht die Hand
doch lass geschehn,
was, wenn's geschah,
das Auge scheut zu sehen.

William Shakespeare[1]

Von Höllenqual und Fegefeuer

Für eine erfolgreiche Suggestion braucht man nicht wirklich viel Fantasie. Manchmal reicht schon der pure Instinkt, andere beherrschen zu wollen, um wunderbare und verdrehte Fantasien und Meinungen in die Köpfe der Menschen einzuarbeiten, die Menschen an ihren wunden Punkten zu fassen und zu verführen. Man muss nur wissen, wo man ansetzen soll, und schon gelingt es den Vertretern der Macht, ihre Position in die Köpfe der anderen zu pflanzen und sogar für deren prächtige Entfaltung zu sorgen.

Auffallend ist, dass gerade Systeme, die sich ein Monopol erobert

1 Shakespeare 1986, S. 32.

haben, besonders gefährdet sind für pathologische Ausfallserscheinungen. Das hat auch der Kapitalismus in der jüngsten Vergangenheit gezeigt. Nach dem Fall des Eisernen Vorhangs und dem Auseinanderbrechen des kommunistischen Blocks schien plötzlich alles möglich: die Gestaltung der Welt nach dem eigenen Prinzip und die Freiheit, sich ohne jede Hemmung über das gesellschaftliche Leben zu stülpen und waghalsige Experimente zu wagen. Der vollkommene Rückbau des Sozialstaats, die Reorganisation der Konzernstrukturen hin zum Primat des Shareholder-Value sind die Konsequenzen. Dazu die Gewinnorientierung um jeden Preis und die Erzeugung eines Managergeschlechts, dessen oberste Moral nur unweit jener der Piraten und Raubritter liegt.

Die katholische Kirche befand sich zu Beginn des 13. Jahrhunderts in einer ganz ähnlichen Situation. Es herrschte einerseits Ruhe nach den Barbarenstürmen und der Völkerwanderung. Die Gegner waren nach und nach verschwunden. Die muslimischen Heere waren so weit zurückgedrängt, dass man sie in Kreuzzügen bis in ihre Kernlande verfolgen konnte. Die Barbaren aus dem Norden waren einerseits geschlagen, andererseits aber in katholischem Sinne christianisiert. Damals war die Kirche so mächtig wie sonst nie in ihrer Geschichte.

Und das ließ sie die Gläubigen spüren, indem sie nun auch die letzten Fragen des Lebens ausdeutete und den gesamten Kosmos in das Konzept einschloss, welches das Leben nach dem Willen Gottes bestimmt.

Eine dieser letzten Bastionen der Deutung war die theologische Interpretation von Himmel und Hölle. In allen antiken und vorantiken heidnischen Mythen ist der Himmel den Göttern vorbehalten, während sich die Dämonen und teuflischen Wesenheiten in der Unterwelt tummeln und die Seelen der Verstorbenen in den Hades wandern und dort leiden auf immerdar. In dieser Bipolarität unterschied sich auch das Christentum zunächst nicht von seinen Vorgängern. Es kennt die ewige Verbannung der Seelen an einen Ort der Toten und einen Ort der Erwählten, in den die Märtyrer und Heiligen direkt nach ihrem Tod in den Himmel auffahren.

Der dritte Ort – die Suggestion des Fegefeuers

Aber was geschah eigentlich mit Menschen wie dir und mir? Mit Sündern aller Art und Schattierungen: den Nichtperfekten. Den nicht ganz Bösen und den nicht ganz Guten. Was also geschah eigentlich mit *allen* nach dem Tod? Nun – für sie, die ihrer Leistungen wegen im Himmel nichts verloren haben, blieb nur die ewige Verdammnis, von denen die Vorväter, von Paulus bis Augustinus, immer gesprochen hatten. Ein Platz, der nach damals gängiger Vorstellung bitterkalt und glühend heiß zugleich ist, und in dem man begraben wird, um nicht mehr aufzuerstehen.

Doch mit dieser aussichtslosen Vorstellung macht die Kirche des 13. Jahrhunderts ein Ende. Sie schafft einen Anreiz, macht Hoffnung auf einen »dritten Ort«, wie der französische Mittelalterhistoriker Jacques Le Goff das bezeichnet. Es ist ein Ort, der nicht Himmel und nicht Hölle ist, ein Ort der Reinigung von den lässlichen Sünden. Ein Ort der Reue und der Qual, der allerdings nur einen Ausgang kennt: den Himmel und damit das Paradies.

So müssen wir uns das Purgatorium, das »Fegefeuer«, als Platz der Hoffnung vorstellen: Wer dem Bösen widersagt und seine Sünden bereut, in der Beichte und mit Gebeten und Taten, dem kann nach einer Zeit des reinigenden Feuers vergeben werden.

Diese Hoffnung bescherte der Staatsreligion Christentum ihren großen Sieg gegen die heidnischen und manichäischen Ansätze, die der Mehrheit der Menschen bestenfalls die ewige Finsternis versprachen.

Die Möglichkeit der Läuterung entfacht aber auch einen Kreislauf der persönlichen und am Ende systematischen Bereicherung der Kirche: Das Schattengesicht des Fegefeuers ist der Ablasshandel.[2] Er

---

2 Das pastorale Konzept der Sündenerlösung hatte sich seit Etablierung der Urkirche entwickelt und ausgeprägt. Demnach gibt es durch göttliche Gerechtigkeit zwei Folgen schwerer Schuld: Verdammnis und Trennung von Gott (*culpa*/Schuld). Sie wird behoben durch die förmliche Lossprechung im Beichtsakrament (Absolution) oder in Notfällen durch eine vollkommene Reue vor Gott, der, soweit möglich, dennoch eine Beichte folgen muss. Schuldstrafe und Sühne nach dem Tod (*poena*/Strafe). Sie kann im Diesseits abgetragen werden durch eigene gute Werke oder durch Anteil am Überschuss guter Werke von anderen Gläubigen. Die Kirche sieht sich als Verwalterin des Gemeinschaftserbes der Erlösung Christi und der Heiligen (Gnadenschatz) und damit autorisiert, aus diesen Verdiensten vor Gott Ablass (Indulgenz) von Schuldstrafen vermitteln zu können.

funktioniert ganz einfach: Kauf dich frei! Spende dein Vermögen! Und wenn du es spendest, dann spende es dem Pfarrer, dem Kloster, dem Bischof! Damit reduzierst du deine Zeit im Fegefeuer zum Teil erheblich. Aus einem Ablassbrief der Gemeinde Alsdorf bei Köln erhellt sich der ganze perfide Mechanismus. Heiligkeit gepaart mit Versprechen und fürchterlicher Drohung, verbrämt mit göttlicher Autorität eines ganzen Dutzends von Bischöfen – im Auftrag des Papstes:

> Allen Söhnen unserer heiligen Mutter, der Kirche, zu denen gegenwärtiger Brief gelangt, entbieten wir Erzbischöfe durch Gottes Gnade: Roger von St. Severin, Philipp von Salerno … und Andreas von Lydda ewiges Heil im Herrn. … Es ist also unser Wunsch, dass die Kirche des heiligen Bekenners Castor zu Alsdorf in der Diözese Köln mit gebührenden Ehren besucht und von den Christgläubigen ständig verehrt werde. Deshalb gewähren wir allen Ablass, die … für das Kirchengebäude für Lichter, Schmuck und zu anderem Nutzen derselben Kirche hilfreich die Hand bieten oder in der Sterbestunde irgendetwas von ihrem Vermögen schenken, vermachen oder stiften … – Gegeben zu Rom im Jahre des Herrn 1295, im ersten Pontifikatsjahre Bonifaz VIII.

Dämonen überzeugen

Wie sollte so etwas nicht Eindruck machen? Damit dieses System aber auch effizient wirken kann und die Gläubigen auch wirklich beeindruckt, behelfen sich die Geistlichen mit kurzen Erzählungen, welche diese Prediger des Fegefeuers ohne Unterlass verbreiten, um ihre Gemeinde zu überzeugen. Diese Geschichten müssen auf die Gemüter der Menschen enorm stark gewirkt haben: Es ist von Gespenstern, Teufeln, untoten Seelen und Höllenqualen die Rede, um die Gläubigen willfährig zu machen. Auf der einen Seite ist der Gehorsam vor Gott und der Kirche das Ziel, auf der anderen ist es das Geld, das den Kirchen und Orden, vor allem den Bettelorden, den Franziskanern und Dominikanern zu großem Reichtum verhilft.

In ganz Europa grassiert das Ablassfieber. Die Klöster und Bischöfe schicken ganze Gesandtschaften durch die Städte, um sich am Vermögen der Bürger zu bereichern. Bald schon kann sich der eine von einem Mord loskaufen, einem anderen werden die Sünden sogar im Vorhinein per Ablassschein vergeben.

Das ist das perfekte Geschäft. Sünde und Ewigkeit sind für Jahrhunderte in bares Geld konvertibel. Der Ablasshandel ist die erste reine und die letzte sichere Großspekulation, die auf einer glaubensgesetzlich verordneten Autosuggestion aufbaut und einer ganzen Kulturgemeinschaft übergestülpt wird. Dass sie von Anfang an zu schweren Rechtfertigungsnotständen bei Theologen führt, ist selbstverständlich. Denn wie kann man rechtfertigen, dass sich Gott bezahlen und bestechen lässt? Der Ablasshandel ist einer der ausschlaggebenden Gründe für den Reformator Martin Luther, sich gegen das herrschende System aufzulehnen. Und letzten Endes führt dies zur Kirchenspaltung.

Als der große Reformator seine Thesen in Wittenberg anschlug, war in der Gegend ein berüchtigter Dominikanermönch unterwegs, der im Auftrag des Papstes den Gläubigen ihr Vermögen für das Versprechen des Seelenheils abschwatzte. Sein Name war Johann Tetzel, und in Schmähschriften sind bis heute seine Werbelieder erhalten:

O ihr deutschen mercket mich recht
des heiligenvaters papstes knecht
bin ich und bring euch jetzt allein
zehn tausend und neun hundert carein[3]
gnad und ablass von einer sünd
für euch, eure eltern, weib und kind
soll einem jeden gewehret sein so viel ihr legt ins kästelein
so bald der gulden im becken klingt
im huy die seel im himmel springt.[4]

3 Carein bedeutet einen umfassenden Ablass »sündlicher Vergehungen«. Die Figur Johann Tetzels ist äußerst umstritten. Er dürfte 1460 in Pirna geboren sein. 1489 wurde er Dominikanermönch in Leipzig. Nachweislich regelte er den Ablasshandel in einem Teil Halberstadts und Magdeburgs. Tetzel starb 1519 in Leipzig.

4 Das Zitat entstammt einer Schmähschrift auf Tetzel aus dem 16. Jahrhundert. www.es.flinders.edu.au/~mattom/science+society/lectures/illustrations/lecture19/tetzel.html.

Von der Gnade Gottes besonders abhängig waren die Reichen: die Geldverleiher, Händler und Wucherer. Mit ihren Höllenqualen schmückte so mancher Geistlicher seine Predigt. Der Mönch Caesarius von Heisterbach etwa gab folgende Geschichte über den Wucher treibenden Bauern Godescalc von Utrecht zum Besten:

> Eines Nachts hörte er (Godescalc) in einer benachbarten Mühle ein Geräusch wie das Mahlen der Mühlsteine. … Also stand der Wucherer auf, ging hinüber, öffnete die Tür zur Mühle, in der sich ihm ein grauenvoller Anblick bot: Er gewahrte zwei schwarze Pferde und neben ihnen einen fürchterlichen, gleichfalls schwarzen Mann. Der sprach zu dem Bauern: »Spute dich! Komm herein und steig auf das Pferd, das ich dir mitgebracht habe!« Unfähig zu widerstehen, gehorchte der Wucherer. Mit dem Teufel neben ihm zu Pferde durchritt er im Galopp die Tiefen der Hölle. Dort traf er seine Mutter und seinen Vater. Schließlich erblickte er einen Stuhl aus Feuer, in dem zur Strafe zu sitzen die unendliche Züchtigung ohne Schonung bedeutete. Da sprach der Teufel zu ihm: »In drei Tagen wirst du hierher zurückkommen, und dieser Stuhl wird deine Strafe sein.« Seine Familie fand den Wucherer ohnmächtig in der Mühle liegend, und sie trugen ihn in sein Bett. Da er sicher war, die Strafe erleiden zu müssen, die er gesehen hatte, lehnte er Beichte und Buße ab. So wurde er ohne Beichte, ohne letzte Wegzehrung und ohne letzte Ölung in der Hölle begraben.[5]

5 Le Goff 1988, S. 85.

Projektion und Massenpsychose: Der Antisemitismus

Nun mögen Sie sich fragen, was denn das alles mit der heutigen Welt zu tun habe. Sehr viel. Denn mit der Verbreitung der Legende vom Fegefeuer wird auch eine Welle der Vorurteile gegen alle gestärkt, die mit Geld und vor allem mit Geldverleih zu tun haben. Die Bibel bietet der Projektion des bösen Geldes auch ausreichend Nahrung: »Wenn du Geld verleihst an einen aus meinem Volk, an einen Armen neben dir, so sollst du an ihm nicht wie ein Wucherer handeln. Du sollst keinerlei Zinsen nehmen« (Exodus 22,24). »Wer Geld lieb hat, der bleibt nicht ohne Sünde; und wer Gewinn sucht, der wird daran zugrunde gehen« (Jesus Sirach 31,5). »Ihr könnt nicht Gott dienen und dem Mammon« (Matthäus 6,24). »Und wenn ihr denen leiht, von denen ihr etwas zu bekommen hofft, welchen Dank habt ihr dann davon? Auch die Sünder leihen den Sündern, damit sie das Gleiche bekommen. Vielmehr liebt eure Feinde; tut Gutes und leiht, wo ihr nichts dafür zu bekommen hofft« (Lukas 6,34).

Auf dieser Basis lässt sich schwerlich ein unbeschwertes Verhältnis zum Finanzwesen aufbauen. Stattdessen setzt die Kirche einen Karren in Bewegung, der von Ethik und Moral gelenkt wird. Die eigenen Handlungen ignoriert oder rationalisiert sie – siehe Ablasshandel –, schlägt dafür aber umso heftiger auf andere, die das Gleiche in anderer Form tun.

Der Wucherer steht in den »Summae«, den Interpretationen und Auslegungen für die Mönche und Geistlichen, die den Menschen die Beichte abnehmen, auf einer niedrigeren Stufe als die Sodomiten und Kinderschänder. Er ist das klassische Abbild eines Sündenbocks[6].

---

6 Das Bild des Sündenbocks speist sich aus einer der geheimnisvollsten Stellen der Bibel. In Levitikus 16 ist es Gott, der von Mose und Aaron ein Sühneopfer fordert: »Für die beiden Böcke soll er Lose kennzeichnen, ein Los ›für den Herrn‹ und ein Los für Azazel. Aaron soll den Bock, für den das Los ›für den Herrn‹ herauskommt, herbeiführen und ihn als Sündopfer darbringen. Der Bock, für den das Los für Azazel herauskommt, soll lebend vor den Herrn gestellt werden, um für die Sühne zu dienen und zu Azazel in die Wüste geschickt zu werden. ... Aaron soll seine beiden Hände auf den Kopf des lebenden Bockes legen und über ihm alle Sünden der Israeliten, alle ihre Frevel und alle ihre Fehler

Was ist das Verbrechen der Wucherer? Sie verteilen Kredite und nehmen dafür Zinsen. Es sind die Cahorsiner und die Lombarden, die Vorläufer der Bankiers, die in dieser Zeit die ersten großen Investments anbieten. Der Handel und der Geldverkehr sind es, die den Aufstieg des Bürgertums ermöglichen und neue florierende Märkte schaffen. Mit dem Fegefeuer, das die moralische Schuld bezahlbar macht, bleibt nun aber die Kirche eine der Hauptnutznießerinnen des neuen Aufschwungs. Denn mit der realen Gegenleistung eines Fetzens Papier konnte sich die Kirche jene Vermögen sichern, die der neue Geldhandel geschöpft hatte.

Geld, Projektion und Rassismus

Während der christliche Geldadel in Schach gehalten werden konnte, blieb das kirchliche Dogma bei »Ungläubigen« vollkommen wirkungslos. Und so konnte die Kirche ein Feindbild aufbauen, das am Ende die gesamte Finanzwirtschaft an den Pranger stellte und vor allem ein Volk, das ab dem 13. Jahrhundert in den Fokus von Verdammung und Verfolgung rückt: das Judentum. Das Absurde daran ist, dass die Kirche die Juden selbst in die Position der Wucherer gezwungen hatte, indem sie ihnen alle Berufe außer jenen der Geldwechsler, Ärzte und Pfandleiher verboten hatte. Den Christen hingegen blieb alles vorbehalten, was man heute unter »Realwirtschaft« versteht.

Das hatte horrende Folgen für die Juden Europas. Bis in die Zeit des Nationalsozialismus wurden die Israeliten für alle wirtschaftlichen Missstände, vom Börsencrash bis zur Massenarbeitslosigkeit, verantwortlich gemacht. Jüdische Unternehmer wurden stets

---

bekennen. Nachdem er sie so auf den Kopf des Bockes geladen hat, soll er ihn durch einen bereitstehenden Mann in die Wüste treiben lassen und der Bock soll alle ihre Sünden mit sich in die Einöde tragen.« Die Figur des Azazel ist die eines Wüstendämons, der in der kanaanitischen, ägyptischen und mesopotamischen Tradition enthalten ist. Später wird Azazel als Teufel gedeutet oder gar als zweite Identität Gottes. Für uns ist es wichtig, die Funktion des Bocks zu betrachten, auf dessen Haupt man alle Sünden lädt, um ihn dann dem Bösen zu opfern. Demnach ist die erste Form des Ablasses ein Opfer und die erste Form der Beichte eine simple Projektion auf dieses Opfer, und geopfert wird dem Bösen, nicht dem Guten.

als Erpresser der braven Arbeiter, jüdische Bankiers als Blutsauger der Wirtschaft dargestellt und verfolgt. In letzter Konsequenz führte dieser nie wirklich bekämpfte Wahn in direkter Linie zu den Konzentrations- und Vernichtungslagern des Nationalsozialismus.[7] Die Zivilisation erging sich in periodisch auftretenden psychotischen Schüben, an deren Ende die Halluzination stand, ein ganzes Volk bestehe aus Ungeziefer und beschmutze die Nation und das Fortkommen ganz Deutschlands.

Der rationale Zugang zum Leben und das Konzept des *Homo oeconomicus* werden ersetzt durch das Konzept vom heroischen Arbeitersoldaten, dessen Opfer die Gemeinschaft aus der Verzweiflung der vorhergehenden Jahre erlösen könne. Wenn Freud sagt, dass »die Neurose die Realität nicht verleugnet, sie will nur nichts von ihr wissen; die Psychose verleugnet sie und sucht sie zu ersetzen«, dann haben wir es beim Holocaust mit einer ungeheuren Form der letalen Psychose zu tun, die zum Mord auch noch den Selbstmord auf den Schlachtfeldern setzt.[8] Und das alles auf Basis einer religiös verorteten Störung, deren Wurzeln 600 Jahre zurückreichen.

Psychologisch gesehen sind die Juden über all diese Jahre Opfer einer einschlägigen Projektion gewesen, deren Wirkung durch Theologie und volksnahes Schrifttum vervielfältigt und über Generationen haltbar gemacht wurde. Die Projektion ist ein sehr häufig angewandter Mechanismus der Abwehr; sie spielt bei Wahnvorstellungen eine besondere Rolle. In der Projektion werden unbewusst eigene Wünsche und Vorstellungen in die Außenwelt übertragen – und zwar auf Gegenstände oder Personen. Die Zwangsvorstellungen der Nationalsozialisten verschafften sich durch ständige Hetzreden Luft und führten zu Pogromen, Plünderungen und blinder Zerstörung.

---

7 An dieser Stelle sei erwähnt, dass der Nationalsozialismus ebenfalls mit dem mittelalterlichen Wirtschaftsbegriff der scharfen Trennung von »Real-« und Finanzwirtschaft arbeitete. Die Juden wurden als Spekulanten und Urheber der Weltwirtschaftskrise gebrandmarkt und von einer religiösen Gemeinschaft zu Schädlingen degradiert. Als Gegenprogramm zum »Wucher« entwarfen die Nationalsozialisten eine Rückbesinnung auf Blut, Boden, Scholle und Feldfrucht sowie die Kraft der Arbeit, die flächendeckend in Programmen bis in die Kultur und Architektur Eingang fand. Nach außen hin hatte Geld im »Tausendjährigen Reich« nicht zu arbeiten. Geld und Wert wurden von »teutscher« Hand in Ehrlichkeit und völkischem Schweiß dem Boden abgerungen.

8 Freud 1982j, S. 359. Der Begriff »Psychose« hat im Verlauf seiner Geschichte viele Umdeutungen erfahren. Heute wird er in der klinischen Psychologie kaum noch angewendet. Bereits das *ICD-3* hat ihn 1980 generell durch den Begriff »Störung« übersetzt und beschreibt damit eine vorübergehende Beeinträchtigung des psychischen Apparats.

Zurück zu den Wurzeln dieses Übels: Während die Kirche den Hass auf die Juden pflegte und förderte, arbeitete sie selbst fleißig mit dem Mammon: So sind Geschäfte durch Geldverleih seitens der Zisterzienser aktenkundig, ebenso wie die Kreditgewährung durch andere Klöster gegen entsprechendes Pfand. Auch die Herrscher Europas bedienten sich längst massiv im Zinsgeschäft. Der Adel baute bis in die Barockzeit hinein seine Schlösser mit dem Geld der Kreditverleiher. Der Überseehandel, der Englands Reichtum begründete, beruhte allein auf Handelskrediten der entstehenden englischen Großbanken, ebenso wie die Hofhaltung der Fürsten und Kaiser Europas auf genommenen und mit Steuergeld zurückgezahlten Krediten fußte.

Die verdrängten Finanzmärkte

Das Vorurteil gegen Geld und Finanzen hat sich aber wie die Ressentiments gegen die Juden über die Jahrhunderte in die Tradition der christlich geprägten Kultur eingegraben. In diesen Gefilden verdingen sich jene, die man vor Krisen wie selbstverständlich für das Wachstum der eigenen Finanzen verantwortlich macht, als gebe es dabei gar kein Risiko. Wenn dann Krisen eintreten, greifen wir gern zur Waffe der Moral und schlagen jene, denen wir, wie wir meinen, zu Unrecht vertraut haben. Wir kennen dieses Verhalten seit Jahrtausenden.

Vor diesem Hintergrund ist auch die strenge Trennung des Finanzhandels von der »realen« Wirtschaft zu sehen, ein schon begrifflich völlig absurdes Konstrukt. Denn was liegt denn außerhalb des Realen? Nach menschlichem Ermessen doch nur das Irreale, Verrückte, nicht das Wirkliche. Dorthin also hat man die Finanzwirtschaft geschoben – vermutlich instinktiv und ohne darüber nachzudenken. Ein folgenschwerer Irrtum. Eine Realwirtschaft ohne Banken ist undenkbar. Arbeitsplätze ohne Investoren und Financiers sind undenkbar. Das Geld regiert nicht nur die Welt, es regiert auch unseren Wohlstand.

Diese Botschaft wollen wir nicht wahrhaben. Aber zur Läuterung müssen wir uns eigentlich nur eines fragen: Was wäre denn eigentlich, wenn all die Kritiker der Finanzmärkte recht bekämen? Auf welchem Markt ohne Arbeitsplätze und Löhne würden sie ihre teuren Büchlein verkaufen? Und worüber würden sie dann schreiben? Über das Glück, ärmer zu werden? Die Finanzwirtschaft zu reformieren heißt, sie auch als das zu erkennen, was sie ist: ein integraler und integrativer Bestandteil des Systems, der nicht einfach verdrängt werden kann aus einem rohen Impuls unseres gesellschaftlichen Lustprinzips heraus.

Die fürchterlichste historische Ausformung der Projektion und des Lustprinzips und die allgemeine Erörterung der Natur und Sichtweise der Finanzmärkte sollen uns nun zu jenem Feld bringen, in dem sich das aktuelle Wesen des Lustprinzips seine hedonistische Bahn bricht. Es ist jenes des praktischen Konsums.

6. DER NIMMERSATTE ERYSICHTHON – VON KONSUM, WACHSTUM UND WELTVERZEHR

Schaff mir etwas vom Engelsschatz!
Führ mich an ihren Ruheplatz!
Schaff mir ein Halsband von ihrer Brust,
ein Strumpfband meiner Liebeslust.

Johann Wolfgang von Goethe[1]

Die Güter der Liebe

Wir haben versprochen, eine Reise in die Abgründe der Seele zu unternehmen. Aber wir haben dabei noch gar nicht von den grundlegenden Gefühlen gesprochen: von Liebe und Hass. Das wollen wir nun tun, da es um das Begehren des Konsums geht, die Liebe zu und manchmal auch die Sucht nach Dingen und Gütern. Es ist nämlich blanker Unsinn, zu behaupten, Liebe habe keinen Platz in der Wirtschaft. Das genaue Gegenteil ist der Fall. Wir gehen sogar so weit, zu behaupten, dass derjenige, welcher die Probleme der Liebe und des Begehrens verstanden hat, auch die grundlegenden Probleme der Ökonomie erkennen kann.

Die Psychoanalyse hat versucht, das höchste aller Gefühle zu

1 Goethe 1971, S. 78.

erfassen, indem sie Liebe nicht vom »erwachsenen« Standpunkt der Philosophie oder der Physiologie aus erklärt, sondern aus der Perspektive des Kleinkinds – des Säuglings also, der halb blind, sprachlos und orientierungslos in die Welt gesetzt ist. Positive und negative Reize, Lust und Unlust sind die ersten Mächte, die auf ihn einstürmen und denen er wehrlos ausgeliefert ist. Die Psychoanalytikerin Melanie Klein[2] hat sehr eindringlich geschildert, wie das Kind zwischen dem Gefühl der Befriedigung und der reinen Frustration hin und her geworfen wird. Da kann die Brust der Mutter zum Objekt des absoluten Glücks werden, oder aber zum Objekt der Verzweiflung und des grausamen Entzugs – je nachdem, ob die Bedürfnisse des Kindes, Nahrung zu erhalten, gestillt werden oder nicht.

Das Kleinkind lebt also in Extremen. Es befindet sich aber auch sonst in einem seltsamen ökonomischen Zustand: Es kann der Welt nichts geben, es kann nur nehmen. Es will haben, muss haben, um zu überleben. Das ist die Basis für das menschliche Wachstum: Man muss mehr nehmen, als man gibt.[3] Sigmund Freud hat das in seiner Abhandlung über die Entwicklung der Liebe so ausgedrückt: »Als erste der Sexualtriebe erkennen wir das Sich-Einverleiben oder Fressen, eine Art der Liebe, welche mit der Aufhebung der Sonderexistenz des Objekts vereinbar ist, also als ambivalent bezeichnet werden kann. Auf einer höheren Stufe der prägenitalen sadistisch-analen Organisation tritt das Streben nach dem Objekt in der Form des Bemächtigungsdranges auf, dem die Schädigung oder Vernichtung des Objekts gleichgültig ist. Diese Vorstufe der Liebe ist in ihrem Verhalten gegen das Objekt vom Hass kaum zu unterscheiden. Erst mit der Herstellung der Genitalorganisation ist die Liebe zum Gegensatz des Hasses geworden.«[4]

So wie die Liebe des Säuglings zunächst aus dem puren Drang

2 Die britische Kinderpsychologin Melanie Klein hat diese Liebe mit Sigmund Freud als die erste Form infantiler Selbstliebe beschrieben. Siehe auch Klein 2011.

3 Wer will, könnte schon daraus eine Brücke zur Ökonomie schlagen. Nicht umsonst wird diese fordernde Liebe in englischer Sprache dem wirtschaftlichen Vokabular entsprechend *demanding* genannt, und wenn sie ins Krankhafte abgleitet, *abusive,* also als missbrauchend, abhängig machend. Eine Liebe dieser Art schert sich nicht um den scheinbar Geliebten, dafür kümmert sie sich doppelt um sich selbst. Es ist das ein ursprünglicher und roher Eros, der von der Welt noch nichts weiß.

4 Freud 1982i, S.101f.

besteht, sich Dinge einzuverleiben, beruht die moderne Konsumgesellschaft auf eben diesem ersten menschlichen Impuls und nicht auf einer höheren, quasi elaborierten Stufe der gesellschaftlichen Psyche.

Diese Gesellschaft produziert nicht aus einem langfristig angelegten Kalkül heraus, sei es zum Schutz der Nachkommenschaft oder zur Erreichung gesellschaftlichen Wohlstands. Sie produziert zunehmend aus dem alleinigen Grund, zu verbrauchen. Sie unterscheidet sich von vorhergehenden Gesellschaften durch die ständig steigende Frequenz der Appelle, etwas zu verzehren, zu konsumieren, und durch die ständig suggerierte Vorstellung, etwas zu bedürfen. Wir haben dieses Problem schon bei unseren Überlegungen über die Suggestion in der Ökonomie gestreift. Nun soll es um eine grundlegende Analyse des Konsums gehen. Für Sie als Leser bedeutet das eine Gedankenreise vom einfachen Begehren zur unbezähmbaren Sucht beziehungsweise vom bereichernden Wachstum zur triebhaften Selbstzerstörung. Am Beginn dieser Reise steht die Geschichte eines Königssohns aus dem antiken Griechenland, der für seinen Frevel an den Göttern einen furchtbaren Preis zahlen musste: Erysichthon, von dem uns Ovid in den *Metamorphosen* berichtet.[5]

Erysichthon und das Feuer des Hungers

Einst bewohnte das stolze Volk der Pelasger das heilige Land von Dotion. Dort weihten sie der Göttin Demeter einen schönen Hain. Doch schön sollte er nicht bleiben.

> Ihr Vater [Erysichthon, Anm.] war jener berüchtigte Götterverächter, der nie duftende Opfer auf Ihren Altären entzündet. Ja, man erzählt, er habe dereinst einen alten, der Demeter Heiligen Hain mit dem eisernen Beil verletzt und geschändet. Riesig erhob sich daselbst, wie ein Wald, eine Eiche, von vielen

5 Ovid 1994, S. 453 ff.

Jahren gezeichnet; den Stamm und die Äste umgaben Gedächtnis-Tafeln und Binden und Kränze, die Zeugen erhörter Gebete. Oftmals tanzten darunter Dryaden die festlichen Reigen, oft umschritten sie auch mit verflochtenen Händen in schöner Reihe den Stamm. Sein Kernholz maß in gewaltigem Umfang fünfzehn Klafter; es standen die anderen Bäume des Waldes tief unter ihm, so tief, wie das Gras unter Ihnen sich dehnte. Dennoch gedachte das Triopas Sohn den Baum nicht zu schonen, sondern befahl den Knechten, die heilige Eiche zu fällen. Und wie er sieht, dass sie zaudern, der Weisung zu folgen, entreißt er einem der Diener die Axt und schreit, der Verruchte, die Worte: »Auch wenn die Göttin selbst es wäre und nicht nur ihr Liebling: Jetzt soll der grünende Wipfel der Eiche die Erde berühren!« Also ruft er und schwingt die Axt und holt von der Seite aus zum Schlag. Da zittert die Erde der Die, ein Ächzen ist zu vernehmen; die Blätter zugleich und die Eicheln beginnen jäh zu erblassen, und Blässe umzieht die gewaltigen Äste. Doch wie die Hand des Frevlers den Stamm des Baumes verwundet, siehe, da fließt das Blut aus zerspalteter Rinde nicht anders, als wenn der riesige Stier, am Altar als Opfer getroffen, niederstürzt und das Blut ihm entströmt aus zerrissenem Nacken. Alle erstarren vor Angst, und einer von allen getraut sich, vor dem Verbrechen zu warnen, das grässliche Beil ihm zu hemmen. Finster blickt der Thessalier und schreit: »Für die fromme Gesinnung nimm die Belohnung!« Er richtet die Axt vom Baum auf den Menschen, mäht ihm das Haupt vom Rumpf und schlägt dann erneut auf den Baum ein. Horch! Es ertönt aus dem Innern der Eiche die folgende Rede: »Hier bin ich unter dem Holz, die teuerste Nymphe der Demeter! Sterbend verkünde ich dir: die Strafe für deine Verbrechen steht dir bevor! Das wird mir im Tod zum Trost gereichen.« Weiter wütet der Frevler: der Baum fängt endlich zu wanken an von unzähligen Streichen und stürzt, von Seilen gerissen: weithin streckt sein Gewicht die Stämme des Waldes zu Boden. … In schwarzen Gewändern und trauernd gehen die Schwestern zu Demeter und flehn, Erysichthon zu strafen. Diese gewährt es und neigt, die vielschöne, das Haupt: es erbeben ob der Bewegung die Ähren der Felder, der frucht-

> überladnen. Und sie ersinnt eine klägliche Form der Bestrafung – wenn Klage jener Verbrecher verdiente bei seinen entsetzlichen Taten –, dass ihn Hunger zerfleische, verderblicher.

Der Fluch wirkt aufs Vollkommenste. Erysichthon verzehrt sich in seinem Verlangen nach Nahrung:

> Ohne Verzug verlangt er, was Meer, was Erde, was Luftreich liefern und klagt an gedecktem Tisch, ihn quäle der Hunger. Speisend fragt er nach Speise und was einer Stadt, einem ganzen Volk hätte genügen können, es reicht nicht aus für den Einen. Ja, je mehr in den Bauch er versenkt, desto mehr nur begehrt er, und, wie das Meer die Ströme der Erde empfängt und nie sich des Wassers ersättigt, die fernsten Flüssen noch austrinkt, und, wie das raffende Feuer niemals eine Speise zurückweist, nicht zu zählende Scheite verbrennt, und je mehr du ihm bereitest, desto mehr nur verlangt und gefräßiger wird in der Fülle. So empfängt und heischt zugleich Erysichthons, des Frevlers Schlund ein jedes Mahl. Als endlich versenkt im Geweid sein Vermögen, blieb ihm die Tochter alleine, die solchen Vaters nicht würdig. Arm nun, verkauft er auch die.

Doch die Tochter, welche die Zauberkraft besitzt, sich in Tiere verwandeln zu können, entflieht ihrem Besitzer und kehrt zurück. Als der Vater erkennt, dass der Leib seiner Tochter verwandlungsfähig ist,

> verkauft er sie oft an Herren: als Stute einmal und dann als Rind, als Hirsch, als Vogel vergeben, schaffte betrüglich sie so dem gierigen Vater die Nahrung. Aber, als allen Stoff die Gewalt seines Übels verzehrt … fing er mit Bissen an zu zerfleischen die eigenen Glieder und der Unselige nährt seinen Leib, indem er ihn aufzehrt.[6]

6 Ovid 1958.

Mehr als ein Paradefall

Es braucht keine komplizierten Herleitungen, um diese Geschichte in die Sprache der Psychologie und der Ökonomie zu übersetzen.[7] Erysichthon ist der klinische Paradefall einer Suchterkrankung. Der Mann wird vom übermächtigen Wunsch gequält, sich sein Suchtmittel zu beschaffen, und zeigt exemplarisch die Tendenz zur Überdosierung. Auch die negativen Auswirkungen auf ihn selbst und seine Umgebung sind unübersehbar.[8] Ökonomisch handelt es sich um die Selbstvernichtung eines primitiven Markts durch Konsum, ausgelöst durch den Zwang, der mit dem Fluch Demeters implementiert wurde. Es ist eine Kriegswirtschaft, die allein auf die Zerstörung hin ausgerichtet ist.

Warum aber fällt der Prinz überhaupt in den Hain ein und löst damit den Fluch aus? Er will eine Halle bauen für seine Bankette, um vor seinen Freunden besser dazustehen. Er folgt einer Logik, die auch sehr viel mit Konsum zu tun hat, dem Verlangen nach Anerkennung.[9] Der Bau der Prunkhalle ist eine narzisstische Tat, die man gleichzeitig als perverse soziale Tat sehen muss. Blasphemisch gesehen handelt Erysichthon ähnlich wie jemand, der zur Aufrechterhaltung seines Selbstbewusstseins regelmäßig ein neues Auto braucht.

---

7 Das Gleichnis ähnelt in seiner Struktur stark jenem zu Beginn des Buchs besprochenen Mythos von Inanna und dem Huluppu-Baum. Wieder ist es ein von heiligen Geistern bewohnter natürlicher Platz, wieder wird der Baum gefällt, um ein Prunkwerk zu errichten, wieder wird die Rolle der Axt herausragend behandelt. Nur dass das Holzfällen nicht der höchste Sonnengott, sondern der niedrigste und gierigste Mensch besorgt.

8 Suchtdefinition nach Peters, siehe auch Peters 1997.

9 Auch das Imponiergehabe ist in psychoanalytischer Hinsicht dem kulturellen Fortschritt der Menschheit zuzurechnen. Der moderne Mensch fällt nicht mehr über den anderen her, wenn der oder die ihm gefällt. Er hat Kultur gewonnen, und dafür, wie Freud sagen würde, mit Hemmungen und Neurosen bezahlt. Seine Triebabfuhr erfolgt also nicht mehr über die Muskelkraft und das Imponiergehabe des Urwalds, sondern über die Suche nach Anerkennung im Beruf und im Sozialleben. Arbeit und Konsum sichern heute das ab, was wir gemeinhin Ansehen nennen. Dieses Streben bedeutete einen ungeheuren Fortschritt gegenüber dem, was damit ersetzt wurde, nämlich die rein körperliche Aggression und die blanke Gewalt. Natürlich sind diese Triebe noch da. Doch sie drücken sich anders aus – symbolisch. Wenn manche Männer etwa zwei besonders imposante Auspuffrohre an ihrem Wagen brauchen, dann ist das eine relativ ungeschlachte Art der Triebpräsentanz. Andere Männer greifen da lieber zu teuren Schuhen oder Anzügen oder bestellen den besten Champagner. Das ist an sich überhaupt nicht tragisch und auch keine pathologische Handlung. Aber ohne jede Kontrolle wird nun etwas verbraucht, das bisher unbegrenzt zur Verfügung stand: die Umwelt.

Was die Halle für Erysichthon bedeutet, ist dem Autobesitzer sein Gefährt: Eine repräsentative Hülle, die Größe, Kraft und letztlich Potenz demonstrieren soll.

Man kann die Suche nach Anerkennung (von Erysichthon bis zum Wagenbesitzer) also durchaus als lukratives Geschäftsfeld sehen, auf dem ausschließlich mit unseren Wünschen nach Selbstdarstellung gehandelt wird. Die Mode gehört zu diesen Geschäftsfeldern und ist eine der lebendigsten Sparten der globalisierten Wirtschaft. Es lohnt sich, einen Blick auf sie zu werfen.

Von neuen alten Hüten – die Regeln der Mode

Mode, das ist bekanntlich nichts für vergeistigte und puritanische Gemüter. Der deutsche Dichter Heinrich von Kleist hatte jedenfalls seine liebe Not mit ihr. Für den letzten Schrei aus der Garderobe gab es von ihm statt eines anerkennenden Pfeifens für die Schönheit der verhüllten Frau pure Verachtung: »Ein Kleid, das sie heute einen Schlafrock nennen, tragen sie morgen als Abendkleid und umgekehrt.«

Jenseits des mürrischen Einwands dieses Dichters ist der Gegenstand unserer Beschreibung eines der großen Erfolgsmodelle der internationalen Wirtschaft. Der schillernde Wechsel der Moden – und des Geldes, das die kaufende Masse dafür auszugeben bereit ist – ist mitverantwortlich für Jahrhunderte wirtschaftlicher Dominanz der industrialisierten Länder. Mit Seide, Leinen, Damast und Samt wurden ganze Regionen so reich, dass sie noch bis heute davon zehren. Ganz Flandern, Südengland, die Po-Ebene gründeten ihren Reichtum auf den Segnungen der Textilmode.

Mode ist ein komplexes, psychisches Spiel zwischen dem Einzelnen und der Gruppe, zwischen dem Exzentriker und seinen Nachahmern, zwischen Gruppendruck und Ausbruch aus der Norm. Mit Logik hat der Prozess der Mode also nur in seinem äußeren Erscheinungsbild zu tun: die Logistik der Transportwege und die Kalkulation von Umsatz und Gewinn.

Darüber hinaus ist Mode ein Gegenstand der Kunst, der individuellen und gesellschaftlichen psychischen Verfassung. Der Kunsthistoriker Ernst H. Gombrich hat Mode treffend als »Spiel mit Seltenheitswerten« bezeichnet.[10]

Dabei lassen sich verschiedene Typen von Menschen erkennen. Während es dem Individualisten darum geht, möglichst aus einer Gruppe herauszustechen, versucht ein größerer Teil der Gruppe genau das Gegenteil – also möglichst nicht aufzufallen und sich der herrschenden Norm anzupassen. Eine dritte Gruppe wiederum ist auf der beständigen Suche nach Vorbildern, denen sie sich anschließen kann. Die erste und die dritte Gruppe, die Erfinder und die Aufgeschlossenen, sind die entscheidenden Treiber der modischen Bewegung.

Die träge Gruppe zwei aber, die Beharrungsbedürftigen, muss bewegt werden – mit viel Aufwand und Kraft und Überredung. Erst dann wechseln sie ins Lager der Bewegenden, wenn sie das Gefühl haben, es falle unangenehm auf, ihr nicht anzugehören. Erst dann hat der Erfinder sein Ziel erreicht und muss sich konsequenterweise sofort wieder darum bemühen, die Aufgeschlossenen mit einer neuen Kreation einzunehmen. Denn ab dem Zeitpunkt, zu dem ein Design allgemeingültig ist und massenhaft sichtbar wird, ist gleichzeitig der Grenznutzen erreicht: Die Liebe zur Kombination von Stoffen, Farben und Formgebung ist zur Gewohnheit geworden – in der jedes weitere gekaufte Kleidungsstück an Nutzen für den aufgeschlossenen Käufer verliert.

In diesem Sinne unterscheidet sich die Mode heute drastisch von ihren Vorbildern, wie sie bis zum Ende des 18. Jahrhunderts gang und gäbe waren. In diesen Vorzeiten war die Stellung und soziale Schicht des Individuums in auffallender Weise mit seiner Kleidung und seinem Hut verknüpft. Wer nicht das entsprechende Kleidungsstück trug, war auch nicht Teil der jeweiligen Klasse. Man brauchte den Hut also nicht zum physischen, wohl aber zum gesellschaftlichen Überleben, gerade so, wie unser Prinz Erysichthon glaubte, seine Halle zum gesellschaftlichen Sein zu benötigen. Diese Klassendisziplin ließ modische Erneuerungen über Jahrhunderte hinweg

---

10 Gombrich 1991, S. 94 ff.

nur sehr träge vonstattengehen, da Neuerungen ständig durch die Konvention der Gruppe – also von der Sitte – kontrolliert wurden.

Das hat sich mit der Durchlässigkeit der Gesellschaftsstrukturen drastisch geändert. Die Mode profitierte von der Zerschlagung der alten Strukturen und der Gleichberechtigung in den demokratischen Gesellschaften außerordentlich. Je freier die Gesellschaft, desto mehr und rascher die Trendfolgen und desto höher die Umsätze in der Mode.

Wir haben es da mit einem Wirtschaftszweig zu tun, der die Krankheitssymptome der Marktwirtschaft besonders eindrucksvoll und bunt wiedergibt. Denn die Mode ist von Natur aus launisch und schnelllebig, wie es sonst nur die Börsenkurse sind. Sie ist im Wesentlichen nur durch den Appell an die menschlichen Impulse und Affekte steuerbar. Und sie bewegt Milliarden Dollar an Vermögen.

Alleine die US-Bürger konsumieren 20 Milliarden Kleidungsstücke pro Jahr, das sind umgerechnet auf den Einzelnen 68 Textilien und acht Paar Schuhe in zwölf Monaten. Wer viel kauft, wirft aber auch viel weg: zwölf Kilo verschlissenes Gewand pro Jahr und Bürger. Weltweit werden heute 50 Milliarden Tonnen Polyester fabriziert, welches die gebräuchlichste Textilie darstellt. Allein die Modekette Zara stellt pro Tag eine Million Kleidungsstücke her.

Die globalisierte Modeindustrie macht auch den Nord-Süd-Konflikt anschaulich und damit die Teilung der Menschheit in die größten vorstellbaren Gruppen: Arm und Reich. Der Großteil unserer Kleider wird in Textilfabriken in Bangladesch, Indonesien und China produziert, kostengünstig und im Auftrag europäischer Firmen. Wie wir bereits im Kapitel über Aggression anhand der Textilfabriken von Bangladesch gezeigt haben, handelt es sich um ein Beispiel instrumenteller Gewalt.

Mode, so sie erfolgreich sein will, muss Masse schaffen. Sie muss Märkte erobern, sie durchdringen und expandieren und auf den Zustand größtmöglicher Verbreitung hinarbeiten. Ist dieser Punkt erreicht, tritt der Zustand der »Sättigung des Marktes« ein, dem Schrumpfung und Tod auf den Fuß folgen. Wer es geschickt anstellt, kreiert aber selbst auf totem Terrain ein Bombengeschäft. »Wandern« war bis vor Kurzem wirtschaftliches Ödland, bis man es in ein *Outdoor Happening* verwandelte. Seither kann »atmungsaktive« Wäsche aus Kunststoff so teuer verkauft werden wie weiland nur die Wandersocke aus Kamelhaar. Nicht auszudenken, was der mürrische Heinrich von Kleist zur Mikrofasermode gesagt hätte: Heute ein Plastiksack, den sie morgen als Softshell auf die Berge tragen.

Wachstum als Zwang

In vielem, was wir über die Mode gesagt haben, nähern wir uns einem zentralen Punkt: dem Wachstum der Märkte – aber auch dem Wachstum der Zerstörung. Kehren wir zur Geschichte unseres Prinzen Erysichthon zurück: Der Ökonom Hans Christoph Binswanger hat sein Beispiel als Gleichnis für die zerstörerische Wut des neuen Menschen gegenüber der Umwelt angeführt und die Verbindung zum exponentiellen Wachstum und zur exponentiellen Zerstörung behandelt, die den *Homo oeconomicus* auszeichnet, wie auch den sagenhaften Prinzen.

Woher rührt dieser Hang oder Zwang zum Wachstum? Betrachten wir mit Melanie Klein und Sigmund Freud das Beispiel des hilflosen Säuglings. Dieses Kind erlebt die Befriedigung seiner Bedürfnisse an der Mutterbrust. Es trinkt und erreicht damit einen Zustand der Sättigung, an dem die Nahrungsaufnahme aussetzt. Mathematisch vereinfacht heißt sein Zustand: Hunger plus Nahrung ist gleich Sättigung oder $-1(H) + 1(N) = 0$.[11]

Der kleine Mensch ist also gezwungenermaßen auf sich selbst fixiert, aber nicht unersättlich. Erysichthon aber ist durch seinen Fluch unersättlich geworden. Seine Nachfrage nach Nahrung wächst exponentiell. Sein Zustand lautet mathematisch übersetzt nicht: Hunger plus Nahrung ist gleich Sättigung, sondern: Hunger plus Nahrung ist noch größerer Hunger, also $H = N^x$. Der Hunger verhält

11 Exponentielles Wachstum beschreibt einen mathematischen Prozess, in welchem sich die Grundgröße in gleichen Zeitabständen um denselben Faktor verändert. Es gibt dazu ein schönes Beispiel des indischen Gelehrten Sissa ibn Dahir: Wenn man auf das erste Feld eines Schachbretts mit 64 Feldern ein Weizenkorn, auf das zweite zwei, auf das dritte vier und so fort legt, sodass sich die Anzahl auf dem nächsten Feld jeweils verdoppelt, erhält man auf dem 64. Feld nicht weniger als 18,45 Trillionen Weizenkörner.

sich mathematisch und bildlich wie das Feuer, das Ovid in seine Metapher eingebracht hat. Das Verlangen ist vom natürlichen Impuls zur Sucht geworden.

Don Juans Gesetze

In der Anatomie der Konsumgesellschaft finden wir die gleichen Mechanismen. Je mehr sich das System aus dem aktuellen Wachstum speist, desto mehr Wachstum braucht es in der darauffolgenden Periode. Desto schneller wird die Abfolge des Verbrauchs sein. Jede Rückkehr zu dem Modell des gesättigten Hungers würde als Stagnation gewertet und damit als schädlich. Und nun stehen wir tatsächlich an einer der entscheidenden ökonomischen Bewertungen der Geschichte: Ist Stillstand schädlich? Ist das Nullniveau der Sättigung schädlich, und wenn ja, für wen?

Die Frage beantwortet sich einfach, wenn auch nicht gerade optimistisch im Blick auf die Zukunft: Auf der Nachfrageseite hätte der Zustand der Sättigung für den Konsumenten zwar zunächst nichts Tragisches: Er wäre wie für das Kind mit einem Zufriedenheitsgefühl verbunden. Oder um zur Mode zurückzukehren: Der Hut oder das Kleid könnten länger getragen werden und auch länger gefallen, wenn sich der Zyklus der Trends etwas verlangsamte, wenn also nicht gleich nach einmaligem Tragen der rosa Hut wegmüsste, um durch einen blauen ersetzt zu werden, sondern erst nach Abnutzung.

Auf der Angebotsseite aber hätte die Sättigung eine ungeheuer zerstörerische Wirkung: Die Arbeitszeit würde sich drastisch verkürzen, da viel weniger produziert werden müsste, und viele Arbeitsplätze gingen verloren, weil die Produkte kaum noch abzusetzen wären. Wenn die Menschen aber weniger produzieren, bekommen sie weniger Lohn und können weniger ausgeben. Das System würde sich also nicht mehr auf einem Nullniveau seitwärts bewegen, sondern sich zusammenziehen. Eine Kontraktion wäre die Folge – also eine Krise. Womit die Grundproblematik angerissen ist. Jede Verlangsamung des Konsums kann drastische Folgen für die gesamte

Volkswirtschaft haben. Das Nullniveau existiert also in dieser Form der konsumgetriebenen Wirtschaft nur als Stadium des Übergangs zwischen Wachstum oder Schrumpfung, nie aber als Kontinuum, wie sich das viele Selbstgenügsame wünschen.

Anders gesagt: Der Zustand, den jedes noch so egoistische oder narzisstische Wesen natürlich anstrebt (bei Nahrungsaufnahme, Sex usw.), die wunschlose Sättigung nach einem libidinösen Höhepunkt, ist für das wirtschaftliche System ein Fluch. Und daraus folgt die systemische Unersättlichkeit der globalisierten Wirtschaft.[12]

Das beständige Erzeugen eines Fressimpulses ist das Überlebensprinzip der Märkte. Wenn wir diesen Wunsch in die Sprache Freuds und der Entwicklungspsychologie übersetzen, haben wir es mit einem ökonomischen Don-Juanismus zu tun – nach dem tragischen Frauenhelden benannt, der seine Triebenergie nur im Verbrauch anderer zur Geltung bringen kann. Wo Don Juan Frauen verbraucht, verbraucht der Konsumismus Güter und Ressourcen. Wo er nicht verbraucht, da ist Depression.

Es gibt ein sehr eindrucksvolles Beispiel für den stets vorwärtsstrebenden Konsum und das Suchtverhalten, das von Homer beschrieben wird. Es ist die Geschichte von einem Riesen und von einem Kampf auf Leben und Tod – einer der größten und bekanntesten griechischen Helden ist ihr Protagonist: Odysseus, den wir schon als Gefährten des Achilles im trojanischen Krieg kennengelernt haben.

---

12 Der US-Ökonom Thorstein Veblen hat das in seiner *Theory of the Leisure Class* treffend auf den Punkt gebracht: »Kein Anstieg des Wohlstandes kann den Drang sättigen, die Sehnsucht jedes Einzelnen, Güter anzuhäufen. ... Trotzdem die Effizienz es möglich macht, bessere Lebensumstände mit weniger Aufwand zu erreichen und zu erhalten, wird sich die Energie der fleißigen Mitglieder der Gesellschaft immer danach richten, ein Mehr an demonstrativem Konsum zu erreichen« (Veblen 2009). Veblen bezieht sich dabei auch auf den Ökonomen John Stuart Mill, der dieselbe Skepsis an den Tag legte, besser gesagt, schrieb: »Hitherto it is questionable if all the mechanical inventions yet made have lightened the day's toil of any human being« (Mill 1848).

Polyphem in der Luxusfalle

Unsere Geschichte spielt zu einer Zeit, da Troja längst zerstört und geplündert war. Odysseus befindet sich auf der Heimfahrt, die sich längst schon zur Irrfahrt entwickelt hat. So landet er mit seiner Flotte am Gestade der Insel der Zyklopen. Diese Riesen haben die Kunst des Schmiedehandwerks verlernt, das ihre Ahnen beherrschten, die für Zeus arbeiteten. Sie leben ohne Gesetze, Ratsversammlungen, ohne Märkte und ohne Kenntnis der Landwirtschaft, berichtet Homer.

Der größte und kräftigste unter ihnen ist Polyphem, der einäugige Sohn des Meeresgottes Poseidon. Bevor die Griechen landen, ist Polyphem einfacher Schafhirte. Am Tag weidet er seine Herden auf satten, grünen Wiesen, und abends geht er nach Hause in seine Höhle und pflegt seine Tiere, melkt sie und macht Käse. Aber dann erscheint Odysseus, und das Leben des selbstgenügsamen Riesen wendet sich dramatisch: Odysseus und seine Gefährten werden vom heimkehrenden Polyphem in dessen Höhle überrascht. Odysseus' Bitte um Gastfreundschaft beantwortet Polyphem eindeutig: »Gleich greift er sich zwei Seefahrer: Blutig entspritzt ihr Gehirn und netzt den Boden, dann zerstückelt er sie Glied für Glied und tischt den Schmaus auf, schluckte darein wie ein Löwe und verschmähte weder Eingeweide noch Fleisch noch die Knochen.«[13]

Polyphem ist ein Konsument neuer Ordnung. Er ist zufrieden, solange er seine Schafe hat und in seiner stabilen, primitiven Wirtschaft lebt. Aber er verändert sich, sobald er vom Menschenfleisch kostet. Wie Prinz Erysichthon braucht er immer mehr davon. Homer beschreibt das sogar in einer kleinen exponentiellen Folge: Polyphem nimmt am ersten Tag zwei Seefahrer zu sich, am zweiten Tag schon vier plus zwei Schalen kräftigen Weins, den der mit seinen Gefährten in der Höhle gefangene Odysseus ihm reicht. Das Ungetüm fragt ihn nach seinem Namen, und Odysseus antwortet: »Outis« – also »Niemand«.

Das Ende der Geschichte ist bekannt. Am Ende des zweiten Tags

13 Homer 1979, S. 559.

ist der Zyklop betrunken und schläft, als ein glühender Pfahl der Griechen den lukullischen Zustand des Monsters beendet: »Und sie fassten den spitzen Olivenstamm und stießen ihn dem Zyklopen ins Aug. … Also hielten wir in das Auge den glühenden Knittel, drehten, und heißes Blut umquoll die dringende Spitze. … Fürchterlich heulte er auf, dass rings um die dumpfe Kluft erscholl.«[14] Aufgrund der Schreie eilen die anderen Zyklopen herbei und wollen nach dem Rechten sehen. Polyphem ruft ihnen aus der verschlossenen Höhle zu: »Ich bin erblindet! Niemand ist schuld daran!« Da sagen die Gefährten: »Armer Kerl. Wenn niemand schuld ist, dann musst du fantasieren! Bete zu unserem Vater Poseidon um Genesung und hör auf, solchen Lärm zu schlagen!«[15]

Psychologisch gesehen ist Polyphem der eigentlich Eingeschlossene, eingeschlossen in seinem Begehren nach dem Blut und dem Fleisch seiner Gäste. Statt des in Fülle vorhandenen Primärguts Schaf will er nun das knappe Luxusgut Mensch. Symbolisch gesprochen rauben ihm diese Luxusgüter schließlich seine Sinne, indem sie ihn blenden, und seinen Verstand, indem er sich vor den anderen Zyklopen zum Verrückten macht.

Freilich, es gibt weniger drastische Gleichnisse zur Konsummentalität. Aber Polyphems Handlungen stimmen mit denen einer Gesellschaft überein, deren Reichtum zum Verlust des Kontakts mit der Realität führt. Der Konsum schafft sich – so gesehen – seine eigene Höhle, und die durch ihre Liebe zu den glitzernden Gegenständen Gebannten sind gleichzeitig Gefangene in dieser Höhle. Sie fantasieren von dem alten Traum eines Schlaraffenlands, in dem gebratene Gänse oder Tauben vom Himmel fallen. Es ist ein auf Konsum umgestellter Garten Eden. Wenn man aber den Preis dafür ins Kalkül zieht, verwandelt sich das Paradies im Handumdrehen in eine Hölle.

14 Ebd.
15 Ebd.

Das Ende im »Überfraß«

Diese albtraumhafte Seite der Konsumgesellschaft, das Momentum der Sucht und der Selbstbeschädigung, bildet sich nirgendwo besser ab als im Gesundheitsbereich. Bei den Opfern der »Überfraßgesellschaft«: 17,9 Prozent der US-Bevölkerung sind nach jüngsten statistischen Untersuchungen übergewichtig.[16] All jene Krankheiten, die daraus entstehen, etwa Diabetes, Störungen des Herz-Kreislauf-Systems und der inneren Organe, sind für zehn Prozent der Aufwendungen des gesamten Gesundheitssystems verantwortlich. Das sind 380 Milliarden US-Dollar pro Jahr.[17]

Warum überfressen sich die Menschen? Und warum überfressen sich immer *mehr* Menschen?[18] Die Ursache ist ein Angebots- und ein Gewinnkalkulationsproblem, in dessen Zentrum einer der wichtigsten Stoffe der Erde steht: Zucker.

Grundsätzlich sollen Lebensmittel nahrhaft und billig sein. Das war eine der ersten Lektionen, welche die Reichen und Mächtigen dieser Welt gelernt haben: Hungernde Massen sind tödliche, palaststürmende Gegner. Es braucht also einfach herzustellende, haltbare und sicher zu transportierende Nahrungsmittel. Da bietet sich die Familie der Zucker an und hier im Speziellen die Glukose ($C_6H_{12}O_6$). Zucker sind einfach herzustellen und zu transportieren und liefern den Brennstoff des Körpers. Die anspruchsloseste und billigste Kombination von Brennstoff ist Zucker und Fett.

Lebensmittel, die industriell produziert und über lange Dauer haltbar gemacht werden, können kostengünstig produziert werden. Der menschliche Körper wiederum regiert auf die Zufuhr von Brennstoff mit dem Gefühl der Sättigung. Allerdings setzt dieses Gefühl nicht im Moment der Nahrungszufuhr ein, sondern erst, wenn die

16 Quelle: data.worldbank.org/indicator/SH.XPD.TOTL.ZS.

17 Quelle: www.bloomberg.com/news/2012-06-13/health-care-spending-to-reach-20-of-u-s-economy-by-2021.html.

18 Obesität ist seit 1948 von der WHO (World Health Organization) anerkannt, wurde aber vor 35 Jahren trotz erster Debatten in den USA und Großbritannien als irrelevant angesehen. Erst 1995 stufte die WHO das Problem des Übergewichts in den Industriestaaten höher ein als jenes des Untergewichts. Mit der »Millennium burden of disease analyses« wurde Übergewicht und Fettsucht schließlich als kaum zu bewältigendes Problem erkannt, weil es die Gesundheitskosten global explodieren lässt.

Verdauung der Nahrung einsetzt, also 15 Minuten nach dem Essen. Und diese Zeitspanne wird zum Problem. Wer drei Burger isst, kann das binnen drei Minuten tun, ohne das geringste Gefühl der Sättigung zu erreichen. Aber die Kalorien, die er sich über die in den Burgern enthaltenen Zucker und Fette zuführt, decken leicht den Tagesbedarf eines Erwachsenen.

Das ist das Grundproblem der *Binge Eater*, die oft mit einer einzigen Mahlzeit bis zu 15 000 Kalorien aufnehmen. Auf diese Art wird man nicht dick, sondern fett. Doch das ist nicht das einzige Problem: Die Verfettung gehorcht überdies dem Prinzip der Zeitverschiebung. Der Burger wird nicht sofort als Körperfett sichtbar, sondern erst nach Wochen. Damit entspinnt sich eine Art körperliches Kreditwesen: »Friss in der Gegenwart und zahle dafür in der Zukunft.« Dieser Mechanismus ist nicht weniger erbarmungslos als der monetäre: Beim Kredit wird auf Heller und Pfennig abgerechnet, hier auf Kilo und Pfund.

Die Fettsucht ist zunehmend ein Klassenproblem: Wer sich möglichst billig ernähren muss, hat wenig Möglichkeiten, dem Fett und dem Zucker zu entkommen. Das führt zu den überraschenden Gleichungen fett = arm und schlank = reich, eine Umkehrung gegenüber der Zeit, als Essen noch der Logik der Kargheit gehorchte und nur der Reiche einen »Wohlstandsbauch« durch die Welt tragen konnte. Die Folgen dieser Umkehrung sind nicht nur Kosten für das Gesundheitssystem, sondern häufig eine Beeinträchtigung der psychischen Gesundheit der Betroffenen. Viele der Esssüchtigen sind Opfer von Depressionen, Angststörungen und Schuldgefühlen.

Am Ende aller Berechnungen steht eine perverse realwirtschaftliche Kalkulation: Je mehr Fettleibigkeit, desto mehr Wirtschaftswachstum. Das hat folgenden Grund: Die Kosten des Gesundheitssystems gehören nach gültiger Rechnung zum Bruttoinlandsprodukt, also zum Wirtschaftswachstum. Je mehr Fette es gibt, welche das Gesundheitssystem durch Kranke belasten, desto besser für die Gesamtbilanz. Oder anders gesagt: Die Gesellschaft mästet die wirtschaftlich schlechtergestellten Schichten krank und kann damit auch noch Wachstum erzielen.

Von Wachstum und Zusammenhalt

Wir haben Ovid mit dem »unbezähmbaren Feuer der Sucht« zitiert. Stellt man eine historische Analyse an, erkennt man leicht, dass diese gesellschaftlichen Kontrollinstanzen, seien sie religiöser oder weltlicher Natur, diese Art des Wachstums immer in Zaum hielten. Und zwar gerade so weit, als verhalte sich dieses Wachstum wie das unkontrollierbare Feuer. Ein ganzer Kosmos von Geschichten und Mythen gegen diese Form des Zugewinns ist in fast allen großen Kulturkreisen zu finden: Von den unaufhörlich wachsenden Aloiden der griechischen Überlieferung, die beinahe die Götter vom Olymp stürzten, bis zum schrecklichen Gargantua der französischen Sage und dem monströsen Leviathan der Bibel.

Wir müssen nicht lange nach Interpretationen für die kursierenden Horrorvisionen suchen. Das ist schnell erklärt: Das Feuer des Wachstums, zumal in der Wirtschaft, gehört zumeist nicht allen zu gleichen Teilen. Einzelne profitieren davon mehr als alle anderen – wie auch das, was gemeinhin Zinswucher genannt wird, den Geldverleiher gegenüber dem Darlehensnehmer unverhältnismäßig bevorteilt. Vor allem dort, wo die Grundgüter der Gemeinschaft noch nicht gesichert scheinen, ist deshalb ein ungezügeltes großes Wachstum für wenige stets mit dem Vorurteil verbunden, der Reichtum fließe Gaunern und Verbrechern zu.

Sobek und Horus – und die Berge von Gold

Zusammenhalt und »Nichts im Übermaß« war solchen Gesellschaften also in der Theorie und Moral sehr viel wert. Eine sehr schöne Legende dazu ist uns aus Ägypten überliefert, die man sich an den Stufen des Krokodilstempels von Kom Ombo erzählt. Es geht um einen Kampf zwischen Sobek, dem todbringenden Krokodilsgott, und Horus, dem menschenfreundlichen Himmlischen. Beide Götter herrschten einst über diese alte Fürstenstadt.

Und sie herrschten in einem glücklichen Reich. Auf den Feldern rund um Kom Ombo bog sich das Getreide vor schweren Ähren, und die Minen versorgten die Stadt und ganz Ägypten mit schier unendlichem Reichtum an Gold. Nachdem sie in Eintracht Jahrhunderte miteinander regiert hatten, trachtete Sobek aber nach der Alleinherrschaft. So brach er mit Horus einen Streit vom Zaun und behauptete, alle Reichtümer der Erde gehörten ihm, und Horus und die Menschen seien verpflichtet, auf den Feldern und in den Gruben für ihn allein zu arbeiten. Horus lehnte dieses Ansinnen ab, und Sobek vertrieb ihn und die Menschen aus dem Land. Die Stadt lag verlassen da.

Sobek glaubte sich nun am Ziel seiner Wünsche. Er holte die untoten Seelen aus der Unterwelt und befahl ihnen, alle Arbeiten für ihn zu tun. Die Untoten schürften also nach Gold und errichteten Sobek Tempel und Schatzkammern. Sobek glaubte sich glücklich. Doch bald waren die Getreidevorräte erschöpft, und der Herrscher litt Hunger. Also befahl er den Untoten, auf die Felder zu gehen und zu ernten. Doch da schüttelten die Untoten ihre Köpfe und brachen in lautes Geheul aus. Und als Sobek Schweigen befahl, trat einer unter ihnen vor und sagte: »Gewaltigster Herrscher auf Erden. Du hast uns geholt, um der reichste und mächtigste König unter der Sonne zu sein. Und siehe, wir haben getan, wie du befahlst. Wir können Gold und edle Steine aus der Erde graben und dir die prächtigsten Häuser bauen. Aber, Sobek, wir gehören dem Reich der Toten an. Wir können nichts Lebendiges töten, und so können wir dir auch das Korn nicht schneiden, wie du es befiehlst.«

Da geriet Sobek in große Verzweiflung, und er sandte nach Horus und den Menschen und bat um ihre Rückkehr. Fortan teilten sich die beiden Herrscher wieder die Macht und errichteten einen gemeinsamen Tempel, der noch heute in Kom Ombo zu sehen ist.

Sobek ist der Unsoziale, der mit seiner Sucht nach immer mehr Macht und Reichtum seine Gemeinschaft überfordert. Das lässt sich am besten mit einer Produktionsmittelkurve darstellen, einer einfachen Formel, die davon ausgeht, dass es so lange keinen wirklichen Bedarf an Luxusgütern gibt, ehe nicht der Bedarf an lebenswichtigen Gütern gestillt ist. Die Produktionsmittelkurve von Kom Ombo entspricht der eines Entwicklungslandes. Das war ja am Ende auch der Fehler von Sobek. Er stillte seinen Hunger nach Reichtum und Luxus und vergaß dabei, dass man sich ja auch noch ernähren muss.

Die Moral all solcher Geschichten hat Sigmund Freud einmal zusammengefasst, als er über die Ursprünge des sozialen Gefühls gearbeitet hat: »Was man dann später in der Gesellschaft als Gemeingeist wirksam findet, verleugnet nicht seine Abkunft vom ursprünglichen Neid. Keiner soll sich hervortun wollen, jeder das Gleiche sein und haben. Soziale Gerechtigkeit will bedeuten, dass man sich selbst vieles versagt, damit auch die anderen darauf verzichten müssen oder, was dasselbe ist, es nicht fordern können. Diese Gleichheitsforderung ist die Wurzel des sozialen Gewissens und des Pflichtgefühls.«[19]

Backdraft – der Fluch des Feuers

Wir sind am Ende eines umfassenden Kapitels angelangt und fassen zusammen: Das ökonomische System hat den Fetisch des Wachstums kreiert, der ihm all seine Liebe zum Reichtum bedeutet. Dieser Fetisch ist zunehmend mit Schuldverschreibungen belastet, während er an einem seidenen Faden hängt. Dieser Faden wurde vor wenigen Jahren brüchig und schien fast zu reißen, doch er wurde in einer Notoperation der Zentralbanken verstärkt – mit dem Effekt, dass er nun notdürftig hält, aber noch mehr Schuldverschreibungen diesen geliebten Fetisch belasten. Das Vertrauen, das aufgebracht

19 Freud 2007, S. 82. Freud schreibt an derselben Stelle auch über die integrativen und identifikationsstiftenden Wirkungen von Mode. Er bringt dabei das Beispiel eines Sängers. »Man denke an die Schar von schwärmerisch verliebten Frauen und Mädchen, die den Sänger oder Pianisten nach seiner Produktion umdrängen. Gewiss läge es jeder von ihnen nahe, auf die andere eifersüchtig zu sein, allein angesichts ihrer Zahl und der damit verbundenen Unmöglichkeit, das Ziel ihrer Verliebtheit zu erreichen, verzichten sie darauf, und anstatt sich gegenseitig die Haare zu raufen, handeln sie wie eine einheitliche Masse, huldigen dem Gefeierten und gemeinsamen Aktionen und wären froh, sich seinen Lockenschmuck zu teilen. Sie haben sich, ursprünglich Rivalinnen, durch die gleiche Liebe zu dem nämlichen Objekt miteinander identifizieren können« (ebd.). Auf diese Weise könnte man sich auch einen Gewandtisch in einem Modestore vorstellen, an dem sich Menschen sammeln und sich über den Kauf und das Tragen der Kleider miteinander oder in der Gesellschaft identifizieren. Überhaupt ist es ja die Funktion der Mode, die uns einerseits originell oder modern und andererseits als Teil einer Gemeinschaft abbildet. Dass man sich dabei auch verkleiden und das eigentliche Ich unkenntlich machen kann, macht das Ganze am Ende auch noch verführerisch.

werden muss, um dieses Vabanquespiel nicht zu verlieren, wird zunehmend über Sedative wie *Quantitative Easing*, also Gelddrucken, verordnet.

Nur eines ist bei solchen Manövern sicher: So wie Prinz Erysichthon nach dem Verbrauch aller Ressourcen seine Tochter benutzen muss, um durch ihre Prostitution seine Bedürfnisse zu stillen, so müssen wir zur Aufrechterhaltung des Systems einen letzten Kredit bei der Zukunft nehmen. Die Schuldscheine von heute lauten auf die Generationen nach uns. Und unser Wunsch, dass sie nicht eingelöst werden müssen, hängt an einer einzigen Idee und Hoffnung gleichzeitig. Dass irgendwer irgendwo eine Idee hat, die auf einen Schlag so viel Reichtum aus dem Nichts zaubern kann, dass alle Schulden erlöschen. Und wir können noch von Glück sagen, dass es die Hoffnung ist, die zuletzt erlischt.

Bleiben wir beim Begriff des ovidschen Feuers und verwenden einen Begriff aus der Sprache der Feuerwehrmänner von New York. Das *Backdraft Fire*. Darunter verstehen die *Firefighter* einen Schwelbrand, der aufgrund von Sauerstoffmangel in einem Raum Unterdruck erzeugt. Bei Sauerstoffzufuhr entsteht aus den im Raum verbliebenen brennbaren Gasen eine hochexplosive Rauchgasmischung. Ein kleiner Funke genügt, eine enorme Druckwelle und bis zu 2500 Grad heiße Feuerwalzen zu erzeugen.

So ist es auch unserem Wachstum passiert. Lange loderte es in unseren Fabriken und in unserer Realwirtschaft, aber auch auf den Finanzmärkten ruhig und wärmend vor sich hin. Aber nun hat es seinen Charakter vollständig verändert. Heute gibt es eine hohe Konzentration von Wachstum in den Händen des Kapitals auf den Finanzmärkten und bei den Banken. Dieses System wächst, ohne viel Energie an die Realwirtschaft abzugeben. Es hat sich in einen lebensfeindlichen Raum zurückgezogen und schwelt vor sich hin. Es sammelt Kräfte. Es liebt sich selbst in der Art des freudschen Kleinkinds – verzehrend und saugend –, ohne geben zu können oder zu dürfen. Und wo wird dieser *Backdraft* enden? Wir wissen es nicht. Sicher ist, dass der Wirtschaft eine Sache fehlt, die Feuerwehrleute unter Umständen noch haben: die Deckung.

7. DER GOLDENE ESEL – VOM FETISCH GELD UND DER MECHANIK DER GIER

Money is the MOMENT to me.
Money is my MOOD.

Andy Warhol[1]

Entenhausen, Kapital, Verbrechen

Wer Moral, Menschlichkeit und Ordnung liebt, der wird an Mythen nicht wirklich froh werden. Denn sie sind zwiespältig. Wir sehen einerseits ihre monumentale Schönheit in den herrlichsten Farben, Geschichten und Gestalten. Andererseits lassen sie so ziemlich alles sichtbar werden, was Moral und gute Sitten verbieten: die Lust an roher Gewalt, das rücksichtslose Ausleben sexueller Wünsche, die Versuchung masochistischer und sadistischer Triebe. Moral und Ordnung werden gestürzt. Das Gute mischt sich mit dem Bösen, das Gutgemeinte wird zum Verbrechen, und die grausamste Schandtat bleibt ungesühnt. Das ist vielleicht das Verstörende daran: Mythen kennen Gerechtigkeit nur als vorübergehende und oft unbeabsichtigte Randerscheinung von Rache und Vergeltung. Im Besonderen gilt das, wenn es um Vermögen, Gold oder Geld geht. Dann erlischt das Streben nach Gerechtigkeit beinah vollständig. Egal ob die meistgeschätzten Güter in realer oder in symbolischer Erscheinung

1 Warhol 1975.

auftreten – Laster und Verbrechen sind nicht weit. Nicht umsonst benutzen wir ja auch ein ökonomisches Vokabel, wenn wir sagen, ein besonders schweres Vergehen sei ein »Kapital«-Verbrechen.

Bevor es hier aber an die Todsünden geht, wollen wir noch einen Abstecher in das Reich kindlicher Unterhaltung nehmen. Es zeigt sich da nämlich, dass selbst scheinbar seichte Comics zuweilen bis an den Kern der Dinge gehen – oder in diesem Fall watscheln: Willkommen also in Entenhausen! Oder sagen wir lieber im Geldspeicher Dagobert Ducks, des reichsten Manns der Welt. Dort liegt in einem Tresor das wichtigste Element der duckschen Welt.

Es ist eine winzige Münze, die mehr wert ist als jeder andere Goldtaler im Speicher. Sie ruht auf einem Samtkissen unter einer kleinen, fein polierten Glaskuppel: Das ist der erstverdiente Vierteldollar, die *Number One,* der »Glückskreuzer« des Alten. Auf ihm baut Dagoberts gesamtes Imperium auf. Ohne ihn würde es zusammenbrechen, weil der Eigentümer seinen Verlust nicht ertragen könnte. Der Glückskreuzer, den der Disney-Zeichner Carl Barks erfunden hat, ist der perfekte Talisman. Er enthält den konzentrierten Glauben Dagobert Ducks an das eigene Geschick. Solange er ihn hat, kennt er keine Angst.

Dann geht der reichste Mann selbstbewusst auf ungeheuerliche Entdeckungs- und Eroberungsreisen, dann ist er einer dieser heroischen Unternehmer, von denen Joseph A. Schumpeter sprach: Bereit, alles zu riskieren, um für sich den entscheidenden wirtschaftlichen Vorteil zu erringen. Ohne die Münze aber zerbricht sein Selbstvertrauen, Dagobert Duck wird zum depressiven Wrack.

Der Wert des Kreuzers übersteigt seinen Nennwert längst um ein Unendliches. Er ist ein belebter Glücksspender. Sigmund Freud hätte Dagobert wohl der animistischen Zivilisation zugeordnet, dem vorreligiösen Stadium, in dem die Menschen den Dingen eine Seele gaben und ihr eigenes Schicksal an ihr Totem koppelten.

Der Glückskreuzer zeichnet sich auch durch eine in der Psychologie als Bipolarität beschriebene innere Spannung aus. Denn er kann nur als Extrem wirken. Entweder er ist da – dann lacht das Glück in Form von Vermögensakkumulation samt orgiastischem Tauchbad im Münzpool des Geldspeichers. Oder der Kreuzer ist weg – dann steht eine persönliche und ökonomische Krise an, die nur durch das Wiederfinden des magischen Gegenstands beendet werden kann. In der Art, wie Dagobert darunter leidet, könnte man auch sagen, dass der Verlust ihn kastriert. Und wiewohl die *Ducktales* anscheinend jeder Sexualität[2] entbehren – im psychologischen Sinn entpuppt sich der Glückskreuzer als echter Fetisch[3], und die Angst der Ente, ihn zu verlieren, nimmt des Öfteren die Form des Verfolgungswahns an. Die Sorge um den Kreuzer ist allerdings nur dort angebracht, wo eine für »entische« Begriffe zauberhafte Hexe in Erscheinung tritt. Gundel Gaukeley. Sie hat es nicht auf das Vermögen des Alten, sondern nur auf diesen Glückskreuzer abgesehen.

In Entenhausen, wo das Geld das Leben dominiert und die Menschlichkeit nur durch Klugheit (Tick, Trick und Track) oder Faulheit (Donald) ertrotzt werden kann, hat man keine Ahnung, dass die zielsicherste ökonomische Fachkraft des Planeten nicht Dagobert ist, sondern eben Gundel. Sie will nicht sparen und raffen, wie der alte Gier- und Geizkragen. Sie will verwirklichen, wovon der Erpel samt seinem Anhang und seinem Erfinder Daniel Düsentrieb nicht einmal zu träumen wagen: Sie will den *Golden Touch* erzeugen, einen Zustand, in dem alles von ihr Berührte zu Gold erstarrt. Das funktioniert aber nur, wenn sie die Münze Dagoberts einschmelzen und daraus einen »Stein der Weisen« erzeugen und so unendlich reich werden kann.

Apropos Reichtum: Gundels Wesen und Wirken hat eine interessante Querverbindung zum griechischen Mythenkreis. Da bezeichnet der Name Plutos nämlich nicht nur den Reichtum, sondern auch den Tod und die Macht der Unterwelt. Und sinnigerweise hat die

---

2 Wenn wir sagen »ohne jede Sexualität«, dann meinen wir das im sehr engen Sinn der geschlechtlichen Liebe. Sigmund Freud hat diesen Begriff allerdings drastisch erweitert, um die Dimensionen von Lust und Unlust, die von der infantilen Entwicklung an maßgeblich an unserem Gefühlshaushalt beteiligt sind – etwa die Befriedigung oraler (Hunger) oder anderer Bedürfnisse (Wärme, Geborgenheit, Zuwendung). So gesehen ist Dagoberts oft geübtes »Bad im Geld« eine sehr nachvollziehbare, pervertierte Dimension körperlicher Lust, die im psychoanalytischen Rahmen jedenfalls zur Sexualität gehört. Unter diesen weiten freudschen Rahmen fällt auch der Begriff »Kastration«. Als schmerzhafter Entzug der individuellen Lustbasis.

3 Ein Fetisch wird in der Psychoanalyse als Teil der Perversion gesehen, in der Lust zwingend an bestimmte äußere Rahmenbedingungen oder Gegenstände geknüpft ist. Siehe auch Laplanche/Pontalis 1972.
Freud hat in seinem Spätwerk *Ichspaltung und Abwehrvorgang* (Freud 1982g, S. 389–397), in dem er auch den Fetischismus behandelt, die Komplexität und das mögliche Ineinanderfließen von Neurose, Psychose und Perversion beschrieben. Unter den Begriff »Psychose« fallen auch die paranoiden mit Wahnvorstellungen verknüpften Gefühlszustände – etwa der Verfolgungswahn.

Disney-Hexe ihre Heimstatt am Fuße des Vulkans Vesuv, also ausgerechnet dort, wo der römische Dichter Ovid den Eingang zum Hades, ins Reich der Toten, situiert hat. Geht Gundels Plan auf, dann befinden sich Reichtum und Tod wieder dort, wo sie schon vor mehr als 2000 Jahren waren: Tür an Tür.

Zurück zum wirtschaftlichen Ernst der Angelegenheit: Die Weitsichtigen unter uns würden Gundel vor den Seiteneffekten ihres Wunschtraums warnen, ein Phänomen, das der britische Ökonom Arthur Cecil Pigou als »Externalitäten« bekannt machte. Diese Externalitäten sind hier besonders eindrücklich sichtbar: Gundels Rechnung berücksichtigt beispielsweise nicht die unverdauliche Natur des Goldes. Der *Golden Touch* würde ja zweifellos die sofortige Verwandlung jeder Nahrung bewirken, mit der die Hexe in Berührung kommt. In dieser Hinsicht kann sie von Glück sagen, dass sie ihren Plan nicht verwirklichen kann, da sie sonst elend verhungern müsste, während sie gleichzeitig von der Welt größtem Reichtum umgeben wäre.

Natürlich erfand Carl Barks Gundel Gaukeley nicht aus Jux und Tollerei, so wenig, wie Gundels Vorbild, der mythische König Midas aus reiner Freude am Geschichtenerfinden in den Mythenkreis gesetzt wurde. Diese Figuren wurden erdacht, weil sie uns ähneln. Betrachten wir doch das Treiben so manchen multinationalen Konzerns: Sind deren Aktionen so viel anders geartet als die Handlungen Gundel Gaukeleys in ihrer Getriebenheit zu kurzfristigen Profiten und in ihrer Vernachlässigung der langfristigen Folgen? Wir behaupten, dass uns Geld nicht in erster Linie in seiner ökonomischen Funktion als Mittel der Wertaufbewahrung und Werterhaltung interessiert, sondern dass Geld der höchste Wert und das Ziel der Gesellschaft geworden ist – eine Macht an sich, die oberste Instanz des menschlichen Lebens, ein »intrinsischer« Wert, wie Philosophen sagen würden.

Genau damit hat sich der deutsche Denker Georg Simmel in seiner *Philosophie des Geldes*[4] auseinandergesetzt. Er erkannte, dass Geld auch unsere immateriellen Wünsche beinhaltet, unser Streben nach Sicherheit, unser Verlangen nach Erfolg. Geld ist zum Stoff der

4 Simmel 2008.

unbegrenzten Möglichkeiten geworden: Indem einer einen Betrag in seiner Börse oder auf seinem Konto hat, mag er sich vorstellen, was er damit zu machen imstande wäre. Die Umsetzung dieser Wünsche ist dabei fast nebensächlich – oder manchmal gar unerwünscht.

Geld ist so gesehen der gelebte Tagtraum, ein Substrat der Sehnsüchte, von denen wir in millionenfacher Gestalt träumen. Es bedeutet trotz seiner anscheinend physischen Mangelhaftigkeit und Vergänglichkeit unvergänglich Fantastisches.[5] Deshalb führen Krisen der Geldmärkte auch zu echten seelischen Krisen der Gesellschaft. Die Vernichtung von Vermögen zerstört nicht nur wirtschaftliche Werte – sondern vor allem Träume. Dass dies so ist, liegt an der Potenz des Geldes einerseits und unserem Hang zu Tagträumen andererseits. Das Geld ist das Band zwischen unseren Träumen und der Wirklichkeit. Zerreißt es, sind wir hilflos wie der alte Dagobert ohne seinen Kreuzer. Daraus ergibt sich ein unauflösliches Spannungsverhältnis: Geld bedeutet einerseits den Zugang zum Marktplatz der Sehnsüchte, aber auf der anderen Seite ist es eine bedeutende Quelle der Angst. Wer in einer Geldwirtschaft lebt, muss auch in der Sorge leben, sein Vermögen zu verlieren oder zu verarmen. In dem menschlichen Impuls, immer mehr zu haben, schwingt also die mehr oder weniger bewusste Angst mit, dass das Haben vernichtet werden könnte – durch Raub, Arbeitslosigkeit oder anderes Unglück. Im Extremfall steigt diese Angst vor Verlust mit größer werdendem Reichtum. Traum und Albtraum wachsen Seite an Seite. Was uns zum Punkt bringt: Geld[6] ist eine neurotische Substanz.[7]

5 Der französische Ökonom Marcel Drach spricht in diesem Zusammenhang von den »zwei Seelen« des Geldes. Die eine ist nach Drach maßvoll, die andere unmäßig. Das Subjekt unterwirft sich den auf den Münzen dargestellten kulturellen Über-Ichs. Aus der Quantität folgert die Qualität der Güter, und aus dem bloßen Symbol Geld wird Güterersatz. Ob Drachs Schlussfolgerung zutrifft, dass »die Roosevelt'sche Herrschaft des Geldes (Deficit Spending), die Unmäßigkeit fördert – insbesondere durch den Wohlfahrtsstaat«, wäre freilich zu diskutieren.

6 Eine jüngere Publikation zum Thema »Ökonomie und psychoanalytisches Handeln« beschäftigt sich mit Geld und ist bei Klett-Cotta 2013 erschienen. Es ist eine Sammlung von Aufsätzen und trägt den Titel *Die phantastische Macht des Geldes*. Darin ist auch ein interessanter Aufsatz von David Tucket enthalten, mit dem Titel »Geld verstehen«.

7 Wir verwenden den Begriff »Neurose« mit aller Vorsicht im Sinne psychischer Störungen, die durch schwer lösbare innere Konflikte entstehen und ihre Symptome als Kompromiss zwischen einem Wunsch und seiner Abwehr erscheinen lassen. Carl Gustav Jungs Formulierung ist dabei hilfreicher als die vielfach geänderten Definitionen Sigmund Freuds: Im Unbewussten existieren demnach gewisse Inhalte, welche mangels apperzipierender Begriffe nicht ins Bewusstsein aufgenommen werden können. Deren oft beträchtliche Energie verlagert sich auf wenig betonte, aber bewusste

Das Sparkonto und sein Charakter

Dieses Verhältnis äußert sich vor allem in unserem Umgang mit den Aufbewahrungsanstalten des Geldes – den Banken. Jahrzehntelang hat man sie als sichere Bewahrer und Vermögensschützer dargestellt – eine sehr wirksame und fruchtbare Werbestrategie. Das ging so weit, dass Banken erfolgreich suggerierten, Geld arbeite für uns[8] und vermehre sich in der Bank von selbst. Mit solchen Glaubenssätzen konnte sich selbst der misstrauischste Bürger darüber hinwegtäuschen, dass der Umgang mit unserem Vermögen durch ein erstaunliches Übermaß an Vertrauen gekennzeichnet ist. Vergleichen wir das einmal mit dem alten Geizhals Dagobert. Niemals würde er das Vertrauen aufbringen, sein Geld in die Hände anderer Enten zu legen. Stattdessen sperrt er sich mit seinem Vermögen in einen Speicher.

Unser Sparen dagegen ist wesentlich wagnisreicher. Es verschiebt unser Kapital zu einer Institution, die daraus Kredit für andere macht, oder, wenn wir bei der reinen Bedeutung des Wortes »Kredit« bleiben wollen, unser Vertrauen an andere Kreditnehmer weitergibt. Letztlich entsteht dadurch eine Vertrauenskette, die am Ende durch eine Wette besichert ist: Der Sparer vertraut der Bank, die Bank vertraut dem Kreditnehmer, der Kreditnehmer vertraut der Zukunft und damit seinem Glück. Nun kommt es dabei zu einer Verschiebung zwischen Haben und Nichthaben. Denn das Sparguthaben in der Bank, also das, was die Bank an Kapital von Sparern und Investoren besitzt, muss zwangsweise auf der Passivseite der Bilanz aufscheinen. Die Bank hat es sich ja nur ausgeborgt. Den Gewinn kann sie nur mit jenem Kapital machen, das sie weiterborgt. Es steht auf der Aktivseite der Bilanz.

Das Problem: Kapital kann, solange es in Betrieben, Häusern, Fabriken oder langfristigen Anleihen gebunden ist, nicht einfach schnell in die Ursubstanz zurückverwandelt werden. Das wird dann

---

Inhalte und erhöht deren Intensität ins Pathologische. Es entstehen scheinbar grundlose Phobien und Obsessionen, welche sich sozial, religiös oder politisch äußern können.

8 Der Slogan »Lassen Sie Ihr Geld für sich arbeiten« wurde vor der Finanzkrise von mehreren deutschen und österreichischen Banken in der Kundenwerbung eingesetzt.

zum Problem, wenn alle Sparer und Investoren ihr Geld auf einen Schlag zurückwollen. Damit das nicht passiert, muss täglich Vertrauen geschaffen werden. Das beginnt schon bei der auf stabile Biederkeit getrimmten Erscheinung des Schalterbeamten. Wer würde einem so ordentlich gescheitelten, mausgrauen Menschen eine waghalsige Spekulation zutrauen? Es setzt sich fort über die Werbung. Der Slogan »Lassen Sie Ihr Geld für sich arbeiten« ist so etwas wie das Versprechen des *Perpetuum mobiles*, das, einmal in Gang gesetzt, ein persönliches Schlaraffenland der Zinsgewinne bei gleichzeitiger Faulheit des Sparers schafft. All diese Illusionen sind von ungeheurer Wichtigkeit. Denn unser Vertrauen in Banken, Geld und Stabilität ist das Substrat unseres Wirtschaftswachstums. Was wir also »solides« Wirtschaften nennen, ist im Wesentlichen ein Spiel mit einer Emotion unter dem gelenkten Einfluss äußerer Eindrücke.

Mit der Verbindung von Gefühl und Geld sind wir nun schon ganz nah am Gegenstand unseres Interesses angelangt – dem Geld in all seinen Erscheinungsformen, vor allem den zwanghaften, pathologischen. Über sie hat auch John Maynard Keynes nachgedacht und folgenden analytischen Wunsch formuliert: »Die Liebe zum Geld als Besitz wird betrachtet werden, wie sie ist, eine irgendwie ekelhafte Krankheit, eine dieser halbkriminellen, halbpathologischen Eigenheiten, die man mit Schaudern Spezialisten in Fragen der Geisteskrankheit übergibt.«[9]

Ja, der Fetisch Geld. Bezeichnenderweise beginnt seine Geschichte mit einer Verirrung in grauer Vorzeit, im Königreich des Midas von Phrygien.[10] Dieser Midas ist ein erstaunlicher Herrscher, einerseits schlau, andererseits von Gold und irdischem Reichtum bis zur Perversion fasziniert. Durch sein Reich zieht einst auch der Gott Dionysos mit seiner lärmenden, trinkenden und kopulierenden Gefolgschaft. Alles geht so lange gut, bis in einer weinschwangeren Nacht einer seiner Satyrn, sein Lehrmeister Silenos, aus dem Lager stolpert und sich in der Dunkelheit verirrt. Frühmorgens finden ihn die Diener des Midas, wie er in den Rosen vor dem Palast

9 Keynes 1963; der Originaltext ist auch im Internet unter www.aspeninstitute.org abrufbar.

10 Grant 2009; Vollmer 1990; Ranke-Graves 2007. Eine interessante Abhandlung über die Geschichte des Bankensystems und die Geschichte der Regulierung ist 1994 bei Mohr Siebeck erschienen: Stadermann 1994.

seinen Rausch ausschläft. Midas kümmert sich um das Wesen, gibt ihm viel neuen Wein zu trinken und verspricht ihm, ihn zu seinem Herrn zurückzubringen, wenn er ihm dafür die Geheimnisse der Welt enthülle.

Silenos beginnt also mit einer erstaunlichen Geschichte vom Fluss des Lebens. Wer diesen Fluss überquert, so der Satyr, der findet sich im paradiesischen Land Hyperborea wieder, das von glücklichen und ungewöhnlich lang lebenden Menschen bewohnt wird, die weder Krieg noch Krankheit fürchten müssen. Midas hört erstaunt zu und schüttelt verwundert den Kopf. Nichts weiter. Dann bringt er den Satyr zu Dionysos zurück. Als der Gott ihn dankbar fragt, ob er ihm einen Wunsch erfüllen könne, da begehrt der König nicht ein Leben in Hyperborea, im Land der ewigen Zufriedenheit und des langen Lebens ohne Krankheit und Sorge. Er rechnet vielmehr, stellt sich seine Schätze vor, seinen Reichtum, und wünscht sich, alles von ihm Berührte solle zu Gold werden. Oder anders gesagt: Vor die Wahl gestellt zwischen absoluter Zufriedenheit und dem Medium Gold, das ebenfalls absolute Zufriedenheit verspricht, nimmt Midas das Gold: Der Fetisch hat das Paradies besiegt.

Dionysos gewährt das Begehren mit gellendem Lachen. Und wie muss er erst gelacht haben, als er den König wenig später wieder in sein Lager kommen sieht, laut klagend um die Aufhebung der Gabe flehend, die ihm alles zu Metall verwandelt: seinen Palast, seine Diener, seine geliebte Tochter, sein Wasser und seine Speisen. Der König verhungert an seinem Reichtum. Dionysos gewährt die Bitte, schickt Midas zum Fluss Paktolos, um den Segen abzuwaschen. Was auch geschieht.

Was Midas da erlebte, ist die praktische Umsetzung einer der bis zur Perversion zugespitzten Grenznutzentheorie aus der Ökonomie. Sie behandelt den subjektiven Wert eines Guts, der mit der Menge des Guts so lange steigt, bis ein Sättigungspunkt erreicht ist und der subjektive Nutzen wieder sinkt. Midas setzt den subjektiven und den objektiven Wert gleich, und über dieser enormen realen Wertsteigerung übersieht er seine Grundbedürfnisse. Der Grenznutzen verwandelt sich sofort in einen Totalschaden.

Wir könnten diesen Midas-Wunsch auch auf eine gewisse Form von Sparpolitik in der Eurokrise anwenden, die das Sparen als alleiniges und unanfechtbares Heilmittel zur Wahrung der Zukunft unseres ökonomischen Systems betrachtet. Auch da werden Externalitäten und Kollateralschäden vollkommen außer Acht gelassen oder fügsam in Kauf genommen. Während die Proponenten der Austerität vorgeben, für die Jugend und ihre Zukunft in die Bresche zu springen, steigt ausgerechnet die Jugendarbeitslosigkeit in den betroffenen Ländern bis über 50 Prozent. Und niemand scheint überrascht.

Die Gier, der Geiz und die Raffsucht

Midas also entkommt dem erwünschten Segen. Doch sein Motiv ist spannend: Es ist die Gier, die in einem engen psychologischen Wechselverhältnis mit dem Geiz steht. Beide fallen sowohl in der gemeinsamen germanischen Sprachwurzel *gir* als auch im Lateinischen *avaritia* und weiter im englischen *avarice* in eins. Den Grundeigenschaften von Geiz und Gier sind wir nun auf der Spur, in ihrer krankhaften Form: als Zwangsneurosen.

Die Dichtkunst wusste schon über die pathologische Wirkung beider Bescheid, da gab es längst noch keine Psychoanalyse. Im Hause des *Geizigen* von Molière (1688) hat das Geld das Kommando übernommen und wird gehegt wie ein geliebtes Wesen. Den höchsten Ausdruck findet die Krankheit im fünften Akt, in einem Dialog zwischen dem Geizigen, Harpagon, und Valère, dem Liebhaber seiner Tochter. Beide sprechen über die Liebe. Valère über die Liebe zu seiner Freundin – Harpagon aber über sein geliebtes Geld, das ihm kurz zuvor entwendet wurde. Ein ungleicher Paarlauf von Liebe und Objektliebe, Libido und Perversion, Sex und Fetischismus:

> Harpagon: … Sage mir, was in der Welt hat dich zu der Tat bewogen?
> Valère: Ach, könnt Ihr noch fragen?
> Harpagon: Ja freilich frage ich dich.
> Valère: Eine Gottheit, die immer entschuldigt, wozu sie uns

angestiftet hat – die Liebe.
Harpagon: Die Liebe?
Valère: Ja.
Harpagon: Schöne Liebe, schöne Liebe, meiner Treu! Die Liebe zu meinen Louisdoren [Goldstücke französischer Prägung, Anm.]!
…
Valère: Es ist ein Schatz, das ist wahr, und gewiss der kostbarste, den Ihr besitzt; aber Ihr verliert ihn ja nicht, wenn Ihr ihn mir lasst. Ich bitte Euch fußfällig um diesen reizenden Schatz; Ihr tätet gewiss am besten, ihn mir freiwillig zu gewähren.
Harpagon: Nun und nimmer! Wie kann dir das nur einfallen?
Valère: Wir haben uns gegenseitig Treue geschworen und versprochen, einander nie zu verlassen.
Harpagon: Das ist ja ein kostbarer Schwur und ein wundervolles Versprechen!
Valère: Ja, wir haben uns gelobt, uns auf ewig anzugehören.
Harpagon: Das wollen wir doch erst sehen; ich werde euch schon auseinanderbringen!
Valère: Nur der Tod kann uns scheiden!
Harpagon: Der Mensch ist ja ganz verteufelt in mein Geld verliebt! …
Valère: Ihr mögt tun, was Euch beliebt, und ich bin bereit, alles über mich ergehen zu lassen. Aber das eine bitte ich Euch zu glauben, dass, wenn ein Unrecht begangen ist, nur ich der Schuldige bin und dass Eure Tochter keinen Anteil daran hat.
Harpagon: Das fehlte auch wahrhaftig noch! Wie käme denn auch meine Tochter dazu, die Mitschuldige eines so gräulichen Verbrechens zu sein? – Aber ich will mein Eigentum wiederhaben, und du sollst mir gestehen, wohin du sie entführt hast?
Valère: Ich? Ich habe sie nicht entführt; sie ist noch in Eurem Hause.
Harpagon (beiseite): O meine liebe Schatulle! – Wie, sie ist gar nicht aus meinem Hause gekommen?
Valère: Nein, Herr Harpagon.

Harpagon: Ach, sag mir doch gleich: Hast du sie noch nicht berührt?
Valère: Ich, sie berührt? – Oh, Ihr tut uns beiden das größte Unrecht! Es ist die reinste und ehrerbietigste Liebe, von der ich für sie glühe.
Harpagon (beiseite): Er glüht für meine Schatulle?[11]

Der Philosoph Georg Simmel hat – wie Molière – die Kraft des Eros im Geld erkannt: »Der Geizige liebt das Geld, wie man einen sehr verehrten Menschen liebt, in dessen bloßem Dasein und darin, dass wir ihn wissen und unser Mit-ihm-Sein empfinden, schon Seligkeit liegt, auch ohne dass unser Verhältnis zu ihm in die Einzelheit konkreten Genießens einginge.«[12] Im Zurückhalten und Sammeln liegt das Herz der Neurose, das zum pathologischen Zwang werden kann: »Indem der Geizige von vornherein und bewussterweise darauf verzichtet, das Geld als Mittel zu irgendwelchen Genüssen zu benutzen, stellt er es zu seiner Subjektivität in eine brückenlose Distanz, die er dennoch durch das Bewusstsein seines Besitzes immerfort zu überwinden sucht.«[13]

Auch hier kommt der Fetisch-Charakter ans Licht. Das Geld wird zum Symbol von Kraft und Freude, und es wirkt am besten in virtueller Weise. Nicht Liebe oder ein anderer Impuls sind ihm überlegen. Harpagons Schatz ist ein funkelnder Haufen von Macht. Das Sparen – nach der ökonomischen Lehre als gegenwärtige Einschränkung für eine bessere Zukunft gesehen – entpuppt sich hier als freudiger Zwang und als Zweck an sich.

Aber Harpagon zeigt auch andere Charakterzüge, die von psychoökonomischem Interesse sind. Er liebt Ordnung bis zu Pedanterie, er ist stur und egoistisch bis zur Brutalität. Ist es ein Zufall, dass diese Eigenschaften auch die Grundpfeiler unserer *High-Speed*-Wirtschaft bilden? Und ist es nicht wahr, dass dieses System unter seinem Wachstumszwang leidet und nur durch seine Gier nach Ressourcen überleben kann?[14]

---

11 Molière 1987, S. 76 ff.
12 Simmel 2008, S. 464.
13 Ebd.
14 Um das zu erkennen, braucht es nicht einmal ein Seminar in Ökonomie. Ein einfacher Kinofilm

Diese Eigenschaften Harpagons prägen nicht nur die äußere Erscheinung der Wirtschaft. Sie weisen auch den Weg zu den psychologischen Deformationen der Wirtschaft. Sigmund Freud hat die Koalition von Geldliebe, Ordnung und Narzissmus in seiner Abhandlung *Charakter und Analerotik* beschrieben:[15] »Die Personen, die ich beschreiben will, fallen dadurch auf, dass sie in regelmäßiger Vereinigung die nachstehenden drei Eigenschaften zeigen: Sie sind besonders ordentlich, sparsam und eigensinnig.« Freud verbindet diese häufig auftretenden Merkmale mit der analen Phase der frühkindlichen Entwicklung und kommt zum Schluss: »Am ausgiebigsten erscheinen die Beziehungen, welche sich zwischen den anscheinend so disparaten Komplexen des Geldinteresses und der Defäkation ergeben.«

Geld und Dreck

Die Kombination von Geld und Kot mag weit hergeholt erscheinen. Wohl auch deshalb waren die Kritiken vernichtend, als Freud seine Gedanken dazu 1907 veröffentlichte. Aber dennoch sind sie logisch. Hier Freuds Erklärung:

> Ausgangspunkt dieser Erörterungen kann der Anschein werden, dass in den Produktionen des Unbewussten – Einfällen, Fantasien und Symptomen – die Begriffe Kot (Geld, Geschenk), Kind und Penis schlecht auseinandergehalten und leicht miteinander vertauscht werden. … Wiederholen wir also in ein-

---

tut es auch. Beispielsweise J. R. R. Tolkiens *Der Herr der Ringe,* dieses Epos um den Kampf zwischen Gut und Böse, in dem Freundschaft, Treue und Ritterlichkeit - und ein paar zwergenhafte Hobbits - den Sieg davontragen über die naturzerstörenden, in Massenproduktion hergestellten, seelenlosen, industriell organisierten Mächte der Dunkelheit Saurons. Einer der faszinierendsten Charaktere des Epos ist Sméagol, ein schizophrener Hobbit, körperlich und geistig deformiert durch die Macht des Rings. Er will tatsächlich nicht wie alle anderen seine »Macht« besitzen, sondern ihn nur als seinen Fetisch lieben. Zärtlich nennt er ihn »my precious«. Um in seinen Besitz zu gelangen (und von ihm besessen zu werden), ist er bereit zu töten und zu betrügen ohne jede Form der Hemmung. Manchmal zeigen gewisse Proponenten der Marktwirtschaft ja durchaus eine Verwandtschaft zu Sméagol. Rücksichtslos durch Ehrgeiz, brutal durch den Wettbewerb, korrumpiert durch Gewinne und Bonuszahlungen.

15 Freud 1982a, S. 23. Siehe auch Simmel 2008, S. 243, 247; Faust o. J.

wandfreierer Form, dass diese Elemente im Unbewussten häufig behandelt werden, als wären sie einander äquivalent und dürften einander unbedenklich ersetzen. Ein sprachliches Zeugnis dieser Identität von Kind und Kot ist in der Redensart, »ein Kind schenken« enthalten. Der Kot ist nämlich das erste Geschenk, ein Teil seines Körpers, von dem sich der Säugling nur auf Zureden der geliebten Person trennt, mit dem er ihr auch unaufgefordert seine Zärtlichkeit bezeigt, da er fremde Personen in der Regel nicht beschmutzt. … Er gibt entweder den Kot gefügig ab, »opfert« ihn der Liebe, oder hält ihn zur autoerotischen Befriedigung, später zur Behauptung seines eigenen Willens, zurück. Mit letzterer Entscheidung ist der Trotz (Eigensinn) konstituiert, der also einem narzisstischen Beharren bei der Analerotik entspringt.[16]

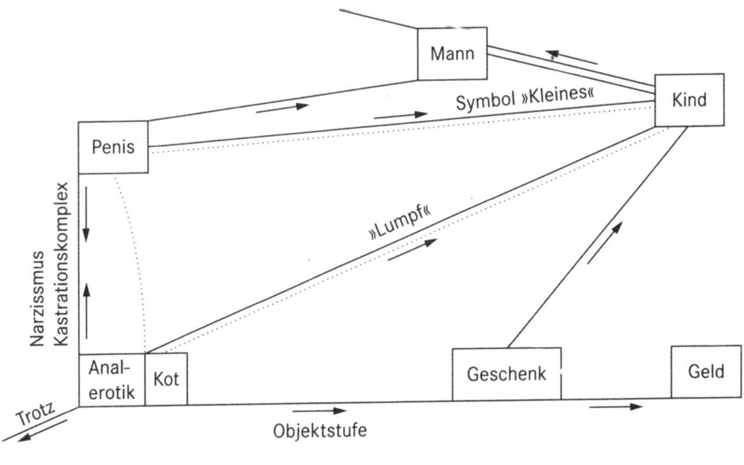

Freuds Kollegen und Nachfolger Theodor Reik, Wilhelm Reich und Melanie Klein bestätigten und verfeinerten diesen Ansatz. Demnach existiert eine starke Verbindung zwischen Geld und »analer Entwicklungsphase« in der Kindheit. Der narzisstische Impuls wird im Verlauf der kindlichen Entwicklung vom Kot auf einen anderen

16 Freud 2013.

Stoff von höchstem Wert übertragen, den die Gesellschaft vorgibt: Geld. Freud nennt das »Kotinteresse«, das zum »Geldinteresse« verschoben wird.

Interessanterweise gibt es auch im Volksmund und in zahlreichen Märchen und Mythen eine eindeutige Verbindung zwischen Geld und fäkalem Schmutz. Das beginnt schon beim Begriff »Dukatenscheißer«. In den altbabylonischen Mythen wird das Gold als »Kot der Hölle«, *ilu manman* bezeichnet. Und schließlich weist Freud selbst auf die »innigste Beziehung des Geldes zum Drecke« hin, indem er Märchen zitiert, in denen der Teufel Gold vergibt, das sich nach dem Fortgang des Teufels als Dreck herausstellt.

Goldene Esel-Produkte

Eines der eindrücklichsten Beispiele ist aber ein französisches Märchen aus dem 17. Jahrhundert von Charles Perrault: »Peau d'âne«, »Eselshaut«. Darin lebt eine Königsfamilie glücklich und zufrieden, bis die Königin erkrankt und stirbt. Der König lässt überall nach einer Frau suchen, die so schön wie die Verstorbene ist. Dies scheint unmöglich, doch dann verfällt er auf die Idee, seine eigene Tochter zu ehelichen. Das Mädchen bittet verzweifelt ihre Patin, eine Fee, um Hilfe. Die kluge Fee weiß, dass die Prinzessin den inzestuösen Plan ihres Vaters nicht brüsk ablehnen, aber auch nicht annehmen darf. Sie rät der Prinzessin deshalb, eine Forderung zu stellen, die unmöglich zu erfüllen ist. Die Prinzessin wünscht sich ein Kleid von der Farbe des Wetters. Doch dem König gelingt es, diesen Wunsch zu erfüllen. Auch die nächsten beiden Wünsche – Kleider von der Farbe des Mondes und der Sonne – werden der Prinzessin erfüllt. Verzweifelt wendet sie sich wieder an die Fee, die ihr diesmal rät, etwas zu fordern, was ihren Vater an einer wunden Stelle trifft: die Haut des Esels, der durch seine Fähigkeit, Goldstücke zu exkrementieren, das Königreich reich macht. Doch das Jawort seiner eigenen Tochter ist dem König mehr wert als der kostbare Esel, sodass er ihr auch diesen Wunsch erfüllt.

Die Prinzessin flieht nun vom Hof ihres Vaters. Um nicht erkannt zu werden, beschmiert sie ihr Gesicht mit Ruß und hüllt sich in die Haut des getöteten Esels. Wegen ihres seltsamen Gewandes wird sie nur »Eselshaut« genannt. Nur einmal pro Woche zieht sie in ihrem Versteck eines ihrer schönen Kleider an. Ein Prinz beobachtet sie dabei durchs Schlüsselloch, die beiden finden zueinander, und auch dem Vater der Prinzessin wird am Ende verziehen.

Um die Geschichte richtig zu interpretieren, müssen wir hinzufügen, dass der Esel in der Symbolik der Mythen die Männlichkeit verkörpert. Die Verbindung von Gold, Exkrement und Männlichkeit ist also schon verbürgt, lange bevor Freud sie in der Öffentlichkeit präsentierte.

Ein ähnliches Beispiel ist das Märchen »Tischlein deck dich«[17], überliefert von den Gebrüdern Grimm.

Ein Schneider hat drei Söhne und eine einzige Ziege, deren Milch alle ernährt. Die Söhne müssen dafür sorgen, dass das kostbare Tier alle Tage gutes Futter hat. Eines Tages hütet der Älteste die Ziege und fragt am Abend, ob sie satt sei. Darauf die Ziege:

»Ich bin so satt, ich mag kein Blatt. Mäh, mäh.«

Daheim aber antwortet die Ziege dem Vater auf die gleiche Frage:

»Wovon sollt ich satt sein? Ich sprang nur über Gräbelein, und fand kein einzig Blättelein. Mäh, mäh!«

Da wird der Schneider wütend und jagt seinen Sohn aus dem Haus. Das Gleiche wiederholt sich mit den beiden jüngeren Brüdern. Schließlich muss der Schneider selbst die Ziege hüten und erkennt seinen Irrtum. Nun jagt er die Ziege aus dem Haus, der er zur Strafe vorher den Kopf geschoren hat. Die Söhne sind unterdessen in der Fremde in die Lehre gegangen: der älteste bei einem Tischler, der mittlere bei einem Müller und der jüngste bei einem Drechsler. Als die Lehrzeit um ist, bekommt jeder von seinem Meister ein Geschenk von scheinbar geringem Wert, in dem jedoch Zauberkräfte stecken. Der Tischlergeselle bekommt ein Tischchen, das auf den Zauberspruch »Tischlein deck dich« die köstlichsten Speisen serviert. Der junge Müller bekommt einen Esel, der auf das Zauberwort »Bricklebrit« Goldstücke fallen lässt. Das Geschenk für den Jüngsten macht weder satt noch reich, ist aber am Ende doch für alle von gro-

17 Brüder Grimm (1999).

ßem Nutzen: ein Sack mit einem Knüppel darin, der auf die Worte »Knüppel aus dem Sack« unliebsame Personen verprügelt.

Die beiden Älteren lassen sich auf dem Heimweg von einem Wirt übertölpeln, der das »Tischlein deck dich« und den Goldesel heimlich gegen einen ganz gewöhnlichen Tisch und einen ganz gewöhnlichen Esel vertauscht. Die Betrogenen merken es nicht einmal und blamieren sich daheim beim Vater, als sie das vermeintliche Wunder vorführen wollen. Zum Glück aber berichten sie ihrem jüngeren Bruder brieflich von dem schlitzohrigen Wirt, und als auch der Jüngste seine Lehre beendet hat, holt er mithilfe seines Knüppels Tisch und Esel zurück.

Die enge Verbindung des Geldes mit der Männlichkeit und Potenz braucht keine weitere Erklärung angesichts des dritten Wunderdings des Müllersohnes, mit dem er sich gegen Diebe und das Böse behauptet. Es ist die Waffe des stärksten aller Männer schlechthin, jene des Herakles: »Knüppel aus dem Sack!«

Auch Freuds Schüler Theodor Reik[18] machte 1951 in seinem Auf-

18 Stellvertretend für viele andere Psychologen und Psychoanalytiker eine Auswahl von Zitaten zum Phänomen Geld/Dreck:

Theodor Reik, »Gold und Kot«: »Die Azteken, bekanntlich erst 1519 von Hernán Cortés entdeckt, hießen das Gold *Teocuitla,* zu Deutsch »Götterdreck«, und heißen es noch heute so. Man vergleiche damit manchen deutschen, englischen und französischen Sprachgebrauch. Aus Reik 1951, S.183.

Percy E. Newberry schreibt, der Skarabäus sei ein bemerkenswerter Käfer, weil er in seiner späteren Verwendung als Siegel eine bedeutsame Rolle in der Entwicklung des Münzsystems spiele, könnten wir das Geld auf seinen Ursprung in den analerotischen Vorstellungen der Vorzeit zurückführen.

Ernest Borneman, Psychoanalyse des Geldes: »Wir können meines Erachtens folgern, dass Besitzgier als solche, vorausgesetzt, sie existiert überhaupt als ein spezifisch menschlicher Instinkt, in der Gestaltung der mit dem Eigentum verbundenen Einrichtungen und Verhaltensweisen eine relativ unbedeutende Rolle spielt. Das Eigentumsgefühl ist unzweifelhaft sehr komplex. Alle primären Bedürfnisse wie Sex, Ernährung, elterliche, gesellschaftliche, ästhetische und die das Erkenntnisvermögen betreffenden Interessen haben Teil an seinem Aufbau, der seinerseits durch Geltungsbedürfnis, Sich-selbst-zur-Schau-Stellen, Wettbewerb und Machtstreben qualifiziert und geschärft wird« (Borneman 1986).

Simmel über Geld und Exstirpation: »Diese enge Beziehung zum Ich, die den Besitz gleichsam als dessen Sphäre und Ausdruck erscheinen lässt, knüpft sich keineswegs nur an ihn, soweit er dauert und behalten wird. Es stimmt vielmehr mit unserer Vorstellung vom Besitz als einer Summe von Aktionen durchaus überein, dass gerade das Fortgeben von Werten, sei es im Tausch, sei es als Geschenk, eine gewisse Steigerung des Persönlichkeitsgefühls mit sich führen kann – den Reiz, der mit der Selbstentäußerung, Selbstopferung verbunden ist und der auf dem Umwege über eine Verminderung eine Erhöhung des Selbst bedeutet. Oft empfindet man erst im Fortgeben den Besitz, ganz wie man ein Körperelement am energischsten im Moment der Exstirpation fühlt. Der Reiz des Habens spitzt sich im Augenblick des Fortgebens so stark zu – schmerzlich oder genießend, wie es ohne diesen Preis nie stattfindet« (Simmel 2008, S. 549).

satz »Gold und Kot« darauf aufmerksam, dass die Azteken das Gold *Teocuitla* nannten, zu Deutsch »Götterdreck«. Und hier landen wir wieder bei den scheinbar seichten Filmen und ihren Subtexten. Erinnern Sie sich an *Fluch der Karibik* (2003), diese Piratenkomödie von Jerry Bruckheimer?

Hier geht es ausgerechnet um solches Aztekengold, das beladen ist mit einem Fluch. Sobald ein Pirat in seiner Gier eine Münze berührt, bringt sie ihm ewige Verdammnis (bis Jack Sparrow den Tod durch List und das Kippen der Realität überwindet). Das Medium Geld übernimmt damit die Herrschaft über seinen Piratenkonsumenten, es raubt ihm die Seele und schenkt ihm nach seiner Raffsucht die Rache ewigen Hungers und ewigen Dursts. Kapitän Barbossa und die Crew der Black Pearl sind Midas Nachfahren – von Hollywood zu Ende gedacht.

Nun haben sicher einige Leser schon ungläubig den Kopf geschüttelt und instinktiv Abstand genommen von solch krausen Thesen. Und fast hätten auch wir dies getan angesichts dieser Theorie. Aber vorausgesetzt, die Psychoanalyse hat recht, gibt sie uns auch einen Schlüssel an die Hand für eine der berühmtesten Erzählungen der griechischen Mythologie: Für die Geschichte des stärksten Mannes, der je auf Erden lebte: Herakles.[19]

Dieser Halbgott ist nicht nur ein wunderbarer Held, er ist auch eine tragische Figur. Herakles ermordet seine Kinder in einem Anfall von geistiger Umnachtung.

Als Sühne dafür stellt sich der Held in den Dienst eines sadistischen Königs, der ihn mit unlösbaren Aufgaben konfrontiert. In der fünften dieser rätselhaften Bewährungen geht es darum, die Ställe des Königs Augeias von Elis an einem einzigen Tag zu säubern.

Dieser Augeias soll der reichste Mann des antiken Griechenland gewesen sein – so die Legende. Auf seinen Weiden und in seinen Ställen findet man die besten Rinder. Sie sind nicht nur schön, sondern von den Göttern gesegnet. Sie erkranken nie und vermehren sich äußerst produktiv. Hier beginnt die ökonomische Ausdeutung der Geschichte. Der Viehbestand steigt ständig und damit exponentiell – und sofort werden die »Externalitäten« Arthur Cecil Pigous

---

19 Baldwin 2004; Vollmer 1990; Ranke-Graves 2007.

wieder schlagend, von denen weiter oben die Rede war. Vor allem die Folgen ungebremster Fruchtbarkeit riechen äußerst unangenehm. Die von den perfekten Rindern frequentierten Weidegründe des Peloponnes sind vollkommen mit Kot bedeckt. Der Gestank, so die Sage, verbreitet Pestilenz über die gesamte Halbinsel. Den Eigentümer Augeias kümmert das, wie der Volksmund beziehungsvoll sagt, einen Dreck.

Er ist bloß amüsiert, als Herakles mit seinem Auftrag daherkommt. Er wettet mit ihm um zehn Prozent seiner Herde, dass der Held es nicht schafft, die Tonnen von Exkrementen zu entfernen. Herakles macht sich an die Arbeit und benutzt einen Trick. Er leitet einen Fluss klaren Wassers Richtung der Stallungen um, der den Kot wegschwemmt und die Arbeit in weniger als einem Tag erledigt. Die Wette wäre erfüllt und Herakles ein reicher Mann. Aber Augeias ist nicht bereit, seine Wette einzulösen. Herakles muss ohne Rinder abziehen.

Diese Geschichte beinhaltet tatsächlich alles, wovon wir in diesem Kapitel gesprochen haben: Virilität, Externalitäten, Gier und Geiz und Kot – und endlich: Geld. Denn Rinder galten im gesamten Mittelmeerraum als Zeichen von Reichtum. »Ochsen«, so heißen frühe athenische Münzen – nach kretischem Vorbild war ein Rinderkopf eingeprägt.

Erinnern wir uns an dieser Stelle an Freud. Reichtum, Geld oder Gold bedeuten hier nicht nur Dreck, sondern sie sind auch mit den in der Psychoanalyse zugeordneten Neurosen belegt: die Reinlichkeit, zu der Herakles sich verpflichtet; dazu noch Gier und Geiz, da Augeias sich weigert, seiner Wettverpflichtung nachzukommen. Wobei das letztgenannte Verhalten wohl auch den von Freud erwähnten Trotz mit einschließt.

Das Goldene Kalb und die intrinsische Konkurrenz

Auch in der Bibel finden wir das Rind als Symbol des Reichtums: Der Tanz der Israeliten um das Goldene Kalb kann auch wirtschaftlich interpretiert werden, wenn man das Kalb in Anlehnung an das Symbol Stier/Ochse versteht und nicht nur als religiöses Zeichen der Baalsgläubigen.[20]

Aus diesem Blickwinkel beschreibt diese Geschichte auch eine Kollision rivalisierender Mächte: Während Gott mit Moses oben auf dem Gipfel des Bergs den ewigen Bund schließt und ihm die höchsten und heiligen Gesetze diktiert, wird unten im Tal der irdische Fetisch Geld angehimmelt. Hier stehen sich die zwei allerhöchsten »intrinsischen« Werte gegenüber.

Da wir zu Beginn dieses Kapitels in die Hölle der Gundel Gaukeley geschaut haben, beenden wir diese Tour de Force der Abwechslung halber mit einem Blick in den Himmel.

Sind Sie schon einmal da hinaufgestiegen, in den Himmel? Wir nämlich schon. Unser Himmel spannte sich allerdings nur grob geschätzte 15 Meter über dem Erdboden. Er befindet sich in San Marco in Venedig. Wenn Sie schon dort waren, wissen Sie um die atemberaubende Schönheit des Äthers, in dessen Mitte Christus Pantokrator als Weltenherrscher thront. Dieser Äther ist nicht mit barocken Wolken bestickt und von gepinselten Sonnenstrahlen durchflutet. Er ist die Sonne. Er ist aus reinem Gold.

Gold symbolisiert in der christlichen Ikonografie auf einmal nicht mehr das Böse. Es ist die Farbe des Paradieses, des Glaubens, der Stärke. Wir sehen also: Nicht jeder wird angesichts von unendlichem Reichtum gierig. Offenbar braucht es aber einen Lernprozess. Es gibt dafür sogar ein schönes biblisches Vorbild im Weihnachtsevangelium. Jesus liegt da ärmlich und in Windeln gewickelt in jener Krippe bei Betlehem. Und wer steht neben seiner Krippe? Sind das nicht unsere Geld-, Gold- und Machttiere? Ochs und Esel.

---

20 Bibel, Exodus 31,18–33,6. Das Alte Testament zitiert damit den im Vorderen Orient weitverbreiteten Kult um den Stier (Hethiter, Kreter usw.) als Symbol von Macht, Reichtum und Fruchtbarkeit. Die Bezeichnung »Kalb« soll offenbar abwertend sein. (Kommentar zu Einheitsübersetzung, Katholische Bibelanstalt Stuttgart, 1980.)

8. POLYKRATES UND HEDO-MASO – GENIESSE, ABER NICHT ZU SEHR

Es entspricht durchaus der Absicht, das Schuldgefühl als das wichtigste Problem der Kulturentwicklung hinzustellen und darzutun, dass der Preis für den Kulturfortschritt in der Glückseinbuße durch die Erhöhung des Schuldgefühls bezahlt wird.

Sigmund Freud[1]

Der französische Philosoph Jacques Lacan meint, der Imperativ unserer Zivilisation sei: »Genieße!« Es ist der Auftrag, der unser Leben einhegt, aus allen kulturellen und ethischen Ordnungen dringt, der sozusagen tröpfchenweise unserer Existenz verabreicht wird. Das geschieht in Kinofilmen, über die Politik und die Wirtschaft und sogar durch Ethik und Religion. Die Lust ist zum Auftrag geworden. Jene, die nicht fähig sind, in vollen Zügen zu genießen, werden schnell für Menschen gehalten, mit denen etwas nicht stimmt. Sogar die ethische Diskussion gegen das Laster führt einen Hedonismus mit in ihrem Gepäck. Wenn etwa in der aktuellen Diskussion damit argumentiert wird, dass der kurzfristige Genuss einen sich vermindernden langfristigen Genuss zur Folge habe. Und wenn wir das Leben nach dem Tod miteinbeziehen, dann gehorcht sogar die übliche christliche Tradition einer hedonistischen Logik: Wer sich im Diesseits diszipliniert gegen seine Sünden wehrt (welche meist kurzfristigen Genuss versprechen), dem ist andauernder

1 Freud 1982d, S. 260.

Genuss durch das ewige Heil versprochen: »Wenn dich dein rechtes Auge zum Bösen verführt, dann reiß es aus und wirf es weg! Es ist besser für dich, dass eines deiner Glieder verloren geht, als dass dein ganzer Leib in die Hölle geworfen wird.«[2]

Die Ökonomie ist Vorreiterin dieser Jagd nach dem Utilitären, nach dem Nutzen und dem Eigennutz. So, wie sie den Menschen sieht, ist er vordringlich dazu da, Nutzen zu maximieren, was übersetzt nichts anderes bedeutet, als nach Lust und Freude in einem materiellen Sinn zu suchen. Obwohl also die Ökonomie als Wissenschaft vorgibt, neutral und analytisch zu sein, ist sie verdeckt eine Schule der Werte und – wenn man so will – der Moral. Dieser implizite Wertekanon bringt uns bei, die Maximierung des Eigennutzes sei das einzige Ziel menschlichen Strebens.

Aber neben dieser Faszination für die Lust und das Lustempfinden, die – wenn es nach dem Philosophen, Mathematiker und Theologen Alfred North Whitehead geht – sogar von Gott geteilt wird; neben diesem großen Streben des Menschen gab es auch immer eine Gegenströmung in der westlichen Kultur: Jene des Zweifels, des Warnens vor Zuviel an Genuss und der Angst vor einem höheren Etwas. Es gibt kaum eine Geschichte, die das besser zusammenfasst, als jene des Polykrates.

In diesem Kapitel werden wir uns mit der (Un)möglichkeit der Lust und der Freude befassen, wir werden auf die manisch-depressiven, bipolaren Störungen und Krankheitssymptome der Ökonomie eingehen und dabei auch auf die Rolle der Theologie. Die Geschichte des Hiob wird dabei sehr hilfreich sein. Wir werden einen neuen Begriff in die Diskussion bringen, jenen des »Hedomasochismus«, und wir werden tiefer jene Motive erkunden, welche uns dazu bringen, für exzessives Glück oder Glücksempfinden Bestrafung zu erwarten. Damit in Zusammenhang wird die Untersuchung der Angst vor der Hybris, der Hoffart, stehen – also die Furcht vor dem Fortschritt, vor der Möglichkeit, allzu mächtig zu werden, zu gottähnlich.

2 Neues Testament, Matthäus 5,29 Bibel, Einheitsübersetzung, Katholische Bibelanstalt Stuttgart, 1980.

Der glücksverdammte Polykrates

Herodot erzählt uns eine faszinierende Geschichte über einen mächtigen Tyrannen, der einst über die Insel Samos herrschte. Dieser Herrscher, Polykrates, soll derart vom Glück gesegnet gewesen sein, berichtet Herodot, dass es die Götter selbst zornig machte und sie ungehemmt Rache nehmen ließ:

> Irgendwie – der genaue Hergang ist nicht berichtet, wurde Polykrates ermordet und Oretus hängte seinen toten Körper an ein Kreuz. … Als der Regen fiel, wusch Zeus den Leichnam und er wurde ausgetrocknet von der Sonne und alle seine Feuchtigkeit wurde aus seinem Körper gesaugt. Das also war das Ende des lang anhaltenden Glücks des Polykrates.[3]

Lange bevor das geschah, hatte Polykrates' Tochter den Tod des Vaters im Traum vorausgesehen und den besten Freund und Bundesgenossen des Tyrannen, den Ägypter Amasis, verständigt, der Polykrates noch zu warnen versuchte: »Amasis sagte also zu Polykrates: Es ist eine Freude, von einem Freunde zu hören, dem alles gedeiht, aber dein ungeheures Gedeihen schafft keine Freude in mir, weil ich weiß, dass die Götter neidisch sind.«

Und dann fährt Amasis in seinen Begründungen fort, allerdings verwendet er nun nicht mehr religiöse Argumente, sondern allgemeine Erfahrung und seinen Hausverstand:

> Für mich selbst und alle, die ich liebe, wünsche ich einmal Erfolg, einmal wünsche ich auf ein Hindernis zu treffen oder gehemmt zu werden. Also im Leben durch eine Abfolge von Gut und Übel zu gehen, als durch immerwährendes Glück. Ich jedenfalls habe von keinem gehört, dem alle seine Unternehmungen gelangen und der nicht letztlich vom Schicksal getroffen worden und zugrunde gegangen wäre.

---

3 Morford/Lenardon/Sham 2010, Übers. OT.

Also gibt Amasis den folgenden Rat:

> Nun denn, höre auf mein Wort und begegne deinem Glück folgender Maßen. Überlege in deinem Herzen, welches deiner Güter dir am meisten bedeutet und von dem du am wenigsten dich trennen willst. Nimm es, was immer es sei, und wirf es weg, sodass es niemals mehr vor eines Menschen Angesicht trete. Auf dass dein Glück nicht mit Harm geschlagen wird, tu, wie ich dir geraten habe.

Polykrates tut, wie ihm der Freund geheißen, und sucht nach dem ihm wertvollsten Gut. Ein Glücksfall für seine Frau und seine Kinder, dass er einen Siegelring noch viel mehr schätzt als seine Familie. So übergibt er diesen famosen Schmuck feierlich dem Meer. Nun glaubt er sich am Ziel seiner Wünsche und meint, der Zorn der Götter sei befriedet. Glücklich also richtet er in seinem Schloss ein großes Fest aus, zu dem er all seine Bundesgenossen lädt, um seine Versöhnung mit dem Schicksal mit ihnen zu feiern. Am Tag des großen Banketts ziehen Fischer einen enormen Fisch an Land und schenken ihn dem König, der das Tier prompt für seine Gäste zubereiten lässt. Polykrates öffnet also den Fisch vor allen seinen Ehrengästen, doch aus dem Magen der Delikatesse kullert plötzlich der Ring hervor. Als Amasis von dem Vorfall erfährt, bricht er mit Polykrates. Dem Tyrannen von Samos aber widerfährt der oben erwähnte schreckliche Tod, nachdem ihn seine Gegner in einen Hinterhalt gelockt haben.

Wirtschaftszyklen

Die Geschichte von Polykrates' enormem Glück ist es wert, von verschiedenen Seiten aus beleuchtet zu werden. Zunächst haben die Psychoanalyse und die Kriminologie die Geschichte entdeckt, Sigmund Freud und John Carl Flugel haben sie in Zusammenhang mit dem Drang zur Selbstschädigung gesetzt. Die Idee vom sich selbst strafenden Glücklichen und vom Ausgleich des Glücks kann in die

Ökonomie übersetzt werden. Denn eine Dynamik, wie sie sich in der Psyche eines Individuums entfalten kann, mag ihre Entsprechung durchaus auf der Ebene der ganzen Gesellschaft finden. Was ist die Gesellschaft auch anderes als eine Sammlung gemeinsam geteilter psychischer Ausformungen und Gefühle.

Und hören wir nicht allzu oft von Ökonomen, Politikern und Journalisten, die Ökonomie befinde sich in einer Depression? Diese nicht hinterfragte Analyse, die uns seit dem Ausbruch krisenhafter Phänomene begleitet, ist natürlich eigentlich nicht zulässig – und sie würde auch in einem psychologischen Screening nicht bestehen können. Die Ökonomie ist also nicht in einem depressiven Zustand. Sie ist vielmehr manisch-depressiv. In der Tat zeigt die Ökonomie gut dokumentierte Tendenzen, sich wie eine Person mit einer bipolaren Störung zu verhalten, also die Dinge in jeder Form zu übertreiben, und zwar in den guten Zeiten ebenso wie in den schlechten.

Die Idee, dass man »nicht für immer gesegnet sein kann«, die Paul Simon in seinem Song »American Dream« besingt, versinnbildlicht unsere Idee von der Menschheitsgeschichte und ihrer Interpretation. Nichts deutet besser auf diese Idee hin als die Existenz von Wirtschaftszyklen. Im Großen gesehen ist doch die Wirtschaft der westlichen Zivilisation in den vergangenen Jahrhunderten beständig gewachsen, obgleich dieses Wachstum zwischen Hochphasen und Wirtschaftseinbrüchen oszillierte. In der Geschichte der Wirtschaftswissenschaften gab es immer wieder Versuche, das zu erklären und zu zeigen, warum die Ökonomie als System nicht ein Verhalten des ruhigen und gleichförmigen Wachstums zeigt (so wie das beim Menschen der Fall ist, der wächst, bis er erwachsen ist, so wie auch Kinder nicht einfach wachsen, um dann wieder zu schrumpfen). Könnte es also sein, dass die Ökonomie sich ein wenig so verhält wie der Polykrates-Komplex, dass also das Gute oder der Aufschwung stets mit einer Bestrafung oder Krise in Verbindung stehen?

Positive Ungerechtigkeiten

Das Wort »Ungerechtigkeit« hat eine überwiegend negative Konnotation. Es handelt sich um ein Ereignis, das mit Unfairness gepaart ist, etwas nicht Systematisches, etwas, mit dem wir nicht einverstanden sind und das, ginge es nach uns, ganz anders ablaufen würde. Etwa wenn die Gerechten leiden und die Korrupten profitieren. Das ist ganz offensichtlich ungerecht, weshalb man die Worte »unfair« und »ungerecht« gewöhnlich in einer nachteiligen, despektierlichen Weise oder einfach in einem negativen Zusammenhang versteht.

Aber wir vergessen allzu leicht, dass die Ungerechtigkeit durchaus auch positiv wirken kann. Wenn uns gute Dinge widerfahren, von denen wir meinen, wir hätten sie nicht verdient, dann ist das auch eine Art von positiver Ungerechtigkeit, für die uns eine Bezeichnung zu fehlen scheint. Weil sie allgemein bekannt ist, bemühen wir hier noch einmal eine Erzählung aus dem Neuen Testament. Es ist die Geschichte von den Arbeitern im Weinberg: Der Herr eines Weingartens bezahlt allen Arbeitern den gleichen Lohn. Jene, die den ganzen Tag arbeiten, erhalten ebenso viel wie jene, die bloß eine Stunde tätig sind. Einen Dinar für jeden. Jene, die den ganzen Tag arbeiten, empfinden das als unfair und beschweren sich.

Das Erstaunliche an der Geschichte ist, dass jene, die sich ungerecht behandelt fühlen, ausgerechnet jene sind, die gerecht bezahlt werden, da sie einen fairen und vorab festgelegten Lohn erhalten. Wenn es nur nach dem Ausmaß des Unfairen ginge, müssten sich die »Kurzarbeiter« beklagen, da sie mehr Geld erhalten, als angemessen. In Summe aber erhält niemand weniger Geld als vereinbart. Der Herr des Weingartens ist also »positiv unfair«. Wie auch in anderen Parabeln des Neuen Testaments geht es darum, die paradox erscheinende Natur des Reichs Gottes zu zeigen. So gesehen kann man zu der Debatte, ob Gott nun eigentlich unfair ist oder nicht, hinzufügen: Gott ist unfair; Gott sei Dank.

Zurück zu unserem Problem des Polykrates, der ja auch mehr erhält, als seiner Arbeit oder seinem Wirken angemessen erscheint. Geht es uns nicht genauso, dass wir manchmal das Gefühl haben, nicht gerecht belohnt worden zu sein – und zwar in einem sehr positiven Sinn? Demnach setzt unser Unbewusstes folgenden Mechanismus in Gang: Das Ausmaß des Reichtums (materiell oder immateriell) ist unverdient, zu groß, das Übermaß hat ein Ungleichgewicht in die (gerechte) Ordnung der Dinge gebracht. Der Gewinn ist »zu gut«, um gerecht, kurz gesagt, »zu gut, um wahr zu sein«, oder jedenfalls »zu gut, um langfristig wahr zu sein«. Weil wir aber die Nutznießer dieser Ungerechtigkeit sind, weil wir daraus Gewinn ziehen, beschweren wir uns nicht. Und dennoch: Obwohl wir den Impuls unterdrücken, ahnen wir, dass dieses »Unfaire«, »Ungerechte«, der »Exzess« irgendwann wieder in die Balance zurückgebracht werden muss.

Das erhabene oder positive Trauma

Mit anderen Worten: Unsere Psyche unterdrückt nicht nur negative Erfahrungen und Affekte, sondern wir behandeln in ganz ähnlicher Weise positive Ereignisse. Wenn wir also das Wort »Trauma« als Bezeichnung für die Folgen eines schwerwiegenden negativen Ereignisses setzen, können wir dieses Wort auch für die Folgen eines positiven Ereignisses verwenden. Und diese sublimen Traumata können sich ebenso in destruktiven wie in kreativen Einstellungen und Handlungen äußern. Wir können uns ebenfalls gut vorstellen, dass diese Traumata entsprechend wirkungsvoll in jenen Fällen sind, in denen wir glauben, dass tatsächlich etwas Ungerechtes geschehen ist (eine der am häufigsten verwendeten Beschwerdeformeln unserer Kinder ist ja: »Das ist nicht fair!«).

Es gibt also nicht nur negative Ereignisse, die die Koordinaten unseres Wirklichkeitssinns erschüttern können, sondern auch positive, wie auch der Philosoph und Psychoanalytiker Slavoj Žižek feststellt. Wir tendieren dazu, unser psychologisches »Plateau« als eine Ebene zu sehen, die flach und regelmäßig ist und auf welcher Symbole, Ereignisse und Objekte miteinander verbunden, strukturiert und geordnet sind – gemäß einer psychologischen Raum-Zeit-Logik. Mit anderen Worten: Wir nehmen an, dass die x-, y- und z-Achse gerade Linien sind, die es uns erlauben, Ereignisse, Objekte,

Symbole, Tatsachen und Beziehungen zwischen ihnen abzubilden. Diese Vorstellung ist dem euklidischen Raum zur Zeit Newtons gar nicht unähnlich.

Was wäre aber, wenn unser psychologischer Raum sich genauso verhielte wie der physikalische Raum, der sich, wie wir wissen, nicht wie der ideale euklidische Raum, also nicht unbedingt gerade verhält? Was wäre, wenn ein Objekt von hoher Anziehungskraft in unserem Kontinuum auftauchen und unser Raum-Zeit-Kontinuum krümmen würde? Unsere Koordinaten, unser Bezugssystem wäre nicht mehr gerade oder flach, sondern unregelmäßig, gekrümmt.

Nach allem, was wir aus der Psychologie kennen, tendieren Traumata dazu, sich so zu verhalten wie solche physikalischen Objekte großer Anziehungskraft. Einige ziehen uns an, andere stoßen uns ab; und sie krümmen unsere psychologische Wahrnehmung. Zwar ist hier nicht der Platz für eine tiefer gehende Analyse, aber wir müssen doch feststellen, dass die wahrgenommenen Affekte unserer *emotional response* oft nicht eindeutig sind. Einige dieser Anziehungskräfte werden von uns gleichzeitig als angenehm und lustbringend wie auch als sehr negativ empfunden (etwa Hassliebe). Einige von den abstoßenden Kräften wiederum empfinden wir als positiv (die Spannung beim Zuschauen eines Films, der uns gefällt), andere als rein negativ (das Zurückweisen einer Liebe; Aggressivität gegen andere).

In diesem psychologischen Raum sind unsere Fantasien, ethischen Einstellungen, Urteile und Symbole enthalten, und in diesem Raum bewegen sich auch die Kräfte der Ökonomie (dazu brauchen wir uns nur die Kraft der Werbung anzusehen, die wir im Kapitel über Realitätsverzerrung behandelt haben). Es geht also um die Kluft zwischen dem tatsächlichen Ich und dem Ich-Ideal, zwischen meinen Wünschen und den Wünschen, die ich eigentlich nicht haben will. Vielleicht ist es dieser Raum – nennen wir ihn gemäß unserem Vorbild das Zweite Derivativ der Wünsche –, vielleicht ist also dieses Zweite Derivativ viel mehr verantwortlich, Traumata zu erzeugen, als die »unverfälschten« Wünsche und Ängste selbst.

Zurück zum Thema positives Trauma: Schwere Traumata tendieren dazu, den psychologischen Raum um sie herum zu krümmen – und in extremen Fällen (so wie beim physikalischen »schwarzen Loch«) erlangen diese Kräfte eine solche Intensität, dass sie andere

Kräfte überlagern, was in einem zweidimensionalen Raum undenkbar wäre.

Ein Beispiel für ein solches »schweres« positives Trauma ist die Liebe, oder besser der Zustand, den man als Prozess des Verliebens beschreiben könnte. Man liebt den anderen nicht nur, sondern die gesamte Umwelt wird sozusagen durch das Prisma der positiven Affekte gesehen, die in diesem Zustand des Verliebtseins den Liebenden überschwemmen. Dinge, die dem Liebenden noch kurze Zeit vorher hochinteressant erschienen, verblassen; das Leben scheint eine ganz neue Bedeutung zu erhalten. Was oder wen wir lieben, ist dabei nicht so sehr die Frage. Es geht uns hier jetzt nicht um das Verhältnis von zwei Menschen, die einander lieben, sondern es geht hauptsächlich um eine liebende Person allein und ihr Verhältnis zur Welt: Die ganze Welt ändert sich oder, wie es der Volksmund sagt, »steht auf dem Kopf«. In einer ökonomisierten Welt scheinen wir mehr Probleme mit der Liebe zu haben als mit dem Hass – und die meisten Traumata des modernen Konsummenschen sind positive, nicht negative Traumata.

Ein anderes, etwas alltäglicheres Beispiel stammt aus der Welt der Kulinarik. Ein jeder von uns wird Ähnliches schon einmal erlebt haben: Wenn jemand nach Mailand fährt und abends in einem guten Restaurant einen Mozzarella genießt, der eine sensorische Sensation ohnegleichen bei ihm auslöst, ändert sich das Koordinatensystem des Genießenden nachhaltig, wenn auch nur hinsichtlich eines Büffelkäses (man könnte hier beliebig variieren vom Bier in Prag bis zur Sachertorte in Wien). Solche kulinarischen Ereignisse werden den Geschmack aller davor genossenen Mozzarellas derart in den Schatten stellen, dass sie auch jeden künftigen Genuss beeinflussen (»Der Mozzarella wird niemals mehr so schmecken wie damals in Mailand«, so lange freilich, bis ein Mozzarella tatsächlich besser schmeckt als jener in Mailand). Wir sehen also, dass das »Erhabene«, das »Beste« zugleich ekstatisch und destruktiv sein kann und dass es sowohl das Verlangen und den Wunsch als auch die Angst wecken kann. Auch die Welt dieses »Besseren« oder »Erhabenen« ist niemals feststehend und einschätzbar ihrer Natur nach. Sie ist aber fraglos gefährlich, ihrer trügerischen Eigenschaft wegen. Dazu braucht man sich nur einmal zu vergegenwärtigen, was

Menschen aus Liebe zu tun bereit sind. Man kann also sagen, dass es letzten Endes eine Frage des persönlichen Geschmacks und des Selbsterhaltungstriebs ist, solche Anziehungskräfte auf sich wirken zu lassen oder sich ihnen zu verschließen.

Die Macht des Erhabenen

»Es liegt meist nicht in unserer Macht, Glauben zu haben oder eben nicht zu haben. Aber das Erhabene, das mit einer befehlenden und unwiderstehlichen Kraft arbeitet, überzeugt jeden Leser, ob er will oder nicht.« Es handelt sich hier nicht um einen postmodernen, dekonstruktivistischen Text, sondern um eine klassische Abhandlung des Poetiklehrers (Pseudo-)Longinus, *Vom Erhabenen,* aus dem ersten Jahrhundert nach Christus.[4] Wenn Longinus recht hat, ist die Macht des Erhabenen massiv. Dieses Erhabene appelliert nicht an unseren Verstand, unsere Logik, und es fragt nicht einmal nach einer Erlaubnis, ob es sich denn logisch mit anderen Inhalten unserer Gedankenwelt ergänzt, mit Symbolen oder vorgefassten Glaubensinhalten. Dieses Großartige »überzeugt nämlich die Hörer nicht, sondern verzückt sie«.[5] Das Sublime bringt den Leser in einen Zustand jenseits des Gewöhnlichen, es bringt ihn auch außerhalb eines Bereichs, den er versteht und an den er gewöhnt ist, außerhalb des Bereichs der Kontrolle. Das Sublime, Übernatürliche hat damit die Macht, große Konzepte und Ideen zu formen.

Aristoteles spricht auch von dem »betäubenden Effekt« der »akzentuierten Glückseligkeit« im Gegensatz zur »normalen Glückseligkeit« (die »normale Freude« verschwindet angesichts einer »akzentuierten Freude«, etwa durch Drogen), und diese neue Freude ersetzt die normale Freude sozusagen.[6]

4 Longinus 1890, S. 4. Es handelt sich um eine direkte Übersetzung aus dem Englischen. In der deutschen Übersetzung ist das Wort »Glauben« nur indirekt übersetzt. Dort heißt es: »Die Wirkung des Überzeugenden hängt von uns ab, während das Großartige unwiderstehliche Macht und Gewalt ausübt« (Longinus 1988, S. 7).

5 Longinus 1988, S. 5.

6 Aristoteles analysiert das Glück in der *Nikomachischen Ethik,* Ethik I 1094 b S. 11 ff., Ethik I, 5, Ethik X, 6 und 7 1176a, 1177a.

Das Erhabene scheint also wenig bis gar nicht mit unseren anderen Erfahrungen oder unserer Logik zu tun zu haben: »Das Wunderbare verwirrt unsere Urteilskraft und blendet aus, was mehrheitlich verstandesgemäß ist oder allgemeine Übereinkunft.«[7] Das Erhabene kann also die Realität restrukturieren. Es wird nicht nur die bestehenden Regeln der wahrgenommenen Dinge außer Kraft setzen, es kann auch die logische Ordnung auf den Kopf stellen. Geht es nach Longinus, dann ist das Erhabene derart wirkungsvoll, dass es dem Gefühl des Orgiastischen nahesteht, weil es »die Gefühle der Zuhörer in einer Weise weckt, die sie beinahe neben sich stehen lassen und sie in einen orgiastischen Taumel versetzen«.[8]

Kein Wunder also, dass ein erhabenes, ein »großes« Ereignis eine traumaartige Situation in unserer Psyche entstehen lässt. Nun kann das Sublime sich zweifach entfalten. Entweder man lebt mit dem positiven Trauma und inkorporiert es, oder die Erfahrung wird eine fetischähnliche Anziehungskraft auslösen, und das Subjekt wird diese Erfahrung endlos zu wiederholen versuchen. Die erste Option erscheint schwierig umzusetzen, genauso wie man nicht einfach negative Traumata in den Alltag integrieren kann, als sei nichts passiert. Wenn wir aber über eine positive Ungerechtigkeit sprechen, dann ist es nicht besonders schwierig, dieses Konzept mit dem Polykrates-Komplex zu verbinden – und mit der Ökonomie.

Wenn jemand also nicht die Mitte findet, sondern ein Zuviel an guten Dingen stets von einem Zuviel an schlechten Dingen abgelöst wird und sie einander unvermittelt abwechseln, dann haben wir dafür einen Namen. Dann werden gute Zeiten bis zum Zustand gefährlicher Manie übertrieben und schlechte Zeiten bis zu suizidalen Depressionen – die Balance zwischen beiden kann nicht gehalten werden. Wir nennen das bipolare Störung. Im normalen Sprachgebrauch heißt sie manisch-depressive Erkrankung.

---

7 Erneut handelt es sich hier um eine Übersetzung aus dem Englischen, da die deutsche Übersetzung von Schönberger drastisch von der englischen Übertragung abweicht. Longinus 1890, S. 5. That which is admirable ever confounds our judgement, and eclipses that which is merely reasonable or agreeable.

8 Longinus 1890, S. 74: »... rendering them almost beside themselves and full of an orgiastic frenzy.«

Die manisch-depressive Ökonomie

Es lohnt hier, einen Vergleich mit der klinischen Behandlung dieser Krankheit zu unternehmen und zu sehen, ob sich dabei eventuell Parallelen zur Ökonomie herstellen lassen oder zumindest vergleichbare Verhaltens- und Therapiemuster.

Obwohl man immer wieder hört, die Ökonomie befinde sich in einer Depression, und etwas weniger oft, sie sei in einer manischen Phase, ist es wichtig zu erkennen, dass – vom klinischen Standpunkt aus gesehen – beide dieser Zustände zu einem Kollaps des Organismus führen können und sogar zum Selbstmord. Und vielleicht ebenso wichtig ist, dass manisch-depressive Krankheitsbilder ganz anders behandelt werden müssen als etwa Depressionen.

Während einer Depression erhält der Patient Antidepressiva, um dem Körper und dem Geist Kraft zu spenden. Wenn der Kranke dadurch seine Energie und seine Stimmung wieder heben kann, ist das generell eine sehr gute Nachricht. Manisch Depressive hingegen dürfen nicht ausschließlich mit Antidepressiva behandelt werden, und wenn sie ihre positive Stimmung wiedererlangen, muss das nicht unbedingt etwas Gutes heißen. Wenn es sich um eine manisch-depressive Persönlichkeit handelt, sind Stimmungsstabilisatoren die geeigneten Medikamente, und das Ziel ist es nicht, die Stimmung zu heben, sondern sie auf einem stabilen Niveau zu halten.

Während wenige Ökonomen die Bezeichnung »manisch-depressiv« benutzen, um die Ökonomie zu beschreiben, zieht es die Mehrheit vor, sich öffentlich mündlich oder in Publikationen schriftlich vornehmlich mit der Heilung der wirtschaftlichen Depression zu beschäftigen. Sehr wenige aber haben bisher Wert auf die Behandlung der manisch-ökonomischen Phasen gelegt. Da dieses Buch das System vom psychologischen Standpunkt aus betrachtet, sollten wir also genau hier beginnen: bei der Manie.

Manie

Es ist nicht besonders schwierig, die manische Phase einer bipolaren Störung in die Sprache der Ökonomie zu übersetzen – vor allem, wenn man sich die Erscheinungen vor dem Beginn der Krise von 2007 vor Augen führt. Die über alle Maßen optimistischen Einschätzungen (beinahe alles wurde von Ratingagenturen mit einem Triple A bewertet) ebenso wie die Einschätzungen der künftigen Entwicklungen (positiver Ausblick) sind uns noch sehr gut in Erinnerung. Das Bruttosozialprodukt (BSP) war darauf angelegt, in Freude und Prosperität zu wachsen, ebenso wie die Hauspreise darauf angelegt waren, nur noch zu steigen. Haushaltsdefizite schienen von geringer Bedeutung zu sein, und die Ökonomie als Lehre, einst eine düstere, eine geradezu melancholische Wissenschaft, wurde zu einer hochlebendigen Disziplin (auf diese bipolare Tendenz der Ökonomie kommen wir gleich noch einmal zurück). Die mathematisch-ökonometrischen Modelle funktionierten klaglos, die Globalisierung zeigte nur ihre sonnige Seite, und alle vertrauten den Finanzmärkten, während man sich in der wohligen Sicherheit wog, man wisse schon, was zu tun sei – und man wisse auch, was man gerade tue. Nach dieser Einschätzung verhielten sich die Märkte rational, oder sagen wir besser »extrarational«, und alle Welt war voller Vertrauen, dass der *unorchestrated orchestrator* oder die »unsichtbare Hand« unser Verlangen nach Profit sicher leitete, koordinierte und uns alle in eine großartige Zukunft führte.

Als die Dinge allerdings zu schön wurden, um noch wahr sein zu können, wurden sie instabil und fielen in sich zusammen. Das System – ein Begriff, der Werte und Glaubenssätze umfasst, von denen einige in Gesetzen kodifiziert sind, einige sich in Aktienkursen ausdrücken, andere in Häuserpreisen –, dieses System also konnte seinen Glückszustand nicht länger aufrechterhalten, und was dann geschah, war ein Ikarus-gleicher Sturz aus dem Himmel (weil wir gerade dabei sind, der legendäre Platz, an dem sich dieses Drama ereignete, war das Ikarische Meer, das die Insel Samos umgibt, auf der Polykrates regierte). Und benahmen wir uns denn 2007 und 2008 nicht wie dieser Ikarus, der zu hoch in den Himmel stieg in seiner Begeisterung und seinem Glauben, fliegen zu können? Zu hoch für seine künstlich gemachten Flügel aus Wachs, deren Geheimnis, das Wachs, er offensichtlich nicht gut genug verstand, auch weil jemand anderer sie angefertigt hatte (im legendären Fall das Genie Dädalus, in unserem Fall mathematische Genies, die Konstrukteure ökonomischer Modelle).

Wie dem auch sei. Das Wort »Manie«[9] kommt aus dem Griechischen und bedeutet »Verrücktheit«, und ihre Symptome sind:

- Hyperaktivität (die Weltgesundheitsorganisation spricht von »spirits to barely controllable exuberance«) und
- erweitertes Selbstbewusstsein, wodurch die Ereignisse der Gegenwart und der Zukunft als zu positiv gesehen werden, »Vertrauen und Selbstbewusstsein sind exzessiv erweitert«, »Verlust der normalen sozialen Zurückhaltung«, »die manische Person wird sich fühlen, als ob ihre Ziele die aller anderen überragen, dass es keinerlei negative Konsequenzen aus diesem Handeln gebe, und wenn, dann nur geringfügige – und dass sie keinerlei Zurückhaltung an den Tag legen müssten in der Verfolgung ihrer Ziele«.

Diese Beschreibung passt sehr gut auf die Verhaltensweisen, mit denen die entsprechenden Charaktere nicht nur in psychologischen Studien, sondern auch in Romanen und Filmen gezeichnet werden. Um es kurz zu machen: Wir haben vor der Krise die Gegenwart und die Zukunft in einem – im wahrsten Sinn des Wortes – sehr leiden-

9 An dieser Stelle ist die Definition der echten Manie laut *ICD-10,* F 30.1 von Nutzen: »Die Stimmung ist situationsadäquat gehoben und kann zwischen sorgloser Heiterkeit und fast unkontrollierbarer Erregung schwanken. Die gehobene Stimmung ist mit vermehrtem Antrieb verbunden und führt zu Überaktivität, Rededrang und vermindertem Schlafbedürfnis. Übliche soziale Hemmungen gehen verloren, die Aufmerksamkeit geht verloren, stattdessen kommt es oft zu starker Ablenkbarkeit. Die Selbsteinschätzung ist aufgeblasen, Größenideen und maßloser Optimismus werden frei geäußert. Wahrnehmungsstörungen, wie etwa die Einschätzung von Farben als besonders lebhaft und meist schön, können vorkommen, ferner eine Beschäftigung mit feinen Einzelheiten von Oberflächenstrukturen oder Geweben und eine subjektive Hyperakusie. Die betreffende Person kann überspannte und undurchführbare Projekte beginnen, leichtsinnig Geld ausgeben oder bei völlig unpassender Gelegenheit aggressiv, verliebt oder scherzhaft sein. In einigen manischen Perioden ist die Stimmung eher gereizt und misstrauisch als gehoben. Die Episode dauert wenigstens eine Woche und ist schwer genug, um die berufliche und soziale Funktionsfähigkeit mehr oder weniger vollständig zu unterbrechen. Die gehobene Stimmung ist dabei von vermehrtem Antrieb und mehreren der genannten Symptome, besonders Rededrang, vermindertem Schlafbedürfnis, Größenideen und übertriebenem Optimismus, begleitet. Aus Dilling 2014, S.162.

schaftlichen Sinn wahrgenommen. Wir hatten nicht nur angenommen, dass wir endlich das Ende des beständigen Auf und Ab der Zyklen von »Boom und Krise« erreicht hätten. Auch unsere makroökonomischen Voraussagen waren höchst positiv. Sie gingen davon aus, dass das BSP tatsächlich beständig wachsen werde – als wenn man mit einer Segeljacht unter Verzicht auf einen Hilfsmotor zu einer Reise aufbricht, weil man davon ausgeht, dass beständig ein günstiger Wind blasen wird. Wir fühlten uns vor der Krise also wie ein Patient in einer manischen Phase – allmächtig.

Doch der manische Patient zeigt noch ein weiteres charakteristisches Verhalten, das der exzessiven Ausgaben, was uns zum nächsten Phänomen führt: dem – von einer normalen Perspektive aus gesehen – »risikobereiten Verhalten«.[10]

Im Zustand der Manie arbeiten Patienten oft sehr intensiv, und sie haben den Eindruck, wenig oder gar nicht schlafen zu müssen. In diesen Perioden fühlen sie sich auch sehr innovativ, produktiv, und sie arbeiten nahezu ohne Pause, indem sie ihre inneren Ressourcen verbrennen (beziehungsvoll sagt man dazu im Englischen *burning midnight oil*). Das geht so lange gut, bis das *midnight oil* verbraucht ist.

An dieser Stelle halten wir nochmals fest: Manie und Depression sind ein hochkomplexes und intensiv erforschtes Gebiet der Psychiatrie. Wir erheben hier nicht den Anspruch, wirtschaftliche Fakten exakt eingegrenzten Erscheinungsformen der Manie zuzuordnen. Wichtig in unserem Zusammenhang ist es aber, darauf hinzuweisen, dass es – wie in der Wirtschaft – Übergangsformen zwischen Normalität und Krankheit gibt, die zumindest in ökonomischen Zusammenhängen durchaus positive Seiten haben können. Vergleichen wir etwa den Zustand eines Wirtschaftsaufschwungs mit dem der Hypomanie, einer milden Form der Manie, so lassen sich erstaunliche Parallelen finden: Laut *ICD-10* ist dieser Zustand wie folgt definiert: »Es findet sich eine anhaltende, leicht gehobene Stimmung, gesteigerter Antrieb und Aktivität und gewöhnlich ein auffallendes Gefühl von Wohlbefinden und körperlicher und seelischer Leistungsfähigkeit. Gesteigerte Geselligkeit, Gesprächigkeit,

10 Banett/Smoller 2009.

übermäßige Vertraulichkeit, gesteigerte Libido und vermindertes Schlafbedürfnis sind häufig vorhanden, aber nicht in dem Ausmaß, dass sie zu einem Abbruch der Berufstätigkeit oder zu sozialer Ablehnung führen. Reizbarkeit, eingebildetes Auftreten und flegelhaftes Verhalten können anstelle der häufigen euphorischen Geselligkeit auftreten.«[11]

In der Ökonomie ließe sich diese »hypomane Phase« mit der eines angehenden Booms beschreiben. Die Frequenz und Interaktion des Handels, also die ökonomische Kommunikation, steigt massiv an, die Marktteilnehmer genießen überdurchschnittliche Tätigkeit und Auftragslage, die mediale Aufmerksamkeit, die nach Stars der Zukunft und Businessmoguln der Gegenwart sucht, ist durchaus ähnlich einer übertriebenen Geselligkeit. Und entsprechend diesem Nimbus gestalten sich auch das Selbstbewusstsein und das Auftreten der Marktproponenten.

Darüber hinaus könnte man unsere Wirtschaft auch generell so beschreiben: Wir arbeiten zu intensiv und zu viel, obwohl unsere Generation die reichste ist, die je existierte. Wir können nicht ausrasten und abschalten. Erst die Krise verursachte – unfreiwillig natürlich – dieses Abschalten. Und das war auch ihre Botschaft: Werdet langsamer, macht mich langsamer. Wenn die Auswirkungen der Krise von allen gleichermaßen erfahren worden wären, dann hätte sich tatsächlich eine Verlangsamung ergeben, ähnlich einer Kurzarbeit für alle. Arbeite vier Tage und kümmere dich drei Tage um dich selbst, deine Freunde, die Familie. So aber hat man die Effekte der Krise abgleitet in Arbeitslosigkeit für die einen und Mehrarbeit für die anderen.

Interessanterweise dreht sich eine große Zahl von Hollywood-Filmen darum, nicht genug Zeit für die Familie, Freunde und sich selbst zu haben – oder in anderen Worten, »dass unsere Arbeit unser Leben auffrisst«. Da dieses Begehren, mehr Ruhe und Muße zu haben, offensichtlich durch unsere Lebensverhältnisse unterdrückt wird – warum lassen wir es zu? Warum lassen wir diesen Wunsch nicht einfach weiter wachsen und verwirklichen ihn am Ende in einer Realökonomie? Natürlich kann man jetzt behaupten: Der

11 Dilling 2014, S. 160.

Geist ist willig, aber das Fleisch ist schwach. Aber hier müsste man umgekehrt formulieren: Die Ökonomie, das Fleisch, braucht offensichtlich eine Pause, nur unser Geist will es nicht zulassen. So gesehen waren die Krise von 2008 und die folgende Stagnation/Rezession nicht einmal ein Zeichen von wirtschaftlicher Krankheit, von der man die Ökonomie erlösen sollte, sondern vielmehr ein Signal der Müdigkeit. Die Wirtschaft brauchte Ruhe und keine zusätzlichen Energydrinks und Stimmungsverstärker.

Es gibt eine weitere sehr interessante Parallele zwischen einem manisch Erkrankten und dem Wirtschaftssystem: Der manische Patient sucht letztlich »Hilfe in klinischer Behandlung, um sich und andere zu schützen«. Und war es nicht genau das, was letztlich geschehen ist? Das Rückgrat der Wirtschaft, die Finanzwirtschaft, brach ein und musste sozusagen krankenhäuslich versorgt werden, um wieder in einen »Normalzustand« zurückgeführt zu werden. Das Gleiche kann man von der Wirtschaft insgesamt behaupten: Sie musste mit exzessiv hohen Dosen von Staatsgeldern und exzessiv niedrigen Zinsen der Notenbanken versorgt werden, um nicht vollständig unterzugehen. Und auch diese »klinische Behandlung« musste und muss verabreicht werden, während wir dies hier schreiben, bis sich die Dinge wieder im Zustand der Normalität befinden.

So also schreibt ein bekanntes britisches Gesundheitsinternetportal[12] über Manien: »Wenn Patienten sich vom Zustand der Manie erholen, bereuen sie oft die Dinge, die sie im manischen Zustand getan haben.« Genau diese Reue war nach der ökonomischen Manie spürbar. Ehrliche Banker kleideten sich im Bußgewand. Ein Mitglied des oberen Managements einer führenden europäischen Bank hat die Situation während eines Kongresses einmal so zusammengefasst: »Was wir taten und was wir dachten – aus heutiger Sicht waren wir betrunken.«[13]

12 www.patient.co.uk.

13 Wir müssen hinzufügen, dass nicht alle manischen Episoden in einem Kollaps der davon betroffenen Personen enden. Auch in der Wirtschaft ist das nicht der Fall. Vielmehr kommt es zu der »Hypomanie« vergleichbaren Zuständen, also einer milden Form der Manie. Man sollte an dieser Stelle auch erwähnen, dass es andere Symptome der Manie gibt, die nicht so augenscheinlich in die ökonomische Welt übersetzbar sind, und wenn, dann nur auf einer sublimen, philosophischen Ebene: Reizbarkeit und Ablenkbarkeit, Neigung, zu viel zu sprechen, unverständliche und abrupte Rede, abnormes sexuelles (meist exzessives) Verhalten.

Warum Manien gefährlicher für die Ökonomie sind als Depressionen

Manien stellen sich meist als ebenso gefährlich heraus wie Zustände der Melancholie – in beiden Fällen kommt es zu Zusammenbrüchen. Und während die Welt die Gefahren von Wirtschaftskrisen und geringem Wachstum bis ins kleinste Detail debattiert, wollen wir uns auf das konzentrieren, was dabei übersehen wird: die Gefahren von Manien und von Perioden mit hohen Wachstumsraten.

Bislang galt es als Modus Vivendi unserer Zeit, Wachstum auf Kosten der Stabilität zu erkaufen. Das kann man ganz einfach an dem an der Wachstumsstatistik orientierten Bruttoinlandsprodukt (BIP) ablesen (die niemals als Erfolgsstatistik beabsichtigt war, sondern bloß als Statistik zur ökonomischen Aktivität). Nur ein Narr würde meinen, er wäre um 10 000 Euro reicher, wenn er sich diesen Betrag ausleiht. Das Geld ist nicht seins, sondern eben geborgt. Eines Tages wird er es zurückzahlen müssen. Wenn aber eine Regierung Schulden in der Höhe von drei Prozent des BIP macht (und dieses Geld dann in die Wirtschaft investiert) und das BIP im selben Jahr um drei Prozent wächst, ist jeder – auch die Topökonomen – begeistert. Es macht aber einen sehr großen Unterschied, ob man Geld ausborgt oder besitzt.[14] Diese zwei unterschiedlichen Dinge scheinen wir nur allzu gerne zu verwechseln. Wir sollten noch einmal darüber nachdenken, was hinter der Abkürzung BIP steckt. Wenn wir sie beibehalten, sollte sie nicht für Bruttoinlandsprodukt stehen, sondern für Bruttoschuldenprodukt. Tatsächlich ist aber unser Bruttoschuldenprodukt um drei Prozent gewachsen: Unser Schuldenimperium, unser Kartenhaus ist nach der Krise wieder angewachsen.

So haben wir in guten wirtschaftlichen Zeiten Manien entwickelt. Wir hätten unsere Schulden in den Zeiten vor der Krise zurückzahlen und den Puls der Ökonomie verlangsamen sollen, aber wir haben genau das Gegenteil gemacht, sowohl in den USA als auch in

14 Es scheint, als ob wir ein und dasselbe Geld zweimal zählen: Wenn ich mir zehn Millionen borge, um ein Hotel zu bauen, habe ich dann beides, zehn Millionen und das Hotel?

Europa. Wir haben unsere Länder mit Schulden überhäuft und instabil, fragil, abhängig gemacht von Defiziten – so, wie ein Drogensüchtiger sich abhängig macht und Schulden anhäuft. Im Namen des Wachstums haben wir uns in eine sehr riskante Position begeben.

Mit diesem Verhalten waren wir sehr erfolgreich, wir haben es geschafft, die Stabilität zu verkaufen, und haben uns dafür temporäres Wachstum erkauft. Der Effekt bestand in sehr schnell wachsenden Wirtschaften, die leider auch sehr instabil waren. Wir haben quasi ein rasend schnelles Gefährt entwickelt, das explodiert, sobald es zum Stehen kommt. Eine – milde gesprochen – nicht gerade verantwortungsbewusste Weise, Fahrzeuge zu entwickeln. Hören wir nicht ständig in allen möglichen Situationen, in Flugzeugen, Gebäuden, Zügen, »Sicherheit geht vor«? Wir konzentrieren uns demnach auf die kleinen, weniger großen Risiken, die Teil unseres Systems sind, das wir erschaffen haben. Warum können wir uns in der Wirtschaft nicht ebenso vorsichtig verhalten? Unter Motorradfahrern heißt es, wenn sie im Sommer aus Sicherheitsgründen die schwere Lederkleidung anlegen, dass sie sie nicht für die Fahrt selbst tragen, sondern für den Unfall. Oder noch klarer: Wenn du meinst, dass du keinen Helm brauchst, benötigst du wahrscheinlich wirklich keinen.

Angenommen unser Schuldenniveau hätte bei null gelegen oder wäre sehr niedrig gewesen, hätte die Krise keinen anderen Effekt gehabt, als 20 bis 30 Prozent Staatsverschuldung zu addieren, was im Fall niedriger Basisschulden und Schuldenzinsen unsere Gesellschaft überhaupt nicht gefährdet hätte. Die Faszination der künstlichen Geschwindigkeit hat uns zu Fall gebracht, es war nicht die Krise selbst. Nicht die Melancholie gefährdet uns, sondern unsere Manien.

Nehmen wir ein Beispiel aus der jüngeren Geschichte. Kurz vor der Immobilienkrise 2007 in den USA war die US-Wirtschaft äußerst belebt: Das BIP war jahrelang mit Rekordraten angewachsen und hatte ein sehr beeindruckendes Ausmaß erreicht. Die Arbeitslosigkeit war niedrig, Wettbewerb und Produktivität waren hoch, und das Silicon Valley ging mit seinen innovativen Ideen durch die Decke. Was die Makrostatistik betrifft, trübte kein Wölkchen den Himmel.

Summertime, and the livin' is easy
Fish are jumpin' and the cotton is high
Oh, your daddy's rich and your ma is good-lookin'
So hush little baby, don't you cry.[15]

Und genau in dieser Zeit der Sorglosigkeit brach der Sturm los. Am Höhepunkt unserer Manie kam es zum Kollaps, die Verlangsamung des Wachstums war eine Folge der Krise, nicht eine Ursache. Die Krise kam unerwartet und hat uns mit unserer Schuldenlast kalt erwischt – als ob wir nicht bei Bewusstsein gewesen wären oder uns im Alkoholrausch befunden hätten. Die Schulden hätten wie nur unter der Prämisse eines steten und konstanten Wachstums weiter anhäufen können. Sogar den Bankensektor selbst – bis dahin ein Synonym für Seriosität, Vorsicht, Sorgfalt, Beständigkeit und Berechnung, gut betreut und versichert – hat es erwischt. Die Banker waren im Begriff, sich manisch mit allem anderen zu beschäftigen, als ihre Arbeit ordentlich zu erledigen. Die Banken erlebten ein Beben, das die gesamte Welt erschütterte.

»Israel, dein Stolz liegt erschlagen auf deinen Höhen. Ach die Helden sind gefallen.«[16]

Es trat eben nicht folgendes klassisches Szenario einer Wirtschaftskrise ein, wie man es gemäß der Pro-Wachstums-Rhetorik hätte annehmen können: Zuerst würde die Nachfrage nach Gütern und Dienstleistungen sinken; dann würden die Unternehmen ihre Produktion zurückfahren, weshalb das BIP schrumpfen und die Arbeitslosigkeit steigen würde; die Kaufkraft wäre geschwächt; manche Firmen müssten schließen, und wieder andere könnten ihre Schulden bei den Banken wegen ihrer zu optimistischen Pläne und Erwartungen (sowohl der Banken als auch der Firmen) nicht begleichen. Infolgedessen hätten die Banken nicht genug Kapital zur freien Verfügung, also sänke ihre Bereitschaft, Geld zu verleihen, was wiederum die Immobilienkrise befördern würde, weshalb der Banken- und Finanzsektor zu bröckeln begänne: Manche Banken gingen pleite, andere wiederum würden staatliche Hilfe benötigen.

15 George Gershwin: *Porgy and Bess*, 1935.
16 Altes Testament, 2 Samuel 1,19, Bibel, Einheitsübersetzung, Herder 1980, S. 303.

Aber genau das ist eben nicht geschehen. Es handelte sich um keinen Kollaps aufgrund eines wirtschaftlichen Tiefs, sondern um einen Kollaps auf dem Scheitelpunkt einer manischen Phase.

Griechische Depression und irische Manie

Das griechische Wort für Ausgang lautet »Exodus«, ein Schild mit dem Wort markiert den Ausgang der U-Bahn, der griechische »Quasi-Bankrott« war in aller Munde, und Schwarzmaler prophezeiten gar einen Austritt aus der Eurozone. Im Falle Griechenlands war der Kollaps aber ganz anderer Natur: Der griechische Kollaps wurde von der Verlangsamung des BIP-Wachstums verursacht, war also nicht Folge einer Manie, sondern Folge einer ökonomischen Depression (genau genommen entstand der Kollaps, weil die Realität nicht unseren hohen Erwartungen entsprechen konnte).

»Wenn die Griechen nur doppelt so hart arbeiten würden, hätten sie dieses Problem nicht« – diese Botschaft ließ sich zwischen den Zeilen der Zeitungskommentare und Analysen herauslesen. Wenn sie doch nur effizienter arbeiten würden, nach den Regeln vorgehen würden, ihre Gesetze befolgen würden, ein wenig innovativer wären und so fort.

So sehr man dieser Analyse widersprechen kann (wir werden später darauf zurückkommen), wollen wir dieses Argument weiter verwenden, um seine Logik zu entlarven. Betrachten wir deshalb aus derselben Perspektive die irische Krise. Wenn die Iren (vor allem die Banker, Immobilienmakler und die Finanzwelt generell) doch nur weniger gearbeitet hätten und auch weniger effizient, hätten sie das aktuelle Problem nicht. Wenn ihre Banker doch nur nicht so eifrig nach den Regeln vorgegangen und gängigen Modellen gefolgt wären, wenn sie nur nicht so innovativ gewesen wären, wenn sie sich doch nur nicht so auf ihre Gesetze verlassen hätten, in dem Glauben, dass ihr Finanzsektor so sicher bleiben würde.

Es ist der irische Kollaps (der manische), nicht der griechische (der depressive), der für die allgemeine Krise viel repräsentativer ist. Obwohl sich die mediale und intellektuelle Aufmerksamkeit vor allem auf Griechenland richtete, waren die irische und die US-Wirtschaft viel schwieriger zu handhaben. Viele Leute hatten Ideen, wie man die nächste Krise in Griechenland abwenden könnte, aber wie man mit dem manischen Kollaps in den USA und in Irland umgehen könnte, damit so etwas nicht mehr passieren kann, darüber wurde größtenteils geschwiegen.

Wir sind wohl in beiden Fällen überfordert, aber wir scheinen uns in unserem Umgang mit wirtschaftlichen Depressionen viel sicherer zu sein, sowohl theoretisch als auch praktisch, als im Umgang mit Manien. Da dürften wir ahnungslos sein. Und während wir in der Theorie einige Ideen haben (die Zinssätze hochhalten und Budgetüberschüsse erarbeiten), wissen wir in der Praxis nicht, was politisch zu tun ist, damit Demokratien einen vernünftigen Weg gehen können, vor allem, wenn es um Fiskalpolitik geht. Wir wissen schlicht nicht, was zu tun ist.

Kein Bankrott ohne vorhergehende Schulden

Es ist eine gängige Vorstellung, dass eine Verlangsamung des Wirtschaftswachstums für einen Bankrott verantwortlich ist. Länder gehen – genauso wie Unternehmen oder Privatpersonen – nicht Bankrott, nur weil ihr BIP-Umsatz oder -Einkommen steigt oder fällt. Anders gesagt: Man muss zuerst einmal verschuldet sein, um Bankrott gehen zu können. Wenn ein Land an einem verlangsamten Wirtschaftswachstum leidet, ist das alleine noch kein Grund für einen Staatsbankrott – das Land könnte seine Wirtschaft reorganisieren, sogar Schulden aufnehmen, um die lahme Wirtschaft zu beleben, es könnte ein wenig an Lebensstandard und internationaler Kaufkraft einbüßen usw. Das Land wird sicherlich harte Zeiten erleben – aber das wird noch kein Grund für eine Staatspleite sein.

Oder nehmen wir ein Unternehmen als Beispiel: Nur weil die Gewinne eine Zeit lang zurückgehen, eventuell sogar länger, ist das noch lange kein Grund, den Bankrott zu erklären. Man kann nur den Bankrott erklären (oder er wird einem meist erklärt), wenn »der

Rechtsstatus einer Person oder Organisation dergestalt ist, dass die Schulden nicht mehr an die Kreditgeber zurückgezahlt werden können«. Nur weil das Einkommen einer Person kleiner wird, bedeutet das noch lange nicht, dass diese Person auch Bankrott geht. Sie muss möglicherweise ihr (finanzielles) Leben ändern, bei den Ausgaben sparen, vielleicht in eine günstigere Immobilie ziehen oder Eigentum verkaufen, aber: Das ist kein Grund, Bankrott zu gehen. Man muss verschuldet sein, und wir haben die hohen Schuldenraten während der Zeiten des Wachstums geschaffen oder beibehalten. Die Ursachen für die Verschuldung sind also – wie bereits dargelegt – in der manischen Phase zu finden.

Und zum Thema Immobilien: Oft wird behauptet, Menschen müssten aus ihren Häusern ausziehen und würden ihr Zuhause verlieren. Ihr Zuhause? Handelt es sich dabei nicht meist um Häuser, die mit einer Hypothek belastet, die also eben kein eigenes Zuhause waren? Diese Häuser wurden ebenfalls zu jenen Zeiten bezogen, als die wirtschaftlichen Perspektiven rosig waren.

Wachstum verdeckt häufig Probleme

Eine weitere Ursache, warum Manien gefährlicher sind als Depressionen, liegt darin, dass Manien Probleme häufig verdecken. Warum etwas sanieren, wenn es ohnehin funktioniert? Dieser Satz war während der manischen Phase nur allzu oft von Politikern zu hören.

Man wird nicht darauf kommen, dass der Motor rostig ist, solange man bei günstigem Wind mit seiner Jacht dahinsegelt. Genauso wenig wird man herausfinden können, wie gut der Motor des Autos ist, während man einen Hügel hinunterfährt und die Schwerkraft für und nicht gegen einen arbeitet.

Auch ein Mensch, der gerade eine manische Phase erlebt, wird für gewöhnlich nicht zugeben, dass etwas mit ihm nicht stimmt, bis es zu einem Zusammenbruch kommt. Er wird nicht auf eigene Faust die Hilfe eines Arztes suchen. Während der manischen Phase haben Patienten oft den Eindruck, sie benötigten die Medikamente nicht mehr, und setzen diese folglich einfach ab, was zu einer weiteren manischen Periode führt. Das ist ein weiterer Grund, der Manien gefährlich macht.

Geringes BIP-Wachstum und größte Angst

Was Ökonomen im Falle eines geringen BIP-Wachstums am meisten fürchten, ist eine damit einhergehende hohe Arbeitslosigkeit. Arbeitslosigkeit ist eine böse Sache – statt dass das gesamte Unternehmen und seine Produktion gedrosselt werden und das geringere Arbeitsvolumen unter den Mitarbeitern aufgeteilt wird, werden Mitarbeiter entlassen (kein Wunder, dass sich unter diesen Umständen Arbeitsteams in konkurrierende Gruppen verwandeln), die verbliebenen Kräfte müssen umso härter arbeiten. Das wiederum führt dazu, dass die Schwächsten oft die größte Last des verlangsamten Wirtschaftswachstums tragen müssen.

Aber das ist keine unabänderliche Tatsache. Wenn der Job nicht zu einer Person passt, würde diese Person sogar während ihrer manischen Phase nicht dort arbeiten.

Es wird auch gerne angenommen, dass ein geringes BIP-Wachstum hohe Arbeitslosenraten verursacht. Aber während das zum Teil zutreffen kann, ist es ganz sicher nicht die wichtigste erklärende Variable. Trotz seiner langfristigen Unfähigkeit zu wachsen, hat Japan seine sehr hohen Produktivitätsraten und seine niedrige Arbeitslosigkeit beibehalten können. Während der »zwei verlorenen Jahrzehnte« seit 1991 stieg die Arbeitslosigkeit von zwei auf vier Prozent, schließlich auf fünf Prozent um die Jahrtausendwende. Dennoch war Japans Arbeitslosigkeit noch immer weitaus niedriger als etwa die der USA, mit einer einzigen Ausnahme im Jahr 1998, als die japanische Arbeitslosenrate geringfügig höher war. Die Arbeitslosigkeit in den USA ist noch immer viel niedriger als in Europa, nur beinahe halb so hoch. Nur im Jahr 2009 deckten sich die Arbeitslosenraten der USA und Europas eine Zeit lang.

Noch ein Beispiel: Die höchsten Arbeitslosenquoten, die wir in Tschechien je gesehen haben, waren noch immer weit niedriger als die Arbeitslosenraten unseres slowakischen Nachbarlands zu seinen manischsten Zeiten. Wachstum spielt in puncto Arbeitslosenquoten eine Rolle, aber institutionelle Faktoren spielen eine weitaus wichtigere Rolle.

Depressionen

Wenn im Fall einer manischen Depression oder besser gesagt einer bipolaren Störung nur die Seite der Depression behandelt wird (und die Manie vergessen wird), dann ist das ungefähr so sinnvoll, als behandle man bei einem Alkoholiker nur die Symptome des Katers. Damit wird nicht nur das Problem selbst ignoriert, sondern die Krankheit wird dadurch wahrscheinlich auch noch schlimmer. Ein manischer Patient wird gerade in einer manischen Phase nur selten den Rat eines Arztes suchen, sodass die Phase der Depression zumindest etwas Positives in dieser Hinsicht hat. Es ist sozusagen die kontemplative Phase, in der es zumindest Hoffnung gibt, dass der Patient von sich aus den Arzt konsultiert. Außerdem hat der Psychiater oder der Psychologe bei einer bipolaren Störung nicht die Aufgabe, die Stimmung zu verbessern, sondern zu stabilisieren.

In genau der gleichen Weise ist es nicht die Aufgabe der Ökonomen, das BIP zu erhöhen, sondern die Amplitude, die Schwankungsbreite des Wirtschaftszyklus zu verringern. Die einzige Möglichkeit, das zu tun, also die Wellentäler der Wirtschaftszyklen zu erhöhen, besteht darin, die Spitzen der Wellen abzusenken. Mit anderen Worten: Wenn wir die niedrige Energie der Wirtschaft in einer Depression erhöhen wollen, müssen wir die Energie in der manischen Phase absenken.

Schon der erste Konjunkturzyklus, der schriftlich festgehalten wurde, gibt uns dazu wertvolle Hinweise. Denn die Geschichte der sieben fetten und sieben mageren Jahre, die in der biblischen Genesis[17] festgehalten ist, dreht sich genau darum. Weil die Ägypter nicht in jedem guten Jahr alles aßen, was wuchs, konnte die alte ägyp-

17 Altes Testament, Genesis 41,1–57, Bibel, Einheitsübersetzung, Katholische Bibelanstalt Stuttgart, 1980.

tische Ökonomie eine sehr schwere Krise überstehen, ohne einen einzigen Penny dafür ausgeben zu müssen. Im Gegenteil, die Ägypter machten während der Krise sehr viel Profit, indem sie Teile ihrer Reserven an jene Länder verkauften, die selbst keine Vorräte hatten.

Nicht so heute: Unsere Ökonomie westlich-kapitalistischen Zuschnitts, die hundertfach reicher ist als jene der Ägypter, war unfähig, Reserven zu bilden, weil es schien, als müsse sie unablässig alles konsumieren, was produziert wird, oder – um das Bibelwort zu zitieren – »alles, was wächst«. Wir haben nicht einmal wirklich eine Bezeichnung dafür, zu beschreiben, was die Ägypter damals taten. Alle Staaten sind bis zur Zahlungsunfähigkeit verschuldet. Wenn wir also das Verhalten aus der Geschichte Josephs in der Genesis beschreiben wollen, müssten wir uns mit der nicht existierenden Bezeichnung »Negativschulden im Verhältnis zum BIP« behelfen.

Hätten wir uns wie die Ägypter in der biblischen Geschichte verhalten, hätten wir aus den »fetten Jahren« nicht Schulden mitgebracht, sondern Vermögen. Die Krise hätte die Reserven wohl teilweise vermindert, aber sicher hätte sie nicht die Volkswirtschaften als Ganze gefährdet. Nun stellen Sie sich vor, wie die Ökonomie aussehen würde, wären Regierungen weder Schuldner noch Verleiher. Wir kennen mehrere Methoden, mit Schulden umzugehen und Schulden in Kriterien zu verpacken (etwa das Maastricht-Kriterium von 60 Prozent Gesamtstaatsverschuldung, in den USA gibt es die großen Debatten um den Schuldenplafond, die immer damit enden, eine neue höhere Staatsverschuldung zu erlauben), aber niemand hatte je die Idee, verpflichtende Reserven einzuführen. Natürlich würde ein solches Gebot das geltende System auf den Kopf stellen, die Regierung würde Zinsgewinne beziehen, statt Zinsen für die Staatsschulden zu bezahlen. Banken würden, aus heutiger Sicht gesehen, ebenfalls umgekehrt arbeiten. Sie würden von der Regierung Geld borgen und es an die Wirtschaft weitergeben und dafür der Regierung Zinsen zahlen, nicht die Staaten mit Zinsen belasten. Das ist ein gutes Beispiel, wie spontane Märkte auf eine ganz neue und andere Weise arbeiten könnten, mit anderen Strukturen und anderen Geldflüssen. Die Lage würde also auch so unvermittelt und spontan erscheinen, aber das Ergebnis wäre das gerade Gegenteil der heutigen Lage. Der Markt verhält sich ja nicht nach einem einzigen höheren Prinzip, sondern jeder Markt in jeder möglichen Welt würde singuläre Eigenschaften entwickeln, und das wäre ganz natürlich und gar kein Wunder.

Nehmen wir doch einmal als Gedankenexperiment die Theorie der modernen Physik. Demgemäß würde das heißen, dass in jeder anderen möglichen Welt die Strukturen der Wirtschaft ganz anders gestaltet sein und in jeder dieser Welten als einzigartig und göttlich erscheinen könnten. Das kann als Verteidigungsargument verwendet werden, wenn wieder einmal behauptet wird, das Universum stelle ein Wunder dar, in dem alle Teile so ungeheuer fein aufeinander abgestimmt seien. Wenn wir bereit sind, eine solche Argumentation beizubehalten, wenn wir uns mit den grundlegenden Fragen der Existenz beschäftigen, warum sollten wir sie dann nicht auf dem eher banalen Gebiet der Wirtschaft, also auf den Märkten einsetzen können? Aber wir glauben noch immer an den Gott der Märkte, einen Gott, dem wir keine Grenzen setzen dürfen, und den wir nicht durch menschliche Gesetze unterjochen dürfen, ein Gott, der mit uns leidet und wächst, der unser Wertesystem und unseren Wert bestimmt, der all unsere Eigenschaften in sich vereint, der objektiv ist.

Lithium für die Ökonomie

Wir sollten akzeptieren, dass sich unser System ebenso verhalten kann wie wir selbst. Unsere Launen wechseln. Niemandes körperliche und seelische Energie ist allzeit konstant. Einmal glaubt man, die Welt in Händen halten zu können, und an anderen Tagen meint man, die Menschheit sei die schlimmste Krankheit, die dem Universum je zugestoßen ist. »Some days«, heißt es, »are better than others«:

> Some days are dry, some days are leaky
> Some days come clean, other days are sneaky.
> Some days take less, but most days take more
> Some slip through your fingers and on to the floor.

Some days you're quick, but most days you're speedy
Some days you use more force than is necessary.
...
Some days you can't stand the sight of a puppy.
Your skin is white, but you think you're a brother.
Some days are better than others.
Some days you wake up with her complaining.
Some sunny days you wish it was raining.
Some days are sulky, some days have a grin;
And some days have bouncers and won't let you in.[18]

Solange sich diese Schwingungen in gewissen Grenzen bewegen, ist alles in Ordnung. Niemand wird sich ein vollkommen uniformes Leben wünschen. Aber man stelle sich vor, man hätte die Fähigkeit, ein wenig von der Energie der Tage, an denen man sich prächtig fühlt, zu speichern, und könnte sie an den Tagen einsetzen, an denen man sich schwach und schlecht fühlt. Dass man also über einen Dopaminspeicher verfügte, der nach Bedarf geleert werden könnte. Man stelle sich vor, ein solcher Zeit-Energietransfer wäre auch für Menschen mit bipolarer Störung möglich.

Natürlich gibt es für unsere Körper einen solchen Speicher nur in einem sehr begrenzten Maß, wenn überhaupt. Aber in der Ökonomie hätten wir diese Möglichkeit sehr wohl, und zwar durch Geld. Denn die Energie der Ökonomie kann auf zwei Arten gesteuert werden. Durch Monetär- und durch Fiskalpolitik. Wenn Energie gebraucht wird, können Geldpolitik (das Monopol, Geld zu drucken) und Fiskalpolitik (das Monopol, Schulden zu drucken) zu einer vorübergehenden Stimmungsaufhellung führen.

So gesehen ist die Rolle der Politik in der Ökonomie sehr gut vergleichbar mit jener des Lithiums bei bipolarer Störung: Es fungiert als Stabilisator. Wenn man der Ökonomie also die Diagnose »manisch-depressiv« stellt, ist die Rolle der Politik, dagegenzuarbeiten. Sie muss Energie zuführen, wenn die Ökonomie sie benötigt, und muss aber auch die Energie drosseln, wenn sich die Ökonomie überhitzt und ein Burn-out droht. Wie der bipolare Patient kann die

18 U2, »Some Days Are Better Than Others«, *Zooropa*, 1993.

Wirtschaft das nicht von alleine bewerkstelligen, jedenfalls nicht ohne einen Zusammenbruch, dem eine Einlieferung ins »Staats«-Spital folgen würde. Das Problem ist, dass die meisten Patienten ihre Medikation in den manischen Phasen hassen – weil sie sich gut fühlen. Die Medikamente verderben ihnen die blendende Laune und nehmen ihnen Energie. Aber genau das ist es, was sie brauchen. Und mit der Ökonomie ist es ganz ähnlich. Sie braucht keine Antidepressiva, sie braucht Stabilisatoren. Unser System ist nicht depressiv. Es ist manisch-depressiv.[19]

Dem Paradies so nahe

Es gibt noch zwei andere Wege, die Geschichte von Polykrates zu interpretieren, die positive Ungerechtigkeit sowie die bipolare Gemütsverfassung unserer Gesellschaft. Bisher haben wir uns auf die Ökonomie in Zusammenhang mit wirtschaftlicher Vitalität konzentriert. Aber das Gleiche können wir auf breiter Basis feststellen, wenn wir die westliche Zivilisation als Ganzes betrachten und die Ökonomie als Lehrgebäude und Wissenschaft im Besonderen.

Das oben Gesagte kann nicht bloß im Zusammenhang mit dem Wachstum der Reichtümer in den Jahren des Booms gelesen werden, sondern auch generell: Eine durchschnittliche Person der westlichen Gesellschaft hat die meisten ihrer existenziellen Probleme verloren. Wir sind – verglichen mit unseren Vorfahren – in einer bei-

---

19 Der psychiatrische Begriff lautet »bipolare Störung« und ist laut *ICD-10,* F31 so definiert: Es handelt sich um eine Störung, die durch wiederholte Episoden charakterisiert ist, in denen Stimmung und Aktivitätsniveau des Betreffenden deutlich gestört sind. Bei dieser Störung treten einmal eine gehobene Stimmung, vermehrter Antrieb und Aktivität (Manie oder Hypomanie) auf, dann wieder eine Stimmungssenkung, verminderter Antrieb und Aktivität (Depression). Charakteristischerweise ist die Besserung zwischen beiden Episoden vollständig. Die Inzidenz der Erkrankung ist, verglichen mit anderen affektiven Störungen, bei beiden Geschlechtern nahezu gleich. Patienten mit ausschließlich manischen Episoden sind vergleichsweise selten. Sie werden als bipolar klassifiziert, da sie den Patienten, die wenigstens auch vereinzelte depressive Perioden erleben, ähneln. Die manischen Episoden beginnen in der Regel abrupt und dauern zwischen zwei Wochen und vier Monaten. Depressionen tendieren zu längerer Dauer (im Mittel bis zu sechs Monate), selten allerdings länger als ein Jahr, außer bei älteren Menschen. Beide Episoden folgen oft einem belastenden Lebensereignis oder einem anderen psychischen Trauma. Vorhandensein oder Fehlen einer solchen Belastung ist aber für die Diagnose nicht wesentlich. Dilling 2014, S.164.

spiellosen Weise sorgenfrei. Und wenn wir an den technischen Fortschritt denken, wird diese Alleinstellung noch deutlicher sichtbar: Wir können praktisch telepathisch kommunizieren, ohne dafür irgendwelche besonderen Fähigkeiten haben zu müssen. Wir haben gelernt zu fliegen (mit dem Flugzeug), und wir fliegen viel schneller und höher als jeder Vogel. Die Materialisierung und Verwirklichung unserer Fantasien scheint keine Grenzen zu kennen, wir fabrizieren Kinofilme und Mythen, die in ihrer Buntheit und ihrem Reichtum an Ideen und Symbolen den alten Griechen in nichts nachstehen. Wir können den *Big Bang* der Entstehung des Universums mit erstaunlicher Präzision berechnen; wir wissen sogar, wie Sterne »geboren« werden. Die ganze Welt ist über das Internet mit Lichtgeschwindigkeit vernetzt, und wir können auf das kleinste und entfernteste Ereignis reagieren. Wir brauchen keine Pferde mehr – das Privileg der Reichen vergangener Zeiten. Ein normales Familienauto ist schneller und sehr viel komfortabler als jede mit Gold beschlagene und mit Samt ausgekleidete Kutsche der Adeligen vergangener Tage.

Wir haben Computer und Roboter, die einen Teil der Arbeit für uns erledigen – und der Anwendungsbereich verbreitert sich ständig. Jede Familie hat fließend Wasser, Trinkwasser und Warmwasser nach Gutdünken – und in beinahe allen Räumlichkeiten gibt es ein Ausmaß an Komfort, das selbst Julius Caesar – oder den exzessivsten aller Hedonisten – neidisch machen würde. Wir haben auch ein Sozialsystem, das (mit all seinen Defiziten) unvergleichlich leistungsfähiger ist als alle Sozialsysteme, die es im Lauf der menschlichen Zivilisation gegeben hat. Für die Kranken wird gesorgt, und in vielen unserer Länder bekommen die ärmsten dieser Kranken genau dieselben guten Arzneien wie die Reichen. Frauen haben die gleichen politischen und bürgerlichen Rechte wie die Männer, und sie können sich eine eigene unabhängige Existenz aufbauen. Kinder arbeiten nicht, sie spielen und lernen. Wir könnten diese Liste beliebig fortsetzen, beinahe alles, was wir für selbstverständlich erachten, wäre sogar für unsere Mütter und Väter als Luxusgut unvorstellbar gewesen, und ebenso jenseitig aller Fantasien für die Generationen vor ihnen. Die Träume der Antike, die sich oft in den Mythen der Menschen dieser Zeit ausgedrückt haben (etwa fliegen oder über lange Strecken hinweg kommunizieren zu können), sind heute recht gewöhnliche Automatismen für uns. Von jedem anderen Punkt der Geschichte aus betrachtet, muss also diese Zeit, das Hier und Heute, in dem wir leben, wie ein Paradies erscheinen. Und wenn wir schon nicht wie im Paradies leben, dann doch in seiner nächsten Nachbarschaft.

Dem hoffenden, unbekannten Sieger

Und dennoch ruft der zivilisatorische Fortschritt der westlichen Welt ein seltsames Gefühl bei uns hervor, das der italienische Psychoanalytiker und Ökonom Luigi Zoja vielleicht am besten erfasst hat. Seine Gedanken dazu in voller Länge:

> Europa hat die Welt erobert, und zwar auf einer breiteren Ebene, als dies mit allen seinen Kriegen möglich gewesen wäre. Der europäisch-amerikanische Way of Life hat sich über die gesamte Erde verbreitet und die Position der ersten wirklich global dominierenden Kultur in der menschlichen Geschichte erreicht. Trotzdem scheint diese enorme Errungenschaft uns nicht wirklich emotional zu berühren. So wie die Technologien, auf denen die Eroberung beruht, scheint diese Eroberung keine Seele zu haben. Der Sieg des Westens – oder seiner technologischen Zivilisation, flankiert von der Marktwirtschaft, der repräsentativen Demokratie und der Moral des Konsumismus – hat kein Epos geschaffen, um sich selbst zu huldigen. Ein solches grandioses Ausmaß der Hegemonie kennt die ganze Geschichte nicht. Jene nicht europäischen Zivilisationen, die sich noch nicht unterworfen haben, tun gerade ihr Bestes, die Welt der Technologie zu betreten, und sie stehen gleichermaßen davor, zu den zugehörigen Ideologien zu konvertieren und zu dem Leben, das diese Ideologien begleitet. Alle Versuche, diese Entwicklung zu bremsen oder zu stoppen, scheiterten, und derzeit ist dieser Prozess auch in jenen Ländern in vollem Gange, die einst das marxistische Experiment versuchten. Aber der Umstand, dass

> der westliche Lebensstil alle anderen aus dem Feld geschlagen oder bekehrt hat, erzeugt kein Gefühl der positiven Erregung. Er veranlasst uns nicht, die Pose des Siegers einzunehmen. Der Triumph des Westens über die Völker Kleinasiens fand einst seinen Niederschlag in der Ilias. Der Sieg europäischer Ritter über die Sarazenen wurde im Rolandslied verewigt. Das Nibelungenlied ist das Epos über das Zurückschlagen feindlicher Horden aus dem Osten. Aber heute, zu einer Zeit, in der die globale und totale Herrschaft erreicht ist, herrscht Stille bei den Siegern des Westens. Wir sollten uns fragen, warum das so ist.[20]

Könnten wir nicht die aktuelle westliche Depression (wirtschaftlich und psychologisch) wie folgt erklären: Ist sie nicht ein Zeichen für das Phänomen, das Zoja hier beschreibt? Und dafür, dass wir, die gesamte westliche Zivilisation, am Polykrates-Komplex leiden?[21]

Weil wir so weit gekommen und derart weit fortgeschritten sind, wir, die blutigste aller Zivilisationen, mit unseren wirren Ansichten und mit dunklen, unterdrückten Motiven unserer Gefühle und Gedanken. Fühlen wir nicht auch, dass wir enorm viel erreicht haben, ohne es wirklich zu verdienen? Und gilt nicht eine kleine Textzeile aus einem Lied von U2 für uns alle?

> You get to feel so guilty.
> Got so much for so little.
> Then you find that feeling. Just won't go away.[22]

---

20 Zoja 1995.

21 Es ist doch seltsam, dass sich die meisten Kritiker Europas innerhalb Europas finden lassen. Der Rest der Welt mag in Antiamerikanismus schwelgen – in den USA selbst gibt es ihn nicht. Wir selbst mögen vor dem Wachstum Chinas erschrecken, die Chinesen aber sind stolz darauf. Das Gleiche könnte man über Russland sagen oder andere aufsteigende Nationen. Europa ist hingegen eine Macht, zu der andere aufblicken, während es den Europäern schwerfällt, sich dafür zu begeistern. Mit anderen Worten: Gäbe es den Konflikt mit Russland und Wladimir Putin nicht, wäre eine antieuropäische Stimmung ein rein europäisches Phänomen. Nationalismus und Patriotismus haben in den meisten anderen Ländern eine positive Bedeutung. Nicht so in Europa. Hier ist Nationalismus vielleicht einer der größten Angstauslöser. Man kann sogar behaupten, dass die EU-Skepsis eine der erfolgreichsten europäischen Strömungen ist. Vielleicht haben die Europäer ihr eigenes negatives Narrativ.

22 U2, *Pop*, 1997.

Vielleicht sind die europäisch-amerikanische Depression und unsere Position in der Welt von uns selbst verursacht. Und zwar durch das Gefühl, zu viel für so wenig bekommen zu haben, und deshalb, weil wir dieses Viel an Glück nicht weitergegeben haben. Wir haben alles für uns behalten, wir haben der Welt Schlimmes widerfahren lassen und meinen nun unbewusst, dass wir dafür bestraft werden sollten. Und stammt unsere eigentliche Depression nicht gerade daher, dass wir die Welt zwar unter Kontrolle haben, aber nicht wissen, wohin wir sie führen sollen? Dass wir also nicht fähig sind, der Welt und uns selbst eine Bedeutung zu geben?

Von der düsteren zur lebensfrohen Ökonomie

> *Der Tag ist nicht weit, an dem das ökonomische Problem in die hinteren Ränge verbannt werden wird, wohin es gehört. Dann werden Herz und Kopf sich wieder mit unseren wirklichen Problemen befassen können – den Fragen nach dem Leben und den menschlichen Beziehungen, nach der Schöpfung, nach unserem Verhalten und nach der Religion.*
> *John Maynard Keynes*[23]

Schon als die Ökonomie noch in den Kinderschuhen steckte, wurde sie zu einer düsteren Wissenschaft. In den Zeiten der klassischen Ökonomie war es die größte Sorge der Denker und Philosophen, sich einmal mit dem »Ende der Wirtschaft« zu beschäftigen. Gerade so wie ein Arzt, der versucht, einen Patienten zu heilen, und zuerst wissen muss, wie ein gesunder Körper funktioniert, also wie das Ziel seiner Bemühungen aussehen soll. Natürlich ist kein Körper »perfekt«, und kein Körper gleicht einem anderen aufs Haar. Und eine der wenigen Gewissheiten, die ein gesunder Mensch hat, ist, dass er irgendwann erkranken wird.

Die Grundfrage, welche nun die Ökonomen beschäftigte, war diese: Zu welchem endgültigen Zustand würde sich das System hinbewegen? Wenn man also das gerade aktuelle Wirtschaftssystem in

23 Keynes 1945.

Gedanken fortsetzen und weiterspinnen würde, wo würde man landen? Bei welchem stationären Zustand? Und wie würden die Gesellschaft und der Staat dann aussehen? Wäre es eine gerechte und friedliche Gesellschaft? Und wären die Zeitgenossen dann auch froh über den Ausblick, der ihnen damit geboten wäre? Oder, wie Aristoteles fragen würde: Was ist denn nun der »Telos«, das Ziel, die Bedeutung, die Rolle und der Platz der Ökonomie?

Da dieses Buch die Ökonomie von einem psychologischen Standpunkt aus betrachtet, lautet die gleiche Frage für uns wie folgt: Wann wird die Ökonomie als System ohne äußere Betreuung und Hilfe auskommen, wann wird sie mit sich selbst und ihren Problemen zurechtkommen? Wann wird ihr Körper aufhören zu wachsen? Wann wird sie erwachsen sein?[24] Von einem gesunden Kind kann man Wachstum ja durchaus erwarten, aber wenn dieser Prozess ins Erwachsensein mündet, wird Körperwachstum nicht mehr erwartet (vielmehr erwartet man dann ein Wachstum der Seele). Ist die Wirtschaft also erwachsen? Und wenn nicht (da wir doch alle so darauf versessen sind, dass sie wächst), wann wird sie erwachsen sein?

Thomas Malthus war der Erste, der darauf eine Antwort geben wollte, und diese Antwort war durchaus depressiven Charakters. Die Ökonomie würde immer gespalten sein – und zwar in die Reichen (die Kapitalisten) und in die Armen (die Arbeiterklasse).[25] Die Arbeiterklasse, so Malthus, werde immer auf Basis eines Lohns leben, der gerade das Notwendigste zum Überleben sichere.[26] Warum? Weil in dem Moment, in dem sich die Löhne erhöhten, sich die Arbeiter vermehren würden und diese Vermehrung zu einem erhöhten Nach-

24 Man könnte im Umkehrschluss auch fragen: Steckt die Ökonomie noch in den Kinderschuhen? Einiges deutet darauf hin: Das System scheint ständig auf Hilfe angewiesen zu sein, es braucht ständige Aufmerksamkeit, und das, obwohl es immer wieder behauptet, alles ganz alleine schaffen zu können. Es will immer seine Freiheit, aber gleichzeitig verlangt es von uns, die idealen Bedingungen dafür zu schaffen.

25 Das ist natürlich eine Paraphrase auf eine sehr schwer zu interpretierende Stelle des Neuen Testaments: »Denn wer hat, dem wird gegeben und er wird im Überfluss haben; wer aber nicht hat, dem wird auch noch weggenommen werden, was er hat« (Neues Testament, Matthäus 13,12, Bibel, Einheitsübersetzung, Herder 1980, S.1103).

26 Konsequenterweise wagte Marx von diesem Punkt aus seinen ideologischen Angriff gegen das System. Er glaubte selbst ja auch, dass der Kapitalismus beinahe auf natürliche Weise zu Massenarmut führen müsse, und dass niemand diese Entwicklung aufhalten könne. Sollte sich nämlich ein Kapitalist als »menschlich« herausstellen und die Löhne für die armen Arbeiter erhöhen, würden ihm die anderen Kapitalisten darin nicht folgen. Seine Gegner hätten damit einen Wettbewerbsvorteil, und er müsste über kurz oder lang zugrunde gehen.

schub an Arbeitskräften führen werde. Dieses Überangebot werde wieder zu einer Senkung der Löhne führen – eine Art teuflischer Konkurrenzspirale. Die Wissenschaft der Ökonomie wurde also mit einem Mal düster – mit keiner hoffnungsvollen Perspektive für die Armen, die die überwiegende Mehrheit des Wirtschaftskörpers bildeten.

Nebenbei bemerkt: Jemand, der an diese Theorie glaubt, und davon gab es damals sehr viele, wird steigende Löhne als ungesund ansehen, und sogar als kontraproduktiv. Jene, welche die Not der Armen lindern wollten, mussten damit rechnen, von solchen »Experten« zurechtgewiesen und von ihren Initiativen abgehalten zu werden. Denn nach dieser Argumentation hätte die Erhöhung der Löhne alles nur noch schlimmer gemacht. Jede Produktivitätssteigerung aufgrund technologischer Neuerungen würde direkt in die Hände der Kapitalisten fließen, sodass eben diese noch mehr Kapital in Händen hätten, während jene, die nichts haben, ebenso arm blieben wie zuvor. Dagegen könne man gar nichts machen, es sei natürlich, normal, und jeder Versuch einer Änderung werde zu nichts führen. So viel dazu, wie die »reine Lehre« der Wissenschaft und der »wissenschaftliche Glaube« die Realität beeinflussen können. Dem malthusianischen Erbe entspringt die Kritik von Karl Marx am Kapitalismus – dass das private Kapital und die fehlgeleiteten Märkte für alle sozialen Missstände verantwortlich seien.

Aus diesen beiden negativen Ansätzen aber entwickelte sich ein ungeheuerlicher Ansatz, der das Positive in der Freiheit der Märkte verortete – und berechnete. Mit der Zeit wurde die Wissenschaft der Ökonomie eine manische Disziplin, die in den Märkten allein die Lösung für beinahe alle Probleme sah. Auch die Methodik wurde für anwendbar auf alle anderen sozialen Disziplinen gehalten. Die Philosophie und die Methoden der Ökonomie verbreiteten sich sogar bis in die Biologie hinein, wo Themen wie das »egoistische Gen« beklatscht wurden und Erfolge feierten.

Auf einen Nenner gebracht: Die Ökonomie als Wissenschaft selbst leidet an einer bipolaren Störung. Wir haben die Neigung, die Märkte entweder als göttlich oder als teuflisch darzustellen. Wir machen das nicht, wenn wir von anderen Dingen sprechen – etwa von Autos, Demokratie, von der Justiz oder unseren Smartphones.

Auch die Soziologie bietet nicht das Bild einer Mischung von hohen Ansprüchen und Depressionen, noch tut das die Philosophie oder andere Zweige der Wissenschaft. Tatsächlich gab es andere Fächer, die sozusagen das Königsfeld für sich beanspruchten – die Soziologen begannen etwa so, und während der Zeit von August Comte (der selbst in klinischer Behandlung war) gaben sie geradezu entfesselte Forderungen und Ansprüche kund. Natürlich hielt sich auch die Theologie für die Königswissenschaft, mit der Philosophie als Teilbereich der Theologie. Später dann war es umgekehrt, und die Philosophie gemeindete sozusagen die Theologie mit ein. Aber nie war ein wissenschaftlicher Bereich in sich selbst derart unstimmig und in so großer Gefahr, zwischen Manie und Depression zu schwanken – je nach wissenschaftlicher Glaubensrichtung.

Wenn wir uns an den Polykrates-Komplex erinnern: Sind nicht die wirtschaftlichen Enttäuschungen ein direktes Resultat unserer hohen Erwartungen? Warum erwarten wir so viel von der Wirtschaft? Warum sind wir so sehr enttäuscht, wenn sie nicht funktioniert – oder versuchen so zu tun, als gebe es das Problem gar nicht? Es würde uns sehr guttun, wenn wir aufhören würden, die Wirtschaft schwarz und weiß zu denken. Es würde uns guttun, einzusehen, dass Märkte – genauso wie alles andere, was von Menschenhand erschaffen wurde – etwas Menschliches, allzu Menschliches sind (wie Nietzsche es ausdrücken würde). Einerseits sind Autos eine feine Sache, und beinahe jede westliche Familie besitzt eines, andererseits sind sie heute einer der Hauptverursacher für Umweltverschmutzung. Der Verkehr zerstört Landschaften und ist vor allem einer der Hauptverursacher von Krankheiten, die zum frühzeitigen Tod führen. (Autos sind also ökonomisch betrachtet sehr teuer, um ein Vielfaches teurer als ihr eigentlicher Preis.) Sollten wir uns also wieder zu Ross fortbewegen? Nein, wir sollten vielmehr vorsichtiger fahren, die Verkehrsregeln verbessern, unsere Autos sicherer und umweltfreundlicher gestalten, sie nicht einfach als Ganzes wegwerfen.

Märkte sind nur allzu menschlich. Sie sind weder göttlich noch höllisch. Sobald wir die Wirtschaft als etwas Normales wahrnehmen und nicht als Fetisch, als etwas, das wir entweder nur hassen oder nur lieben, dann – und nicht eher – wird sich die Wirtschaft normal verhalten. Oder, wie Keynes es vor langer Zeit ausdrückte: »Wenn Ökonomen sich das bescheidene und kompetente Image von Zahnärzten verschaffen könnten, wäre das fantastisch.«

Amerikanische Gelassenheit versus europäische Hysterie

Interessanterweise verdeutlicht sich das, wenn wir uns die verschiedene Wahrnehmung von Wirtschaft in den USA und in Europa ansehen. Obwohl für gewöhnlich angenommen wird, die USA orientieren sich mehr an der Wirtschaft als Europa, reagiert Europa auf Konjunkturverläufe wesentlich hysterischer.

Nehmen wir die Große Depression der 20er- und 30er-Jahre des letzten Jahrhunderts. Sie nahm ihren Ausgang in den USA, wo sie viel länger wütete, und zwar in einem verheerenden Ausmaß. Dennoch führte sie zu keinem Krieg, zu keinen Schuldzuweisungen gegenüber anderen Ethnien oder Nationen, zu keinem Gewaltausbruch und zu keiner Schikane gegenüber anderen Gruppen. Aber sobald die Depression Europa erreichte, zettelten wir einen Krieg an, den wir in die ganze Welt exportierten. Es war nicht nur ein dummer Krieg, der die Welt erschütterte, wir Europäer haben auch ethnische Abscheulichkeiten unvorstellbaren Ausmaßes verbrochen.

Eine ganz andere Krise – jene von 2008 – begann erneut in den USA und war dort zu Beginn wieder viel schwerwiegender als in Europa. Aber die ökonomischen Schwierigkeiten mussten Europa treffen, und sie veranlassten die Europäer zu jener Hysterie und Abwehrreaktion, welche sie sogar an der Sinnhaftigkeit der EU-Erweiterung zweifeln ließen. (Anfangs herrschte die Meinung, man könne die Krise in den USA bewahren, sodass sie nicht nach Europa überschwappt – so viel zur großartigen akademischen Entkopplungstheorie.) In den USA kam niemand auf die Idee, die eigene Währung, den Dollar, für die Krise verantwortlich zu machen, während dieser Gedanke in Europa sofort aufkam. In den USA machte niemand den Vorschlag, Kalifornien sollte die Erlaubnis bekommen, seine Währung abzuwerten, und sollte unterstützt werden, indem man es aus der Dollar-Zone ausschließt. Die ökonomischen Turbulenzen veranlassten die Europäer dazu, ihre europäische Identität zu hinterfragen und zu überdenken.

Für eine Weile stand sogar die Idee eines geeinten Europas auf dem Spiel, als sich verschiedene Länder gegenseitig die Schuld für die eigenen Probleme zuschoben. Und während in Europa die Europäische Union als Sündenbock herhalten muss, muss die US-Regierung nicht die Rolle des Schwarzen Peters für die einzelnen Bundesstaaten übernehmen. Während amerikanische Nationalisten als patriotisch – also geschätzt, respektiert und ungefährlich – wahrgenommen werden, verbreitet der Nationalismus in Europa zu Recht die größte Angst. Die ultimative Gefahr heißt in Wirklichkeit nicht Arbeitslosigkeit oder Armut, vielmehr ist es der Schulterschluss von Arbeitslosigkeit und Armut mit Hass und Nationalismus.

Kommen wir zurück zum Hauptargument. In beiden Beispielen war es Europa, das auf hysterische Weise überreagierte, und nicht die USA. So gesehen verhalten sich die USA ironischerweise wie der ältere, weisere Part, wie die psychologisch ausgeglichene Macht. Und sie verhalten sich auch – Pardon – in gewisser Weise kultivierter.

Theologie, Ökonomie und Polykrates

Gibt es eigentlich eine ähnliche Geschichte wie die des Polykrates in anderen Kulturen als der griechischen? Über jemanden, der so vom Schicksal oder von der Vorsehung beglückt wird, dass es ihm am Ende zum Schaden gereicht? Natürlich gibt es so jemanden, und dieses Beispiel ist sogar noch bekannter als das des Polykrates. Die alttestamentarische Geschichte von Hiob. War es nicht auch Hiobs »Problem«, dass er beglückt war von einer extremen Rechtschaffenheit?

»Im Lande Uz lebte ein Mann mit Namen Hiob. Dieser Mann war untadelig und rechtschaffen; er fürchtete Gott und mied das Böse.«[27]

Und diese Rechtschaffenheit brachte ihm enormes Familienglück (sieben Söhne) und – an zweiter Stelle – enormen materiellen Reichtum, 7000 Schafe, 3000 Kamele, 500 Joch Rinder, »und an Ansehen übertraf dieser Mann alle Bewohner des Ostens«.[28]

Aber dann kommt der Satan zu Gott und stellt ein paar ökonomische Fragen:

> Nun geschah es eines Tages, da kamen die Gottessöhne, um vor den Herrn hinzutreten; unter ihnen kam auch der Satan.
> Der Herr sprach zum Satan: Woher kommst du? Der Satan antwortete dem Herrn und sprach: Die Erde habe ich durchstreift, hin und her.
> Der Herr sprach zum Satan: Hast du auf meinen Knecht Hiob geachtet? Seinesgleichen gibt es nicht auf der Erde, so untadelig und rechtschaffen, er fürchtet Gott und meidet das Böse.
> Der Satan antwortete dem Herrn und sagte: Geschieht es ohne Grund, dass Hiob Gott fürchtet?
> Bist du es nicht, der ihn, sein Haus und all das Seine ringsum beschützt? Das Tun seiner Hände hast du gesegnet; sein Besitz hat sich weit ausgebreitet im Land. Aber streck nur deine Hand gegen ihn aus und rühr an all das, was sein ist; wahrhaftig, er wird dir ins Angesicht fluchen. Der Herr sprach zum Satan: Gut, all sein Besitz ist in deiner Hand, nur gegen ihn selbst streck deine Hand nicht aus! Darauf ging der Satan weg vom Angesicht des Herrn.[29]

Hiob verliert daraufhin alles, seinen Reichtum und sein soziales Ansehen, dann seine Kinder, und schließlich werden sein Körper und endlich auch sein Geist und seine Seele angegriffen. Im Wesentlichen hat Satan Gott dazu gebracht, Hiob ohne jeden Grund zu ruinieren. Es ist auch in dieser Geschichte gefährlich, Glück im Über-

27 Altes Testament, Iiob 1,1, Bibel, Einheitsübersetzung, Katholische Bibelanstalt Stuttgart, 1980.
28 Ebd., Iob 1,3.
29 Altes Testament, Iiob 1, 6–12, Bibel, Einheitsübersetzung, Katholische Bibelanstalt Stuttgart, 1986.

maß zu haben und auch über die Maßen gut zu sein. »Sei nicht über die Maßen rechtschaffen und über die Maßen weise. Warum solltest du dich ruinieren?« Diese Botschaft lesen wir aus der Bibel. Es ist also auch gefährlich, trotz allem Anschein, mit den Göttern befreundet zu sein, wie die Geschichte beinahe aller großen Figuren der Bibel zeigt: Adam (der aus dem Garten Eden geworfen wird), Abraham (der bereit sein muss, seinen Sohn zu töten), alle Propheten bis hin zur Figur des Jesus von Nazareth, der – in seinem letzten Moment der Agonie allein gelassen von Gott nur noch rufen kann: »Eli, Eli, lemasabachthani?« – »Mein Gott, mein Gott, warum hast du mich verlassen?«

Es ist gefährlich, die Aufmerksamkeit der Götter auf sich zu ziehen. »Wende dein strafendes Auge ab von mir, sodass ich heiter blicken kann, bevor ich dahinfahre und nicht mehr bin«, wie der Psalmist singt.[30]

Die unglaubliche religiöse und philosophische Tiefe des Buchs Hiob wird anderswo vielfach aufgearbeitet. Für unsere Zwecke hier reicht es aus, die Parallelen zwischen Polykrates und der biblischen Geschichte zu erkennen. In der griechischen Tradition sind Nützlichkeit und Glück die meistersehnten Dinge des Lebens, und die Geschichte des Polykrates zeigt, dass zu viel von einer Maximierung dieser Güter gefährlich sein kann. Das bewegt sich in einer Linie mit dem biblischen »Findest du Honig, iss nur, so viel dir bekommt, sonst wirst du ihn satt und erbrichst ihn«.[31]

Für die Hebräer sind die am meisten erstrebenswerten (oder auch fetischisierten) Güter weniger die hedonistischen Werte. In diesem Sinne ist die Hiob-Geschichte in einem brutalen Sinn eine Warnung – ja sogar ein grausamer Witz über die Gefahren des Fetischisierens der meistbegehrten Güter, sei es nun materieller Besitz und Reichtum (wie bei Polykrates oder Midas) oder sei es Rechtschaffenheit. Hiob war »untadelig und rechtschaffen … er übertraf alle Bewohner des Ostens«. Er opferte sogar für die möglichen Sünden seiner Söhne und Töchter, Sünden, von denen er nichts wusste.

30 Altes Testament, Psalmen 39,14, Bibel, Einheitsübersetzung, Katholische Bibelanstalt Stuttgart, 1980.

31 Altes Testament, Sprüche Salomos 25,16, Bibel, Einheitsübersetzung, Katholische Bibelanstalt Stuttgart 1980, S. 710.

Wenn Gott über Hiob spricht, sagt er: »Seinesgleichen gibt es nicht auf der Erde, so untadelig und rechtschaffen, er fürchtet Gott und meidet das Böse.« Es gibt keine andere Figur, die so von Gott gelobt wird. Trotzdem wird Hiob einer unglaublichen Folter unterworfen (die in der apokryphen Schrift *Das Testament des Hiob* noch detaillierter dargestellt wird) und muss den Tod seiner Kinder ertragen. Sicher, sein Reichtum wird nach der Probe wiederhergestellt, und er bekommt neue Kinder. Aber wie macht man Folter und den Tod von Kindern wieder gut? Und überhaupt: Welche Art von Prinzip herrscht hier eigentlich: Eine Art moralischer ökonomischer Konjunkturzyklus?

Polykrates umgekehrt

Wir können die ganze Angelegenheit und die Geschichte des Polykrates freilich auch von einer ganz anderen Seite sehen: Aus der Warte von jemandem, der so viel Pech hat, dass er dafür in ein unheimliches Glück katapultiert wird. Nehmen wir die Geschichte des armen Lazarus aus dem Neuen Testament:

> Es war einmal ein reicher Mann, der sich in Purpur und feines Leinen kleidete und Tag für Tag herrlich und in Freuden lebte. Vor der Tür des Reichen aber lag ein armer Mann namens Lazarus, dessen Leib voller Geschwüre war. Er hätte gern seinen Hunger mit dem gestillt, was vom Tisch des Reichen herunterfiel. Stattdessen kamen die Hunde und leckten an seinen Geschwüren. Als nun der Arme starb, wurde er von den Engeln in Abrahams Schoß getragen. Auch der Reiche starb und wurde begraben. In der Unterwelt, wo er qualvolle Schmerzen litt, blickte er auf und sah von Weitem Abraham, und Lazarus in seinem Schoß. Da rief er: Vater Abraham, hab Erbarmen mit mir und schick Lazarus zu mir; er soll wenigstens die Spitze seines Fingers ins Wasser tauchen und mir die Zunge kühlen, denn ich leide große Qual in diesem Feuer. Abraham erwiderte: Mein Kind, denk daran, dass du schon zu Lebzeiten deinen Anteil am

> Guten erhalten hast, Lazarus aber nur Schlechtes. Jetzt wird er dafür getröstet, du aber musst leiden.[32]

Das Erstaunliche an dieser Geschichte ist, dass es weder gute noch böse Taten des Lazarus gibt, die berichtet werden. Wir erhalten zunächst eine sehr bildliche Darstellung von der Hölle und ihrer Qualen, und außerdem von einem sehr seltsamen Prinzip: Die Eintrittskarte für Lazarus in das Paradies war sein Leiden auf Erden, nicht das, was er tat. Auf der anderen Seite ist der einzige Grund, warum der reiche Mann in der Hölle endete, nicht einmal, dass er in seinem Leben schlecht oder böse handelte oder den Lazarus übersah. Nein, Abraham erklärt es ihm mit sanften Worten: »Mein Kind, denk daran, dass du schon zu Lebzeiten deinen Anteil am Guten erhalten hast, Lazarus aber nur Schlechtes. Jetzt wird er dafür getröstet, du aber musst leiden.« Es sieht also gerade so aus, als müsse einer bloß leiden, um als Gegenleistung etwas Gutes zu erhalten, und als wäre die einzige Vorbedingung für die Qual ein Übermaß an Reichtum und Glück.

Auch unsere Sagen- und Märchenwelt ist voll von Personen und Charakteren, die nur deshalb zum Glück aufsteigen, weil sie zuvor arm und leidend sind. Wir müssen nur an Aschenputtel zu denken. Geht es also danach, wäre man am besten irgendwo in der Mitte der Extreme angesiedelt, wie es auch im Buch der Sprichwörter Salomos heißt: »Um zweierlei bitte ich dich, versag es mir nicht, bevor ich sterbe: Falschheit und Lügenwort halt fern von mir; gib mir weder Armut noch Reichtum, nähr mich mit dem Brot, das mir nötig ist, damit ich nicht, satt geworden, dich verleugne und sage: Wer ist mein Herr? Und mich am Namen meines Gottes vergreife.«[33]

Das widerspricht doch fundamental all unserem Streben und unseren Wünschen, die dahin gehen, so gut wie möglich, so reich wie möglich oder so rechtschaffen wie möglich zu sein. Aber jedem dieser Extreme entspringen Gefahren, vor denen uns selbst die ältesten Geschichten warnen. Was uns dabei die meiste Sorge be-

---

32 Neues Testament, Lukas 16,19–25, Bibel, Einheitsübersetzung, Katholische Bibelanstalt Stuttgart, 1980.

33 Altes Testament, Sprichwörter 30,7–9, Bibel, Einheitsübersetzung, Katholische Bibelanstalt Stuttgart 1986, S. 714.

reiten sollte, ist, dass die beiden Extreme, arm – reich, gut – böse, rechtsschaffen – lasterhaft, manchmal doch so nahe beieinanderliegen.

Zusammenfassung

In diesem Kapitel haben wir versucht, die Geschichte des Polykrates zu untersuchen und zu interpretieren – und sie mit der Ökonomie und anderen Feldern verbunden. Die Schlussfolgerung daraus ist nicht nur, dass Ereignisse dazu neigen, zyklisch zwischen Extremen zu pendeln, sondern auch, dass ökonomische und psychische Manien ebenso gefährliche Zustände sind wie jene der Depression, obwohl sie uns auf den ersten Blick viel positiver erscheinen. Wir haben Bausteine dieser Thematik in der Wirtschaft, in der Mythologie und in der Theologie wiedergefunden und beschrieben.

Anscheinend gibt es etwas wie eine in der Ökonomie unseres Seelenlebens verankerte Mehrwertsteuer. Jedes Mal, wenn unserem Leben Wert zugeführt wird, verfallen wir anscheinend einem Mechanismus oder Zwang, dieses Mehr an Gutem bezahlen zu wollen. Anscheinend handelt es sich um ein System, das sich auch in der Wirtschaft zeigt und die Konjunktur in eine Dynamik von Boom und Krise zwingt. Aber es ist auch ein System, das unser Leben vielleicht erst interessant macht.

Es könnte sich um ein mächtiges hedonistisch-masochistisches Prinzip handeln, das wir hier arbeiten sehen. Wir neigen dazu, uns zu bestrafen, wenn die Dinge gut für uns laufen – und dieser Mechanismus erst bringt die Katharsis mit sich. Ein Schuldgefühl, das begleitet wird von einem Gefühl des Wiedergutmachenmüssens, wie es auch der psychologischen Lehre entspricht: die Dinge wieder ins Lot zu bringen und also – bestraft zu werden. Es könnte natürlich auch sein, dass wir fürchten, der Punkt des Maximalnutzens werde uns Enttäuschung, Traurigkeit und Leere bringen. So wie einige zu der Schlussfolgerung kommen, dass die Bedeutung der Bedeutung vielleicht in der Bedeutungslosigkeit liegt, könnte man das Gleiche vom Nutzen an sich sagen. Vielleicht ist der höchste

Punkt utilitärer Fülle die vollkommene Nutzlosigkeit, ein Gedanke, der verwandt zu sein scheint mit dem der klassischen »Vanitas«, der leeren Aufgeblasenheit und Eitelkeit. Die Ironie könnte darin liegen, dass ausgerechnet jenes Zeitalter, welches sein Wirken und Tun am meisten auf den zu steigernden Nutzen abstellt, von einigen Philosophen und Denkern als die »freudlose Gesellschaft« bezeichnet wird. Man könnte hier auch eine Paraphrase auf ein berühmtes Zitat aus dem Buch Kohelet einfügen, das für unsere Gesellschaft und ihr Streben nach Nutzen mehr als nach Bedeutung einen sehr aktuellen Sinn ergibt: »Nutzlos, nutzlos, alles ist nutzlos. Welchen Vorteil hat der Mensch von all seinem Besitz, für den er sich anstrengt unter der Sonne? … Alle Flüsse fließen ins Meer, um wieder zu entspringen. Alle Dinge sind rastlos tätig, kein Mensch kann alles ausdrücken, nie wird ein Auge satt, wenn es beobachtet, nie wird ein Ohr vom Hören voll. … Ich dachte mir: Auf, versuch es mit der Freude, genieß das Glück! Aber siehe: Alles war nutzlos.«[34]

34 Paraphrase: Altes Testament, Kohelet 1 und 2, Bibel, Einheitsübersetzung, Katholische Bibelanstalt Stuttgart, 1980.

9. DER SPIELER UND DIE WELTFORMEL – ÜBER DIE SUCHT NACH LOGIK UND IHRE FOLGEN

Der beste Wurf mit Würfeln ist,
sie wegzuwerfen.

Sprichwort aus England

Die Welt der »Zocker«

Wir haben uns in den vorausgehenden Kapiteln ausführlich mit den Phänomenen des Sadismus und des Masochismus in wirtschaftlichem Zusammenhang auseinandergesetzt und damit, wie diese anscheinend gegensätzlichen Phänomene ineinander übergehen. Eine berüchtigte Form stellt die Spielsucht dar – auf individueller Ebene ist sie nachgewiesen und vielfach beschrieben worden. Auf der Ebene des wirtschaftlichen Systems allerdings noch nicht. Dazu wollen wir einen Teil der Spielsucht-Persönlichkeitsstörungen genauer erläutern.

Der Spieler und die Pathologie

In einem gewissen, durchaus nicht krankhaften Sinn sind wir alle Spieler und haben das schon in unserer Sprache verinnerlicht: Wir verfügen über ein »gewinnendes Wesen«. Wir lassen uns nicht gerne »in die Karten schauen« oder bitten manchmal auch, uns »aus dem Spiel« zu lassen. Wir suchen logische Kombinationen im Zufall und kalkulieren unsere Chancen, wir »nehmen ein Risiko« in Kauf, und wir »verpfänden« von Fall zu Fall sogar unsere Herzen, als seien sie ein Einsatz, den wir am Ende der Liebe wieder auslösen könnten. Spiel ist Chance und auch ein bevorzugter Zeitvertreib, in einem geschützten Rahmen die Prinzipien von Erfolg und Misserfolg zu erproben und zu lernen.

Aber wann wird das Spiel zur Sucht? In der Fachliteratur heißt es über den Charakter des Spielers: »Sie neigen vermehrt zu Depressivität, zu Neurotizismus, Extraversion und erhöhter Risikobereitschaft (wie dies auch bei Drogensüchtigen und Strafgefangenen gefunden wurde).«[1] Das Spiel wird klinisch gesehen zu einem der gefährlichsten Vehikel der Realitätsflucht. Es fungiert als Ablenkung von oder als Flucht vor Problemen. Dadurch verschafft es der Psyche Erleichterung – und damit verbunden den Zwang, die Flucht zu wiederholen, da das Spiel im Regelfall zu neuen, zunächst finanziellen und danach psychischen Belastungen führt.[2]

Wir haben weiter oben über die Todessehnsucht gesprochen, wie Sigmund Freud sie gesehen hat, und über den Sadismus. Das sind zwei wichtige Komponenten der Spielsucht: die Vernichtung (von Vermögen) und die Selbstzerstörung (des Individuums). Letzteres kann man sogar an den Sterbestatistiken ablesen. Das individuelle Risiko für den Freitod liegt bei Spielern dreimal höher als bei der übrigen Bevölkerung. 72 Prozent der Spielsüchtigen zeigen behandlungsbedürftige Formen der Depression.

Aber es gibt noch ein anderes wichtiges Charakteristikum: »Es herrschen Irrationalismen bei Entscheidungsprozessen und – para-

1 Haller 1993, S. 39.
2 Ebd.

doxerweise – auch hohe Entscheidungsschwierigkeiten sowie eine deutlich verminderte Toleranz für widersprüchliche Situationen, die vom Spieler trotzdem immer wieder aufgesucht werden, vor. Im Vergleich zu einer Kontrollgruppe normaler Personen sind Spieler feindseliger, sozial unangepasster, aufsässiger, aggressiver, magischer im Denken, außerdem weniger in der Lage, aus Erfahrungen zu lernen.«[3] Dieser Hang zum »magischen« Denken ist es, der uns besonders interessiert. Es ist die Sehnsucht, Macht über das Schicksal zu erlangen.[4]

Fjodor M. Dostojewski hat das in seinem Roman *Der Spieler* recht eindrucksvoll beschrieben. Der Protagonist des Romans schafft es, im Spiel ein gewaltiges Vermögen aufzuhäufen:

> Da wäre es richtig gewesen, fortzugehen. In mir aber stieg etwas Seltsames auf: Ich glaube, es war das Verlangen, das Schicksal herauszufordern, ihm ein Schnippchen zu schlagen, ihm einfach die Zunge zu zeigen! Ich setzte die größte Summe, die den Spielern gestattet wird, viertausend Gulden, und verlor. Das erregte mich, ich nahm alles heraus, was ich bei mir hatte, und setzte es auf dieselbe Zahl und verlor wieder. Wie betäubt verließ ich den Tisch.[5]

Vom Kasino an die Börse

Der Spieler scheitert an seinem Glauben, den Zufall bändigen, halten und verlängern zu können. Die Psychoanalyse spricht in diesem Zusammenhang von kindlichen Allmachtsfantasien, in denen der Spieler steckengeblieben ist.[6] Er sucht aber auch nach der Sicherheit, von anderen dominiert zu werden. Dostojewskis Spieler zeigt

3 Ebd.
4 Haller 1993, S. 37–42.
5 Dostojewski 1986, S. 41.
6 »Das Schicksal herauszufordern und ihm die Zunge zu zeigen, die Erregung im Moment des Einsatzes und des sich wie das Schicksal drehenden Rades, beschreiben die Lust an einer Gefahr, die sich nicht einmal über das Geld definiert, sondern über ein Gefühl der Gefahr und der Angst.« So beschreibt das John Carl Flugel, der britische Psychologe, in *Man, Morals and Society* (Flugel 1965).

beide einander widersprechenden Charakterzüge in seiner Verehrung einer jungen Russin, der er folgenden Antrag macht:

> Ich bin Ihr Sklave. … Bedienen Sie sich, bedienen Sie sich nur meiner Sklaverei, bedienen Sie sich Ihrer! … Wissen Sie, dass ich Sie einmal töten werde? Und nicht aus Eifersucht oder weil ich aufhörte, Sie zu lieben, sondern so: Ich werde Sie einfach töten, denn es verlangt mich zuweilen so maßlos, Sie zu zerreißen, Sie zu verschlingen. … Es hat mich schon mehr als einmal unwiderstehlich getrieben, Sie zu prügeln, Sie zu verstümmeln, zu erwürgen. … Wenn ich Sie einmal umgebracht haben werde, werde ich mir das Leben nehmen müssen. Nun wohl … so werde ich denn meinen eigenen Tod so lange wie möglich hinausschieben, um diesen unerträglichen Schmerz, ohne Sie zu leben, ganz auskosten zu können.

Und später sagt er:

> Ein Vergnügen ist niemals nutzlos, und gar erst wilde, grenzenlose Macht über ein Wesen – und wenn es auch nur eine Fliege ist – ist doch ein ganz besonderer Genuss. Der Mensch ist von Natur ein Despot und liebt es, zu quälen.[7]

Die gerade demonstrierten Widersprüche zwischen Selbsthass und Zerstörungslust lassen sich perfekt auflösen, wenn wir uns daran erinnern, was Sigmund Freud, Erich Fromm und andere über den sadistischen Charakter und seinen Ursprung gesagt haben: Da geht es um das unbedingte Dienen und den Gehorsam, um später selbst unterdrücken zu können. So wie der Sadomasochist der Kontrolle oder des Kontrolliertwerdens bedarf, versucht der Spieler zwanghaft, Kontrolle über den Zufall des Spiels zu erlangen. Er meint, Gesetzmäßigkeiten ableiten zu können, die ihm helfen, sich zum Herrn des Glücks zu machen. Sein Wahn besteht oft aus absurden mathematischen Ableitungen oder in der Illusion der Glückssträhne.

7 Dostojewski 1986, S. 54–56.

Damit sind wir im Bereich der Ökonomie angekommen. Denn es ist genau dieses Merkmal, das den Spieler im Kasino mit dem Spieler an der Börse und an den Finanzmärkten eint.[8] Der Psychologe und Suchtforscher Gerhard Meyer von der Universität Bremen:

> Zocken an der Börse ist Glücksspiel. Selbst das schrägste System hat irgendwann zufällig Erfolg und bestärkt die Zocker in ihrem Tun. Sie führen diesen Erfolg auf ihre eigenen Fähigkeiten zurück. Das ist ein sehr viel intensiveres und nachhaltigeres Erleben als der Zufallsgewinn im Kasino. Kommt es hingegen zu Misserfolgen, wird dies nicht auf die eigene Strategie zurückgeführt, sondern auf die äußeren Bedingungen, die sich plötzlich geändert hätten. Dabei gehört dies gerade zu den Unwägbarkeiten an der Börse, die eine kurzfristige Vorhersage unmöglich machen.[9]

Die US-Ökonomen Carmen M. Reinhart und Kenneth S. Rogoff haben sich in ihrem Bestseller über die Geschichte der Wirtschaftskrisen im Zeitraum von 800 Jahren auch intensiv mit den Ursachen dieser Depressionen auseinandergesetzt. Und auch sie kommen zu dem Schluss, dass es am Ende immer die trügerische Sicherheit war, ein krisensicheres Modell oder eine Formel entwickelt zu haben, die an der Wiege vieler Finanzblasen stand. Die Menschen sagten sich immer aufs Neue: »Aber diesmal ist es ganz anders.« Im Sinn von »Diesmal wird es funktionieren«. So hat diese Einstellung auch dem Buch den Namen gegeben: *This Time is Different*.[10]

---

8 Die Psychologin Gerda Reith von der University of Glasgow hat zahlreiche Publikationen zum Thema »Gambling« und »Neoliberalismus« verfasst. Reith 1999; Reith 2007.

9 Meyer 2013.

10 Reinhart/Rogoff 2009.

Pascal und der Spieler

Nicht umsonst leitet sich eines der wichtigsten Instrumente der Finanzmärkte, die Wahrscheinlichkeitsrechnung, direkt vom Glücksspiel ab. Der französische Edelmann Antoine Gombaud, auch Chevalier de Méré genannt, war ein zu seiner Zeit berühmter und berüchtigter Kasinobesucher. Als begeisterter Würfelspieler suchte er, dem Phänomen der Doppelzahl auf die Spur zu kommen. Seine eigenen Berechnungen ergaben aber keinerlei Sinn, und so beschloss der Chevalier, seine Verbindungen zur Wissenschaft spielen zu lassen. 1654 wandte er sich an den Philosophen und Mathematiker Blaise Pascal, um seinem Glück am Spieltisch auf die Sprünge zu helfen.

Seine Frage: Kann man die Gewinnchancen von zwei gleichzeitig geworfenen Würfeln ermitteln? Kann also berechnet werden, wie wahrscheinlich bei einem Wurf zweimal die Sechs gewürfelt wird? Pascal und ein Kollege, Pierre de Fermat, machten sich auf die Suche und fanden tatsächlich eine Formel, die eine Annäherung mittels Logarithmen erlaubte. Der Chevalier war davon zwar nicht erbaut, denn die Formel brachte ihn auch nicht näher zum Gewinn, aber die Mathematik feiert die Bemühungen der beiden Denker als die Geburtsstunde der Wahrscheinlichkeitsrechnung. Heute steuert diese einen großen Teil der Finanzmärkte.[11] Wie groß ihre Verlässlichkeit dabei ist, darf schon seit Jahrzehnten diskutiert werden, ohne dass das faktisch Einfluss auf das Geschehen an den Finanzmärkten hätte. Wer will, kann es natürlich so negativ sehen wie John Maynard Keynes: »Ein zu großer Teil der neuen ›mathematischen‹ Ökonomie ist nur ein Gebräu, ebenso ungenau wie die getroffenen Annahmen, auf denen sie beruht. Sie erlaubt dem Autor, in einer Masse aufgeblasener und nutzloser mathematischer Symbole den Blick für die Komplexität und Interdependenz der wirklichen Welt zu verlieren.«[12]

Halten wir fest: Nicht jede Berechnung und jedes Modell sind dys-

11 Büchter/Henn 2005.
12 Keynes 1973, S. 297f.

funktional, nicht jede Formel und jeder Algorithmus schädlich. Ebenso ist nicht jeder, der an den Börsen investiert, von Spielsucht befallen. Im Gegenteil haben sowohl die Wirtschaftswissenschaften als auch die kapitalistisch geprägte Wirtschaft uns in den vergangenen Jahren vieles an Fortschritt ermöglicht, der noch vor einer Generation undenkbar schien. Aber um diesen Fortschritt zu bewahren, müssen wir den pathologischen Teil der Agenda identifizieren und tilgen – denn er belastet die Marktwirtschaft mit einem enorm großen Schadenspotenzial.

Wir sagen das in dem Bewusstsein, dass es schon immer auch negative Tendenzen in der Marktwirtschaft gab. Auch bei der Spielsucht ist das so. Allerdings ist bei der Spielsucht von Beginn an ein Hang zu noch mehr Wagemut und Risikobereitschaft zu bemerken. Wir wollen das hier mit der Einschätzung dreier berühmter Ökonomen illustrieren. Schon Jean-Baptiste Say sagte über die Börsen seiner Zeit des späten 18. Jahrhunderts: »Die Börsenspiele haben den Reiz aller Lotterien: den Reiz, den ein schneller Gewinn für den Spieler darstellt.« Im 19. Jahrhundert ist es der Konjunkturforscher Clément Juglar, der das Verhalten einiger Spekulanten kritisiert: »Der Geschmack am Spiel bei anhaltender Hausse ergreift die Einbildungen mit dem Verlangen, in kurzer Zeit reich zu werden wie in einer Lotterie.«[13] Und dann sprach für das 20. Jahrhundert John Maynard Keynes: »Spekulanten mögen unschädlich sein als Seifenblasen auf einem steten Strom unternehmerischen Tuns. Aber die Lage wird ernst, wenn das unternehmerische Tun die Seifenblase auf einem Strudel der Spekulation wird. Wenn die Kapitalentwicklung eines Landes zum Nebenerzeugnis der Tätigkeit eines Spielkasinos wird, wird die Aufgabe voraussichtlich schlecht erledigt werden.«[14]

Aus den drei Zitaten ergeben sich auch die unterschiedlichen Stellungen der Finanzwirtschaft im Laufe der Geschichte. Aus isolierten Blasen, die meist nur einen begrenzten finanziellen Schaden anrichten, werden zunehmend globale Spekulationsblasen, die sehr viel an

13 Kampmann 2012, S. 16.

14 Keynes 2006, S. 135. An dieser Stelle soll nicht unterschlagen werden, dass Keynes selbst sein Glück als Spekulant versucht hat, und dabei zu einigem Vermögen gelangt ist. Nehmen wir das also als eine kleine Selbstkritik.

öffentlichem Kapital etwa von staatlichen oder halbstaatlichen Pensionskassen binden.

Die Ökonomin Susan Strange hat sich diesem Phänomen gewidmet und mit ihren Büchern *Casino Capitalism* und *Mad Money* viel zur Aufarbeitung der Vorgänge in den Finanzmärkten beigetragen. Sie schreibt: »Meine Sorge ist nicht technischer Natur – bezogen auf die Effizienz des Systems –, sondern bezogen auf die sozialen und politischen Aspekte, bezogen auf die normalen Menschen, die niemals gefragt wurden, ob sie ihre Arbeitsplätze, ihre Ersparnisse, ihr Einkommen in dieser kasinoartigen Form des Kapitalismus aufs Spiel setzen wollten.«[15]

Vielleicht geht es genau darum. Nicht das Instrument der Mathematik oder die Mechanismen des Spiels an sich sind das Problem. Ihre großflächige Anwendung auf einem internationalisierten und globalisierten Markt ist es, die aus den segensreichen Früchten der menschlichen Logik Zeitbomben macht, deren Auslöser eben kein rational denkender Mensch ist, sondern Investoren in Panik, denen in einem Heute ohne Logik nichts unwerter ist als die Algorithmen von gestern.

15 Strange 1998, S. 3.

10. DIE BORDELLÖKONOMIE – HIGH-SPEED-WIRTSCHAFT, PROSTITUTION UND DAS ENDE DES HANDELS

So empfindet man am Wesen des Geldes selbst
etwas von Prostitution. Die Indifferenz,
in der es sich jeder Verwendung darbietet,
die jede Herzensbeziehung
ausschließende Sachlichkeit.

Georg Simmel[1]

Im Unbewussten der Globalisierung

Am Ende dieses Buchs wollen wir keine alten Mythen mehr erzählen. Wir entwerfen vielmehr ein neues Bild, das die Seele des hyperaggressiven Kapitalismus abbilden soll, der den fruchtbringenden Kapitalismus pervertiert und zersetzt. Es handelt sich hier nicht um die erfundene Geschichte einer einzelnen Figur, sondern um die vieler Tausend realer Figuren, die auf dem Schachbrett des ökonomischen Systems der Wirklichkeit versammelt sind.

Es sind lebende Spielsteine, die ausschließlich eine passive Funktion haben, da sie ihre Aktivität eingebüßt haben. Sie werden in einem engen Rahmen von Regeln bewegt, die wir einfach »das

1 Simmel 2008, S. 607.

Gesetz« nennen wollen. In diesem Spiel haben die Figuren »das Gesetz« so sehr verinnerlicht, dass sie meinen, sie handelten frei, während sie in Wirklichkeit – gut erzogen – künstliche Regeln exakt nachvollziehen. Sie erleben sich also als Akteure, doch in Wahrheit sind sie auf Passivität beschränkt. Sie werden gezogen und an ihren Platz gestellt, und die einzige Autonomie, die ihnen gewährt wird, ist ihr Tod – wenn sie geschlagen und vom Spielfeld genommen werden.

Das Spielfeld, das für sie entworfen wurde, ist das der ökonomischen Horrorvision unserer eigenen Welt. Es ist die Welt eines Handels, der nicht mit toten Waren und Rohstoffen, sondern mit Menschen, menschlicher Energie und menschlichen Seelen vollzogen wird. Die Zweckbestimmung dieses Systems ist nicht die Erreichung eines höheren zivilisatorischen Zustands, sondern die Befriedigung des ältesten Teils des Gefühlsapparats: der Libido.

Während andere Produkte zumeist einen höheren Komfort oder eine höhere soziale Stellung versprechen, also das Streben nach Höherem beinhalten oder suggerieren, verkehrt sich dieser Umstand in dem Teil der Ökonomie, den wir jetzt besprechen wollen, ins Gegenteil.

Es geht um den kommerzialisierten Sexualtrieb und die damit verbundene superaggressive Form des Kapitalismus. Während andere Formen des Handels meist zum Ziel haben, die Fassade und Außenwirkung einer Person zu verbessern, kehrt die Sexualdienstleistung nach außen, was sonst peinlich verborgen wird. Sie befriedigt sich selbst um jeden Preis und mit allen Mitteln und wird niemals satt. Sie betreibt ein Netz hocheffizienten Austauschs von lebenden Körpern, der sozusagen im tiefen, dunklen Unbewussten der Globalisierung vonstattengeht. Mindestens 2,5 Millionen Menschen sind Opfer von Menschenhandel, wenn es nach den Berichten der UNO geht. Die Schätzungen über den Umsatz dieses Geschäftsfelds belaufen sich auf mehrere Milliarden Dollar.[2]

Wir wollen zeigen, dass dieser tiefste aller Märkte in einem sehr engen psychologischen und pathologischen Verhältnis mit den augenscheinlichen Aggressionen der globalisierten Ökonomie steht. Mehr noch: Was sich schon in den oberen Schichten der von der

---

2 www.unodc.org/unodc/en/human-trafficking/faqs.html#How_widespread_is_human_trafficking.

Marktwirtschaft geprägten Gesellschaft in Ansätzen zeigt, offenbart sich in seiner ganzen Härte und Verzerrung in den untersten Teilen des Systems. Erneut werden wir den Fluch erkennen können, den wir aus der Geschichte von Lilith herausgelesen haben. Zunächst das Versprechen von Freiheit, dann der Zwang zum Wachstum und schließlich die Vernichtung von Leben. Wir nennen dieses Gleichnis deshalb »Die Bordellökonomie«.

Cervantes' »unsichtbare Hand« der Kuppelei

In der Literatur ist vielfach aus Scham und nobler Geste eine romantische Version von Bordellen zu finden. Sie beschreiben sozusagen einen sokratischen Zustand der Mitte. Jenen der verständnisvollen Puffmutter und der verliebten Freier, der gemeinsamen Feste und des persönlichen Wohlbefindens, manchmal sogar des Glücks einer *Pretty Woman*. Das ist ungefähr das Touristen-Image des Montmartre, jenes Bezirks in Paris, der aufgrund genau dieser Illusion der Ungezwungenheit und libertärer Freiheiten noch heute von Hunderttausenden Besuchern Tag für Tag begafft und bestaunt wird. Ein wenig Cancan, ein bisschen Toulouse-Lautrec – und schon ist die Welt im Weichzeichner rosa gefärbt. Es ist die Vorstellung eines Idealzustands der Gesellschaft, in der jeder Gefühle und Geld gerne gibt und gerne nimmt. Ein freiwilliges Abkommen, das jedem Teilnehmer des Spektakels sein Eigenes lässt und die Illusion der »gefühlstechnischen Ausgeglichenheit« schafft.

Diese Idealform gibt es freilich nur in der Fantasie, und trotzdem ist es sinnvoll, sie hier ein wenig näher zu betrachten, da wir just in diesem Zusammenhang einem Phänomen begegnen, das zu den bekanntesten ökonomischen Vorstellungen zählt: dem von der Freiheit des Willens und der Schädlichkeit gut gemeinter Moral. Wir finden dies in einem der Meisterwerke der Weltliteratur wieder: in Miguel de Cervantes' *Don Quixote*. Darin begegnet der Ritter von der traurigen Gestalt einem Zug von Galeerensträflingen, die er nach ihren Verbrechen befragt und aus der Hand ihrer Bewacher befreit. Darunter ist auch ein Zuhälter.

> Der Ritter [Don Quixote] kam zum vierten, einem alten ehrwürdigen Mann, dem der weiße Bart bis über die Brust herabhing. Als Don Quixote ihn fragte, weshalb er sich hier befände, begann er zu weinen und sprach kein Wort. Der fünfte aber antwortete statt seiner: »Dieser Ehrenmann besucht auf vier Jahre die Galeere … und das Vergehen, wegen dessen man ihn mit dieser Strafe belegt hat, besteht darin, dass er bisher mit Menschenfleisch geschachert hat. Das heißt, er ist ein Kuppler gewesen und hat sich nebenher noch mit der Hexerei abgegeben.« »Wäre das letzte nicht«, sprach Don Quixote, »so verdiente er seines ehrlichen Kupplerhandwerks wegen eher Galeerenhauptmann zu werden als Ruderknecht. Denn das Kuppleramt ist so schlecht nicht, wie man glaubt; es gehören kluge Köpfe dazu, und es ist in einem wohlgeordneten Gemeinwesen so unentbehrlich, dass eigentlich nur Leute von gutem Stande es verwalten sollten. Von Rechts wegen sollten sie beaufsichtigt und geprüft werden, wie alle, die andere Ämter verwalten. Ihre Zahl sollte fest begrenzt und bekannt sein, wie die der Makler auf der Börse. Auf diese Art würde manches Unheil vermieden werden, das jetzt geschieht, weil sich dummes und unwissendes Volk damit zu schaffen macht, wie die Weiber, die sich dazu hergeben …« »Da habt Ihr wohl recht, gestrenger Herr«, versetzte der gute Alte, »… was die Kuppelei anlangt, so habe ich die freilich nicht leugnen können. Doch zeit meines Lebens hätte ich nicht gedacht, dass ich damit ein Unrecht täte; es war mein Streben, dass sich die ganze Welt freuen und in Frieden und Einigkeit leben sollte.«[3]

Don Quixote tut hier nichts anderes, als Werte umzuwerten, scheinbar verwerfliche Vorgänge nicht zu verbieten, sondern als Realität zu akzeptieren (zu legalisieren) und in einen aufgrund der Wichtigkeit der Geschäftstätigkeit gesetzlichen Kanon einzubauen: Das scheinbar Unmoralischste soll an Ansehen gewinnen und den angesehensten und hochstehenden Männern zur Kontrolle überantwortet werden.

---

3 Cervantes 1867, S. 231–233.

Die Kriminalisierung durch Staat und Gesellschaft ist es, die Cervantes da als den eigentlichen Fehler im System erkennt, nicht die moralische Verworfenheit einzelner Übeltäter. So wie Adam Smith versucht Cervantes zunächst, die Wertung von Taten durch ihre faktischen Auswirkungen zu objektivieren, nicht durch moralische Standards. Dadurch kann sich das nun nicht mehr ausdrücklich Böse zum Nützlichen wenden: Der Zuhälter von Cervantes ist in seiner rehabilitierten Form ein Segen, so wie die Taten aller Menschen – gute oder böse – letztendlich nach Smith durch die »unsichtbare Hand« nivelliert und zusammengenommen nur noch Gutes, nämlich den Reichtum der Völker bewirken.[4]

Was Cervantes hier mit Smith verbindet, ist eine Art der Weltsicht, die über einen kaum erreichbaren Idealzustand (null Korruption, unzerstörbare Verlässlichkeit und unendlicher Edelmut) eine Realität verordnen möchte. Wir sind darauf schon einmal im Verlauf des Buchs kurz eingegangen. Dieser Ansatz erinnert ein wenig an die von Sir Karl Popper vorgestellte »Nullmethode«. Ein theoretisches Modell, in dessen Zentrum Individuen stehen, welche sich vollkommen rational verhalten und im Besitz vollständiger Informationen sind, wird zur Lösung eines Problems hergestellt. Die Abweichung der Individuen von diesem Optimalverhalten ist dann messbar. Wichtig ist also die Annäherung, nicht die effektive Nichterreichung des Nullzustands.[5]

Im popperschen Optimumbordell

Nun wären im Falle des Bordells gemäß der Nullmethode die glückliche Hure, der glückliche Freier und der glückliche Zuhälter der Optimalzustand. Die Hure wäre aus freien Stücken und mit Freude die Verkäuferin ihres Körpers, sie wäre desgleichen auch mit ihrem Lohn zufrieden und mit allen ihren Freiern, über die sie im Vorhinein nach Poppers Modell genügend Information hätte, sodass weder

4 Vgl. auch Cantor/Cox 2009, S. 135–137, und Block 1991, S. 19–21.
5 Popper 2003, S. 126 f.

körperlich noch psychisch unangenehme bis quälende Zustände entstehen könnten. Der Kunde wüsste ebenfalls über alle Details seiner Handlung Bescheid, könnte sich selbst einschätzen und das System, zu dessen Teil er wird, sobald er für die zu erwartende Befriedigung seiner sexuellen Wünsche bezahlt. Der Zuhälter auch, weil er weiß, dass sein Einkommen eine angemessene Entlohnung für die Vermittlungstätigkeit und das Management des Bordells ist.

Tatsächlich finden sich solche Annäherungen in relativ authentischen Selbstbeschreibungen, wie wir sie dem Zitat des Zuhälters in *Don Quixote* entnehmen, der sich als Wohltäter und keinesfalls als Straftäter sieht. Eine moderne Version dieser Spezies taucht in Clemens Meyers Roman *Im Stein* auf:

> Wir waren ja ständig am Feiern, die Mädels am Geldranschaffen, da waren die Nächte oft erst am Vormittag zu Ende, Disko, Disko, und der Schampus floss, die Mädels hab ich gut gemanagt damals, die Claudi hat den Laden auf jeden Fall mit zusammengehalten, die wusste immer, wenn einer mal der Schuh drückte oder wenn eine mal Urlaub brauchte, wir waren schon wie 'ne große Familie, eher wie so 'ne große Ehegemeinschaft … Ein guter Lude, und das sage ich mit einem gewissen Berufsstolz, obwohl ich ja längst im Ruhestand bin, muss schon ne Menge von Psychologie verstehen. Aber die Mädels hatten ein gutes Leben beim alten Randy, das muss ich mal so sagen. Alles im Überfluss, wer sagt da schon Nein?[6]

So ist das also, Randy hätte sich mit Sicherheit ganz nah an Poppers optimalem Nullpunkt gefühlt. Aber die Realität ist mit der des alternden Zuhälters nicht wirklich vereinbar. Frauen aus Osteuropa werden zu Tausenden als Tänzerinnen geködert und dann in den Bordellen Europas stundenweise verkauft. 17, 18 Stunden Arbeit täglich. Sie werden wechselnd in verschiedenen Bordellen eingesetzt, damit sie keinen Kontakt zu anderen Mädchen oder den Behörden aufbauen können. Der Lohn fließt zumeist vollständig für

---

6 Meyer 2013, S. 416.

Miete und anderen Service an die Zuhälter ab, heißt es im internationalen Report der Vereinten Nationen über Menschenhandel.[7]

Illusionen der Opfer

So steht am Anfang der Odyssee zumeist eine Illusion, eine gestörte Wahrnehmung der funkelnden westlichen Welt (Karrieren, Models, Millionäre). Sobald der Mensch dann in der Falle sitzt, wird er mit Angst und Gewalt gefügig gemacht und vollständig destabilisiert, indem man ihn entfremdet und entwurzelt. Es ist das perfekte System ökonomischer Versklavung, umgesetzt in einem System, das im illegalen Raum angesiedelt ist und einer effizienten profitmaximierenden Logik gehorcht. Die Brutalität, mit der die Profitressource, die Prostituierte, ausgebeutet wird, trägt die Züge der Kleptomanie, die wir in pervertierter Form in Wirtschaftssystemen mit ausnehmend hoher Aggression finden können.

Wenn man eine Analyse der aktuellen Finanzkrise durchführt, kann man einen ähnlichen Prozess erkennen: Zu Beginn wurde US-Immobilienkreditnehmern eine Illusion verkauft – das sichere Glück im sicheren Eigenheim versprochen, dessen Wert niemals sinken könne. Den Investoren wurden vermögensbesicherte Anleihen angeboten, die ebenfalls als »unsinkbare« Investitionen beschrieben wurden, obwohl das besicherte Vermögen ja nur die Schulden der Hauskäufer waren. Diese Illusionen bewegten Trillionen von Dollars.

Als sich der Traum zu einem Albtraum auswuchs, wurden Politiker mit der Angstvision eines globalen *Meltdowns* in die Haftung genommen und Staaten zur Rettung jener Institute verpflichtet, die den Schaden mitverursacht hatten. Die Versklavung der Staatsfinanzen unter der Prämisse des Gedeihens der Investmentbanken verursachte vor allem in Europa Verwerfungen im Volksvermögen, die das soziale und wirtschaftliche Gedeihen der Staaten noch jahrelang erheblich in Mitleidenschaft ziehen werden.

---

7 http://www.unodc.org/unodc/human-trafficking/.

Sowohl die Rotlichtszene als auch das System eines pervertierten Kapitalismus agieren und argumentieren auf dem Grundsatz der äußersten Konkurrenz, beide sind keine offenen, sondern hermetisch geschlossene Strukturen. Beide funktionieren mit einer Art Parallelgesetz, das von seinen Unterworfenen absoluten Einsatz und Gehorsam verlangt. Der Kunde und sein Profit (emotional oder finanziell) hat in beiden Organisationen anscheinend die absolute Priorität vor Menschlichkeit und Altruismus.

Seine Wünsche stehen anscheinend auch über dem staatlichen Gesetz. Doch in Wahrheit sind die Zahlenden bloß »Ressourcen« zur Erhöhung des Profits der Struktur, seien es nun verkaufte Menschen (Prostituierte, Kinder) im Fall der Bordelle oder gutgläubige Investoren (Sparer und Fonds) im Fall der Finanzindustrie. Beide Gruppen sind für die Systeme bloß Energiequellen und nicht hofierte Nutznießer, als die sie sich so gerne begreifen – zumindest gilt das für die Anleger. Unnötig zu betonen, dass beide Systeme sich im Hochrisikobereich bewegen und hochprofitabel sind.

Das Bordell als Ort der Kommunion

Es muss einen bestimmten Grund haben, warum sich Geschäftsmänner so gerne im Ambiente eines Bordells treffen, wie das auch allgemein beschrieben wird.[8] Sogar die Werbung benutzt dieses Klischee. Die schweizerische Saxo Bank warb beispielsweise mit folgendem Plakat: Zu sehen waren die gespreizten Beine einer Frau in Strapsen und roten Highheels. Zwischen den Beinen war ein Sofa mit Tigermuster abgebildet, auf dem sich drei lässige junge Businessmen in Anzügen mit gelösten Krawatten und offenen Krägen entspannen und über den Bildrand hinausblicken, zwischen die Frauenbeine also. Der Werbespruch der Bank dazu lautete: »Trade anytime, anywhere«.[9]

Der hingegebene weibliche Körper gehört zur Darstellung und

8 Vgl. Jelencic 2006.
9 Honegger/Neckel/Magnin 2010, S. 160 ff.

Selbstdarstellung finanziellen Erfolgs. Kein Wunder, dass in Dokumentationen, Romanen und Filmen über die Börsenwelt, die in den vergangenen Jahren auf dem Kinomarkt erfolgreich waren, mit einer überdurchschnittlichen Zahl von Huren und Tänzerinnen operiert wird. In *Margin Call* verbringen die Investmentbanker ihre Abende im Bordell, in *The Wolf of Wall Street* (2013) wird ein Gutteil der Darstellung von Orgien mit »hookers and drugs« bestritten, der gefühllose Devisenspekulant in David Cronenbergs *Cosmopolis* (2012) befriedigt seine psychopathischen Triebe im Bordell, und in *The Smartest Guys* (2005; deutsch: *Enron – The Smartest Guys in the Room*), einem Dokumentarfilm über den Fall »Enron«, werden dem Chefanalysten der Firma folgende Interessen bescheinigt: Geld, Geld und Nutten.

Frauen werden, wie die deutsche Soziologin Claudia Honegger in ihrem Aufsatz »Die Männerwelt der Banken: Prestigedarwinismus im Haifischbecken« beschreibt, stets als »Trophäen, als Fetische des Erfolgs und als Prestigeobjekte« gehandelt. »Wert hat, was teuer ist«, so Honegger. Luxus-Escort-Services sind die nächtlichen Profiteure der großen Finanzplätze der Welt. Wollen Frauen hier Erfolg haben, so Honegger, dann müssen sie folgende Verhaltensregeln beachten: »Umgang mit einer auf zweideutige Weise sexualisierten Sprache, obszönen Riten und Gesten bis hin zum Spiel mit den eigenen Reizen als nuancenreichem Mittel der Verführung in Andeutungen und Gesten«.[10]

Die Praxis der Bordellgänge und Escort Services bezieht sich längst nicht nur auf das Freizeitverhalten der Broker und Investmentbanker. Wie schon im Kapitel »Appollon und Marsyas« beschrieben, berichtet ein Banker der City von systematisch mit Kunden unternommenen Bordellgängen zur Anbahnung und Festigung von Geschäftsbeziehungen: »Warst du einmal mit einem Familienvater in einem Bordell, ist es mehr als bloß eine Geschäftsbeziehung.«

Aber warum tun das die Herren der Schöpfung eigentlich? Was macht das Bordell für sie so anziehend? Hier stoßen wir wieder auf die Funktion des Geldes als Fetisch. Auf die Ebene der Psychoanalyse gebracht: Wir begegnen im Bordell der freudschen Störung der

10 Ebd.

analen Phase. In einem hermetischen, von der Außenwelt geschützten Rahmen ermöglicht das Medium Geld Verfügungsgewalt über einen Körper und schließt damit an die Grundwünsche des sadistischen Charakters an – die Unterwerfung eines anderen unter die Macht des Einzelnen mithilfe des Fetischs Geld. Es ermöglicht eine gemeinsame postmoderne »heilige Messe«, in der die Macht gefeiert wird, die Macht des Geldes, der sexuellen Dominanz und Potenz und der Herrschaft. Darin findet sich auch wieder die Symbolik frühzeitlicher Rituale – eines »heiligen« Orts, einer geschlossenen Gemeinschaft, eines brüderlichen Geheimnisses. Das Opfer (Geld) stillt, was Carl Gustav Jung den »Hunger« der Libido nannte.[11] Das danach bestehende gemeinsame Geheimnis der »Messe« stiftet die Geschäftsbeziehungen.

Das Ende des Handels

Wir haben diesen kurzen Essay mit Cervantes' Optimalversion eines fidelen und glücksstiftenden Bordellwesens begonnen. Wir wollen es mit einer modernen Horrorvision seines Gegenteils beschließen.

Hubert Selby hat die Brutalität eines solchen Systems mit unglaublich einprägsamen Worten in seinem Roman *Last Exit to Brooklyn* eingefangen, als er das Los der kleinen Vorstadtprostituierten Tralala beschrieb, die sich in einer stinkenden Kneipe New Yorks halb zu Tode säuft und dann auf einem Schrottplatz von einem Rudel grölender Männer brutal vergewaltigt wird:

> Die zehn oder 15 Volltrunkenen zerrten Tralala zu einem Autowrack in dem Hof an der Ecke 57. Straße, und sie rissen ihr die Kleider runter und stießen sie in das Auto, und ein paar von den Typen begannen aufeinander einzuschlagen, weil jeder der Erste sein wollte, der sie fickt. So kam es, dass sie schließlich eine Reihe formierten, und ein jeder lachte und brüllte, und jemand rief denen am hinteren Ende der Reihe zu, sie sollten

11 Jung 1991, S. 139 ff.

> Bier holen gehen ... und dann kam die Griechenbande dazu, und ein paar andere Typen aus der Nachbarschaft schauten zu und warteten, während Tralala schrie ... und noch mehr Männer kamen aus dem »Winnies« rüber, und mit einem Anruf in der Army-Kaserne kamen auch noch mehr Seeleute. ... Und jemand schrie, dass das Wrack schon von Tralalas Fotze stank, und deshalb wurde Tralala samt dem Autositz auf den Hof getragen, und sie lag nackt da ... und die Schatten verbargen ihre Pickel und Schrunden, und jemand drückte ihr eine Bierdose ins Gesicht ... und der Nächste bestieg sie, und diesmal platzten ihre Lippen, und das Blut floss über ihr Kinn ... und sie fickten sie weiter, als sie schon bewusstlos auf dem Autositz lag ... und die Jungs, die zugesehen hatten und auf ihre Chance gewartet hatten, ließen jetzt ihre Enttäuschung an ihr aus. Sie zerrissen ihre Kleider in Fetzen, drückten Zigaretten auf ihren Brustwarzen aus, pissten und wichsten auf ihren Körper und trieben ihr einen Besenstiel in den Arsch, um sie dann, weil sie das alles schon langweilig fanden, liegen zu lassen, zwischen zerbrochenen Flaschen und rostigen Dosen, und in dem ganzen Dreck auf dem Hof.[12]

Das ist das andere Ende der Bordellfantasie: Mitten in New York, der Metropole menschlichen Fortschritts, verschwindet jede Menschlichkeit und jede Idee der Zivilisation. Der mühsam errungene und über die Instanzen des sozialen Über-Ichs, des Staats und seiner Gesetze errichtete Austausch von Gefühlen, Interessen und Gütern ist zu einem Schrottplatz heruntergekommen, auf dem hoffnungslose Opfer von ebenso hoffnungsloser Brutalität und Sadismus geschlachtet werden.

Das alles mag für den Leser ungewöhnlich klingen, denn in der Tat hat noch kein Ökonom eine Relation zwischen einem Wirtschaftssystem an sich und einem Bordell hergestellt. Schriftsteller scheinen das feinere Sensorium für das Unerhörte, Skandalöse, aber auch für die Psychologie der Figuren zu haben: James Joyce schickt den Protagonisten seines berühmten Romans *Ulysses,* Leo-

---

12 Selby 2011, S. 83–86, Übers. OT.

pold Bloom, der den modernen Menschen verkörpert, in ein Bordell, wo Bloom in einen sadomasochistischen Akt verwickelt wird, den Joyce in den Zusammenhang von Pferdewetten und Börsengeschäften stellt.

Zunächst konstatiert der Erzähler, dass in Bordellen ein Viergestirn der Verschwendung herrsche: von Charakter, Gesundheit, Zeit und Geld – und schon diese kleine Vorbemerkung deckt sich mit der aktuellen Kritik der Gesellschaft an den Finanzmärkten in der Krise.

Danach kommt es zu einem Wechsel der Geschlechterrollen zwischen Bloom und der Puffmutter Bella Cohen, in dessen Verlauf der gefolterte Bloom in eine Frauenrolle schlüpfen muss und seine Foltermagd Bella zu Bello wird. Joyce ordnet die Gewalt dem Mann zu, und das Erleiden der Gewalt der Frau. Und der Rollentausch der Figuren macht deutlich, was dies heißt. Was wir im Verlauf dieses Buchs das »harte Prinzip« genannt haben, setzt Joyce durch Bezüge auf die Finanzwirtschaft in Szene. Bello, Bloom misshandelnd, gibt dabei den Zigarren rauchenden Spekulanten und Spieler, der beim sadistischen Spiel seine Verluste an den Börsen und bei Pferdewetten beklagt, während er Bloom wie ein Pferd reitet.

> BELLO (hockt sich mit einem Grunzen auf Blooms nach oben gerichtetes Gesicht, pafft Zigarrenrauch, hätschelt ein fettes Bein): »Wie ich sehe, ist Keating Clay zum Vorsitzenden von Richmond Asylum gewählt worden, und nebenbei stehen die Vorzugsaktien von Guinness auf sechzehn-dreiviertel. Flucht mich einen Narren, dass ich das Paket nicht gekauft hab, als Craig und Gardner mir davon erzählten. Bloß wieder mein infernalisches Pech, verflucht. Und dieser gottverdammte Außenseiter ist mit 20 zu eins durch. Wo ist dieser gottverdammte Aschenbecher, verflucht noch mal?«
> BLOOM (mit dem Stachelstock angetrieben, auf die Hinterbacken geschlagen): Oh! Oh! Ihr Ungeheuer! Du Grausamer! …
> BELLO (greift seinem Reittier derb in die Hoden, brüllt dabei): Hüh hopp hopp, fort gehts im Galopp! Ich werd dich schon richtig zureiten. …
> BLOOM (erstickend): Ich kann nicht mehr.

> BELLO: »Nee, ich bin noch nicht. Warte gefälligst. (Er hält den Atem an) Verflucht. Hier. Der Spund platzt mir gleich raus. (Er entkorkt sich hinten: Dann furzt er, mit verzerrten Zügen, laut) da hast du deinen Teil! (Er verkorkt sich wieder). Jawohl pfui Teufel sechzehn-dreiviertel ... Schluss jetzt mit dem Hin und Her. Was du dir so sehnlichst gewünscht hast, ist geschehen. Hinfort bist du kein Mann mehr und mein in vollem Ernste, nur noch ein Ding unter dem Joch. Jetzt zu deiner Strafkleidung. Du wirst deine männlichen Gewänder abstreifen, verstehst du, Ruby Cohen? und die Einschlagseide, die üppig raschelnde, über Kopf und Schultern ziehen, und zwar dalli![13]«

James Joyce hat Freuds Schriften sehr genau studiert. Bello, dessen Lust sich aus dem Geschäft und den Wetten speist, verknüpft seine Verluste im Aktiengeschäft mit der analen Zurückhaltung und dem hortenden Charakter aus der Psychoanalyse: Bella muss sich entkorken, um furzen zu können (und dieser Furz stellt gleichzeitig auch ihren Orgasmus dar, was erneut ein Hinweis auf den »Schatz« der analen Phase ist).[14]

In dieser Szene vereinen sich also anal fixierter Sadomasochismus, sexuelle Unterwerfung und Geld als Fetisch in der Szenerie eines Bordells. Und, um dieser Vision die Krone aufzusetzen, verballhornt Joyce das berühmteste Shakespeare-Zitat, Hamlets »To be or not to be, that is the question«. Joyce findet, dass das in der Zeit der Ökonomie nicht mehr die Frage ist, sondern vielmehr: »To have or not to have, that is the question.«[15] Besser hätten weder Ökonomen noch Psychologen das Drama der Moderne in Worte fassen können.

---

13 Joyce 1975, S. 696–697.
14 Vgl. Blaschke 2004, S. 175 ff.
15 Joyce 1975, S. 715.

11. DER SCHÄFER VOM MONTE CRISTALLO – EINE ETWAS ANDERE ZUSAMMENFASSUNG

Der Leser von Büchern mit wirtschaftswissenschaftlicher Thematik denkt ökonomischer, als ihm manchmal lieb ist. Denn sein Lesen, so hofft er, wird einen Nutzen haben – vor allem, wenn es um ein Buch geht, auf dessen Umschlag »Wirtschaft« oder »Ökonomie« steht. Die Tradition will es, dass das letzte Kapitel den Nutzen des Ganzen noch einmal auf den Punkt bringt und die Wichtigkeit des Gesagten unterstreicht sowie die Kernaussagen des Buchs mit den üblichen Reizworten vermarktet: Umverteilung, Ökologisierung, Mäßigung, Innovation, Arbeitsplätze und über alldem: Gerechtigkeit! Eigentlich müssten hier zwei oder fünf Ausrufezeichen stehen. Da aber beinah jeder etwas anderes unter dem Begriff »Gerechtigkeit« versteht, segeln unter dieser Maxime radikal-neoliberale (»Leistung muss sich wieder lohnen«), gemäßigte und radikal-marxistische (die Wiederentdeckung des Gemeinsamen) Ideologen unter ein und derselben Flagge dahin – und ihnen wird dabei nicht bange.

Es wird am Ende solcher Bücher auch noch gern vorausgeschaut, und schließlich werden üppig Ratschläge verteilt (etwa »Zehn Rezepte, um die Welt zu retten«), es wird sogar prophezeit – und darauf vertraut, dass die Voraussagen in ein paar Monaten vergessen sein werden. So sucht ein jeder seinen Erfolg, und der Markt gibt dem Meistbietenden recht.

Wir werden dieses Buch dagegen nicht mit diesen üblichen Weisheiten schließen. Oder haben Sie schon einmal davon gehört, dass eine Psychoanalyse mit einer einfachen Antwort, mit einem Rezept für die Heilung des Patienten beendet worden ist? Nein, unsere Gesellschaft – eine von Grund auf kapitalistisch-marktwirtschaftliche – ist so komplex in ihrer Struktur und unendlich in ihrer Vielfalt, dass einfache Antworten scheitern. Alles, was wir mit diesem Buch leisten wollen, ist, dem System der Ökonomie einen Spiegel vorzuhalten und den Leser ein Stück in jene psychischen und existenziellen Abgründe zu begleiten, die sich als Folgen einer radikalökonomisierten Gesellschaft aufgetan haben.

Wir haben versucht, der Entfremdung des westlichen Menschen eine Stimme zu geben und zu zeigen, worin sie besteht:

In einer Erziehung und Selbsterziehung zum Dienen und Herrschen anstatt zum Verstehen der Zusammenhänge; in einem auf Restriktion und Zeitknappheit ausgerichteten Prozess, der uns immer aggressiver macht und fehleranfälliger; in einem Zwang zum höchstmöglichen Profit, der Unternehmer wie Manager zu einer kurzsichtigen und kurzfristigen Gewinnstrategie zwingt – und damit zur rücksichtslosen Ausbeutung von Menschen und Ressourcen; in einem globalen Ungleichgewicht, das die Chancen und Güter von vornherein in kleptomanischer Weise denen zuordnet, die ohnehin schon zu viel haben; in einer Finanzwirtschaft, die zum höchsten Risiko greift und andererseits primitiven Zeremonien und Gebräuchen folgt; in einem Konsumverhalten, das in immer schnellerer Abfolge und immer schlechterer Qualität Überfluss vorgaukelt und täglich einen neuen Traum für den Massenabsatz aus dem Hut der Suggestion zaubern muss; in einer individualisierten und fragmentierten Gesellschaft, die den Narzissmus zu bloßen Absatzzwecken in die Seelen impft; in einer Weltsicht, die Angstzustände erzeugt, indem sie vorgeblich Sicherheit zu schaffen verspricht; und nicht zuletzt sind alle diese Anomalien in ein System eingebettet, das manisch-depressive Züge trägt.

Dieses Buch will den Leser dazu animieren, Systeme und Mechanismen zu hinterfragen, die er als quasi gott- oder schicksalsgegeben betrachtet. Denn nur so sind Änderungen möglich, indem Krankheiten nicht an ihren Symptomen, sondern an ihrer Wurzel behandelt werden. Diese Wurzel wirtschaftlichen Übels, das uns in den vergangenen Jahren so bitter heimgesucht hat, liegt in einem Vernichtungswillen ohne Kreativität, der letztlich zur Selbstzerstörung des Systems führen kann. Wir haben festgestellt, dass etwas weniger Wachstum und Konkurrenz weder schädlich noch tödlich sind, sondern sich sogar als rettend erweisen können; dass vielleicht sogar Krisen, die dieses System seit Anbeginn heimsuchen, einen natürlichen Korrekturmechanismus zum gesellschaftlich manischen Verhalten darstellen. Diesen Mechanismus aber zu verdammen oder zu leugnen, wird ihn nicht vertreiben. Im Gegenteil: Das Verdrängte ist es, das in immer kürzeren Abständen immer neue und größere Schadensfälle produziert. Das Schädliche hingegen als gegeben anzunehmen und sich gegen den Ernstfall zu wappnen, im besten Sinn des Wortes Widerstandskraft zu zeigen, wäre die Aufgabe der Ökonomie als Wissenschaft und der Politik als Steuerungseinheit der Gesellschaft. Wer diesen Weg einschlägt, wird viele Götzen opfern und Werte umkehren müssen, die sich tief in den Schichten des individuellen und gesellschaftlichen Über-Ichs eingenistet haben. Hier geht es vor allem um die Einschätzung und Wertung von Zeit, Arbeit und Nutzen, die weit über die materielle und finanzielle Ebene hinaus erweitert werden müssten.

Am Ende dieses Prozesses stünde eine tatsächliche Umwertung, die einen neuen globalen Begriff des Nutzens schaffen würde, in dessen Zentrum nicht das System zum Selbstzweck würde, sondern das Wachstum der menschlichen Fähigkeit zu einer sich selbst als solche verstehenden globalen Zivilisation.

Dazu braucht es eine systematische Änderung der gesellschaftlichen Prozesse, aber auch eine Änderung der Einstellung des Einzelnen. Das eine ist ohne das andere nicht denkbar und umgekehrt. Wer also gegen das Bankensystem aufbegehrt und gleichzeitig Zinsspannen auf seinem Pensionssicherungskonto jenseits von drei Prozent erwartet, muss fähig sein zu erkennen, dass er sich selbst widerspricht. Ähnliches gilt für jene, die eifrig gegen die Globalisierung zu Felde ziehen und vom Handel immer günstigere Preise verlangen. Die Reformen müssen stets auf beiden Ebenen ansetzen, wollen sie erfolgreich sein.

In Verteidigung der Mathematik – in Verteidigung der Ökonometrie

Wir haben im Verlauf dieses Buchs häufig von dem unzulässigen blinden Vertrauen in die Logik der Zahlen und die Logik der Wahrscheinlichkeitsrechnung gesprochen – und welch schädliche Folgen aus diesem Glauben an das rein Rationale erwachsen können. Heißt das nun aber, dass wir uns im Verein mit jenen sehen, die diese Instrumente – und am besten die Finanzmärkte insgesamt – abschaffen wollen? Nun, nicht im Geringsten. Wir glauben vielmehr, dass es uns ohne diese Instrumente wesentlich schlechter ginge. Es handelt sich für uns auch nicht um eine ideologische Frage, ob die Anwendung von streng wissenschaftlichen Parametern zulässig ist. So einfach darf man es sich hier nicht machen. Denn die Mathematik und die Stochastik sind und bleiben eben nur das, was sie sind: Instrumente. Folglich ist ihre Funktion davon abhängig, was man mit ihnen anstellt. So wie man einen Hammer dazu verwenden kann, einen Nagel für ein Bild einzuschlagen oder jemandem den Kopf zu zertrümmern, so ist es – übertragen gesprochen – auch mit der Mathematik: Man kann sie zum Nutzen oder zum Schaden verwenden. Es ist keine Sekunde daran zu zweifeln, dass der Nutzen aus dieser Wissenschaft für den Fortschritt der Menschheit enorm ist. Aber ist sie bereits am Ende ihrer Entwicklung?

Was, wenn sich die heutige Mathematik und Ökonometrie so verhalten wie vor 100 Jahren die euklidische Geometrie? Damals hatte man ja tatsächlich über 2000 Jahre lang an ein Modell und an Postulate geglaubt, welche dem physikalischen Raum eine einzige Dimension zuordneten. Erst im 19. Jahrhundert wurde das entsprechende Axiom von Nikolai Iwanowitsch Lobatschewski und János Bolyai revolutioniert, die nachwiesen, dass auch gekrümmte physikalische Räume möglich sind, die mathematisch und physikalisch korrekt sind. In mathematischem Sinn war plötzlich nicht nur eine einzige Dimension der Welt möglich, sondern viele andere.

So sollte es auch die Ökonometrie halten. Sie kann ihre Horizonte öffnen. Nicht nur die eine Form der Wirtschaft und des Wachstums ist möglich, sondern andere, vermutlich tatsächlich glückbringende und nachhaltige. Das Instrumentarium, das die Wissenschaft dazu hat, sind eine hoch entwickelte Mathematik, Stochastik und vielleicht in naher Zukunft eine systematische psychologische Kenntnis des Systems und der Marktteilnehmer. Es braucht also nicht »weniger ökonomisches Denken«, sondern »mehr«, nicht weniger Logik, sondern mehr. Der große Philosoph Baruch de Spinoza hat einmal versucht, die *Ethik, nach geometrischer Methode dargestellt,* in Worte zu fassen. Wenn sich die Autoren dieses Buchs etwas dazu wünschen könnten, dann wäre das die Gründung einer »Ökonomie, nach psychologischer Methode dargestellt«.

Ein Märchen zum Schluss

Im Wesentlichen sind Lösungen für die gravierenden Probleme der modernen Gesellschaft zunächst auch nichts anderes als Hoffnungen und Träume. Wenn man mit Carl Gustav Jung glaubt, dass sich solche Träume auch aus unbewussten kollektiven Erinnerungen der Völker speisen, dann sollten wir auch diese scheinbar archaischen, mythischen Träume zulassen. Sie haben im Grunde weniger mit Krieg und Helden zu tun als vielmehr mit einer tiefen Sehnsucht nach einem Zustand, den wir allgemein als Zustand der Offenheit und Zuneigung bezeichnen können, als Liebe, die Sigmund Freud letztlich als Heilmittel gegen die Krankheiten unserer Zivilisation erachtet hat.

Um diese tiefe Basis einer positiven und selbstreflektierten Hoffnung zu beschreiben, soll der erzählerische Teil dieses Buchs nun mit einer Geschichte schließen, die sich die Bauern im Südtiroler Ampezzo-Tal erzählen. Es ist eine sehr einfache Geschichte von einer großen Erinnerung an eine Zukunft. Hier also die Sage »Der Schäfer vom Monte Cristallo«.[1]

1 Die Sage entstammt dem Buch The Dolomites and their Legends (Wolff 1930), Übers. OT.

An den Hängen des felsroten Monte Cristallo, wo heute nur noch steile Abhänge und Felswände zu sehen sind, stand einst ein großartiges Schloss. Seine Türme und Zinnen ragten stolz über dem Tal und grüßten im Licht der Sonne blinkend die Wanderer am Fuße der Marmolada. In diesem Schloss lebte eine schöne und von aller Welt bewunderte Prinzessin. Schon viele Prinzen und Noble hatten um ihre Hand angehalten, aber sie alle waren als enttäuschte Freier in ihre Heimat zurückgekehrt. Die Prinzessin schien tatsächlich eine Freude daran zu haben, einen nach dem anderen abzulehnen, indem sie ihnen das folgende Rätsel zu lösen befahl: »Erzähle mir eine Geschichte, von der ich selbst nichts weiß, die mich aber betrifft und die ich trotzdem glauben muss.«

Keiner konnte die drei Bedingungen erfüllen, schon allein weil niemand eine Geschichte über die Prinzessin wusste, welche sie selbst nicht ahnte. Wenn einer der Verehrer zu sprechen begann, dann blickte ihn die Prinzessin mit ihren blauen Augen so durchdringend an, dass sie den Bewerber in vollkommene Verwirrung stürzte. So sehr die Männer auch versuchten, die seltsamsten Geschichten zu erfinden und mit den allergrößten Schmeicheleien zu punkten, so mussten sie am Ende doch zusehen, wie die Prinzessin in ein großes Gelächter über sie ausbrach und sie nach Hause schickte. Auch ein Berater kam ihr zu Hilfe, weil er die Antwortenden mit geschickten Fragen in Widersprüche verwickeln konnte.

Eines Tages hörte die Prinzessin einen ihrer Ritter ein bezauberndes Lied singen, und sie fragte neugierig, wer es denn komponiert habe. Der Ritter versetzte, dass er selbst leider nicht der Schöpfer sei, sondern ein einfacher Hirte, der von den Bewohnern des Tales nur »der verrückte Bertoldo« genannt wurde. Die Prinzessin war darüber sehr erstaunt und wollte in der Sekunde mehr über diesen Hirten wissen und fragte ihren Berater nach ihm.

»Ja, den verrückten Bertoldo kenne ich wohl«, rief der Berater aus. »Er war ein ganz normaler Schäfer, wie es Dutzende in unserem Tal gibt. Aber eines Tages edle Prinzessin, sah er Euch, als Ihr in den Wiesen des Padeòn Blumen pflücktet. Da verschenkte er seine Herde und wurde ein Dichter, und seither durchstreift er die Wälder. Die Leute sagen, er sei unsterblich in Euch verliebt. Eines Tages kam er sogar bis zum Schloss und wollte um Euch werben. Ich habe ihn abweisen lassen, es ziemt sich nicht für einen einfachen Hirten, um eine Prinzessin zu werben.«

Da wurde die Prinzessin sehr böse, und sie überhäufte den Berater mit Vorwürfen. Es sei nicht seine Sache, die Bewerber für sie auszuwählen, sondern die ihre. Sie befahl, sofort nach Bertoldo suchen zu lassen und ihn aufs Schloss zu geleiten, wo er seine Geschichte erzählen sollte.

Schon am nächsten Morgen erschien der Schäfer am Tor des Schlosses, und die Wachen führten ihn in einen großen Saal, wo die Prinzessin und ihr Hofstaat bereits versammelt waren. Alle waren begierig zu hören, was der Hirte denn zu sagen habe, und auch die Prinzessin blickte ihn interessiert an, aber nicht mit dem abschätzigen Blick, den sie sonst gegenüber den Werbern an den Tag legte.

Dann begann Bertoldo seine Geschichte.

»Meine edle Prinzessin, was ich Euch heute erzählen werde, ist wirklich passiert, aber nicht hier, sondern in weiter Ferne in einem Land, das wir das Land der Erwählten nennen. Es war eine Zeit, da lebten wir alle in diesem Land des Friedens und der Eintracht, und wir waren zufrieden und ohne Krieg und Zwist. Wir wussten nicht, dass einmal die Zeit kommen sollte, zu der es uns bestimmt war, diesen Ort zu verlassen und als Menschen in Not und Sorge auf dieser Welt zu leben. Ein jeder von uns hatte eine Aufgabe zu erfüllen, und Ihr, edle Prinzessin, wart unsere Königin. Alle Eure Untertanen priesen Euch für Eure Gerechtigkeit und Güte. Aber was wir am meisten an Euch liebten, waren Eure wundervollen Augen, die niemand betrachten konnte, ohne sich dabei unendlich glücklich zu fühlen.«

Für einen Moment schwieg Bertoldo, dann setzte er fort: »Meine Aufgabe war die eines Schäfers, und ich zog mit den Lämmern auf die Weide, frühmorgens, und wenn ich unter Eurem Fenster vorbeizog, dann pfiff ich Euch ein lustiges Lied. Das war die

Freude meines Tages. So lebten wir im Land der Erwählten, und alle dachten, das würde für ewig so bleiben. Aber eines Tages kam ein Engel, der uns mitteilte, wir müssten bald zur Erde gehen. Dann prüfte er jeden Einzelnen von uns, wie wir denn unsere Pflichten erfüllt hätten, und sein strenges Urteil war, dass alle mehr oder weniger gefehlt hatten. Alle, bis auf zwei. Die Königin und ich selbst. Der Engel pries uns dafür und sagte, jeder von uns hätte einen Wunsch frei, der uns auf der Erde erfüllt würde. Und als ich so dastand und meine Königin vor mir sah, da wünschte ich mir, dass sie auf der Erde als Mensch dieselben wunderschönen Augen haben sollte. Der Engel nickte und wandte sich zur Königin. Sie sah mich an und lächelte und wünschte sich, dass auch mein größter Wunsch auf Erden erfüllt werden möge.«

»Und siehe da, Prinzessin, was ich mir wünschte, wurde tatsächlich erfüllt, denn Ihr habt noch immer die wunderschönen Augen, die Ihr im Paradies hattet. Aber ich weiß nicht, ob der Engel auch Euren Wunsch erfüllen wird, da Ihr ihn batet, er solle auch meinen größten Wunsch auf Erden erfüllen.«

Dann schwieg Bertoldo. Die Hofdamen betrachteten ihn verschämt, aber die Prinzessin blickte ihn offen und mit größter Überraschung an. Dann begann der Berater zu sprechen und gestand Bertoldo zu, seine Geschichte habe die drei Bedingungen erfüllt, denn sie betraf die Prinzessin, wiewohl die Prinzessin sie nicht kannte und auch nicht sagen konnte, dass sie unglaubwürdig sei, denn wie könnte sie schon wissen, was damals im Paradies passiert sei. »Aber«, und nun wandte er sich an Bertoldo, »deine Geschichte hat einen großen Fehler: Wenn wir alle im Land der Erwählten waren, warum bist du der Einzige, der sich daran erinnern kann?« Aber Bertoldo antwortete ruhig: »Ich kann mich daran erinnern, weil die Erinnerung den Weg zurück zu mir fand, als ich hier wiedersah, was ich zuletzt im Paradies gesehen habe.«

»Und was war das?«, fragte der Berater.

»Die Augen meiner Königin«, antwortete Bertoldo. »Und als ich unsere Prinzessin auf den Wiesen des Padeòn sah, mit denselben Augen, da öffnete die Erinnerung daran für mich das

> Paradies.« Der Berater erschrak und sann entsetzt auf einen anderen Weg, wie er Bertoldo nun noch ablehnen konnte.
> Aber die Prinzessin lächelte und gab dem Schäfer ihre Hand; und dort lebten sie und regierten ein großes Reich in Glück und Zufriedenheit. Noch heute nennen die Schäfer von Cortina den Monte Cristallo »Croda de Bertoldo«.

Erinnerungen, die in die Zukunft wirken können, sanfte Macht statt hartem Streben – mit diesem märchenhaften und für viele von uns ganz und gar naiven Happy End wollen wir Sie nun alleine lassen. Sie haben sich ja tatsächlich nun eine Zeit der Stille und der Erholung verdient. Sollten Sie aber einmal auf den Wiesen des Padeòn am Fuße der Marmolada weilen, oder gar am Fuße des Parnass in Griechenland, erinnern Sie sich, was in den Torbogen des Orakels von Delphi in den Stein gemeißelt steht: »Erkenne dich selbst«. Um darüber nachzudenken und die Spuren dazu in alten Geschichten und modernen Erzählungen zu finden, braucht man nicht einmal einen Spiegel – und schon gar keine Professur in Ökonomie. Man braucht nur ein bisschen Mut.

Tomáš Sedláček und *Oliver Tanzer,* Prag und Wien

UNSER DANK

Autoren sind in der Zeit des Schaffens tatsächlich nur das, was die alten Griechen als »Idiotes« bezeichneten. »Idiotes«, das waren immer die Eigenbrötler und Privatiers – in der Wolle gefärbte Soziopathen – unzurechnungsfähig in ihrer gesellschaftlichen und persönlichen Verantwortung. Genau so müssen Sie sich auch die Autoren dieses Buches während des Schreibens vorstellen: zwei hermetische Privatiers – in ihren Ideen mäandernd zwischen Sagen und Konjunkturzyklen, zwischen BIP und Bibel und zwischen Psychiatrie und mathematischen Funktionen. Wer sie ansprach, erhielt zuweilen bloß zusammenhangloses Gequassel zur Antwort – Gedankenfetzen, scheinbar ohne Hand und Fuß. Unduldsam, barsch und unverständlich – so muss das nach Außen hin gewirkt haben. Aber nach vollen drei Jahren von so viel Versponnenheit naht freilich der Zeitpunkt der Rückkehr ins Freudsche Realitätsprinzip – und dann ist zunächst die Suche nach Verzeihung angebracht. Insofern ist dies hier unser Versuch des »Ungeschehen-machens«.

Die Abbitte gilt vor allem unseren Familien und allen Menschen, die wir lieben. Ihr habt viel geschehen lassen und ohne eure Hilfe wäre das alles nicht entstanden. Eure Anregungen und eurer Rat von außen – sofern wir nicht zu dumm waren, ihn anzunehmen – haben auch geholfen, dass wir uns »zusammengerissen« haben, wenn unsere Ideen drohten, irgendwo im »Odd Space« der Sophisterei zu landen. Eure Zuneigung verdient deshalb mehr Lob, als das Werk, das dabei zustande kam. Das vor allem, weil Ihr alle Humor bewiesen habt. Freud sagt, dass Anstrengung sein müsse um Lebenszufriedenheit herzustellen. Nun, wir wollen es an dieser Stelle einmal umdrehen: Wir danken euch für eure Geduld mit unseren Anstrengungen. Vor allem gilt dieser Dank unseren Familien. Deshalb stehen hier Marketa, Karin, Kristof und Lea an erster Stelle.

In weiterer Folge geht der Dank an alle, die uns in unserem Bestreben, Nützliches zu schaffen, mit ihrem Fachwissen geholfen haben. Und das waren nicht wenige. Denn, wie ja bekannt sein dürfte, sind wir keine Psychologen. Wir haben also versucht, uns als lernfähig zu erweisen und den Anweisungen und Anregungen zu folgen, die von unserem wissenschaftlichen Board kamen, dem wir unsere Ideen vorgelegt haben. Wir sagen deshalb einen unbezahlbaren Dank an die Psychoanalytiker und Psychologen Rotraud A. Perner und Martin Engelberg in Matzen und Wien. Beide haben das Manuskript bereits im Frühstadium gesehen, sich die Analyse des Zugesandten ohne Lohn angetan, das Geschriebene durchleuchtet und mit wertvollen Anregungen bedacht.[1] Für Prag gilt gleiches für Jana Heffneranova, eine der wenigen Expertinnen in Sachen Lilith und der Analytischen Psychologie. In Berlin und Zürich konnten wir uns glücklich schätzen, Proponenten der CG-Jung-Gesellschaft an unserer Seite zu wissen. Wir möchten hier vor allem die Brüder Jakob und Max Lusensky hervorheben, die selbst immer wieder mit großartigen Essays hervorstechen. Aage Hansen-Löve, dem Slawisten und Universaldenker, ist für die vielen Gespräche zu danken, die uns sehr viel weitergebracht haben. Dem Slawisten und Sprachphilosophen Alfred Noczsyzka für all die großartigen Gespräche über Mythen und Ontologie auf einem Segelschiff auf dem Nil und in Poggio Catino bei Rom.

In unserer nahen Umgebung waren es ungeheuer begabte Studenten, welche uns in unseren Seminaren zum Thema inspirierten und mit neuen Ansichten befruchtet haben. Das gilt vor allem für Jana Hriviniakova, die als Studentin die rechte Hand von Tomas Sedlacek war und nun schon eine promovierte Ökonomin ist. Allein mit ihren Fragen hat sie unsere Ansätze geschärft und verfeinert. In Wien hat Valentin Unger wertvolle Recherchen zum Thema Aggres-

1 Martin Engelberg ist Vorstandsmitglied der Wiener Psychoanalytischen Vereinigung. Er ist Coach, Consultant und Geschäftsführender Gesellschafter der Wiener Consulting Group.

sion der Eliten beigesteuert. Ein großes Danke, Valentin für deine Begeisterung und deine Professionalität.

An organisatorischer Stelle sei dem Team Sedlacek in Prag gedankt, das die zum Teil chaotische Organisation und die noch wirreren Autoren perfekt unter Kontrolle bekam: Monica Smidova als Kopf dieses Teams ist so gesehen die geheime Seele unseres Buches.

Bei den Übersetzungen aus dem Deutschen ins Englische hat die Anglistin und Furche-Redakteurin Sylvia Einöder enorm geholfen, als die Zeit schon sehr knapp wurde. Sie tat das, ohne auch nur ein einziges mal über unseren verschwurbelten Stil oder unsere mangelnde Verlässlichkeit bei vereinbarten Abgabeterminen zu klagen. Danke für diese Erste Hilfe.

Das bringt uns – last not least – zu unseren Geburtshelfern: Martin Janik von Hanser gebührt unendlicher Dank dafür, dass er sofort an dieses Projekt geglaubt hat, als es noch ganz roh und ungeschliffen war und dass er uns immer wieder ermutigt und mit Anregungen versorgt hat. Martin war es übrigens auch, der die nötige Strenge walten ließ, wenn es darum ging, Fristen einzuhalten. Wir haben festgestellt: An festgesetzten Deadlines kondensieren Arbeitsvolumen UND Ideen. Danke Martin! Martin war es auch, der vorschlug, uns Maria Köttnitz als wissende und stilsichere Lektorin unserer Schreibwut an die Seite zu stellen. Maria war eine wunderbare, kritische Begleiterin, das Manuskript hat sehr unter ihrer Hand gewonnen. Für die gute Betreuung und die Professsionalität im Finish haben wir Christian Koth und seinem Team bei Hanser Dank abzustatten.

Wir danken ferner der GLOB-Art Academy, die unser Zusammentreffen ermöglichte – und hier vor allem Pippa Belcredi und Heidemarie Dobner. Oliver Tanzer sagt persönlichen Dank an die Redaktion der Furche, deren wöchentliches Schaffen für ihn so viel Anregung war und ist.

Und schließlich haben wir noch Dank abzustatten an etwas, das die einen unbewusste Steuerung nennen, andere Gottes Fügung und Dritte den Zufall. Oder sagen wir es einfach auf gut österreichisch: »Es war doch a Glück!«, oder auf gut tschechisch: »To je ale veliká Stesti!«

Tomas Sedlacek und *Oliver Tanzer*, Juni 2015

ANHANG

Literatur

Adorno, Theodor W. (1967): »Erziehung nach Auschwitz«. In: ders.: *Zum Bildungsbegriff der Gegenwart*. Diesterweg, Braunschweig, S. 117.
Amin, Samir (2012): »Der Sturz der Illusion«. In: *Furche* 41/2012.
Andersen, Hans Christian (1989): *Gesammelte Märchen*. Manesse, Zürich.
Arendt, Hannah (2007): *Vita Activa oder Vom tätigen Leben*. Piper, München.
Arendt, Hannah (2011): *Eichmann in Jerusalem. Ein Bericht von der Banalität des Bösen*. Piper, München.
Aristoteles (1986): *Nikomachische Ethik*. Reclam, Stuttgart.
Aristoteles (1989): *Politik*. Reclam, Stuttgart.
Assmann, Jan (2005): *Ägypten. Eine Sinngeschichte*. S. Fischer, Frankfurt am Main.
Australian Institute of Management (2011); »Worked to Death«. www.aim.com.au/blog/worked-death.
Bacon, Francis (1990): *Neues Organon/Novum Organum*. Meiner, Hamburg.
Baldwin, Robert (2004): *A Bibliography on the Hercules Theme*. Connecticut College, USA.
Banett, J.H.; Smoller, J.W. (2009): »The Genetics of Bipolar Disorder«. In: *Neuroscience* 164 vom 24.11.2009, S. 331–343.
Bauman, Zygmunt (2008): *Flüchtige Zeiten. Leben in der Ungewissheit*. Hamburger Edition, Hamburg.
Bibel, Einheitsübersetzung der heiligen Schrift (1980), Katholische Bibelanstalt GmbH, Stuttgart, http://www.bibelwerk.de/Bibel.12790.html/Einheitsuebersetzung+online.12798.html?mode=normal, abgerufen am 12.05.2015.
Binswanger, Hans Christoph (2006): *Die Wachstumsspirale. Geld, Energie und Imagination in der Dynamik des Marktprozesses*. Metropolis, Weimar.
Blaschke, Bruno (2004): *Der Homo oeconomicus und sein Kredit bei Musil, Joyce, Unamuno und Céline*. Wilhelm Fink, Paderborn.
Bleuler, Eugen (1912): »Das Autistische Denken«. In: *Jahrbuch für Psychoanalytische und Psychopathologische Forschungen* 4, S. 14.
Block, Walter (1991): *Defending the Undefendable. The Pimp, Prostitute, Slumlord, Libeler, Moneylender, and Other Scapegoats in the Rogues Gallery of American Society*. Fox & Wilkes, San Francisco.
Board, Belinda Jane; Fritzon, Katarina (2005): »Disordered Personalities at Work«. In: *Psychology, Crime & Law* März, Band 11, S. 17.

Böhm, Stephan (2009): »Joseph A. Schumpeter (1883–1950)«. In: Kurz, Heinz D. (Hrsg.): *Klassiker des ökonomischen Denkens 2.* C.H.Beck, München, S. 228 ff.

Böldl, Klaus (2013): *Götter und Mythen des Nordens.* C.H.Beck, München.

Borgese, Paul (2015): *Fear Selling.* Fear Marketing Group, New York.

Borneman, Ernest (1986): *Psychoanalyse des Geldes.* Suhrkamp, Frankfurt am Main/Berlin.

Börner-Klein, Dagmar (2007): *Das Alphabet des Ben Sira. Hebräisch-deutsche Textausgabe mit Interpretation.* Matrixverlag, Wiesbaden.

British Medical Journal vom 06.07.2010.

Brodbeck, Karl-Heinz (2002): *Warum Prognosen in der Wirtschaft scheitern. Praxisperspektiven Band V.* S. 23, BWT, Würzburg.

Büchter, Andreas; Henn, Hans-Wolfgang (2005): *Elementare Stochastik. Eine Einführung in die Mathematik der Daten und des Zufalls.* Springer, Berlin/Heidelberg.

Cantor, Paul; Cox, Stephen (2009): *Literature and the Economics of Liberty. Spontaneous Order in Culture.* Ludwig von Mises Institute, Alabama.

Carroll, Michael P. (1994): *The Cult of the Virgin Mary. Psychological Origins.* Princeton, New Jersey.

Carver, C.S.; Glass, D.C. (1978): »Coronary-Prone Behaviour-Pattern and Interpersonal Aggression«. In: *Journal of Personality and Social Psychology* 36, S. 361–366.

Cervantes, Miguel de (1867): *Der sinnreiche Junker Don Quixote von der Mancha.* Aus dem Spanischen von Edmund Boller. Verlag des bibliografischen Instituts, Hildburghausen.

Chandler, Charlotte (2006): It's Only a Movie: Alfred Hitchcock – A Personal Biography, Simon & Schuster, New York.

Cohen, Deborah; Carter, Philip (2010): »WHO and the pandemic flu ›conspiracies‹« In: *British Medical Journal* vom 06.06.2010.

Cooper, David A. (1997): *God is a Verb. Kabbalah and the Practice of mystical Judaism.* Riverhead Books, New York.

Darwin, Charles (1872): *Expression of the Emotions in Man and Animals.* John Murray, London.

Delumeau, Jean (1989): *Angst im Abendland. Die Geschichte kollektiver Ängste im Europa des 14. bis 18. Jahrhunderts.* Rowohlt, Hamburg.

Dilling, Horst (Hrsg.) (2014): *Internationale Klassifikation psychischer Störungen. ICD-10 Kapitel V.* Hans Huber, Bern.

Diogenes Laertios (1998): *Leben und Lehre der Philosophen.* Reclam, Stuttgart.

Dostojewski, Fjodor M. (1986): *Der Spieler.* Piper, München.

Drucker, Peter (2000): »Propheten für unser Zeitalter: Schumpeter und Keynes?« In: Sieglinde Rosenberger (2001): *Demokratie.* Böhlau, Wien.

Ehlers, Jochen (1996): *»Zum Schicksal des Todestriebes in der Psychoanalyse« – Positionen und Lesarten zu Sigmund Freuds umstrittener Konstruktion.* Diplomarbeit im Studiengang Psychologie der Universität Bremen, vorgelegt von Jochen Ehlers © 1995. http://hdl.handle.net/20.500.11780/145.

Eliade, Mircea (1949): *Le mythe de l'etérnel retour.* Gallimard, Paris.

Epiktet (o. J.): *Handbüchlein der Moral.* projekt gutenberg, http://gutenberg.spiegel.de/buch/-7739/1.

Erne, Eduard; Schneider, Christian (2010): *Herrenkinder – Das System der NS-Eliteschulen.* TV-Dokumentation, UAP-Leipzig.

Faust, Volker (o. J.): »Neurotische Persönlichkeitsstrukturen«. In: ders.: *Psychosoziale Gesundheit von Angst bis Zwang.* www.psychosoziale-gesundheit.net/psychiatrie/neurosen.html.

Feldman, Robert S. (1985): *Social Psychology.* McGraw Hill, New York.

Flugel, John Carl (1965): *Man Morals and Society.* Everyman, Manchester.

Focke, Ingo; Kayser, Mattias; Scheferling, Uta (Hrsg.) (2013): *Die phantastische Macht des Geldes. Ökonomie und psychoanalytisches Handeln.* Klett-Cotta, Stuttgart.

Freeman, Derek (1983): *Liebe ohne Aggression.* Kindler, München.

Freud, Sigmund (1915): Instincts and Their Vicissitudes. Complete Works. Standard Edition, Strachey, James Hg., Band 14., Hogarth Press, London.
Freud, Sigmund (1919): »Das Unheimliche«. In: *Imago. Zeitschrift für Anwendung der Psychoanalyse auf die Geisteswissenschaften* V, S. 297–324.
Freud, Sigmund (1924): *Zur Psychopathologie des Alltagslebens*. Internationaler Psychoanalytischer Verlag, Wien.
Freud, Sigmund (1926): *Hemmung, Symptom und Angst. Nachträge, B: Ergänzungen zur Angst, Gesammelte Werke XIV 197*, in »Freud im Kontext«, Volltextretrieval ViewLit Professional, Info Software, Berlin.
Freud, Sigmund (1959): *Formulations Regarding the Two Principles of Mental Functioning (1911), Freud Collected Papers, IV, 13*. Basic Books, London.
Freud, Sigmund (1982a): *Charakter und Analerotik. Studienausgabe* Band VII. S. Fischer Wissenschaft, Frankfurt am Main.
Freud, Sigmund (1982b): *Das Ich und das Es. Studienausgabe Band III*. S. Fischer Wissenschaft, Frankfurt am Main.
Freud, Sigmund (1982c): *Das ökonomische Problem des Masochismus. Studienausgabe Band III*. S. Fischer Wissenschaft, Frankfurt am Main.
Freud, Sigmund (1982d): *Das Unbehagen in der Kultur. Studienausgabe Band IX*. S. Fischer Wissenschaft, Frankfurt am Main.
Freud, Sigmund (1982e): *Das Unheimliche. Studienausgabe Band IV*. S. Fischer Wissenschaft, Frankfurt am Main.
Freud, Sigmund (1982f): *Hemmung, Symptom und Angst. Studienausgabe Band VI*. S. Fischer Wissenschaft, Frankfurt am Main.
Freud, Sigmund (1982g): *Ichspaltung und Abwehrvorgang. Studienausgabe Band III*. S. Fischer Wissenschaft, Frankfurt am Main.
Freud, Sigmund (1982h): *Jenseits des Lustprinzips. Studienausgabe Band III*. S. Fischer Wissenschaft, Frankfurt am Main.
Freud, Sigmund (1982i): *Psychologie des Unbewussten. Studienausgabe Band III*. S. Fischer Wissenschaft, Frankfurt am Main.
Freud, Sigmund (1982j): *Realitätsverlust bei Neurose und Psychose. Studienausgabe Band III*. S. Fischer Wissenschaft, Frankfurt am Main.
Freud, Sigmund (1982k): *Totem und Tabu. Animismus, Magie und die Allmacht der Gedanken. Studienausgabe Band IX*. S. Fischer Wissenschaft, Frankfurt am Main.
Freud, Sigmund (1982l): *Triebe und Triebschicksale. Studienausgabe Band III*. S. Fischer Wissenschaft, Frankfurt am Main.
Freud, Sigmund (1982m): *Warum Krieg? Briefwechsel mit Albert Einstein, 1932. Studienausgabe Band IX*. S. Fischer Wissenschaft, Frankfurt am Main. *Im englischen Original: The Einstein-Freud Correspondence (1931–1932), abrufbar auf der Website der Arizona University:* public.asu.edu/~jmlynch/273/documents/FreudEinstein.pdf
Freud, Sigmund (1982n): *Zeitgemäßes über Krieg und Tod. Studienausgabe Band IX*. S. Fischer Wissenschaft, Frankfurt am Main.
Freud, Sigmund (2007): *Massenpsychologie und Ich-Analyse*. Fischer, Frankfurt am Main.
Freud, Sigmund (2013): Kleine Schriften II. http://gutenberg.spiegel.de/buch/kleine-schriften-ii-7122/23, abgerufen am 18.05.2015.
Friedman, Meyer; Rosenman, Ray H. (1974): *Type A Behaviour and Your Heart*. Alfred A. Knopf, Greenwich.
Frisch, Max (1985): *Tagebuch 1946–1949*. Suhrkamp, Frankfurt.
Fromm, Erich (1979): *Märchen, Mythen, Träume*. Rowohlt, Hamburg.
Fromm, Erich (1997): *Anatomie der menschlichen Destruktivität*. Rowohlt, Hamburg.
Furedi, Frank (2002): *Culture of Fear*. Continuum International Publishing Group, New York.

Furet, François (1996): *Kritisches Wörterbuch der Französischen Revolution*. Suhrkamp, Frankfurt am Main.
Gerbner, George et al. (1978): »Cultural Indicators: Violence Profile No. 9«. In: *Journal of Communication* 28, S. 176–207.
Gibney, Alex (2005): *Enron – The Smartest Guys in the Room*. TV-Dokumentation, Buchvorlage von Bethany McLean und Peter Elkind, USA.
Glass, D. C.; Snyder, M.L. (1974): »Time Urgency and the Type A Coronary-Prone Behaviour Pattern«. In: *Journal of Applied Social Psychology*, 1974, S. 125–140.
Goethe, Johann Wolfgang von (1971): *Faust I*. http://gutenberg.spiegel.de/buch/-3664/1, abgerufen am 12.05.2015.
Gombrich, Ernst H. (1991): *Die Krise der Kulturgeschichte. Gedanken zum Wertproblem in den Geisteswissenschaften*. dtv/Klett-Cotta, Stuttgart.
Gottschalck, Arne (2011): »Führen wie die Wölfe«. In: manager magazin vom 12.10.2011, www.manager-magazin.de/lifestyle/artikel/a-790488.html.
Grant, Michael (2009): *Lexikon der antiken Mythen und Gestalten*. List, Berlin.
Grimm, Brüder (1999): Kinder- und Hausmärchen. Vollständige Ausgabe. Mit 184 Illustrationen zeitgenössischer Künstler und einem Nachwort von Heinz Rölleke. S. 215–228. Artemis & Winkler Verlag, Düsseldorf und Zürich
Gudehus, Christian; Christ, Michaela (Hrsg.) (2013): *Gewalt. Ein interdisziplinäres Handbuch*. Metzler, Stuttgart.
Gudehus, Christian; Weierstall, Roland (2013): »Disziplinäre Zugänge, Psychologie«. In: Gudehus, Christian; Christ, Michaela (Hrsg.): *Gewalt. Ein interdisziplinäres Handbuch*. Metzler, Stuttgart.
Haarmann, Harald (1996): *Die Madonna und ihre griechischen Töchter: Rekonstruktion einer kulturhistorischen Genealogie*. Olms, Hildesheim.
Haller, Reinhard (1993): »Forensisch-psychiatrische Aspekte der Spielsucht«. In: *Zeitschrift für Suchtforschung* Nr. 4, S. 37–42.
Hare, Robert; Babiak, Paul (2007): *Snakes in Suits*. HarperBusiness, London.
Hayek, Friedrich August von (1945): *Der Weg zur Knechtschaft. Den Sozialisten in allen Parteien*. Rentsch, Erlenbach-Zürich.
Heidegger, Martin (2011): *Einführung in die Metaphysik*. Nach Žižek, Slavoj: *Gewalt*. LAIKA, Hamburg, S. 65.
Hennigan, K. M.; DelRosario, M. L. (1982): »Impact of the Introduction of Television on Crime in the USA – Empirical Findings and theoretical Implications«. In: *Journal of Personality and Social Psychology* 42, S. 461–477.
Herbert, Jaques René (2003): Den Papst an die Laterne, die Pfaffen in die Klapse. Gesammelte Schriften. Ahriman, Freiburg.
Herodot (2001): *Historien. Bücher I–IX*. Artemis & Winkler/Patmos Verlag, Düsseldorf
Hildebrandt, Tina (2007): *»Null Toleranz für Grauzonen«*, Interview mit Josef Ackermann. In: *Zeit* 22/2007.
Hobbes, Thomas (1970): *Leviathan*. Reclam, Stuttgart.
Homer (1979): *Ilias und Odyssee*. dtv klassik, München.
Honegger, Claudia; Neckel, Sighard; Magnin, Chantal (2010): *Strukturierte Verantwortungslosigkeit. Berichte aus der Bankenwelt*. Suhrkamp, Frankfurt am Main/Berlin.
Hood, Bruce (2011): *Übernatürlich? Natürlich. Warum wir an das Unglaubliche glauben*. Spektrum Akademischer Verlag, Heidelberg.
Hood, Bruce (2013): »Der Glaube der Ungläubigen«. In: *Spiegel* 52/2013.
Jelencic, Silvia (2006): *Die nackte Elite. Interviews und Umfragen über das Sexualverhalten von Führungskräften*. edition a, Wien.
Jevons, William Stanley (1871): *Theory of Political Economy*. Macmillan, London.
Joyce, James (1975): *Ulysses*. edition Suhrkamp, Frankfurt am Main.

Jung, Carl Gustav (1911): »Wandlungen und Symbole der Libido«. In: *Jahrbuch für Psychoanalytische und Psychopathologische Forschungen* 3, S. 120.
Jung, Carl Gustav (1977): *Collected Works, Vol. 14*. Princeton, New Jersey.
Jung, Carl Gustav (1993): *Antwort auf Hiob*. dtv, München.
Kampmann, Ursula (2012): *Das Spiel mit dem Glück - Glücksspiele und -spieler aus historischer, philosophischer und psychologischer Sicht*. CPI - Ebner & Spiegel, Ulm.
Kasper, Siegfried; Volz, Hans-Peter (Hrsg.) (2003): *Psychiatrie und Psychotherapie kompakt*. Georg Thieme, Stuttgart/New York.
Kernberg, Otto F. (2013): *Schwere Persönlichkeitsstörungen*. Klett-Cotta, Stuttgart.
Keynes, John Maynard (1930a): *A Treatise on Monetary Politics*. Martino Fine Books, New York.
Keynes, John Maynard (1930b): »Economic Possibilities for our Grandchildren«. In: ders.: *The Collected Writings of John M. Keynes, Vol. IX*. Palgrave Macmillan, London et al. 1972.
Keynes, John Maynard (1963): »Economic Possibilities for our Grandchildren«. In: ders.: *Essays in Persuasion*. WW Norton & Co, New York.
Keynes, John Maynard (1973): *The General Theory of Employment, Interest and Money, Collected Writings Vol. VII*. Basingstroke, London.
Keynes, John Maynard (2008): »First Annual Report of the Arts Council (1945–1946)«. http://www.economicshelp.org/blog/economics/quotes-by-john-maynard-keynes/.
Keynes, John Maynard (2009): *Allgemeine Theorie der Beschäftigung, des Zinses und des Geldes*. Duncker und Humblot, Berlin.
Kierkegaard, Søren (1981): Der Begriff Angst. Gesammelte Werke, 11. Abteilung. Hirsch Emanuel, Hg., Verlagshaus Gütersloh, Gütersloh.
Kindleberger, Charles P. (2011): *Manias, Panics and Crashes. A history of financial crisis*. Palgrave Macmillan, London.
King, Leonard William (Hrsg.) (2007): *Enuma Elish. The Seven Tablets of the History of Creation. Tafel IV*. Filiquarian, London.
Klein, Melanie (2011): *Das Seelenleben des Kleinkindes*. Klett-Cotta, Stuttgart.
Koch, Klaus (1988): *Die Propheten II*. Urban Taschenbücher, Stuttgart.
Konrath, Sara H. (2011): »Changes in Dispositional Empathy in American College Students Over Time: A Meta-Analysis«. In: *Personality and Social Psychology Review* 15(2), S. 180–198.
Kundera, Milan (1984): *Die unerträgliche Leichtigkeit des Seins*. Hanser, München/Wien.
Laplanche, Jean; Pontalis, Jean-Bertrand (1972): *Das Vokabular der Psychoanalyse*. Suhrkamp, Frankfurt am Main.
Lasko, Wolf (1995): Personal Power. Wie Sie bekommen, was Sie wollen. Gabler, Wiesbaden.
Le Goff, Jacques (1988): *Wucherzins und Höllenqualen. Ökonomie und Religion im Mittelalter*. Klett-Cotta, Stuttgart.
Leibniz, Gottfried Wilhelm (1996): *Monadologie*. http://gutenberg.spiegel.de/buch/monadologie-2790/1, abgerufen am 29.05.15
Levebfre, George (1932): *La Grande Peur de 1789*. Armand Colin, Paris.
Lévi-Strauss, Claude (1973): *Das wilde Denken*. Suhrkamp, Frankfurt am Main.
Lobel, Arnold (2013): *Frog and Toad Together. Storybook Treasury*. HarperCollins, London.
Löchel, Elfriede (1996): *»Jenseits des Lustprinzips: Lesen und Wiederlesen«*. In: *Psyche* 50(8), S. 681–714.
Longinus (1890): *On the Sublime*. Macmillan, London.
Longinus (1988): *Vom Erhabenen*. Reclam, Stuttgart.
Lorenz, Konrad (1963): *Das sogenannte Böse*. Schoeler, Wien.
Lotter, Wolf (2013): *Zivilkapitalismus*. pantheon, München.
Luhmann, Niklas (1986): *Ökologische Kommunikation*. Westdeutscher Verlag, Köln.
Luyendijk, Joris (2012): »Ex-City boy: ›It's easier to get people to talk about drugs than insider trading‹«. In: *Guardian* vom 06.07.2012.
Marshall, Alfred (1890): *Principles of Economics*. Macmillan, London.

Mead, Margaret (1970): *Jugend und Sexualität in primitiven Gesellschaften. Band 1.* dtv, München.

Melzer, André (2013): »Digitale Spiele«. In: Gudehus, Christian; Christ, Michaela (Hg.): Gewalt. Ein interdisziplinäres Handbuch. Metzler, Stuttgart.

Meyer, Clemens (2013): *Im Stein.* S. Fischer, Frankfurt am Main.

Meyer, Gerhard (2013): »Zocken an der Börse ist Glücksspiel«. In: *Frankfurter Allgemeine Zeitung* vom 05.03.2013.

Midgley, Mary (2011): *Myths We Live By.* Rutledge Classics, London.

Mill, John Stuart (1848): *Of the Stationary State*, www.panarchy.org/mill/stationary.1848.html.

Molière (1987): *Der Geizige. Komödie in fünf Akten.* Reclam, Stuttgart.

Morford, Mark; Lenardon, Robert; Sham, Michael (2010): *Classical Mythology. Herodotus, 3.40–43.* Oxford University Press, New York.

Morgenthau, Hans J. (1970): *Truth and Power. Essays of a Decade, 1960–70.* Pall Mall Press, London.

Mörtenhammer, Monika (Hrsg.) (2009): *Zitate im Management. Das Beste von Top-Performern und Genies aus 2000 Jahren Weltwirtschaft.* Linde, Wien.

Nanto, Dick K. (2005): *9/11 Terrorism: Global Economic Costs.* CRS Report for Congress.

Naveh, J.; Shakked, S. (1998): »Magic Bowls and Amulets«. In: Klein, Michele: *A Time to be Born. Customs and Folklore of Jewish Birth.* Jewish Publication Society, Philadelphia, S. 145.

Neuerer, Dietmar (2009): »DIW verordnet sich Konjunkturprognose-Stopp«. In: *Handelsblatt* vom 14.04.2009.

Nietzsche, Friedrich (1954): *Also sprach Zarathustra. Werke in drei Bänden, Band 2.* Hanser, München.

Nietzsche, Friedrich (1978): *Jenseits von Gut und Böse. Gesammelte Werke in drei Bänden.* Wissenschaftliche Buchgesellschaft Darmstadt, Darmstadt.

Nietzsche, Friedrich (2013): *Zur Genealogie der Moral. Götzen-Dämmerung.* Philosophische Bibliothek Meiner, Hamburg.

Nolting, Hans-Petzer (2005): *Lernfall Aggression. Wie sie entsteht – wie sie zu vermindern ist.* Rowohlt, Reinbek.

Nunner-Winkler, Gertrud (2004): »Überlegungen zum Gewaltbegriff«. In: Heitmeyer, Wilhelm; Soeffner, Hans-Georg: *Gewalt.* Metzler, Weimar, S. 21 ff.

Ovid (1958): *Metamorphosen. Lateinisch/Deutsch.* Versausgabe. Artemis, Zürich und Stuttgart.

Ovid (2013): *Metamorphosen.* Prosaausgabe. Reclam, Stuttgart.

Pascal, Blaise (1978): *Pensées. Über die Religion und über einige andere Gegenstände.* Schneider, Heidelberg.

Patinkin, Don (1981): *Essays on and in the Chicago Tradition.* Duke University Press, USA.

Paulsen, James F. (2010): »Focusing on Depression in Expectant and New Fathers: Prenatal and Postpartum Depression not Limited to Mothers«. In: *Psychiatry Times* 27 (2).

Perner, Rotraut A. (2012): Der erschöpfte Mensch. Residenz Verlag, Wien.

Perner, Rotraut A. (2013): Die reuelose Gesellschaft. Residenz Verlag, Wien.

Pernety, Antoine Joseph (2010): *Dictionaire Mytho-Hermetique.* Kessinger Publishing, Whitefish.

Peters, Uwe Henrik (1997): *Wörterbuch der Psychiatrie.* Bechtermünz, Eltville.

Platon (1926): *Platons Gastmahl.* Felix Meiner, Leipzig.

Platon (2013): *Timaios.* Edition Holzinger, Berlin.

Popper, Karl (2003): *Das Elend des Historizismus.* Mohr Siebeck, Tübingen.

Ranke-Graves, Robert von (2007): *Griechische Mythologie. Quellen und Deutung.* Rowohlt, Hamburg.

Reghunathan, Rajagopal; Pham, Tuan (1999): »All negative moods are not equal«. In: *Organizational Behaviour* 79/1, S. 56–57.

Reik, Theodor (1951): »Gold und Kot« In: *Internationale Zeitschrift für Psychoanalyse* Nr. 3, S. 183.

Reinhart, Carmen M.; Rogoff, Kenneth S. (2009): *This Time is Different. Eight Centuries of Financial Folly*. Princeton, New Jersey.
Reith, Gerda (1999): *The Age of Chance*. Rutledge, London
Reith, Gerda (2007): »Gambling and the Contradictions of Consumption«. In: *American Behavioral Scientist,* Band 51, Nr. 1, S. 33–55.
Rosa, Hartmut (2012): *Weltbeziehungen im Zeitalter der Beschleunigung*. Suhrkamp, Berlin.
Samuelson, Paul A.; Nordhaus, William D. (1999): *Volkswirtschaftslehre*. Ueberreuter, Wien/Frankfurt am Main.
Sartre, Jean-Paul (1962): *Das Sein und das Nichts, Versuch einer phänomenologischen Ontologie,* Rowohlt, Reinbek.
Schiller, Friedrich (2003): *Wallenstein*. http://gutenberg.spiegel.de/buch/wallenstein-3306/1, abgerufen am 11.05.2015.
Schumpeter, Joseph A. (2005): *Kapitalismus, Sozialismus und Demokratie*. UTB, Tübingen/Basel.
Schumpeter, Joseph A. (2006): *Theorie der wirtschaftlichen Entwicklung*. Duncker und Humblot, Berlin.
Schumpeter, Joseph A. (2009): *Geschichte der ökonomischen Analyse*. Mohr Siebeck, Berlin.
Schwartz, Howard (1998): *Reimagining the Bible. The Storytelling of the Rabbis*. Oxford University Press, New York.
Schwartz, Howard (2009): *Leaves from the Garden of Eden*. Oxford University Press, New York.
Sedláček, Tomáš (2012): *Die Ökonomie von Gut und Böse*. Hanser, München.
Selby, Hubert (2011): *Last Exit to Brooklyn*. Penguin modern Classics, London.
Seneca, Lucius Annaeus (2004): *Vom Zorn. II. Buch. Philosophische Schriften*. Marix, Wiesbaden.
Shakespeare, William (1959): *Hamlet*. Reclam, Stuttgart.
Shakespeare, William (1986): *Macbeth*. Reclam, Stuttgart.
Simmel, Georg (2008): *Philosophische Kultur*. Zweitausendeins, Frankfurt am Main.
Singer, Hans Wolfgang; Ansari, Javed A. (1992): Rich and Poor Countries. Consequences of International Economic Disorder. Routledge, London.
Skinner, B. F. (1974): »Superstition in the Pigeon«. In: *Journal of Experimental Psychology* 121 (3), S. 273.
Smith, Adam (1999): *Der Reichtum der Völker*. UTB, Tübingen.
Smith, Adam (2010): *Theorie der ethischen Gefühle*. Meiner, Hamburg.
Stadermann, Hans Joachim (1994): *Die Fesselung des Midas*. Mohr Siebeck, Berlin.
Stähli, Urs (2013): »Epistemologie der Angst«. In: Koch, Lars (Hrsg.): *Angst. Ein interdisziplinäres Handbuch*. Metzler, Stuttgart.
Stange, Manfred (Hrsg.) (2011): *Die Edda. Götterlieder, Heldenlieder und Spruchweisheiten der Germanen*. Marix, Wiesbaden.
Stein, Rob (2010): »Reports accuse WHO of exaggerating H1N1 threat, possible ties to drug makers« In: *Washington Post* vom 04.06.2010.
Stiglitz, Joseph E. (2008): *The Three Trillion Dollar War. The True Cost of the Iraq Conflict*. W. W. Norton, New York.
Strange, Susan (1998): *Mad Money*. Manchester University Press, Manchester.
Strobel-Koop, Regina (2008): *Geschichte und Theorie des italienischen Futurismus. Literatur, Kunst und Faschismus*. VDM Verlag Dr. Müller, Saarbrücken.
Strotzka, Hans (1972): *Sozialpsychiatrie heute*. Zsolnay, Wien
Suchsland, Rüdiger (2009): »Die Napola hat mir in der Wirtschaft geholfen«. In: *Telepolis* vom 06.12.2009.
Tanzer, Oliver; Taus, Josef (2011): *Umverteilung neu*. styria premium, Wien.
Terlau, Clement (1998): *Grundlagen der angewandten Makroökonomie*. Vahlen, München.
Thomas von Aquin (2013): *Über die Wahrheit. Questiones disputatae de veritate*. Marix, Wiesbaden.

Thukydides (1829): Die Geschichte des Peloponnesischen Krieges. *Metzler, Stuttgart.*

Veblen, Thorstein (2009): *The Theory of the Leisure Class.* Oxford University Press, New York.

Vollmer, Wilhelm (1990): *Mythologie der Völker.* Reprintverlag, Holzminden.

Vyse, Stuart A. (2000): *Believing in Magic. The Psychology of Superstition.* Oxford University Press, Oxford.

Waldenfels, Bernhard (1977): *Topografie des Fremden.* Suhrkamp. Frankfurt am Main, S. 44.

Waldron, I. et al. (1977): »The coronary-prone behaviour pattern in employed men and women«. In: *Journal of Human Stress* 3, S. 2–19.

Wallace, Charles (2012): »Keep taking the testosterone«. In: *Financial Times* vom 09.02.2012.

Warhol, Andy (1977): *The Philosophy of Andy Warhol (From A to B and Back Again).* Harvest, New York.

Weber, Max (2006): *Die protestantische Ethik und der Geist des Kapitalismus.* C.H. Beck, München.

Wolff, Karl Felix (Hrsg.) (1930): *The Dolomites and their Legends.* Ed. Bolzano Vogelweider, Bozen.

Wolfradt, Uwe (1997): »Dissociative Experience, Trait Anxiety and Paranormal Belief«. In: *Personality and Individual Differences* Vol. 23, 1, 1997, S. 15–19.

Wolkstein, Diane; Kramer, Samuel Noah (1983): *Inanna, Queen of Heaven and Earth. Her Stories and Hymns from Sumer.* Harper & Row, New York.

Yamamoto, Tsunetomo (2012): *Hagakure. Der Weg des Samurai.* Angkor Verlag, Frankfurt

Zeit vom 24.05.2007.

Zingsem, Vera (2003): *Lilith. Adams erste Frau.* Reclam Stuttgart.

Žižek, Slavoj (1997): *The Plague of Fantasies.* Verso, London.

Žižek, Slavoj (1999): *The Thing from Inner Space.* Mainview, GB.

Žižek, Slavoj (2011): »Das Ökologische – Neues Opium für das Volk«. In: Grazer Architektur Magazin 7.

Zoja, Luigi (1995): *Growth and Guilt. Psychology and the Limits of Development.* Rutledge, London/New York.

Zitatnachweise

Register

N

O

P

R

S